科学出版社"十四五"普通高等教育本科规划教材
物流管理专业新形态精品系列教材

物流信息技术与应用

WULIU XINXI JISHU YU YINGYONG（第二版）

王道平　黄梦禧　主编

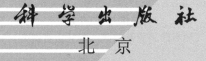

科学出版社
北　京

内 容 简 介

本书全面系统地介绍了物流信息技术的基础理论及其应用。全书共分 8 章,主要内容包括:物流信息技术应用认知、物流数据采集与识别技术、物流电子数据交换技术、物流动态定位跟踪技术、物流中的物联网技术、物流中的大数据与云计算技术、物流中的人工智能技术和物流中的区块链技术。每章以"本章教学要点"概括知识要点、掌握程度、相关知识、应用方向,以"导入案例"引出学习内容,以"应用案例"巩固理论知识,以"本章小结"归纳学习要点,以"习题"校验学习效果。

本书具有系统性、新颖性和实用性的特点,可作为普通高等学校物流管理、物流工程、供应链管理等专业的本科生教材,也可作为从事物流工作人员的参考资料。

图书在版编目(CIP)数据

物流信息技术与应用 / 王道平,黄梦禧主编. —2 版. —北京:科学出版社,2022.9

物流管理专业新形态精品系列教材

ISBN 978-7-03-068823-1

Ⅰ.①物… Ⅱ.①王… ②黄… Ⅲ.①物流－信息技术－高等学校－教材 Ⅳ.①F253.9

中国版本图书馆 CIP 数据核字(2021)第 092047 号

责任编辑:郝 静 / 责任校对:贾娜娜
责任印制:吴兆东 / 封面设计:蓝正设计

科 学 出 版 社 出版

北京东黄城根北街 16 号
邮政编码:100717
http://www.sciencep.com

北京厚诚则铭印刷科技有限公司印刷
科学出版社发行 各地新华书店经销

*

2017 年 6 月第 一 版 开本:787×1092 1/16
2022 年 9 月第 二 版 印张:17 1/2
2024 年 11 月第九次印刷 字数:383 000

定价:49.00 元

(如有印装质量问题,我社负责调换)

前　言

随着物联网、大数据、云计算、人工智能等信息技术的不断深入推进，在当下网络信息化时代，物流业也实现了飞跃式的发展。通过应用物流信息技术，把物流活动的各个环节综合起来统筹管理，极大地满足了物流业的发展需求，有效提高了物流过程的整体效率，保障了物流安全性，提升了物流企业的经济效益。

物流信息技术是建立在计算机、互联网、通信等技术平台上且应用于物流活动各个作业环节中的各种应用技术的集合，包括传统的硬件技术和软件技术，如数据采集与识别技术、电子数据交换技术、动态定位跟踪技术、物联网技术，以及在这些技术手段支撑下的数据库技术、面向行业的信息系统技术等。随着互联网技术的高速发展，物流信息技术的范围也有了新的拓展，如物流中的大数据技术、云计算技术、人工智能技术、区块链技术等更为智能化的新型高科技技术。

物流业是由仓储、运输、配送等不同作业环节链接起来的服务业，流通性强、体系庞大，流程复杂，且对信息时效性、准确性、更新速度、可视化等有着严格的要求。先进的信息技术在物流整个产业链的广泛推广与应用，首先可以有效提升物流活动各作业环节的运作速度和精准度，增加运作负荷，进而在整体上提升物流业效率，扩大物流业生产规模，并能在保持成本不变的基础上增大物流业产出。其次，物流信息技术加强了物流企业各部门之间的信息、资源共享，能更快更好地满足客户需求，降低企业的经营成本，进而实现利益最大化。在构建物流管理标准化体系方面，物流信息技术还能帮助物流企业更新传统管理理念，创新管理模式，有效提升物流企业管理效率，提高对市场多元化需求的响应力和适应力，实现健康高效的可持续发展。

编者结合多年的教材编写经验和专业教学实践，顺应物流信息技术发展的潮流，力求为培养物流专业应用型人才、提高物流管理相关人员的专业素质提供一本优秀的教材。本书主要向读者介绍主要的物流信息技术的基本知识和基本操作技能，并且详细地介绍了这些技术的最新应用现状和发展趋势，具有较强的系统性、可读性和实操性。

本书自 2017 年出版以来，深受广大读者欢迎，许多高校师生在实践阅读使用后，反馈了很多宝贵的意见和建议，给编者提供了有益的启发。因此，本书是以第一版为基础进行重新修订的，与第一版比较，第二版做了较大的调整：重新设计了章节目录，对各章节理论知识内容有所修改、完善和扩充，增加了物流中的大数据与云计算技术、物流中的人工智能技术、物流中的区块链技术这三个章节，并介绍了北斗卫星导航、5G技术相关内容，旨在突出物流信息技术的最新发展与应用；同时更新了每章的导入案例、阅读案例和应用案例，案例丰富翔实且更契合时代发展。

本书共分8章，主要内容如下。

第1章为物流信息技术应用认知，主要介绍物流信息和物流信息技术的基本概念、几种典型的物流信息技术及物流信息技术的应用现状与发展趋势等，与第一版相比，全新增加了对物流中的大数据与云计算技术、物流中的人工智能与区块链技术、智慧物流的概括介绍。

第2章将第一版的第2章和第4章合并起来介绍物流中的数据采集与识别技术，这样做主要考虑到现如今条码技术和射频识别技术，在物流应用的大多数情景中总是同时出现在同一个场景，因此，合并起来将更有助于读者理解和联想实际。这一章的主要内容包括数据采集与识别技术的概念、特点、分类、基本原理、工作流程等，着重介绍了数据采集与识别技术在仓储、运输、配送等物流领域中的应用。

第3章介绍物流电子数据交换（electronic data interchange，EDI）技术，包括EDI技术的概念、特点、分类，以及EDI系统的构成要素、特点、结构、工作原理等，与第一版相比，在理论基础内容上有所修改，并全新增加了EDI技术在仓储、运输、配送等物流领域中的应用介绍。

第4章将第一版的第5章和第6章合并起来介绍物流动态定位跟踪技术，这样做也是考虑到现如今条码技术和射频识别技术在物流应用的大多数情景中总是同时出现在同一个场景。因此，这一章的主要内容包括定位跟踪技术的基本概念、功能、工作原理等，并且与第一版相比，还全新增加了北斗卫星导航系统及定位跟踪技术在物流管理、物流管理系统和配送中的应用介绍。

第5章介绍物流中的物联网技术，包括物联网的概念、特征、体系结构、基本组成、关键技术等，与第一版相比，在理论基础内容上有所修改，并全新增加了物联网关键技术中的5G技术及物联网技术在仓储、运输、配送等物流领域中的应用介绍。

与第一版相比，第6～8章是全新编写的章节，分别介绍物流中的大数据与云计算技术、物流中的人工智能技术、物流中的区块链技术。第6章主要包括大数据与云计算技术的概念、特征、关键技术、发展历程与趋势等，着重介绍了大数据与云计算技术在仓储、运输、配送等物流领域中的应用。第7章主要包括人工智能技术的定义、特征、关键技术、发展历程与趋势等，着重介绍了人工智能技术在仓储、运输、配送等物流领域中的应用。第8章主要包括区块链技术的概念、特征、架构模型、关键技术、发展历程与趋势等，着重介绍了区块链技术在仓储、运输、配送等物流领域中的应用。

各章建议授课学时如下：第1章，4学时；第2章，6学时；第3章，4学时；第4章，6学时；第5章，4学时；第6章，6学时；第7章，6学时；第8章，4学时。

本书由北京科技大学王道平和黄梦禧担任主编，负责设计优化全书章节结构、草拟写作提纲、组织编写工作和最后统稿，参与编写、资料整理和校对工作的还有崔建双、李明芳、蔚婧文、胥子政、沐嘉慧、尚天泽、刘淞、杨帆、梁思涵等。

　　编者在编写本书的过程中，参考了有关书籍和资料，在此向其作者表示衷心的感谢！本书在出版过程中，得到了科学出版社的大力支持，在此一并表示衷心的感谢！

　　由于作者水平所限，加之时间仓促，书中难免存在疏漏之处，敬请广大读者批评指正。

编　者

2022 年 1 月于北京科技大学

目　录

第1章

物流信息技术应用认知

【本章教学要点】

知识要点	掌握程度	相关知识	应用方向
物流信息概述	掌握	数据的概念与类型、信息的定义与特点、物流信息的概念与作用	熟悉数据、信息和物流信息的基本知识可以加深对物流信息技术的理解
物流信息技术概述	掌握	物流信息技术的概念、组成和作用	物流信息技术应用到物流行业的各个环节可以帮助企业提高工作效率和收益
物流中的大数据与云计算技术	熟悉	大数据、云计算的基本知识和在物流中的作用	大数据和云计算的广泛应用有助于物流行业的智能化发展
物流中的人工智能与区块链技术	熟悉	人工智能、区块链的基本知识和在物流中的应用	能将人工智能和区块链技术应用到物流领域的相关环节中
智慧物流的兴起与发展	熟悉	智慧物流的概念、智慧物流和传统物流的区别、智慧物流的特点、智慧物流的演化、智慧物流的应用	智慧物流可以应用在智慧港口、多式联运、冷链物流、城市配送等方面
物流信息技术的发展趋势	了解	物流动态信息采集技术的发展、物流信息安全技术的发展、大数据技术的发展	了解物流信息技术的最新发展

沃尔玛的物流信息技术①

沃尔玛百货有限公司（以下简称沃尔玛）是一家世界性连锁企业，总部位于美国阿肯色州的本顿维尔，主要涉足零售业，是世界上雇员最多的企业，曾连续多年在美国《财富》杂志世界 500 强企业中居首位。该企业的主要营业方式为：沃尔玛购物广场、山姆会员店、沃尔玛商店、沃尔玛社区店。在经营管理方面，沃尔玛利用信息技术强化经营管理，从而击败了大部分零售业竞争对手。沃尔玛快速高效的物流信息化应用模式，使整个连锁物流环节实现了顺畅链接，提高了运作效率，并且最终实现了控制物流成本的目的。

1. 沃尔玛应用的物流信息技术

沃尔玛自 20 世纪 60 年代成立以来一直扮演着技术先锋的角色，总是通过采用

---

① 关于沃尔玛物流信息技术应用的报告，https://www.docin.com/p-1783461560.html。

各种先进的物流技术谋求竞争优势。沃尔玛应用的物流信息技术主要有以下几个。

1）计算机管理系统

沃尔玛早在 1969 年就开始使用计算机管理跟踪库存，整个公司的计算机网络配置完成之后，可以存储与处理订货、发货、送货等相关业务，在全球第一个实现集团内部24 小时物流网络化监控和连续通信，实现了库存、订货、配送和销售一体化，并且可以达到公司总部与各分店及配送中心之间信息的快速传递。

2）POS 系统

销售时点（point of sale，POS）系统是利用光学自动阅读方式的收银机，将店铺各单品的销售信息或退货、分送等各环节的相关资料输入电脑，经加工处理后传到有关部门供经营者使用的系统。其作业程序是：用光电扫描器扫描顾客所购商品的条形码，将商品信息输入计算机，计算机再从数据库中查找该信息并进行数据处理，返回收银机打印出顾客购买清单和付款总金额，同时将商品选购信息传递给总部或物流中心，信息经加工后成为卖场商品品种配置、商品陈列及价格设置等方面决策的依据。POS 系统保持了对每种商品实时购、销、存状态的记录，管理者可通过该系统及时、正确地监控业务经营，并做出各种采购、供应、库存及卖场布置决策。

3）EDI 技术

沃尔玛在 1985 年最早使用 EDI 与供应商建立自动订货系统，进行更好的供应链协调。通过计算机联网，向供应商提供商业文件，发出采购指令，获取收据和装运清单等相关单据，同时也使供应商能够及时准确地把握其产品的销售情况。保证了商店的销售与配送中心保持同步。EDI 技术使得订单处理实现了无纸化，并大程度上提高了自动补货系统的准确度。EDI 技术同时能使商品的信息直接传送到总部，减少了信息扭曲，有助于上层领导做出正确的决策。

4）无线射频识别技术

无线射频识别（radio frequency identification，RFID）是通过一种无线电信号和微芯片标签识别特定目标并读写相关数据的通信技术。它利用 RFID 电子标签来实现存储和远程读取数据。RFID 电子标签能够被应用于任何物体，通过无线电波对物体进行身份识别。它通过射频信号自动识别目标对象并获取相关数据，识别工作无须人工干预，可在各种恶劣环境中工作，可以克服条形码使用效率低、容易出差错、信息容量有限等不可克服的缺陷。

5）卫星通信系统

沃尔玛是世界上第一个拥有私人通信卫星的企业，它拥有一个 6 频道的卫星系统，形成了世界上最大的民用数据库。1987 年沃尔玛完成了全球卫星通信网络的构建。1990 年以后，沃尔玛为车队装备了全球定位系统（global positioning system，GPS），管理公司的物流，提高了配送效率。

2. 沃尔玛物流信息化的优势

沃尔玛连锁物流信息化应用已经成为连锁零售企业物流业务实现信息化管理的典范，其物流信息化的优势可以概括出以下几条。

1）高效的物流信息网络

在充分利用先进的信息技术的基础之上沃尔玛在全球第一个实现集团内部 24 小时计算机物流网络化监控，使采购库存、订货、配送和销售一体化。

2）最早推广使用 RFID 技术

沃尔玛能够敏锐地嗅到新技术的商业价值，并领先于竞争对手投入应用。RFID 技术的成功推广应用就是其中最突出的例子。2003 年 6 月 19 日，沃尔玛宣布将采用 RFID 技术，以最终取代广泛使用的条形码技术，成为世界第一个公布正式采用该技术的企业。按照计划，沃尔玛最大的 100 个供应商从 2005 年 1 月 1 日开始在供应的货物包装箱、托盘上粘贴 RFID 电子标签，并逐渐扩大到单件商品。RFID 技术的成功推广应用使得沃尔玛的物流运作变得更加顺畅。通过推广使用 RFID 技术，沃尔玛实现了：减少统计差错、即时获得准确的信息流，进一步降低商品在各个物流环节上的存货数量和运营成本，巩固和扩大在零售行业的竞争优势；提高物流配送的自动化程度与配送效率，减少人员雇佣，降低劳动力成本，巩固和扩大了沃尔玛在物流成本上的优势；加大财产与商品监控和管理力度，有效防止了盗窃和遗忘等引起的商品损耗；强化设备管理，优化设备配置，提高了设备的使用率；更加方便和快速地了解商品在门店的销售情况，并进一步降低因缺货而造成的营业额下降，对顾客的需求变化做出更加敏捷的反应，提高了顾客的满意度。

3）独一无二的卫星通信系统

沃尔玛拥有世界一流的卫星通信系统，其规模在美国仅次于五角大楼。与休斯飞机公司合作发射的卫星专门用于全球店铺的信息传送与运输车辆的定位联络。沃尔玛采用先进的卫星通信系统使信息得以在公司内部及时、快速、通畅地流动。不但总部的会议情况和决策都可以通过卫星传送到各个分店，有关物流的各种信息也可以通过这个系统进行交流，保证各分店的商品需求能顺利到达配送中心，总部对分店进货的建议也可以及时到达各分店。同时，卫星通信系统还能使企业和众多供应商保持紧密联系。每天通过卫星通信系统直接把销售情况传送给供应商。这样，配送中心、供应商及各个分店的每一销售点都能形成连线作业，在很短的时间内便可完成"发出订单—各分店订单汇总—配货运输"的整个流程，大大提高了作业的运作效率。

讨论题

（1）沃尔玛用了哪些物流信息技术？

（2）从该案例中得到的启示是什么？

1.1　物流信息概述

1.1.1　数据的概念与类型

1. 数据的概念

数据是指对客观事物的逻辑归纳，是用于表示客观事物的未经加工的原始素材。数据的表现形式有很多，包括符号、文字、数字、音频、图像、视频等。需要注意的是，数据与数值、信息、知识等概念是有区别的。

（1）数值指的是用数目表示的一个量的多少，它只是数据的一种存在形式。可以说数据是包含数值的，而数值只是数据的一种表现形式。

（2）信息是对客观世界中各种事物的运动状态和变化的反映，是客观事物之间相互联系和相互作用的表征。数据是信息的表现形式，信息是数据有意义的表示。数据本身没有意义，数据只有对实体行为产生影响时才成为信息。

（3）知识是人类在实践中认识客观世界（包括人类自身）的成果，它包括事实、信息的描述或在教育和实践中获得的技能。知识的价值判断标准在于其实用性，即能否让人类创造新物质，得到力量和权力等。而数据只是从客观世界中收集到的原始素材，并不一定具有价值，但收集到的数据经过处理、挖掘，可以从中提取出知识，供人们借鉴。

2. 数据的类型

数据的分类方式有很多，比较常见的分类方式有：按照数据结构分类、按照数据加工类型分类和按照数据记录方式分类。

1）按数据结构分类

按数据结构可以将数据分为3类，即结构化数据、半结构化数据及非结构化数据。

（1）结构化数据。结构化数据指的是具有数据结构描述信息的数据，它是具有预定义数据模型和固定结构的数据。常见的结构化数据主要是从传统关系型数据库中获取、存储、计算和管理的数据及联机分析处理的数据。当获取的数据与数据结构不一致时就需要对数据结构进行转换，以满足关系型数据库的需求。

（2）半结构化数据。半结构化数据虽然具有一定的结构性，但与具有严格理论模型的关系型数据库的数据相比更加灵活。经过一定的转换处理，半结构化数据可以被数据库存储和管理。比如，存储员工的简历，与储存员工的基本信息不一样，每个员工的简历大不相同。有的员工的简历很简单，如只包括教育情况；有的员工的简历却很复杂，如包括工作情况、婚姻情况、出入境情况、户口迁移情况、技术技能等。

（3）非结构化数据。非结构化数据指的是没有固定结构的数据，它没有预定义的数据模型，且不方便用数据库的二维逻辑来表示。图像、音频、视频、PDF文档等都属于非结构化数据。非结构化数据的格式多样，标准也不尽相同，因此非结构化数据比结构化数据更难标准化。

2）按数据加工类型分类

按数据加工类型可以将数据可分为零次数据、一次数据、二次数据、三次数据等。其中零次数据又称原始数据，指的是零散的、没有经过预处理的数据；一次数据又称干净数据，指的是预处理过的数据；二次数据又称增值数据，是在一次数据基础上再经过处理和分析后得到的数据，其中蕴含着实际价值；三次数据又称洞见数据，是可直接用于决策的数据。其相互的关系如图1.1所示。

数据的加工程度对于数据科学中的流程设计和选择都有着十分重要的意义，如在进行数据科学的研究时，可通过对数据加工程度的判断决定是否需要对所获数据进行预处理的操作。

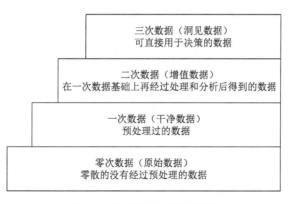

图 1.1　数据的加工程度关系

3）按数据记录方式分类

从数据的记录方式来看，数据可分为文本数据、图像数据、音频数据、视频数据等。

（1）文本数据。文本数据是指不能参与算术运算的任何字符，也称为字符型数据。比如，英文字母、汉字、不作为数值使用的数字（以单引号开头）和其他可输入的字符。文本数据既不是完全非结构化的，也不是完全结构化的。例如，文本可能包含结构化数据，如标题、作者、出版日期、长度、分类等，也可能包含大量的非结构化的数据，如摘要、内容等。

（2）图像数据。图像数据是指用数值表示的各像素的灰度值的集合。对于图像数据的管理通常采用文件管理方式和数据库管理方式。基于文件的管理方式有着技术成熟、结构简单、维护成本低的优点，但是安全性、可扩展性较差，而且不支持分布式管理，图像内容查询的功能也很有限。

（3）音频数据。音频数据也称数字化声音数据，其采集过程就是以一定的频率将来自麦克风等设备的连续的模拟音频信号转换为数字信号的过程。数字化声音的播放就是将音频数据转换变成模拟音频信号输出的过程。

（4）视频数据。视频数据是指连续的图像序列，它是由一组组连续的、有先后顺序的图像构成，包含有比其他类型信息更为丰富的内容。以视频的形式来传递信息，能够直观、生动、真实、高效地表达现实世界，其所传递的信息量远远大于文本或静态的图像所传递的信息量。视频数据对存储空间和传输信道的要求很高，即使是一小段的视频剪辑，也需要比一般字符型数据大得多的存储空间。通常在管理视频数据时都要对其进行压缩编码，但是压缩后的视频数据量仍然很大。

1.1.2　信息的定义与特点

1. 信息的定义

尽管信息在自然界和人类社会中普遍存在，并且几千年前人类就能生产、加工、处理、传播和利用各种信息，但是最早把信息作为科学的概念进行研究还是 20 世纪 20 年代初的事情。到目前为止，信息没有统一的定义，不同学者从不同的侧面对信息的概念给予了不同的解释。

信息论的创始人克劳德·埃尔伍德·香农（Claude Elwood Shannon）在 1948 年发表了

《通信的数学理论》，提出从通信角度看，信息就是通信内容的观点，并进一步说明通信的目的就是减少或消除通信者的不确定性。控制论的创始人诺伯特·威纳（Norbert Wiener）于 1950 年在《人有人的用处：控制论与社会》中指出，"信息这个名称的内容就是我们对外界进行调节并使我们的调节为外界所了解时而与外界交换来的东西"。随着科学技术的发展，信息的概念也在不断地发展和变化，并且与材料、能源一起被称为现代社会的三大支柱。

本书对信息的定义采用大多数学者的观点：信息是指能够反映事物内涵的知识、资料、情报、图像、数据、文件、语言、声音等。信息是事物的内容、形式及其发展变化的反映。根据这个定义，可以从以下几个方面来理解信息。

（1）信息反映客观世界各种事物的特征。客观世界中的事物总在不停地运动和变化，呈现出不同的特征。信息反映这些特征，因此信息的范围很广，如气温变化属于自然信息，遗传密码属于生物信息，企业报表属于管理信息等。

（2）信息可以形成知识。所谓知识，就是反映各种事物的信息进入人们大脑，对神经细胞产生作用后留下的痕迹，是客观世界规律性的总结。千百年来，人们正是通过获得信息来认识世界、改造世界的。

（3）信息和数据既有区别，又有联系。数据是用来表示客观事物的符号。数据和信息的关系可以看作是原材料和成品的关系。数据是未经加工的原始素材，是信息的符号表示，而信息是数据的内涵，是数据的语义解释，数据经过处理才能成为有用的信息。信息和数据之间的关系如图 1.2 所示。

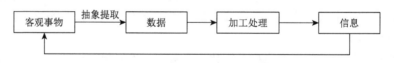

图 1.2   信息与数据之间的关系

2. 信息的特点

信息具有以下特点。

1）存储性

信息是可以存储的。除了用大脑记忆信息，人类还可以利用其他的载体存储信息。常见的信息载体有语言、文字、声音、图像、音频、视频、纸张、磁带、磁盘和光盘等。例如，通过卫星电视，世界各地的百姓可以足不出户地观赏到精彩纷呈的各种节目，这是因为信息通过卫星电视这个载体传递到了各家各户。

2）识别性

信息是可以识别的。识别方式分为直接识别和间接识别两种。直接识别是通过感官的直观感受和比较对信息进行识别；间接识别是通过各种测试手段对信息进行识别。例如，学生在上课过程中，可以通过听觉和视觉对老师传递的信息进行识别。

3）传递性

传递性是信息的本质特征之一。信息的传递可以分为时间传递和空间传递。语言、表情、动作、书籍、电视、电话、广播等都是常用的信息传递方式。例如，通过手机可以实现和远方的朋友实时通话。

4）扩散性

信息可以通过各种介质向外扩散。信息的扩散具有正负两种效应。正效应有利于信息的传播，扩大信息的使用范围；负效应会造成信息的贬值，不利于信息的保密。例如，运动员在每次国际比赛中获得重要奖项时，国内各种媒体都会对其进行报道，将这一信息扩散到全国各地。

5）共享性

信息是可以共享的。信息的传递性和可扩散性决定了信息资源可以被许多用户共同使用。共享性是信息与物质和能源的重要区别。在物质和能源的交换中，一方得到的正是另一方所失去的；而信息可以被不同的使用者同时利用，信息的提供者并没有丢失信息。例如，一个人有一个苹果，另一个人也有一个苹果，彼此交换后仍是各有一个苹果。但是，如果两人各有一种思想，彼此交流后，两人便都有了两种思想，甚至更多。

6）价值性

信息是可以创造价值的。信息是一种资源，人们通过利用信息把握住各种机会，产生效益。但是，信息的价值也具有相对性，信息是否有价值取决于接收者的需求，以及对其的理解、认识、利用等。

7）不对称性

信息是不对称的。在社会政治、经济等活动中，一些成员拥有其他成员无法拥有的信息，由此造成信息的不对称。在市场经济活动中，各类人员对有关信息的了解是有差异的；掌握信息比较充分的人员，往往处于比较有利的地位，而信息贫乏的人员，则处于比较不利的地位。

8）时效性

信息是有时效性的。有些信息的价值就体现在时效性上，一条及时的信息会价值连城，而一条过时的信息则分文不值。信息的生命周期是指信息从产生、搜集、加工、传输、使用到失效的全过程。

1.1.3 物流信息的概念与作用

1. 物流信息的概念

21世纪是高度信息化的时代，现代信息技术的迅速发展及互联网的广泛应用推动着传统物流向现代物流的转变。要发展现代物流业，必须实现物流业的信息化。运用信息系统整合物流资源，已成为企业在激烈的市场竞争中取胜的战略手段。

物流信息（logistics information）是反映物流各种活动内容的知识、资料、图像、数据、文件的总称。物流信息所包含的内容可以从狭义和广义两个方面来考察。

从狭义范围来看，物流信息来源于客观物流活动的各个环节，是与物流活动有关的信息。在物流活动的管理与决策中，如运输工具的选择、运输路线的确定、仓库的有效利用、最佳库存数量的确定等，都需要详细和准确的物流信息。这些信息与物流过程中的运输、仓储、装卸、包装等各种职能有机结合在一起，保障整个物流活动的顺利进行。物流各项活动产生了物流信息，并最终反作用于物流活动，如图1.3所示。

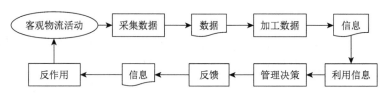

图 1.3　物流系统中信息的产生与流动

从广义范围来看，物流信息不仅包括与物流活动相关的信息，还包括大量与其他流通活动有关的信息，如商品交易信息和市场信息等。商品交易信息是指与买卖双方的交易过程有关的信息，如销售、购买、订货、发货、收款信息等；市场信息是指与市场活动有关的信息，如消费者的需求信息、竞争者或竞争性商品的信息、促销活动信息等。

广义的物流信息不仅对物流活动具有支持保证的功能，而且能起到整合从生产厂家，经过批发商和零售商最后到消费者的整个供应链的作用。例如，零售商根据市场需求预测和库存情况制订订货计划，向批发商或生产厂家发出订货信息。批发商收到订货信息后，在确认现有库存水平能满足订单要求的基础上，向物流部门发出配送信息；如果发现库存不足，则马上向生产厂家发出订单。生产厂家视库存情况决定是否组织生产，并按订单上的数量和时间要求向物流部门发出发货配送信息。

2. 物流信息的作用

物流信息贯穿于物流活动的整个过程中，对物流活动的正常运转起到支持和保证的作用，可以被看作是物流活动的"中枢神经"。物流活动中的信息流可以被分为两类：一类信息流的产生先于物流，它控制物流产生的时间、流量的大小和流动方向，对物流起着引发、控制和调整的作用，如各种计划、用户的订单等，这类信息流被称为计划信息流或协调信息流；另一类信息流与物流同步产生，反映物流的状态，如运输信息、库存信息、加工信息等，这类信息流被称为作业信息流。

可见，物流信息除了反映物品流动的各种状态外，更重要的是控制物流的时间、方向、流量大小和发展进程。无论是计划信息流还是作业信息流，物流信息的总体目标都是要把涉及物流的各种企业具体活动综合起来，增强整体的综合能力。物流信息的作用主要表现在以下两个方面。

1）物流信息有利于企业内部各业务活动之间的衔接

企业内采购、运输、库存及销售等各项活动互相作用，形成一个有机的整体系统，物流信息在其中充当桥梁和纽带。各项业务活动之间的衔接通过信息进行，基本资源的调度也通过信息的传递来实现。物流信息保证了整个系统的协调性和各项活动的顺利运转。

例如，企业在接收到商品的订货信息后，要检查商品库存中是否存在该商品。如果有库存，就可以发出配送信息，通知配送部门进行配送活动；如果没有库存，则发出采购或生产信息，通知采购部门进行采购活动，或者安排生产部门进行生产，以满足顾客的需要。在配送部门得到配送指示信息之后，就会按照配送信息的要求对商品进行个性化包装，并反馈包装完成信息；同时，物流配送部门还要开始设计输送方案，进而产生运输指示信息，对商品实施运输；在商品运输的前后，配送中心还会发出装卸信息，指导商品的装卸过程；当商品成功运到顾客手中之后，还要传递配送成功的信息。因此，物流信息的传送连接着物流活动的各个环节，并指导各个环节的工作，起着桥梁和纽带的作用。

2）物流信息有助于提高物流企业科学管理和决策水平

物流管理需要大量、准确、实时的信息和用以协调物流系统运作的反馈信息，任何信息的遗漏和错误都将直接影响物流系统运转的效率和效果，进而影响企业的经济效益。物流管理通过加强供应链中各活动和实体间的信息交流与协调，使其中的物流和资金流保持畅通，实现供需平衡。通过运用科学的分析工具，对物流活动所产生的各类信息进行科学分析，从而获得更多富有价值的信息。这些信息在系统各节点间共享，有效地缩短了订货提前期，降低了库存水平，提高了搬运和运输效率，减少了递送时间，及时高效地响应了顾客提出的各种问题，极大地提高了顾客满意度和企业形象，加强了物流系统的竞争力。

1.2 物流信息技术概述

1.2.1 物流信息技术的概念与组成

1. 物流信息技术的概念

物流信息技术（logistics information technology，LIT）是指运用于物流各个环节中的信息技术。它是建立在计算机、网络通信技术平台上的各种信息技术应用，包括网络技术、通信技术、数据库技术、自动化技术等。

物流信息技术是物流现代化的重要标志，也是物流技术中发展较快的领域之一，从专门进行数据采集的条形码系统到办公自动化系统中的微型计算机、互联网、各种终端设备、硬件和计算机软件都在日新月异地发展。

据统计，物流信息技术的应用，可为传统的运输企业带来以下实效：降低空载率15%～20%；提高对在途车辆的监控能力，有效保障货物安全；网上货运信息发布及网上下单可增加商业机会20%～30%；无时空限制的客户查询功能，有效满足客户对货物在运情况的跟踪监控，可提高业务量40%；对各种资源的合理综合利用，可减少运营成本15%～30%。对传统仓储企业带来的实效表现在：配载能力可提高20%～30%；库存和发货准确率可超过99%；数据输入误差减少，库存和短缺损耗减少；可降低劳动力成本约50%，提高生产力30%～40%，提高仓库空间利用率20%。

因此，物流信息技术在现代企业的经营战略中的地位越来越重要。建立物流信息系统，充分利用各种现代信息技术，提供迅速、及时、准确和全面的物流信息是现代企业获得竞争优势的必要条件。物流信息技术通过切入物流企业的业务流程来实现对物流企业各生产要素的合理组合与高效利用，能降低物流成本，产生明显的经济效益。

2. 物流信息技术的组成

根据物流的功能和特点，物流信息技术主要包括自动识别技术（如条码技术、RFID技术和自动语音识别技术等）、自动跟踪与定位类技术（如全球卫星定位技术和地理信息技术等）、物流信息机接口技术（如EDI技术等）、企业资源信息技术（如物料需求技术、制造资源技术、企业资源技术和分销资源技术等）、数据管理技术（如数据库技术和数据仓库技术等）和计算机网络技术（如物联网技术等）等现代高端信息科技。近年来，大数据、云计算、人工智能、区块链等新兴的信息技术也在物流领域得到了广泛的应用。在这些先进信息技术的支撑下，形成了由移动通信、资源管理、监控调度管理、自动化仓储管理、运输配送管理、客户服务管理和财务管理等多种业务集成的现代物流一体化信息管理系统。

现代信息技术是物流信息平台建设的基础，也是物流平台的组成部分。当越来越多的现代物流信息技术进入物流领域后，必然使得物流企业架构起更完善的物流管理体系，实现进货、加工、仓储、配车、配送等活动的高效运行，进一步推动物流业的高效率化，从而使其真正成为现代物流企业。

从构成要素上看，物流信息技术可以分为以下 4 个层次。

1）物流信息基础技术

物流信息基础技术是指有关原件、器件的制造技术，它是整个信息技术的基础。例如，微电子技术、光子技术、光电子技术、分子电子技术等。

2）物流信息系统技术

物流信息系统技术是指有关物流信息的获取、传输、处理、控制的设备和系统的技术，它是建立在信息基础技术之上的，是整个信息技术的核心。其内容主要包括物流信息获取技术、物流信息传输技术、物流信息处理技术和物流信息控制技术等。

3）物流信息应用技术

物流信息应用技术是指基于管理信息系统技术、优化技术和计算机集成制造系统技术而设计出的各种物流自动化设备和物流信息管理系统，如自动化分拣与传输设备、自动导引车、集装箱自动装卸设备、仓储管理系统、运输管理系统、配送优化系统、GPS和地理信息系统（geographic information system，GIS）等。

4）物流信息安全技术

物流信息安全技术是指确保物流信息安全的技术，主要包括密码技术、防火墙技术、病毒防治技术、身份鉴别技术、访问控制技术、备份与恢复技术和数据库安全技术等。

1.2.2 物流信息技术的作用

随着全球经济一体化的发展和市场竞争的日益加剧，物流信息技术在经济活动中的作用越来越重要，具体有以下几个方面。

1. 有利于物流能力的提高

我国目前物流能力供给与需求的状况是：一方面需求仍不能得到满足，物流"瓶颈"时有出现，能力供给无法满足需求；另一方面却存在大量的物流能力过剩的现象。据中国仓储与配送协会第三次调查，国内物流中心平均空置率为 60%，其主要原因是物流能力的利用率低，以及能力的供给与需求之间的信息不通畅。信息技术的发展及信息充分化的趋势，将消除物流能力供需间的不平衡，从而使物流能力的利用率大大提高，这将在物流设施不增加的情况下使物流能力得到提高。

2. 有利于物流活动有效性的提高

信息技术的应用促进了物流信息的充分获取和有效利用，充分的物流信息使物流活动更加有效，有利于物流活动由无序趋向于有序。在信息不充分的情况下，物流活动得不到足够的信息支持，因此造成物流活动往往是不经济的。而在信息充分的情况下，物流活动将被科学地计划和控制，从而使得物品具有最合理的流动，整个物流活动经济、有序。物流的有序化使原先"盲目调度"的情况降到最低程度，促使物流资源充分利用、货物周转次数大大减少、位移的平均运距缩短，减少不协调与浪费现象，使得物流活动的有效性大大提高。

3. 有利于物流服务能力的提高

信息技术特别是互联网技术的广泛应用，将生产、销售、运输、配送、服务等各个环节有机地整合，打破了传统意义上的地域限制、时区限制，扩大了物流服务的范围，同时能为客户提供更优质的服务。由于信息的及时、全面获取与加工，供需双方可以充分地交互和共享信息，使得物流服务更准确、客户满意度更高。同时，顾客可以有更多自我服务功能，可以决定何时、何地、以何种方式获得定制的物流服务。另外，信息技术在提供物流服务的同时，可以为顾客提供信息、资金等双赢的和有效的增值服务。

4. 有利于提高物流运作的透明度

物流经常被称作"经济领域的黑暗大陆"或"物流冰山"，信息技术的应用使得物流过程中货物的状态和变化透明化，使得物流成本和费用的实际情况更容易被掌握，从而增强了信息的准确性，使人们能更清楚地认识这片"大陆"和"冰山"。同时由于对动态信息的及时把握，可以根据情况做出快速而有效的反应，实现物流运作的动态决策。企业在不清楚订货状况和库存量的条件下，要做出正确的决策和部署是很困难的，勉强做出决策则不容易达到最佳效果。不把各环节集成考虑，要管理好整个过程是非常困难的。为此，企业需要使整个物流过程的货物状态透明，并根据状态变化做出反应。

5. 有利于物流效率的提高

物流系统是一个复杂的、庞大的系统，其中又分很多个子系统，同时各系统密切交织在一起，相互联系紧密。只有充分应用信息技术，才能使整个物流系统的运作合理化；只有提高物流系统各环节、各子系统的信息化水平，才能提高整个物流系统的运行效率。在物流活动的全过程中，始终贯穿着大量的物流信息。物流系统要通过这些信息把各个子系统有机地联合起来，只有通过信息技术的不断发展和应用，把物流信息收集、处理好，并使之可以指导物流活动，才能使整个物流系统的运作顺畅和高效。

6. 有利于促进和实现供应链管理

供应链管理（supply chain management，SCM）是一种集成的管理思想和方法，供应链上的各个企业作为一个不可分割的整体，相互之间分担采购、生产、分销和销售的职能，成为一个协调发展的有机体。如果没有完善的信息交互、协同商务机制，信息不能共享，整条供应链上的节点还是彼此独立的"信息孤岛"，不能够成为完整的链条。信息技术的合理应用，进一步弱化了供应链上企业间的界限，建立起一种跨企业的协作，共同追求和分享市场份额。企业间通过信息平台和网络服务进行商务合作，合理调配企业资源，加速企业存货资金的流动，提升供应链运转效率和竞争力。

1.2.3   几种典型的物流信息技术

1. 自动识别技术

自动识别技术主要是指条形码技术和 RFID 技术。条形码技术又称为条码技术，是集条码理论、光电技术、计算机技术、通信技术、条码印刷技术于一体的综合性技术。由于具有制作简单、速度快、准确率高、信息量大、成本低的优点，成为物流信息管理工作的基础，被广泛应用于物流的数据采集。条形码的分类如表 1.1 所示，主要分为一维条码和二维条码。在我国，主要使用的二维条码是汉信码和网格矩阵码。常用的条码识读设备有笔式扫描器、手持式扫描器、台式扫描器及便携式数据采集器。关于条码技术的详细内容将在 2.1 节中进行介绍。

表 1.1   条形码的分类

种类		概括
一维条码	EAN（European article number，通用商品条码）	国际物品编码协会定制的一种商品条码，通用于全世界
	通用产品代码（universal product code，UPC）	美国统一代码委员会（Uniform Code Council，UCC）制定的一种商品用条码，主要为美国和加拿大使用
	39 码	主要用于工业、图书馆及票证的自动化管理领域
	交叉 25 码（interleaved two of five，ITF 25）	在物流管理中应用较多
	Codebar 码	主要用于医疗卫生、图书情报、物资等领域
	国际标准书号（international standard book number，ISBN）	用于图书和期刊
	标准国际刊号（international standard serial number，ISSN）	用于图书和期刊
二维条码	PDF 417（portable data file 417）码	由美国 SYMBOL 公司发明，是一种堆叠式二维条码
	二维码（quick response code，QR Code）	日本 Denso 公司于 1994 年 9 月研制，是一种矩阵二维条码符号

RFID 技术是一种基于电磁理论的通信技术，它通过射频信号自动识别目标对象来获取相关数据，是一种非接触式的自动识别技术，适用于要求非接触数据采集和交换的场合。它的优点是不局限于视距，识别距离比光学系统远，射频识别卡可具有读写能力，可携带大量数据，难以伪造，并且智能性较高。目前通常利用便携式的数据终端，通过非接触式的方式从射频识别卡上采集数据，采集的数据可以直接通过射频通信方式传送到主计算机上，由主计算机对各种物流数据进行处理，以实现对物流全过程的控制。关于射频技术的详细内容将在 2.2 节中进行介绍。

2. EDI 技术

EDI 技术是计算机、通信和管理相结合的产物。EDI 协议的标准结构格式将标准的经济信息通过电子数据通信网络，在商业伙伴的电子计算机系统之间进行交换和自动处理。由于使用 EDI 可以减少甚至消除贸易过程中的纸面文件，因此 EDI 又被人们通俗地称为"无纸贸易"。EDI 作业流程图如图 1.4 所示，用户首先将文件发送到平台加封为标准文件，其次通过传输网络将文件解封、翻译发送给用户。

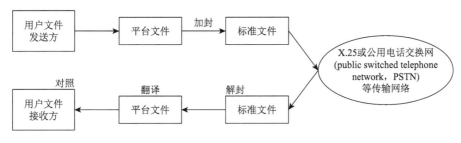

图 1.4　EDI 作业流程图

　　EDI 能让货主、承运人及其他相关的单位之间，通过系统进行物流数据交换，并且以此为基础实施物流作业活动。物流 EDI 的参与单位有货主（如生产厂家、贸易商、批发商和零售商等）、承运人（如独立的物流承运企业或代理等）、实际运货人（铁路企业、水运企业和航空企业等）、协助单位（政府有关部门、海关和金融企业等）和其他的物流相关单位（如仓库业者和专业配送者等）。

　　EDI 的基础是信息，这些信息可以由人工输入计算机，但是更好的方法是通过扫描条码获取数据，这样做的结果是速度快、准确性高。EDI 的运用改善了贸易伙伴之间的联系，使物流企业或单位内部运作过程合理化，增加了贸易机会，改进了工作质量和服务质量，降低了成本，获得了竞争优势。关于 EDI 的详细内容将在第 3 章中介绍。

　　3. 定位跟踪技术

　　定位跟踪技术主要包括 GPS 和 GIS。

　　GPS 是利用空中卫星对地面目标进行精确导航与定位，以达到全天候、高准确度地跟踪地面目标移动轨迹的目的。它在物流领域主要应用于汽车自定位及跟踪调度、铁路车辆运输管理、船舶跟踪及最佳航线的确定、空中运输管理和军事物流配送等领域。关于 GPS 的详细内容将在 4.1 节中进行介绍。

　　GIS 是以地理空间数据为基础，采用地理模型分析方法，适时地提供多种空间的和动态的地理信息，是一种为地理研究和地理决策服务的计算机技术系统。基本功能是将表格型数据（可来自数据库、电子表格文件或直接在程序中输入）转换为地理图形显示，然后对显示结果进行浏览、操作和分析。通过结合其他的软件，GIS 可以建立车辆路线模型、网络物流模型、设施定位模型等，辅助进行物流决策。关于 GIS 的详细内容将在 4.2 节中进行介绍。

　　4. 物联网技术

　　物联网技术起源于传媒领域。物联网形式早已存在，统一意义上的物联网概念提出是在互联网发展成熟的基础上。物联网是指通过 RFID、红外感应器、GPS、激光扫描器等信息传感设备，按照约定的协议，将任何物品通过有线与无线方式与互联网连接，进行通信和信息交换，以实现智能化识别、定位、跟踪、监控和管理的一种网络。物联网具有联网终端规模化、感知识别普适化、异构设备互联化、管理处理智能化及应用服务链条化的特点。物联网技术分类如图 1.5 所示。关于物联网技术的详细内容将在第 5 章中介绍。

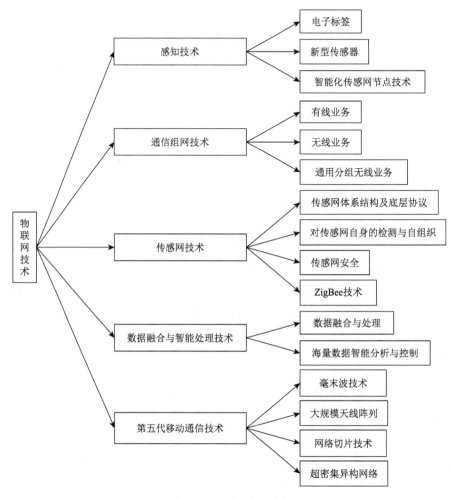

图 1.5   物联网技术分类

1.3   物流信息技术的应用现状与发展趋势

1.3.1   物流信息技术的应用现状

目前，各种物流信息技术已经广泛应用于物流活动的各个环节，对企业的物流活动产生了深远的影响。

1. 物流自动化设备技术的应用

物流自动化设备技术集成和应用的主要环节是配送中心，其特点是每天需要拣选的物品品种多、批次多、数量大。因此，很多超市、医药、邮包等行业的配送中心都引进了物流自动化拣选设备。一种是拣选设备的自动化应用，如北京市医药股份有限公司物流配送中心，其拣选货架上配有可视的分拣提示设备，这种分拣货架与物流管理信息系统相连，动态地提示被拣选的物品和数量，指导着工作人员的拣选操作，提高了货物拣选的准确性和速度。另一种是一种物品拣选后的自动分拣设备。用条码或电子标签附在被识别的物体上（一般为组包后的运输单元），由传送带送入分拣口，然后由装有识读设备的分拣机分拣物品，使物品进入各自的组货通道，完成物品的自动分拣。

分拣设备在国内大型配送中心也有所使用，但这类设备及相应的配套软件基本上是由国外进口而来，也有的是进口国外机械设备，由国内配置软件。立体仓库和与之配合的巷道堆垛机在国内发展迅速，在机械制造、汽车、纺织、铁路、卷烟等行业都有应用。例如，昆明船舶设备集团有限公司生产的巷道堆垛机在红云红河烟草（集团）有限责任公司等多家企业应用了多年。近年来，国产堆垛机在其行走速度、噪声、定位精度等技术指标上有了很大的改进，运行也比较稳定。但是与国外著名厂家相比，在堆垛机的一些精细指标，如最低货位极限高度、高速（80m/s 以上）运行时的噪声、电机减速性能等方面还存在差距。

2. 物流设备跟踪和控制技术的应用

物流设备跟踪主要是指对物流的运输载体及物流活动中涉及的物品所在地进行跟踪。物流设备跟踪的手段有多种，可以用传统的通信手段，如电话等进行被动跟踪，可以用 RFID 手段进行阶段性的跟踪，但目前国内用得最多的还是利用 GPS 技术跟踪。GPS 技术跟踪利用 GPS 的物流监控管理系统，它主要跟踪货运车辆与货物的运输情况，使货主及车主随时了解车辆与货物的位置与状态，保障整个物流过程的有效监控与快速运转。物流 GPS 监控管理系统的构成主要包括运输工具上的 GPS 定位设备、跟踪服务平台（含 GIS 和相应的软件）、信息通信机制和其他设备（如货物上的电子标签或条码、报警装置等）。在国内，部分物流企业为了提高企业的管理水平和提升对客户的服务能力也应用了这项技术。例如，有些地方政府要求下属交通部门对在营运客车上安装 GPS 设备进行了部署，从而加强了对营运客车的监管。

3. 物流动态信息采集技术的应用

经济的全球化发展、产品生命周期的缩短和用户交货期的缩短等都对物流服务的可得性与可控性提出了更高的要求，实时物流理念也由此诞生。如何保证对物流过程的完全掌控，物流动态信息采集应用技术是必需的要素。动态的货物或移动载体本身具有很多有用的信息，如货物的名称、数量、重量、质量、出产地或者移动载体（如车辆、轮船等）的名称、牌号、位置、状态等一系列信息。这些信息可能在物流中反复地使用，因此，正确、快速读取动态货物或载体的信息并加以利用可以明显地提高物流的效率。在目前流行的物流动态信息采集技术中，一维条码、二维条码技术应用范围最广，磁条（卡）、语音识别、便携式数据终端、RFID 等技术次之。

1.3.2　物流中的大数据与云计算技术

大数据是指无法在一定时间范围内用常规软件工具进行捕捉、管理和处理的数据集合，是需要新处理模式才能使之具有更强的决策力、洞察发现力和流程优化能力的海量、高增长率和多样化的信息资产。大数据的特征通常被概括为 5 个"V"，即数据量（volume）大、数据类型（variety）繁多、处理速度（velocity）快、价值（value）密度低和真实性（veracity）强五个方面。大数据的关键技术一般包括大数据采集技术、大数据预处理技术、大数据存储与管理技术、大数据分析与挖掘技术、大数据可视化与大数据安全保障技术。关于大数据技术的详细内容将在 6.1 节中进行介绍。

云计算是一种融合了分布式计算、并行计算、网格计算、虚拟化、网络存储等技术的新型计算模式，通过网络将庞大的计算处理程序自动拆分成无数个较小的子程序，再交由多部服务器所组成的系统经过搜寻、计算、分析之后将处理结果返还给用户。云计算技术是由计算机技术和网络通信技术发展而来的，其核心技术主要包括编程模型、分布式技术、虚拟化技术和云平台技术。云计算技术和大数据技术相辅相成，带动了全球范围内技术与商业的变革。在这个信息爆炸的时代，基于云计算和大数据发展物流已经是大势所趋。面对现代物流业中的海量数据，供应链上的相关企业争先加大在大数据方面的投入，充分发挥大数据在数据挖掘、数据分析方面的优势，更将其看作一项战略投资。实施云计算和大数据技术可以精准分析市场变化情况，缓解日益紧张的物流资源，从而实现对物流资源的合理利用，进行物流客户管理，并运用大数据对新老客户和潜在客户满意度、忠诚度及需求进行分析，为客户提供高附加值和一体化的物流服务。关于云计算技术的详细内容将在 6.2 节中进行介绍。

1.3.3 物流中的人工智能与区块链技术

1. 物流中的人工智能技术

人工智能（artificial intelligence，AI）是研究并开发用于模拟、延伸和扩展人的智能的理论、方法、技术及应用系统的一门新的技术科学。人工智能是计算机科学的一个分支，它企图了解智能的实质，并生产出一种新的能以人类智能相似的方式做出反应的智能机器，该领域的研究包括机器人、语言识别、图像识别、自然语言处理和专家系统等。人工智能既能实现对人的意识的模拟，还能实现对思维的信息过程的模拟。人工智能不是人的智能，但能按照人类的思维模式进行相应操作。例如，"AlphaGo"（阿尔法狗）是一款能够与人类进行对战的智能机器人，它能够根据围棋对战的实际情况，分析对手的棋路，并在对手落子之后的较短时间内计算出不同应对方式的成功概率，从而选择最佳的落子位置。人工智能在现代科学技术发展方面有着重大的积极意义，它是人类文明发展的里程碑。

人工智能对物流行业的影响体现在以下三个方面。

1）仓储环节

对于企业仓库选址的优化问题，人工智能技术能够根据现实环境的种种约束条件（如顾客、供应商和生产商的地理位置、运输经济性、劳动力可获得性、建筑成本、税收制度等）进行充分的优化，给出接近最优解决方案的选址模式。因为人工智能能够减少人为因素的干预，使选址更为精准，所以能够使物流企业的成本大幅降低，企业的利润大幅上涨。

2）库存管理

人工智能通过分析历史消费数据，建立相关模型对以往的数据进行解释并且预测未来的数据，动态调整库存水平，保持企业存货的有序流通，提升消费者满意度的同时，不断减少企业盲目生产的成本浪费，使得企业始终能够提供高质量的生产服务。在降低消费者的等待时间的同时使得物流相关功能分离开来，令物流运作更为有效。

3）运输路径的规划

智能机器人的投递分拣、智能快递柜的广泛使用都大大提高了物流系统的效率，大大降低了行业对人力的依赖。随着无人驾驶等技术的成熟，未来的运输将更加快捷和高效。通过实时跟踪交通信息，以及调整运输路径，物流配送的时间精度将逐步提高。而无人监控的智能投递系统也将大大减少包装物的使用，更加环保。

在物流行业的应用中，人工智能关键技术涉及了深度学习、计算机视觉、自动驾驶和自然语言理解等，关于对人工智能技术的详细内容将在 7.2 节中进行介绍。人工智能技术在物流领域中的应用可以分为仓储、运输、配送这 3 个环节，在仓储环节，主要运用的是码垛机器人、分拣抓取机器人和搬运机器人；在运输方面，主要运用的是无人驾驶、智能副驾和智能装载；在配送方面，主要运用的是分拣机器人、无人机和自动驾驶机器。关于人工智能技术在物流领域中的具体应用将在 7.3 节中进行介绍。

2. 物流中的区块链技术

区块链（block chain）是用分布式数据库识别、传播和记载信息的智能化对等网络，也称为价值互联网。是利用分布式数据存储、点对点传输、共识机制、加密算法等计算机技术形成的新型应用模式。区块链一词最早是作为比特币的底层技术之一出现的，它本质上是一个去中心化的数据库。从科技层面来看，区块链涉及数学、密码学、互联网和计算机编程等很多科学技术问题。从应用视角来看，区块链是一个分布式的共享账本和数据库，具有去中心化、不可篡改、全程留痕、可以追溯、集体维护、公开透明等特点。这些特点保证了区块链的"诚实"与"透明"，为区块链创造信任奠定基础。而区块链丰富的应用场景，基本上都基于区块链能够解决信息不对称问题，实现多个主体之间的协作信任与一致行动。区块链在物流中的成功实践需要几个关键技术，如分布式账本、非对称加密、共识机制和智能合约。关于区块链技术的详细内容将在 8.2 节中进行阐述。

区块链技术在物流行业中的应用主要体现在以下四个方面。

1）区块链技术在物流信息记录中的应用

区块链技术在物流系统中的应用改善了原有系统的繁复结构，以区块链系统的方式形成多个节点，每个节点间相互联系但互不干扰，在这种区块链系统中，物流信息的记录得到加强。每一个与数据信息相关的节点都能够记录其所对应的信息内容，保证了供应链各个环节的灵活性，信息的追溯也较易完成。从交易对象购买物流行为，到物流运输与交付，每一个环节与过程都生成信息数据，并记录、存储于区块链中，信息的流动也具有灵活性，能够在所需求的各个步骤对信息进行提取。

2）区块链技术在物流信息保护中的应用

区块链技术应用于物流行业中，将互联网信息技术与计算机技术应用于物流系统中，不再以传统的纸笔模式生成纸质信息资料，而是能够以数字化信息资料的方式进行信息的记录与流动。区块链技术在物流系统中的应用，以信息加密技术形成对数字信息资源的安全保护，不仅提高了信息真实性，也能够增加交易双方的相互信任感，同时也节省了物流企业的资金成本，产生更大的社会效益。区块链技术应用于信息真实性保护上，通过区块链技术中信息的存储，将安全保护技术与物流信息结合，对物流信息流动形成技术保护。因为在区块链中，每一个链接都能够保证始终未修改状态，所以还提高了物流信息可追溯性与信息利用安全性。区块链技术应用于物流信息保护中，对私有区块链中交易双方形成数据副本支持，使得外部人员及其他交易方无法访问与更改副本，所以对物流信息不仅能够形成真实性保障，还具有长期的可追溯属性。

3）区块链技术在物流商品中的应用

区块链技术在物流行业中的应用直接作用于物流信息形成储存与保护，同时，区块链技术对物流系统中的信息化的商品可以直接进行资产化与价值化设计，给物流行业提供更好的质量保证。在区块链技术应用中物流信息是不可篡改的，因此其给物流货物商品构建了唯一所有权，物流信息可追溯也给物流货物商品形成了资产化改造。所以区块链技术在物流商品中的应用，使得物流商品不仅仅具有物流信息下的货物商品属性，同时提供了资产化属性。在区块链技术应用中，其通过智能合约的节点控制，直接对物流商品进行筛选，通过这种方式筛除物流行业中违法违规的商品，不允许运输。同时提供给消费者更加有利的隐私保护，这是很好的提高消费者对物流企业信任感的方式，促进物流行业的有序发展。

4）区块链技术在物流征信中的应用

区块链技术在物流行业中的应用，一是为了信息存证，二是为了信息传递。物流行业作为信用体系健全度较低的行业，常造成交易双方信息透明度提供不足，使得信息失真。所以在物流行业中需要建立行业自律管理组织，引导行业健康发展。区块链技术的应用可以直接作用于物流征信体系中，以承担多方合作的连接体模式为物流行业提供征信保障。在区块链技术的安全保障下，不泄露数据信息，也能够保障数据信息不被篡改、不丢失、不失真，实现数据信息的共享，这对于物流行业的信用体制的健全发展是具有积极意义的，有利于促进物流行业的有序发展。

区块链技术在物流行业中的应用，除了对物流信息记录、物流信息保护、物流商品和运输物流征信管理四个方面的应用之外，还可以应用在仓储、运输及配送环节，具体的内容将在 8.3 节中进行介绍。

1.3.4　智慧物流的兴起与发展

1. 智慧物流的兴起

为了建立一个面向未来的具有先进化、互联化、智能化等特征的供应链，国际商业机器（International Business Machines，IBM）公司于 2009 年提出了智慧供应链的概念。随后中国物流技术协会信息中心、华夏物联网、《物流技术与应用》编辑部联合提出了智慧物流的概念。智慧物流是指利用集成智能化技术，使物流系统能够模仿人的智能，具有思维、感知、学习、推理判断和自行解决物流中某些问题的能力，从而实现物流资源优化调度和有效配置、物流系统效率提升的现代化物流管理模式。传统物流与智慧物流的区别如表 1.2 所示。

表 1.2　传统物流与智慧物流的区别

类型内容	传统物流	智慧物流
信息状态	信息孤立	信息畅通共享
订单生产	纸质订单	电子订单
各部门运作方式	个体单一运作	一体化运作
管理方式	人工管理	可视化、智慧化管理
服务内容	保管、库存控制、运输	核心业务服务和价值增值服务
服务功能	主要提供仓储和运输业务	智能仓储、智能运输、智能配送、智能加工
技术应用	技术单一化且落后	多种信息技术
追求目标	规模生产、低成本服务	规模定制、个性化服务
交易方式	直线型	网络型

由于传统的物流在各个环节都是彼此孤立存在的，大多数传统的物流企业并没有建立完整的信息系统，很多环节仍旧采用人工的管理方式，这样不仅会增加工作量还会造成管理困难。各个部门、企业之间无法及时地进行数据交换，实现信息共享，从而无法达成共识来应对市场变化带来的问题，导致成本增加，不利于企业之间的竞争。而智慧物流的出现给物流行业带来了多种颠覆性创新。在智慧物流体系中，物流活动的开展基于实体要素的全程数据化，效率由数据驱动。

2. 智慧物流的特点

智慧物流将物联网、传感网与互联网整合起来，通过精细、动态、科学的管理，提升了整个物流系统的智能化和一体化水平。智慧物流具有数据驱动、资源共享和智能高效的特点。

1）数据驱动

随着互联网技术的发展，依托国家交通运输物流公共信息平台，许多物流大数据中心相继建成。此外，北京京东世纪贸易有限公司（以下简称京东）、菜鸟网络科技有限公司（以下简称菜鸟）、百度在线网络技术（北京）有限公司（以下简称百度）等纷纷推出的物流云服务应用也为物流大数据提供了重要保障。以大数据为基础的智慧物流，使得仓储、运输、配送等环节智能化水平显著提升，如从物流网点的智能选址，到运输路线的最优配置；从运输车辆装载率的最高化，到"最后一公里"的优化配送等从点到线、线到面，数据分单和数据派单等技术的应用，都可通过海量的物流数据分析来挖掘更多潜在的商业价值。

2）资源共享

智慧物流的基本原则是"互联互通、开放共享"。基于物流大数据分析洞察各企业、各环节的物流运作规律，通过物联网技术及时传递供应链上下游企业的物流信息，打通信息壁垒，实现供应链高效协同，提高供应链精益化管理水平，创造更多的共享经济。

例如，以菜鸟驿站为例，为有效解决"最后一公里"难题，菜鸟驿站通过与高校、社区便利店、连锁超市、物业等合作设立的代收代存的末端网点，既有效解决了末端配送的效率低和成本高的问题，也改变了快递包裹末端配送服务杂、乱、差的局面。

3）智能高效

智慧物流的核心目标是降本增效。随着货物跟踪定位、RFID、可视化技术、机器人技术、移动信息服务等新兴技术在物流行业的广泛应用，物流智能化水平不断提高。例如，菜鸟研发的仓内智能搬运机器人可以自动驮着拣货车前往指定货架；申通快递的全自动快递分拣机器人"小黄人"可以 24 小时不间断分拣，每小时可完成 18 000 件分拣；京东推出的无人机送货改变了物流业传统的配送模式。

3. 智慧物流的演化

智慧物流的演化可以分为 4 个阶段。

1）信息化阶段

在信息化阶段，以传感器、GPS、条形码、企业资源规划（enterprise resource planning，ERP）、企业管理系统等技术为标志。信息技术初次应用在物流产业，主要负责物流规划、管理、设计和控制等环节，使技术逐步替代人工，部分物流环节实现了自动化、信息化和数字化运作。

2）物联网阶段

在物联网阶段，物联网技术使物流实体得以连接，传感器、通信网络和大数据解决了物流信息集成应用和控制。物联网改变了物流产业的管理方式，物流企业对每个物流环节实现了跟踪、定位、监控与管理，使物流业务与服务可追溯、可视化及自动配送。

3）智能物流

在智能物流阶段，基于物联网网络基础结合了自动控制、人工智能、决策管理等技术手段。智能物流可以为物流企业提供日常经营决策和战略控制，如物流配送最优路径决策、自动分拣机控制决策、自动导向车作业控制决策等。

4）智慧物流

在智慧物流阶段，大数据、云计算等技术手段改变了物流信息的获取和存储方式，使物流信息更加透明，解决了物流信息不对称的问题。新技术借助门户网站、移动 App、移动终端等载体不断搜集与分析物流信息，为客户提供了定制化和个性化物流服务。多点及分布式的存储方式使客户既是物流信息的发布者也是物流信息的接收者，使得信息透明化并且整合了物流信息资源。

4. 智慧物流的应用

智慧物流有着广泛的应用，国内许多城市围绕智慧港口、多式联运、冷链物流、城市配送等方面，着力推进物联网在大型物流企业、大型物流园区的系统级应用。将 RFID 技术、定位技术及相关的软件信息技术集成到生产及物流信息系统领域，探索利用物联网技术实现物流环节的全流程管理，开发面向物流行业的公共信息服务平台，优化物流系统的配送中心网络布局。分布式仓储管理及流通渠道建设能够最大限度地减少物流环节、简化物流过程，能够提高物流系统的快速反应能力。此外，通过跨领域信息资源整合，建设基于卫星定位、视频监控、数据分析等技术的大型综合性公共物流服务平台，发展供应链物流管理。

1.3.5 物流信息技术的发展趋势

纵观信息技术在物流领域的发展历程，从初期的简单用于编制物流运输统计分析报告等到单项业务的单机应用，发展到全部业务的联网应用，并且由局部应用发展到全行业各领域的应用，信息技术在数据通信网和信息处理平台等物流信息化基础设施和应用系统建设方面取得了丰硕的成果。随着计算机、互联网、大数据等技术的进一步发展，物流信息技术的发展有以下 3 个趋势。

1. 物流动态信息采集技术的发展

在全球供应链管理趋势下，及时掌握货物的动态信息和品质信息已成为企业盈利的关键因素。但是由于自然、天气、通信、技术、法规等方面的影响，物流动态信息采集技术的发展一直受到很大制约，远远不能满足现代物流发展的需求。物流动态信息采集技术需要借助新的技术才能成为物流领域下一个技术的突破点。

2. 物流信息安全技术的发展

借助网络技术发展起来的物流信息技术，在享受网络飞速发展带来巨大好处的同时，也会陷入网络带来的安全危机。例如，网络黑客无孔不入地恶意攻击、病毒的传播、信息的泄露等。应用安全防范技术，保障企业的物流信息系统或平台安全、稳定地运行，是企业长期面临的一项重大挑战。物流信息安全技术将日益被重视。

3. 大数据技术的发展

大数据技术成为物流企业提高预测决策水平和资源整合能力的重要支撑。互联网技术改变了世界经济结构，催生出了很多新的产业形态，电子商务和互联网金融的开展，使企业的市场营销和服务实现了云端化，使产业供应链实现了扁平化，减少了中间环节，倒逼物流服务企业必须以更加敏捷的反应、专业的服务和高效的物流适应市场需求的变化。大数据技术通过对企业内部资源信息和市场竞争信息、外部合作企业信息和用户体验互动信息等的深度挖掘和筛选，制订出科学的并且具有应急处置能力的决策方案。

>>> 应用案例

德邦物流公司物流信息技术的应用①

德邦物流股份有限公司（以下简称德邦物流公司）创建于 1996 年，总部位于上海市青浦区。德邦物流公司致力于成为以客户为中心，覆盖快递、快运、整车、仓储与供应链、跨境、金融等多元业务的综合性物流供应商。德邦物流公司始终紧随客户需求而持续创新，坚持自营门店与事业合伙人相结合的网络拓展模式，搭建优选线路，优化运

① 德邦物流公司物流信息技术的应用，https://max.book118.com/html/2018/0503/164393072.shtm，节选。

力成本，为客户提供快速高效、便捷及时、安全可靠的服务。德邦物流公司的物流信息技术有以下几个方面。

1. 一维条码技术

一维条码是由一组规则排列的条和空、相应的数字组成，这种用条、空组成的数据编码可以供机器识读，而且很容易译成二进制数和十进制数。因此这种技术广泛地应用于物品信息标注中。因为符合条码规范且无污损的条码的识读率很高，所以北京德邦物流一维条码结合相应的扫描器可以明显地提高物品信息的采集速度。加之条码系统的成本较低、操作简便，又是国内应用最早的识读技术，所以在国内有很大的市场，国内大部分超市都在使用一维条码技术。但一维条码表示的数据有限，条码扫描器读取条码信息的距离也要求很近，而且条码被损污后可读性极差，所以限制了它的进一步推广应用，同时一些其他信息存储容量更大、识读可靠性更好的识读技术开始出现。

2. 二维条码技术

由于一维条码的信息容量很小，如商品上的条码仅能容纳几位或者十几位阿拉伯数字或字母，商品的详细描述只能依赖数据库提供，离开了预先建立的数据库，一维条码的使用就受到了局限。基于这个原因，专家们发明了一种新的码制，除具备一维条码的优点外，同时还有信息容量大（根据不同的编码技术，容量是一维的几倍到几十倍，从而可以存放个人的自然情况及指纹、照片等信息）、可靠性高（在损污 50%情况下仍可读取完整信息）、保密防伪性强等优点。这就是在水平和垂直方向的二维空间存储信息的二维条码技术。二维条码继承了一维条码的特点，条码系统价格便宜，识读率强且使用方便，所以在国内银行、车辆等管理信息系统上开始应用。

3. 磁条技术

磁条（卡）技术以涂料形式把一层薄薄的由定向排列的铁性氧化粒子用树脂黏合在一起并粘在如纸或塑料这样的非磁性基片上。磁条从本质意义上讲和计算机用的磁带或磁盘是一样的，它可以用来记载字母、字符及数字信息。优点是数据可多次读写，数据存储量能满足大多数需求，由于其黏附力强的特点，使之在很多领域得到广泛应用，如信用卡、银行 ATM 卡、机票、公共汽车票、自动售货卡、会员卡等。但磁条卡的防盗性能、存储量等性能比起一些新技术如芯片类卡技术还是有差距。

4. 物流相变蓄能技术的应用

蓄能技术就是将化学能、水能、热能、电能等不同形式的能根据需要储存起来，在需要时释放出来提供使用的技术。相变蓄能技术是根据物质的三相特质（即固相、液相、气相）之间的相互转换实现蓄能及放能。以水为例：固相为冰、液相为水、气相为水蒸气。当固相冰变成液相水需要吸收大量的热，这就是吸热现象，反之从液相的水变成固相的冰要放出大量的热，这就是放热现象。物质材料在温度变化时有相变现象发生和没有相变发生，其吸收和放出的热能相差数倍到数百倍。所谓相变蓄能就是利用这个原理，按冷链运输不同的温度需求将不同相变温度的材料进行合理配置达到相变蓄冷蓄热的效果，其物理反应验证了能量守恒定律。

在日常应用中一提到冷链物流就会联想到制冷。但实际上，在很多的时候制冷和保温是相对的概念。也就是说在冷链物流运输中的应用不止体现在制冷技术，也体现在保热技术。

讨论题

（1）德邦物流公司应用的物流信息技术有哪些？

（2）分析物流信息技术对物流企业发展的意义。

■ 本章小结

　　物流信息技术是一种运用于物流各个环节中的信息技术。它具有提高物流能力、物流活动有效性、物流服务能力、物流运作透明度、物流效率的作用，此外还可以促进和实现供应链管理，物流信息技术主要包括自动识别技术、自动跟踪与定位类技术、物流信息机接口技术、数据管理技术和计算机网络技术等现代高端信息科技。本章详细介绍了数据的概念与类型、信息的定义与特点、物流信息的概念与作用、物流信息的发展趋势等，着重介绍了物流信息技术的概念、组成、作用，以及智慧物流的兴起和发展等，同时，强调了大数据、云计算、人工智能和区块链技术在物流领域的具体应用，有效缓解了物流成本、物流运作效率、市场反应灵敏度等问题，从而更好地满足客户的需求，增强企业的核心竞争力。

【关键术语】

（1）数据　　（2）信息　　　（3）物流信息　　（4）智慧物流

（5）大数据　（6）云计算　　（7）人工智能　　（8）区块链

▶▶ 习题 ▶▶

1. 选择题

（1）下列选项中，_____不属于信息的特点。

    A. 价值性　　　　　B. 对称性　　　　　C. 共享性　　　　　D. 传递性

（2）数据的表现形式包括_____。

    A. 视频　　　　　　B. 符号　　　　　　C. 图像　　　　　　D. 以上全部

（3）由于各种原因，在市场中交易的各方所掌握的信息是不相等的，这形成了信息的_____。

    A. 价值性　　　　　B. 共享性　　　　　C. 不对称性　　　　D. 可扩散性

（4）EDI 技术是一种_____。

    A. 信息交换技术　　　　　　　　B. 信息采集技术

    C. 动态跟踪技术　　　　　　　　D. 地理分析技术

（5）条形码技术属于_____。

    A. 信息转换技术　　　　　　　　B. 信息采集技术

    C. 动态跟踪技术　　　　　　　　D. 基础技术

（6）云计算是对_____技术的发展和运用。

    A. 分布式计算　　　　　　　　　　　B. 并行计算

    C. 网格计算　　　　　　　　　　　　D. 以上选项都是

（7）全球定位系统也称为_____。

    A. EDI　　　　　　B. CAD　　　　　　C. GIS　　　　　　D. GPS

（8）下列_____不是智慧物流的特点。

    A. 信息联通　　　　B. 智能高效　　　　C. 数据驱动　　　　D. 资源独享

2. 判断题

（1）信息可以形成知识。　　　　　　　　　　　　　　　　　　　（　　）

（2）共享性是信息的本质特征之一。　　　　　　　　　　　　　　（　　）

（3）数据可以用数字、字符、图形、声音等不同的形式来表示，信息会随数据的不同形式而改变。　　　　　　　　　　　　　　　　　　　　　　　　　　（　　）

（4）物流信息只包括与物流活动相关的信息。　　　　　　　　　　（　　）

（5）GPS 只能对动态对象进行动态空间信息的获取，空间信息反馈快速、精度均匀、不受天气和时间的限制。　　　　　　　　　　　　　　　　　　　　　　（　　）

（6）数据是信息存在的一种形式，只有通过解释或处理才能成为有用的信息。

                                                  （　　）

（7）RFID 技术是一种基于力学理论的通信技术，它通过射频信号自动识别目标对象来获取相关数据，是一种非接触式的自动识别技术。　　　　　　　（　　）

（8）信息都具有生命周期，在一定的时间内才具有价值。　　　　（　　）

3. 简答题

（1）什么是信息？它有哪些特点？

（2）简述物流信息的概念与作用。

（3）物流信息技术的组成有哪些？

（4）简述几种主要的现代物流信息技术。

（5）简述物流信息技术的发展趋势。

第2章

物流数据采集与识别技术

【本章教学要点】

知识要点	掌握程度	相关知识	应用方向
条码的基本概念	掌握	条码的概念和分类，一维条码和二维条码的基本概念和特点	掌握条码的基本概念和分类，在理解的基础上能够在实际中正确辨析和使用条码的码制。掌握条码在物流中的应用
常见的条码码制	熟悉	常见的一维条码、二维条码的码制	
物流条码技术	掌握	物流条码的内容和特点，物流条码的标准体系	
RFID 技术概述	掌握	RFID 技术的基本概念和特点	理解 RFID 技术的基本概念、特点和系统分类，能够掌握RFID 系统的工作原理并将其进行实际应用
RFID 技术系统的构成和原理	掌握	RFID 技术系统的 4 个主要组成部分和 7 个主要工作流程	
RFID 技术系统的分类	了解	RFID 技术系统的 3 种分类方式	
RFID 技术的标准	了解	RFID 技术的 3 个主要技术标准体系，以及低频、高频、超高频等频率标准	

导入案例

条形码在天津丰田汽车的应用[①]

　　天津丰田汽车有限公司（以下简称天津丰田汽车）是日本丰田汽车公司在中国的第一个轿车生产基地。在这里，丰田汽车公司不惜投入最新技术，生产专为中国开发的，充分考虑到环保、安全等条件因素的新型小轿车。

　　使用二维条码应用管理解决方案使丰田汽车在生产过程控制管理系统中成功应用了 QR Code 数据采集技术，并与天津丰田汽车共同完成了生产过程控制管理系统的组建。（QR Code 码具有信息容量大、可靠性高、可表示汉字及图像多种文字信息、保密防伪性强等优点。）

---

　　① 条形码在天津丰田汽车的应用，https://www.labelmx.com/company/news/trade/200807/404.html。

1. 丰田汽车组装生产线数据采集管理

汽车是在小批量、多品种混合生产线上生产的，将写有产品种类生产指示命令的卡片安装在产品生产台，这些命令被各个作业操作人员读取并完成组装任务。但是使用这些卡片存在严重的问题和较大的隐患，如速度、出错率、数据统计、协调管理、质量问题的管理等。

1）系统概要

如果用二维条码来取代手工卡片，初期投入费用并不高，但建立了高可靠性的系统。

（1）生产线的前端，根据主控计算机发出的生产指示信息，条码打印机打印出一张条码标签，贴在产品的载具上。

（2）各作业工序中，操作人员用条码识读器读取载具上的条码符号，将作业的信息输入计算机，主系统对作业人员和检查装置发出指令。

（3）各个工序用扫描器读取贴在安装零件上的条码标签，然后再读取贴在载具上的二维条码，以确认零件安装是否正确。

（4）各工序中，二维条码的生产指示号码、生产线顺序号码、车身号数据和实装零部件的数据、检查数据等，均被反馈回主控计算机，用来对进展情况进行管理。

2）应用效果

（1）投资较低。

（2）二维条码可被识读器稳定读取（错误率低）。

（3）可节省大量的人力和时间。

（4）主系统对生产过程的指挥全面提升。

（5）使生产全过程和主系统连接成为一体，生产效益大大提高。

2. 丰田汽车供应链采集系统的应用

1）应用环境

汽车零件供货商按汽车厂商的订单生产零配件，长期供货，这样可以减少人为操作，缩减成本，提高效率。

2）应用描述

（1）汽车厂家将看板标签贴在自己的周转箱上，先定义箱号。

（2）汽车厂家读取看板标签上的一维条码，将所订购的零件编号、数量、箱数等信息制作成 QR Code，并制作带有该 QR Code 的看板单据。

（3）将看板单据和看板标签一起交给零件生产厂。

（4）零件生产厂读取由车辆提供的看板单据上的 QR Code，处理接收的订货信息，并制作发货指示书。

（5）零件生产厂将看板标签附在发货产品上，看板单据作为交货书发给汽车生产厂。

（6）汽车生产厂读取看板单据上的 QR Code 进行接货统计。

3）应用效果

（1）采用 QR Code 使得原来无法条码化的品名、规格、批号、数量等可以自动对照，出库时的肉眼观察操作大幅减少，降低了操作人员人为识别验货的错误，避免了误配送的发生。

（2）出库单系统打印二维条码加密，安全、不易出错。

（3）验货出库工作可以完全脱离主系统和网络环境独立运行，对主系统的依赖性小，减少主系统网络通信和系统资源的压力，同时对安全性的要求降低。

（4）真正做到了二维条码数据与出库单数据及实际出库的物品的属性特征的统一。

（5）加快了出库验收作业的时间，缩短了工作的过程，并且验收的信息量大大增加，从而提高了效率、降低了成本、保证了安全、防止了错误的发生。

讨论题

（1）天津丰田汽车使用手工卡片时存在哪些不足？

（2）供应链采集系统的应用为天津丰田汽车解决了哪些问题？

（3）二维条码技术在该供应链采集系统中发挥了什么作用？

2.1　条码技术

2.1.1　条码技术概述

条码是一种信息代码，由一组宽度不同、反射率不同的条和空按规定的编码规则组合起来，用以表示一定的字符、数字及符号组成的信息，它是一种用光电扫描阅读设备识读并使数据输入计算机的特殊代码。按照条码维数不同，可以将条码分为一维条码、二维条码和多维条码。按照条码应用场景不同，可以将条码分为商品条码和物流条码。

在物流过程中，利用条码技术，可以实现数据的自动采集、自动识别。在商品从供应商到消费者的整个物流过程中，都可以通过条码来实现数据共享，使信息的传递更加方便、快捷、准确，也使经济效益得到提高。条码技术起源于 20 世纪 40 年代、研究于 20 世纪 60 年代、应用于 20 世纪 70 年代、普及于 20 世纪 80 年代，它的每一步发展都引起了世界流通领域里的大变革。

1. 条码的基本概念

（1）码制，指条码符号的类型，每种类型的条码符号都是由符合特定编码规则的条和空组合或图形组成的。每种码制都具有固定的编码容量和所规定的字符集。

（2）编码容量。每个码制都有一定的编码容量，这是由其编码方法决定的，编码容量限制了条码字符集中所含字符的数目。

（3）字符集，代表某种码制的条码符号可以表示的字母、数字和符号的集合。有些码制仅能表示 10 个数字字符：0～9，如 EAN 或者 UPC；有些码制除了能表示 10 个数字字符外，还可以表示几个特殊字符，如库德巴条码。39 码可表示数字字符 0～9、26 个英文字母 A～Z 及一些特殊字符，如 "-" "□" "$" "%" 等。

（4）连续性与非连续性。条码符号的连续性是指每个条码字符之间不存在间隔，非连续性是指每个条码字符之间存在间隔。

（5）定长与非定长。定长条码是条码字符个数固定的条码，仅能表示固定字符个数的代码。非定长条码是指条码字符个数不固定的条码，能表示可变字符个数。定长条码由于限制了表示字符的个数，其译码的误识率相对较低，因为任何信息的丢失都会导致译码的失败。非定长条码具有灵活、方便等优点，但它在扫描阅读过程中可能产生因信息丢失而引起错误的译码。

（6）双向可读性。指从左右两侧开始扫描都可被识别的特性，绝大多数码制都具有双向可读性。

（7）自校验特性。条码字符本身具有校验印刷缺陷的特性。若在条码符号中，印刷缺陷不会导致替代错误，那么这种条码就具有自校验功能。

（8）条码密度，代表单位长度条码所表示条码字符的个数，其密度越高，所需扫描设备的分辨率也就越高。

（9）条码质量，主要指的是条码的印制质量，其判定主要从外观、条（空）反射率、条（空）尺寸误差、空白区尺寸、条高、数字和字母的尺寸、校验码、译码正确性、放大系数、印刷厚度和印刷位置几个方面进行。

2. 一维条码

一维条码由宽度不同、反射率不同的"条"和"空"，按照一定的编码规则（码制）

图 2.1　一维条码

编制而成，如图 2.1 所示。条码信息靠"条"和"空"的不同宽度和位置来传递，信息量的大小由条码的宽度和印刷的精度来决定，条码越宽，包容的"条"和"空"越多，信息量越大；条码的印刷精度越高，单位长度内可容纳的"条"和"空"越多，传递的信息量也就越大。条码中的"条"指对光线反射率较低的部分，"空"指对光线反射率较高的部分。

白色物体能反射各种波长的可见光，黑色物体能吸收各种波长的可见光，这是识读一维条码的基本原理。当条码扫描器光源发出的光经凸透镜照射到条空相间的条码上时，会收到与"条"和"空"相应的强弱不同的反射光信号，"条"和"空"的宽度不同，相应的电信号持续时间长短也不同。反射光信号经过光电转换器转换成相应的电信号输出到放大整形电路，并转换成数字信号，数字信号经译码器译成数字、字符信息，通过接口电路传送到计算机系统进行数据处理与管理，便完成了一维条码识别的全过程，如图 2.2 所示。

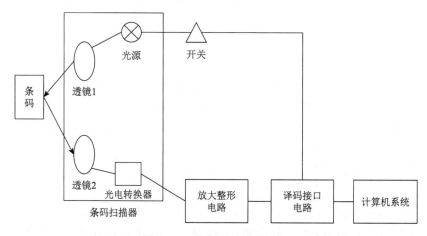

图 2.2　一维条码的识别过程

一个完整的一维条码的组成次序依次为静区（前）、起始/终止符、数据符、中间分割符（主要用于 EAN）、校验符、终止符、静区（后），如图 2.3 所示。

（1）静区。静区没有任何印刷符或条码信息，它通常是白的，位于条码符号的两侧。它是条码左右两端外侧与空的反射率相同的限定区域，它能使阅读器进入准备阅读的状态，当两个条码距离较近时，静区则有助于对它们加以区分，静区的宽度通常应不小于6 毫米（或 10 倍模块宽度）。

（2）起始/终止符，指位于条码开始和结束的若干"条"和"空"。它标志条码的开始和结束，同时提供了码制识别信息和阅读方向的信息。

图 2.3　一维条码的结构

（3）数据符，位于条码中间的"条""空"结构，它包含条码所表达的特定信息。

（4）中间分割符，位于条码中间位置的若干"条"与"空"。

（5）校验符。有些码制的校验符是必需的，有些码制的校验字符则是可选的。校验字符是通过对数据字符进行一种算术运算而确定的。当符号中的各字符被解码时，译码器将对其进行同一种算术运算，并将结果与校验字符比较。若两者一致时，说明读入的信息有效。

（6）模块，指条码中最窄的"条"或"空"，是构成条码的基本单位。模块的宽度通常以 mm 为单位。

（7）单元，构成条码的一个"条"或"空"。一个单元包含的模块数是由编码方式决定的，一些码制中，如 EAN，所有单元由一个或多个模块组成；而另一些码制，如39 码，所有单元只有两种宽度，即宽单元和窄单元，其中的窄单元即为一个模块。

3. 二维条码

在水平和垂直方向的二维空间存储信息的条码，称为二维条码。二维条码最早发明于日本，它是用某种特定的几何图形按一定规律在平面（二维方向上）分布的黑白相间的图形记录数据符号信息的。

二维条码是在一维条码无法满足实际应用需求的前提下产生的。由于受信息容量的限制，一维条码通常是对物品的标识，而不是对物品的描述。所谓对物品的标识，就是给某物品分配一个代码，代码以条码的形式标识在物品上，用来标识该物品以便自动扫描设备的识读，代码或一维条码本身不表示该产品的描述性信息。

因此，在 UPC 的应用系统中，对商品信息，如生产日期、价格等的描述必须依赖数据库的支持。在没有预先建立商品数据库或不便联网的地方，一维条码表示汉字和图像信息几乎是不可能的，即使可以表示，也显得十分不便且效率很低。随着现代高新技术的发展，迫切需要用条码在有限的几何空间内表示更多的信息，以满足千变万化的信息表示的需要。

二维条码的主要特点如下。

（1）信息容量大，可表示各种多媒体信息。二维条码能够在横向和纵向两个方位同时表达信息，因此能在很小的面积内表达大量的信息。一般，一个一维条码大约可容纳20个字符，而一个二维条码可容纳上千字符。

此外，多数一维条码所能表示的字符集不过是 10 个数字、26 个英文字母及一些特殊字符，要用一维条码表示其他语言文字（如汉字、日文等）、图像等信息是不可能的。而二维条码通过压缩技术能将凡是可以数字化的信息，包括字符、照片、指纹、声音等进行编码，可以表示各种文字和多媒体信息。

（2）具有纠错和加密功能，译码可靠性高。二维条码引入纠错机制，使得二维条码在因穿孔、污损等引起局部损坏时，照样可以得到正确识读。加密机制的引入是二维条码的又一优点，当用二维条码表示照片时，可以先用一定的加密算法将图像信息加密，然后再用二维条码表示。在识别二维条码时，再加以一定的解密算法，就可以恢复所表示的照片。

二维条码的译码可靠性要高于传统的一维条码。例如，一维条码的译码错误率约为百万分之二，而二维条码的译码错误率则不超过千万分之一，译码可靠性极高。

2.1.2　常见的一维条码

目前常用的一维条码的码制有 UPC、EAN、25 码、交叉 25 码、39 码、库德巴码和128 码等，而商品条码中最常使用的就是 EAN。

1. UPC

UPC 是 UCC 制定的一种商品用条码，主要用于美国和加拿大地区，在美国进口的商品上可以看到它。UPC 是最早大规模应用的条码，是一种长度固定、具有连续性的条码，由于其应用范围广泛，又被称万用条码。UPC 仅可用来表示数字，其字码集为数字0~9。UPC 共有 A、B、C、D、E 五种版本，见表 2.1。常用的商品条码版本为 UPC-A和 UPC-E，UPC-A 是标准的 UPC 版本，UPC-E 为 UPC-A 的压缩版。

表 2.1　UPC 的各种版本

版本	应用对象	格式
UPC-A	通用商品	SXXXXX XXXXXC
UPC-B	医药卫生	SXXXXX XXXXXC
UPC-C	产业部门	XSXXXXX XXXXXCX
UPC-D	仓库批发	SXXXXX XXXXXCXX
UPC-E	商品短码	XXXXXX

注：S 为系统码；X 为数据码；C 为校验码

UPC-A 供人识读的数字代码只有 12 位，它的代码结构由厂商识别代码（6 位，包括系统字符 1 位）、商品项目代码（5 位）和校验码（1 位）共 3 部分组成，如图 2.4 所示。UPC-A 的代码结构中没有前缀码，它的系统字符为一位数字，用以标识商品类别。UPC-E 是 UPC-A 码的缩短版，是 UPC-A 系统字符为 0 时，通过一定规则销 0 压缩而得到的。

图 2.4 UPC-A

2. EAN

1977 年，欧洲经济共同体各国按照 UPC 的标准制定了 EAN，与 UPC 兼容，而且两者具有相同的符号体系。EAN 目前已成为一种国际性的条码系统。EAN 系统的管理是由国际商品条码总会（International Article Numbering Association）负责各会员国的国家代表号码的分配与授权，再由各会员国的商品条码专责机构，对其国内的制造商、批发商、零售商等授予厂商代表号码。

EAN 的字符编号结构与 UPC 相同，也是长度固定的、连续型的数字式码制，其字符集是数字 0~9。它采用 4 种元素宽度，每个"条"或"空"是 1 倍、2 倍、3 倍或 4 倍单位元素宽度。EAN 有两种类型，即标准版 EAN-13 和缩短版 EAN-8，如图 2.5 所示。

(a) 标准版EAN-13

(b) 缩短版EAN-8

图 2.5 EAN

标准版 EAN-13 由 13 位数字组成，由厂商识别代码（包括 3 位前缀码和 4 位厂商代码）、商品项目代码（5 位）及校验码（1 位）组成。EAN 分配给中国物品编码中心的前缀码为 690~695，中国的厂商代码由中国物品编码中心负责分配和管理，中国物品编码中心负责确保每个厂商识别代码在全球范围内的唯一性。商品项目代码占 5 位，代表单项产品的号码，由厂商根据规定自行编制，必须保证产品编码的唯一性原则。校验码占 1 位，由一定的规则计算得出，用于校验厂商识别代码和产品代码的正确性。

缩短版 EAN-8 由 8 位数字组成，包括前缀码（2 位）、商品项目代码（5 位）及校验码（1 位）。其中，每一项产品的商品项目代码均需逐一申请个别号码，校验码的计算方式与标准版类似。在中国，凡要使用 EAN-8 的产品生产厂家，须将本企业欲使用 EAN-8 的商品目录及其外包装报至中国物品编码中心或其分支机构，由中国物品编码中心统一赋码。

图 2.6 25 码

3. 25 码

25 码（标准 25 码）是根据宽度调节法进行编码，并且只有"条"表示信息的非连续型条码，如图 2.6 所示。每一个条码字符由规则的 5 个"条"组成，其中有 2 个宽单元，3 个是窄单元，因此称为"25 码"。它的字符集为数字字符 0~9。

4. 交叉 25 码

交叉 25 码是一种长度可变的连续型自校验数字式码制，其字符集为数字 0~9，如

图 2.7 交叉 25 码

图 2.7 所示。采用两种元素宽度，每个"条"和"空"是宽或窄元素。编码字符个数为偶数，所有奇数位置上的数据以"条"编码，偶数位置上的数据以"空"编码。如果为奇数个数据编码，则在数据前补一位 0，以使数据长度为偶数。交叉 25 码应用于商品批发、仓库、生产/包装识别、运输及国际航空系统的机票顺序编号等，条码的识读率高，可适用于固定扫描器可靠扫描。

5. 39 码

39 码是 1974 年由美国 Intermec 公司研制的第一个字母数字式码制，如图 2.8 所示。它是可双向扫描的离散型自校验字母数字式码制。其字符集为数字 0~9，26 个大写字母和 7 个特殊字符（-、。、空格、/、+、%、$），共 43 个字符。每个字符由 9 个元素组成，其中有 5 个"条"（2 个宽"条"，3 个窄"条"）和 4 个"空"（1 个宽"空"，3 个窄"空"），是一种离散码。

在 39 码供人识别的字符中，以"*"表示起始字符和终止字符，该字符不能在符号的其他位置作为数据的一部分，而且译码器不应将它输出。39 码是离散码，符号之间的两个相邻字符用一个位空分隔开，此位空不包含任何信息。

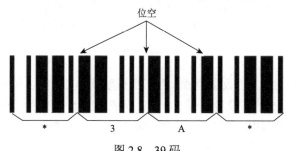

图 2.8 39 码

39 码具有误读率低等优点，首先被应用于美国国防部，目前广泛应用于汽车行业、经济管理、材料管理、储运单位、邮政和医疗卫生等领域。我国制定了国家标准 GB/T 12908-2002《信息技术 自动识别和数据采集技术 条码符号规范 三九条码》，推荐使用的领域包含运输、仓储、工业生产线、图书信息和医疗卫生等。

6. 库德巴码

库德巴码出现于 1972 年，是一种非连续型、非定长、具有自校验功能的双向条码，如图 2.9 所示。其字符集为数字 0~9 和 6 个特殊字符（-、。、空格、/、+、%、$），共 16 个字符。

图 2.9 库德巴码

库德巴码每一个字符由 7 个单元构成，包括 4 个"条"单元和 3 个"空"单元，其中 2 个或 3 个是宽单元（用二进制"1"表示），其余是

窄单元（用二进制"0"表示）。库德巴条码具有双向可读性，在阅读库德巴条码符号时，扫描方向的判定是通过终止符和起始符来实现的。库德巴码是一种具有强自校验功能的条码，适用于配送系统的货物追踪、供应链管理过程中的显示板系统（丰田生产模式的"看板"）、邮电系统挂号邮件、图书馆图书管理、医疗卫生等场合。美国血库协会还将库德巴码规定为血袋标识代码，我国则制定了国家标准 GB/T 12907-2008《库德巴条码》。

7. 128 码

128 码出现于 1981 年，是一种长度可变、连续型的字母数字条码，如图 2.10 所示。

与其他一维条码相比较，128 码是较为复杂的条码系统，具有 A、B、C 三种不同的编码类型，可提供标准 ASCII 中 128 个字符的编码使用。因此，其所能支持的字符也相对比其他一维条码

图 2.10　128 码

多，又有不同的编码方式可供交互运用，使用弹性较大。128 码的内容大致也分为起始码、资料码、终止码、检查码 4 个部分，其中检查码的精度极高，且记录密度高。128 码可表示从 ASCII 0 到 ASCII 127 共 128 个字符，因此称为 128 码。

目前所推行的 128 码是 EAN-128，它是以 EAN/UCC-128 作为标准将数据转变成条码符号，并采用 128 码逻辑，具有完整性、紧密性、连接性和高可靠度的特性。可运用于货运标签、携带式数据库、连续性数据段、流通配送标签等领域。

图 2.11　93 码

8. 93 码

93 码是一种长度可变的连续型字母数字式码制，如图 2.11 所示。其字符集是数字 0～9，26 个英文大写字母和 7 个特殊字符（-、。、空格、/、+、%、$）及 4 个控制字符。每个字符有 3 个"条"和 3 个"空"。

2.1.3　常见的二维条码

二维条码可以分为堆叠式/行排式二维条码和矩阵式二维条码。

1. 堆叠式/行排式二维条码

堆叠式/行排式二维条码，其编码原理是建立在一维条码的基础之上，按需要堆积成多行。它在编码设计、校验原理、识读方式等方面继承了一维条码的一些特点，识读设备、条码印刷与一维条码技术兼容。常见的堆叠式/行排式二维条码有 16K 码、49 码、PDF 417 条码等。

（1）16K 码是一种多层、连续型、可变长度的条码符号，可以表示全 ASCII 字符集的 128 个字符及扩展 ASCII 字符。它采用 UPC 及 128 码字符，如图 2.12 所示。一个 16 层的 16K 码符号，可以表示 77 个 ASCII 字符或 154 个数字字符。每个符号字符单元总数为 6，即每个字符由 3 个"条"和 3 个"空"组成，符号高度为 2～16 行（层），每层具有自校验功能。16K 码的其他特性包括工业特定标志、区域分隔符字符、信息追加、序列符号连接和扩展数量长度选择等。

图 2.12　16K 码

图 2.13　49 码

（2）49 码是一种多层、连续型、可变长度的条码符号，它可以表示全部的 128 个 ASCII 字符。每个 49 码符号由 2～8 层组成，每层有 18 个"条"和 17 个"空"，如图 2.13 所示。层与层之间由一个层分隔条分开。每层有一个起始字符和一个终止字符，每层具有自校验功能。最后一层包含表示符号层数的信息。

（3）PDF 417 条码是一种多层、非定长、具有高容量和纠错能力的二维条码。PDF 意为便携数据文件，由于组成条码的每个符号的字符均由 4 个"条"和 4 个"空"共 17 个模块组成，因此称为 PDF 417 条码，如图 2.14 所示。每个 PDF 417 条码符号可表示 1100B，或 1800 个 ASCII 字符或 2700 个数字的信息。PDF 417 条码最大的优势在于其庞大的数据容量和极强的纠错能力。

图 2.14　PDF 417 条码

由于 PDF 417 条码的容量较大，除了可将人的姓名、单位、地址、电话等基本资料进行编码外，还可将人体的特征，如指纹、视网膜及照片等个人记录存储在条码中，这样不但可以实现证件资料的自动输入，而且可以防止证件的伪造，减少犯罪。PDF 417 条码是一个公开码，任何人皆可用其演算法而不必付费，因此是一个开放的条码系统。我国目前已制定了国家标准 GB/T 17172-1997《四一七条码》。

2. 矩阵式二维条码

矩阵式二维条码，又称棋盘式二维条码，是在一个矩形空间中通过黑、白像素在矩阵中的不同分布来进行编码的，是建立在计算机图像处理技术、组合编码原理等基础上的一种新型图形符号自动识读处理码制。矩阵式二维条码以矩阵的形式组成，在矩阵相应元素位置上用"点"表示二进制"1"，用"空"表示二进制"0"，由"点"和"空"的排列组成代码，其中"点"可以是方点、圆点或其他形状的点。具有代表性的矩阵式二维条码有 QR Code、Maxicode、Data Matrix 等。

图 2.15　QR Code

（1）QR Code 是由日本 Denso 公司于 1994 年 9 月研制出的一种矩阵式二维条码，如图 2.15 所示。QR Code 呈正方形，位于条码的左上角、右上角和左下角，印有较小、像"回"字的正方图案。这 3 个图案是位置探测图形，能够帮助解码软件定位，使用者不需要对准，无论以任何角度扫描，资料仍可被正确读取。

QR Code 可用来表示数字、字母、8 位字节型数据、日文和中文字符等内容，其容量密度大，可以放入 1817 个汉字、7089 个数字、4200 个英文字母。QR Code 用数据压缩方式表示汉字，仅用 13 位字符即可表示一个汉字，比其他二维条码表示汉字的效率提高了 20%。QR Code 具有 4 个等级的纠错功能，即使破损也能够正确识读。QR Code 与其他二维条码相比，具有识读速度快、数据密度大、占用空间小的优势。

QR Code 共有 40 种规格，分别为版本 1、版本 2、…、版本 40。版本 1 的规格为 21 模块×21 模块，版本 2 为 25 模块×25 模块，依此类推，每一版本符号比前一版本每边增加 4 个模块，直到版本 40，规格为 177 模块×177 模块。

（2）Maxicode 是一种中等容量、尺寸固定的矩阵式二维条码，它由紧密相连的六边形模块和位于符号中央位置的定位图形所组成，如图 2.16 所示。

图 2.16　Maxicode

每个 Maxicode 具有一个大小固定且唯一的中央定位图形，通常为 3 个黑色的同心圆，用于扫描定位，定位图形在数据模组所围成的虚拟六边形的正中央，在此虚拟六边形的 6 个顶点上各有 3 个黑白色不同组合式所构成的模组，称为"方位丛"（orientation cluster），其提供扫描器重要的方位信息。中央定位图形周边共有 884 个六边形模块，分为 33 层环绕，每层最多包含 30 个模块。Maxicode 特别为高速扫描而设计，主要应用于包裹搜寻和追踪。

图 2.17　Data Matrix

（3）Data Matrix 由美国国际资料公司在 1989 年发明，它的外观是一个由许多小方格所组成的正方形或长方形符号，其信息的存储是以二位元码（binary-code）方式来编码，因此计算机可直接读取其资料内容，而不需要借助如传统一维条码的符号对应表，如图 2.17 所示。

每个 Data Matrix 数据区的四周由定位图形所包围，定位图形的四周则由空白区包围，数据区再以排位图形加以分隔。定位图形是数据区域的一个周界，为一个模块宽度。其中两条邻边为暗实线，主要用于限定物理尺寸、定位和符号失真；另两条邻边由交替的深色和浅色模块组成，主要用于限定符号的单元结构。

Data Matrix 的尺寸可任意调整，最大可到 9032mm²，最小可到 0.13mm²，这个尺寸也是目前一维与二维条码中最小的，因此特别适合印在电路板的零组件上。另外，大多数条码的大小与编入的信息量有绝对的关系，但是 Data Matrix 的尺寸与其编入的信息量却是相互独立的，因此它的尺寸比较有弹性。此外，Data Matrix 只需要读取资料的 20% 即可精确辨读，因此适用于条码容易受损的场所，如印在暴露于高热、化学清洁剂、机械剥蚀等特殊环境的零件上。

3. 我国发明的二维条码

（1）汉信码是中国物品编码中心完成的国家"十五"重大科技专项《二维条码新码制开发与关键技术标准研究》的研究成果，如图 2.18 所示。汉信码具有以下特点。

超强的汉字表示能力，支持 GB 18030《信息技术　中文编码字符集》中规定的 160 万个汉字信息字符，汉字编码效率高，采用12 比特的压缩比率，每个符号可表示 12～2174 个汉字字符。

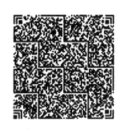

图 2.18　汉信码

信息容量大，信息密度高，可以用来表示数字、英文字母、汉字、图像、声音、多媒体等一切可以二进制化的信息，同时支持加密技术，是第一种在码制中预留加密接口的条码，它可以与各种加密算法和密码协议进行集成，因此具有极强的保密防伪性能。

抗污损和畸变能力强，可以被附着在常用的平面或桶装物品上，并且可以在缺失两个定位标的情况下进行识读，修正错误能力强，采用世界先进的数学纠错理论，采用太空信息传输中常采用的 Reed-Solomon 纠错算法，使得汉信码的纠错能力可以达到 30%。此外，汉信码提供 4 种纠错等级，使得用户可以根据自己的需要在 8%、15%、23%和30%各种纠错等级上进行选择，从而具有高度的适应能力。

制作低成本，利用现有的点阵、激光、喷墨、热敏/热转印、制卡机等打印技术，即可在纸张、卡片、聚氯乙烯（polyvinyl chloride，PVC），甚至金属表面上打印出汉信码，除去油墨成本，可以真正称得上是一种"零成本"技术。

图 2.19　GM 码

（2）网格矩阵码（grid matrix code，GM 码），是由中国公司研制出的拥有完全自主知识产权、具有国际先进水平的二维条码，如图 2.19所示，其具有如下优点。

抗污能力突出，纠错能力较强。不管污损出现在 GM 码符号的什么位置，只要污损的面积小于纠错能力所规定的百分比时，就可以正常纠错复原全部条码信息。例如，当 GM 码标签在应用中出现缺两角、缺三角及缺四角的情况，仍可以识读。而国外的二维条码对环境保洁性要求比较高，如定位标志符不能出现缺损或污染，否则，识别设备将无法读取信息。

抗形变识读能力强，译码错误率低。针对二维条码在识别应用中常常会遇上表面不平整或弯曲等情形，GM 码提供了专门应对这方面问题的技术措施。在标签平面上，GM码可被 360°全向识读，同时允许识别设备与标签平面最大倾角达到 45°，这与其他二维条码相比有明显的优势。当条码标签粘贴或印刷的表面上呈现波浪状时，GM 码仍具有较强的识读能力。而国外的二维条码对标签平面的平整性要求极高，一旦遇上弯曲的标签平面，识读设备就会无法正确识别信息。GM 码译码错误率小于百万分之一。

2.1.4　物流条码技术

1. 物流条码的内容

按照应用场景不同，条码可以分为商品条码和物流条码。商品条码是最终消费品的消费单元上的标识，通常是单个商品的唯一标识，用于零售业现代化的管理。物流条码是物流过程中储运单元（或称贸易单元）的唯一标识，通常标识多个或多种商品的集合，它标贴于商品的外包装（又称大包装或运输包装）上，以供物流过程中的收发货、运输、装卸、仓储、分拣、配送等环节识别，用于物流现代化的管理。

与商品条码相比，物流条码的服务环节更加广泛，包含的内容也更加丰富，主要包括项目标识、动态项目标识、日期、度量、参考项目、位置码、特殊应用及内部使用等。

（1）项目标识，对商品项目和货运单元项目的标识。由于相同项目的编码是相同的，其内容是无含义的，但其对项目的标识是唯一的。项目标识的主要编码方式有 13 位和14 位两种。其中，13 位编码由 3 段组成，分别为厂商识别代码、商品项目代码和校验码；14 位编码通常是在 13 位编码的前面加 1 位数字组成。

（2）动态项目标识，对商品项目和货运单元项目中每一个具体单元的标识，即对系列货运包装箱的标识，其本身为系列号。每一个货运包装箱具有不同的编码，其编码为 18 位。

（3）日期，标识为 6 位编码，依次表示年、月、日，主要包括生产日期、包装日期、保质期、有效期等，有时会根据应用的需要有所增加。

（4）度量，主要包括数量、重量、长、宽、高，以及面积、体积等内容。不同度量的编码位数不同，相同度量也有不同计量单位的分别。

（5）参考项目，包括客户订单代码，收货方邮政编码，卷状产品的长、宽、内径、方向、叠压层数等各种信息，其编码位数也各不相同。

（6）位置码，是对法律实体、功能实体和物理实体进行标识的代码。其中，法律实体是指合法存在的机构；功能实体是指法律实体内部的具体部门；物理实体是指具体的地址，如建筑物的某个房间、仓库的某个门等。

（7）特殊应用及内部使用。特殊应用是指在特殊行业（如医疗产品行业）的应用；内部使用是指在公司内部使用，由于其编码不与外界发生联系，编码方式和标识内容由公司自己制定。

2. 物流条码的特点

1）应用范围广，服务于供应链全过程

供应链全过程包括从生产厂家生产出产品、包装、运输、仓储、分拣、配送，一直到零售业的各个环节。在这些环节中，随时随地都要用到物流的标识，在零售业中通常是需要对商品单元进行标识，而在其他环节中则需要对货运单元进行标识。因此，物流条码可用于生产业、运输业、仓储业、配送业和零售业等领域，是多种行业共享的通用数据。

2）信息容量大，包含信息丰富

商品条码通常采用 EAN/UPC 码制，由一个 13 位或 8 位数字及条码符号组成，其长度固定，信息容量少。物流条码主要采用 UCC/EAN-128 码制，是一个长度可变，可表示多种含义、多种信息的条码，它既可以表示无含义的商品和货运单元，又可以表示货物的体积、重量、生产日期、批号等信息。

3）可变性强，需要持续维护

供应链中单个商品的标识是一个国际化、通用化、标准化的唯一标识，是零售业的共同语言，其标准无须增减更新，便于维护。物流条码是随着国际贸易的不断发展、贸易伙伴对各种信息需求的变化而不断变化的，条码的内容可适时增减。经济全球化使得物流条码应用范围在不断扩大，内容也在不断丰富，因此，企业要及时了解用户需求，并及时传达标准化机构的编码变更内容，做好物流条码的持续维护，以保证物流条码的正确性。

3. 物流条码的标准体系

物流条码涉及面较广，因此相关标准也较多，物流条码的标准体系主要包括码制标准、应用标准、产品包装标准三大部分，物流条码标准体系结构如图 2.20 所示。

1）码制标准

目前，国际上公认的物流条码有 EAN-13、交叉 25 码和 UCC/EAN-128，这 3 种码制基本上可以满足物流条码的使用需求。

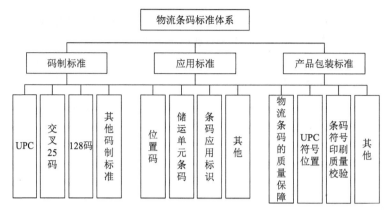

图 2.20　物流条码标准体系

物流条码应用的是 EAN 码制中的 EAN-13。EAN-13 是国际通用符号体系，它的 13 位数字分别代表不同的意义，分别是厂商识别代码、商品项目代码和校验码。

交叉 25 码可用于定量储运单元的包装上，也可以用于变量储运单元的包装上。在交叉 25 码的基础上进行扩展，形成了主要应用于储运包装箱上的两种类型：ITF-14 和 ITF-16。

128 码字符集包括全部 ASCII 字符，通过应用标识符可标识所有物流信息。128 码是物流条码实施的关键，它能够更多地标识贸易单元的信息，如产品批号、数量、规格、生产日期、有效期、交货地等，使物流条码成为贸易中的重要工具。

2）应用标准

应用标准主要包括位置码、储运单元条码、条码应用标识等方面的标准。

（1）位置码是对物理实体、功能实体、法律实体进行识别的代码，具有唯一性、无含义、国际通用等特点，并有严格的定义和结构，主要应用于 EDI 和自动数据采集。位置码由 13 位数字组成，前 3 位数字是前缀码，由 EAN 分配给各国，其中我国为 692，随后的 9 位数字组成位置参考代码，由各国物品编码中心统一分配，我国以 900000000～999999999 为参考代码范围，最后一位是检验代码，具体计算方法随位置码的国家标准不同而有所区别。当位置码用条码符号表示时，应与位置码应用标识一起使用。

（2）储运单元条码是专门表示储运单元的一种条码，通俗地说就是商品外包装箱上使用的条码标识，它可以在全球范围内唯一地识别某一包装单元的物品。在储运单元条码中，又分为定量储运单元（由定量消费单元组成的储运单元）和变量储运单元（由变量消费单元组成的储运单元）。

定量储运单元是指内容预先确定的、规定数量商品的储运单元。当大件商品的储运单元也是消费单元时，其代码就是通用商品代码；当定量储运单元内容有不同种的定量消费单元时，给储运单元分配一个区别于消费单元的 13 位数字代码，条码标识可用 EAN-13 码，也可用 ITF-14。

变量储运单元是指按基本计量单位计价的商品的储运单元。其编码是由 14 位数字的主代码和 6 位数字的附加代码组成的，都用交叉 25 码标识。附加代码是指包含在变量储运单元内按确定的基本计量单位计量取得的商品数量。

（3）条码应用标识是指一组由条码标识的数据，用来表示贸易单元的相关信息，由数据和应用标识符两部分组成，通常不包括校验符。应用标识符由 2~4 个数字组成，用来定义条码数据域，不同的应用标识符用来唯一标识其后数据域的含义及格式。使用应用标识符后，在一个条码符号中可以标识很多不同内容的数据元素，不需要将不同的数据域相互隔离，既节省了空间，又为计算机的数据处理创造了条件。

条码应用标识是一个开放的标准，可根据用户的要求，随时定义新的应用标识符。条码应用标识用 128 码来表示，多个应用标识共同使用，可以用同一条码符号来表示，当前一个应用标识是一个定长的数据时，应用标识直接连接；当前一个应用标识是可变长度的数据时，必须加分隔标识分隔，但编码数据字符的最大数量为 48，包括空白区在内的条码长度不能超过 16.5cm。

条码应用标识不仅仅是一个标准，更是一种信息交换的工具，将物流和信息流有机地结合起来，成为连接条码与 EDI 的纽带。

3）产品包装标准

为了便于运输、仓储，对物流单元一般采用集装包、集装箱或托盘等方式进行包装。物流单元相对消费单元来说，具有体积大、选材坚硬、表面粗糙等特点。因此，物流条码的选择应该符合物流单元包装的特点，选择适当的位置以便于识读。因此，产品包装标准体系体现以下几项原则。

（1）128 码一般平行地放在主代码的右侧，在留有空白区的条件下，尽可能缩小符号间的距离。如果不能满足上述要求，应明显地印在与主代码关联的位置上，且两者方向一致。

（2）箱式包装一般应把物流条码置于包装箱的侧面，条码符号下边缘距印刷面下边缘的最小距离为 32cm，条码符号保护框外边缘距垂直边的最小距离为 19cm。

（3）托盘的条码符号的底边距托盘上表面 45cm，垂直于底边的侧边不小于 50cm。

（4）128 码符号最小方法系数的选择取决于印刷质量，并且由印刷扩展的变化或允许误差来决定。当 128 码作为 UPC 或交叉 25 码的补充条码时，实际放大系数的选择必须考虑 UPC 或交叉 25 码的尺寸。一般原则是：128 码的模块宽度不能小于主代码最窄宽度的 75%。

2.2 无线射频识别技术

2.2.1 RFID 技术概述

1. RFID 的基本概念

RFID 技术是通过一种无线电信号微芯片标签识别特定目标并读写相关数据的通信技术。

埃森哲实验室首席科学家弗格森认为 RFID 技术是一种突破性的技术，"第一，可以识别单个的非常具体的物体，而不是像条码那样只能识别一类物体；第二，其采用无线电射频，可以透过外部材料读取数据，而条码必须靠激光来读取信息；第三，可以同时对多个物体进行识读，而条码只能一个一个地读。此外，存储的信息量也非常大"。

2. RFID 的特点

RFID 的特点包括以下几个方面。

（1）全自动快速识别多目标。RFID 阅读器利用无线电波，全自动瞬间读取标签的信息，并且可以同时识别多个 RFID 电子标签。

（2）追踪定位性。RFID 具有全自动快速识别多目标的特点，使得利用 RFID 能够对标签所对应的目标对象实施跟踪定位。如果把 RFID 标签与 GPS 结合，可以对带有 RFID 标签的列车、货舱等进行有效的地理位置追踪。

（3）应用面广。电子标签很小，因此可以轻易地嵌入或附着在不同类型、形状的产品上，在利用 RFID 读取时不受尺寸大小与形状限制，不需要为了读取精确度而配合纸张的固定尺寸和印刷品质。此外，RFID 标签可向小型化与多样形态发展，以应用于不同产品。

（4）数据记忆量大。RFID 系统中电子标签包含存储设备，可以存储的数据量很大，而且随着存储技术的进一步发展，存储容量会越来越大。

（5）环境适应性强。RFID 电子标签是将数据存储在芯片中，不会或比较少受到环境因素的影响，从而可以保证在环境恶劣的情况下正常使用。

（6）可重复使用。RFID 可以重复使用，重复增加、修改、删除电子标签中的数据，不像条码是一次性、不可改变的。

（7）防碰撞机制。RFID 标签中有快速防碰撞机制，能防止标签之间出现数据干扰。因此，阅读器可以同时处理多张非接触式标签。

（8）穿透性和无屏障阅读。在被覆盖的情况下，RFID 标签可穿透纸张、木材和塑料等非金属或非透明的材质与读写器进行信息交换，具有很强的穿透性。对于铁质金属，由于其具有屏蔽作用，阻碍电磁波的传播，因此无法进行正常的通信。

（9）易读取数据。RFID 采用的是无线电射频技术，可以透过外部资料读取数据，而条码必须靠激光来读取数据。

（10）安全性能高。RFID 电子标签中的信息，其数据内容可设密码保护，不易被伪造及修改，因此，使用 RFID 安全性更高。

2.2.2　RFID 系统的基本构成

一个基本的 RFID 系统的 4 个组成部分是主机系统、阅读器、天线和电子标签，如图 2.21 所示。

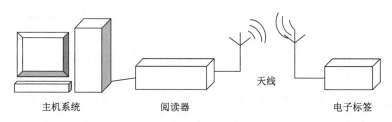

主机系统　　　　　　阅读器　　　　　天线　　　　　　电子标签

图 2.21　RFID 系统基本组成

1. 主机系统

主机系统是针对不同行业的特定需求而开发的应用软件系统，它可以有效地控制阅读器对标签信息的读写，并且对收到的目标信息进行集中的统计与处理。

主机系统可以集成到现有的电子商务和电子政务平台中，通过与 ERP、客户关系管理（customer relationship management，CRM）和 SCM 等系统集成，提高工作效率。

2. 阅读器

阅读器又称读出装置或读写器，负责与电子标签的双向通信，使用多种方式与标签交互信息，接收标签数据，同时接收来自主机系统的控制指令。阅读器的频率决定了 RFID 系统工作的频段，其功能决定了 RFID 的有效距离。阅读器的组成结构如图 2.22 所示。

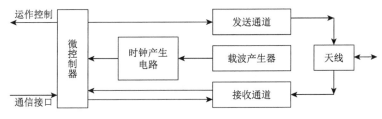

图 2.22 阅读器组成结构

阅读器组成结构图各部分具有以下功能。

（1）微控制器（micro control unit，MCU）：微控制器是阅读器工作的核心，完成收发控制、向 RFID 标签发送命令及写数据、数据读取及处理、与高层处理应用系统的通信等工作。

（2）发送通道：对载波信号进行功率放大，向 RFID 标签传送操作命令及输入数据。

（3）载波产生器：采用晶体振荡器，产生所需频率的载波信号，并保证载波信号的频率稳定性。

（4）接收通道：接收 RFID 标签传送至阅读器的相应数据。

（5）时钟产生电路：通过分频器形成工作所需的时钟。

（6）天线：与 RFID 标签形成耦合交联。

3. 电子标签

电子标签一般保存有约定格式的电子数据，由耦合元件及芯片组成，内置射频信号天线，用于与阅读器进行通信。电子标签携带产品电子代码（electronic product code，EPC），EPC 记录每个物品的全球唯一标识，由一个版本号加上另外 3 段数据组成，位数有 64 位、96 位和 256 位等多种格式。

RFID 标签按是否有源分为主动式标签和被动式标签。

（1）主动式标签：内部自带电池进行供电，具有可读写的特性。由于自带电源，主动标签能在较高的频率下工作，如 455MHz、2.45GHz 及 5.8GHz 等，这取决于实际的识别距离和存储器需求。在这些频率下，读写器可以在 20～100m 的范围内工作。但是板载电源会使标签体积变大而且更加昂贵，所以主动 RFID 系统一般用于大型航空工具及普通交通工具等的远距离识别。低功耗的主动式标签通常比一张扑克稍大。主动式标签可以在物体未进入识别距离时处于休眠状态，也可以处于广播状态持续向外广播信号。

（2）被动式标签：内部不带电池，从读写器产生的磁场中获得工作所需的能量。当标签进入读写器的识别范围后，标签通过天线感知电磁场变化，由电磁感应产生感应电流，标签通过集成的电容保存产生的能量。当电容积蓄了足够的电荷后，RFID 标签就可以利用电容提供的能量向读写器发送带有标签识别信息的调制信号。由于被动式标签自身不带电源，因而比主动标签价格要低很多。

被动标签与读写器之间通信的识别信息一般通过高频和低频方式调制实现。在低频调制方式下（低于100MHz），标签电容配合电感线圈，根据标签识别信息改变信号强度，并向外辐射，变化的快慢受调制频率的影响。在高频（高于100MHz）方式下，标签使用背向散射方式发送信号，这使得天线在内部电路的影响下是变阻抗的。当阻抗发生改变时，天线会向外辐射射频信号，读写器便可以获取并解调信号。被动标签工作频率一般为128kHz、13.6MHz、915MHz 及 2.45GHz 等，识别距离因而在几十厘米到几米不等。系统频率的选取一般由环境因素、传输介质及识别范围需求决定。

RFID 标签按照读写方式可分为只读标签、一次写入多次读出标签和可读写标签。

（1）只读标签：存在一个唯一的号码，不能更改，比较便宜。

（2）一次写入多次读出标签：用户一次写入数据，但写入后不能改变。

（3）可读写标签：用户可以对标签内的数据进行多次修改，比一次写入多次读出标签和只读标签的成本都高。

4. 天线

天线用于在 RFID 标签和阅读器之间传递射频信号，即 RFID 标签的数据信息。任何一个 RFID 系统至少应包含一根天线（不管是内置还是外置）以发射和接收射频信号，所用天线的形式和数量视具体情况而定。有些 RFID 系统由一根天线完成发射和接收任务，有些 RFID 系统则将用于发射和接收的天线分开装置。RFID 系统中包括 RFID 标签天线和阅读器天线两种类型。RFID 标签天线和 RFID 标签集成一体。RFID 阅读器天线，既可以内置于阅读器中，也可通过同轴电缆与阅读器的射频输出端口相连。

2.2.3 RFID 系统的工作原理

1. RFID 的基本原理

RFID 的基本原理是：阅读器通过发射天线发送一定频率的射频信号，当电子标签进入发射天线工作区域时，产生感应电流，电子标签获得能量被激活，将自动编码等信息通过内置发射天线发送出去；当系统接收天线收到从电子标签发送的载波信号，经天线调节器传送到阅读器，阅读器对接收的信号进行解调和解码，然后送到后台主系统进行相关处理。主系统根据逻辑运算判断电子标签的合法性，针对不同的设定做出相应的处理和控制，发出指令信号控制执行机构动作。其工作基本原理如图 2.23 所示。

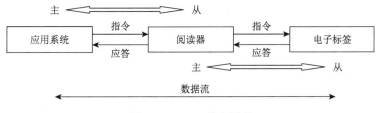

图 2.23　RFID 基本原理

2. RFID 的工作流程

RFID 系统两个重要的组成部分是电子标签和阅读器，通过它们可以实现系统的信息采集和存储功能。

电子标签由天线和专用芯片组成，天线是在塑料基片上镀上铜膜线圈，在塑料基片还嵌有体积非常小的集成电路芯片，芯片中有高速的射频信号接口。阅读器的控制模块能够实现与应用系统软件进行通信，执行应用系统软件发来的命令，其工作流程如图 2.24 所示。

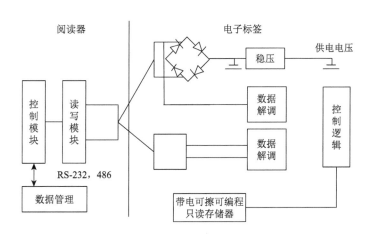

图 2.24　RFID 电子标签与阅读器工作流程

RFID 具体包括以下工作流程。

（1）编程器预先将数据信息写入标签中。

（2）阅读器经过发射天线向外发射无线电载波信号。

（3）当射频信号标签进入发射天线的工作区时，射频信号标签被激活后立即将自身信息标签通过天线发射出去。

（4）系统的接收天线收到射频标签发出的载波信号，经天线的调节器传给阅读器，阅读器对接收到的信号进行解调解码，送到后台计算机。

（5）计算机控制器根据逻辑运算判断射频信号标签的合法性，针对不同的设定做出相应的处理和控制，发出指令信号控制执行机构的动作。

（6）执行机构按计算机的指令动作。

（7）通过计算机通信网络将各个监控点连接起来，构成总控信息平台。

2.2.4　RFID 系统的分类

1. 低频系统和高频系统

RFID 系统按其采用的频率不同可分为低频系统和高频系统两大类。

（1）低频系统，一般指其工作频率小于 30MHz，典型的工作频率有 125kHz、225kHz、13.56MHz 等，基于这些频率的 RFID 系统一般都有相应的国际标准。其基本特点是电子标签的成本较低、标签内保存的数据量较少、阅读距离较短（无源情况，典型阅读距离为 10cm）、电子标签外形多样（卡状、环状、纽扣状、笔状）、阅读天线方向性不强等。

（2）高频系统，一般指其工作频率大于 400MHz，典型的工作频段有 915MHz、2450MHz、5800MHz 等。高频系统在这些频段上也有众多的国际标准予以支持。高频系统的基本特点是电子标签及阅读器成本均较高、标签内保存的数据量较大、阅读距离较远（可达几米至十几米），适应物体高速运动性能好，外形一般为卡状，阅读天线及电子标签天线均有较强的方向性。

2. 广播发射式系统、倍频式系统和反射调制式系统

根据读取电子标签数据的技术实现手段，可将 RFID 系统分为广播发射式系统、倍频式系统和反射调制式系统三大类。

（1）广播发射式系统：实现起来最简单。电子标签必须采用有源方式工作，并实时将其储存的标识信息向外广播，阅读器相当于一个只收不发的接收机。这种系统的缺点是电子标签因需不停地向外发射信息，既费电，又容易造成电磁污染，而且系统不具备安全保密性。

（2）倍频式系统：实现有一定难度。一般情况下，阅读器发出射频查询信号，电子标签返回的信号载频为阅读器发出射频的倍频。这种工作模式给阅读器接收处理回波信号提供了便利，但是，对无源电子标签来说，电子标签将接收的阅读器射频能量转换为倍频回波载频时，其能量转换效率较低，提高转换效率需要较高的微波技巧，这就意味着电子标签的成本增加，同时这种系统工作需占用两个工作频点，一般较难获得无线电频率管理委员会的产品应用许可。

（3）反射调制式系统：实现首先要解决同频收发问题。系统工作时，阅读器发出微波查询（能量）信号，电子标签（无源）将接收到的一部分微波查询能量信号整流为直流电供电子标签内的电路工作，另一部分微波能量信号被电子标签内保存的数据信息调制后反射回阅读器。阅读器接收到反射回的幅度调制信号后，从中解出电子标签所保存的标识性数据信息。系统工作过程中，阅读器发出微波信号与接收反射回的幅度调制信号是同时进行的。反射回的信号强度较发射信号要弱得多，因此技术实现上的难点在于同频接收。

3. EAS 系统、便携式数据采集系统、物流控制系统和定位系统

根据 RFID 系统应用功能的不同，可以将其分为 4 类：EAS（electronic article surveillance，电子商品防盗）系统、便携式数据采集系统、物流控制系统、定位系统。

（1）EAS 系统：一种设置在场所出入口用于控制物品出入的 RFID 应用系统。这种系统典型的应用场所是商店、图书馆、数据中心等，当未授权的人从这些地方非法取走物品时，EAS 系统将会发出警报。典型的 EAS 系统一般由 3 部分组成：附着在商品上的电子标签——电子传感器、电子标签灭火装置——以便授权商品能正常出入、监视器——在出口形成一定区域的监视空间。

（2）便携式数据采集系统：使用手持式数据采集器采集 RFID 标签上的数据是这类系统的典型特征。这类系统具有比较大的灵活性，适用于不易安装固定式 RFID 系统的应用环境。手持式阅读器（数据输入终端）可以在读取数据的同时，通过无线电波数据传入方式实时地向主计算机系统传输数据，也可以暂时将数据存储在阅读器中，再一批一批地向主计算机系统传输数据。

（3）物流控制系统：固定设置的 RFID 阅读器分散布置在给定的区域，并且阅读器直接与数据管理信息系统（management information system，MIS）相连，RFID 标签是移动的，一般安装在移动的物体、人上面。当物体、人经过阅读器时，阅读器会自动扫描标签上的信息并把数据信息输入数据 MIS 存储、分析、处理，达到控制物流的目的。

（4）定位系统：用于自动化生产系统中的定位，以及对车辆、轮船、飞机等进行运行定位跟踪。阅读器放置在移动的车辆、轮船、飞机上，或自动化流水线中移动的物料、半成品、成品上，RFID 标签嵌入操作环境的地表下面。RFID 标签上存储有位置识别信息，阅读器一般通过无线的方式或者有线的方式连接到主信息管理系统。

2.2.5　RFID 的主要技术标准体系和频率标准

由于 RFID 的应用涉及众多行业，因此其相关的标准盘根错节，非常复杂。RFID 标准按类别不同可分为 4 类：技术标准，如 RFID 技术、IC（integrated circuit，集成电路）卡标准等；数据内容与编码标准，如编码格式、语法标准等；性能与一致性标准，如测试规范等；应用标准，如船运标签、产品包装标准等。

与 RFID 技术和应用相关的国际标准化机构主要有国际标准化组织（International Organization for Standardization，ISO）、国际电工委员会（International Electrotechnical Commission，IEC）、国际电信联盟（International Telecommunication Union，ITU）、万国邮政联盟（Universal Postal Union，UPU）。此外，还有其他的区域性标准化机构和国家标准化机构如国际物品编码协会（International Article Numbering Association）、英国标准学会（British Standards Institution）、美国国家标准学会（American National Standards Institute）等也制定与 RFID 相关的区域、国家或产业联盟标准，并通过不同的渠道提升为国际标准。

1. 主要技术标准体系

目前 RFID 存在 3 个主要的技术标准体系，总部设在美国麻省理工学院的 EPC Global、日本的泛在 ID 中心（Ubiquitous ID Center，UIC）和 ISO 标准体系。

1）EPC Global

EPC Global 是由 UCC 和 EAN 于 2003 年 9 月共同成立的非营利性组织，其前身是 1999 年 10 月 1 日在美国麻省理工学院成立的非营利性组织 Auto-ID（自动识别）中心。

EPC Global "物联网"体系架构由 EPC 编码、EPC 标签及读写器、EPC 中间件、对象名解析服务（object name service，ONS）器和 EPC 信息服务服务器等部分构成。

（1）EPC 赋予物品唯一的电子编码，其位长通常为 64 位或 96 位，也可扩展为 256 位。对不同的应用规定有不同的编码格式，主要存放企业代码、商品代码和序列号等。

（2）EPC 标签是产品电子编码的信息载体，主要由天线和芯片组成。读写器是用来识别 EPC 标签的电子装置，与信息系统相连，以实现信息交换。

（3）EPC 中间件对读取到的 EPC 编码进行过滤和容错等处理后，输入企业的业务系统中。它通过定义与读写器的通用接口，实现与不同制造商的读写器兼容。

（4）ONS 服务器根据 EPC 编码及用户需求进行解析，以确定与 EPC 编码相关的信息存放在哪个 EPCIS（engineering procurement construction information services，工程采购、建设信息服务）服务器上。

（5）EPCIS 服务器存储并提供与 EPC 相关的各种信息，这些信息通常以 PML（perfectly matched layer，理想匹配层吸收边界条件）的格式存储，也可以存放于关系数据库中。

2）UIC

日本在电子标签方面的发展，始于 20 世纪 80 年代中期的实时嵌入式系统 TRON，而 T-Engine 是其中核心的体系架构。在 T-Engine 论坛领导下，UIC 于 2003 年 3 月成立，并得到了日本政府经济产业省和总务省及大企业的支持。

UIC 的泛在识别技术体系架构由 uCode（泛在识别码）、信息系统服务器、uCode 解析服务器和泛在通信器这 4 部分构成。

（1）uCode 采用 128 位记录信息，提供了 340 编码×1036 编码空间，并可以以 128 位为单元进一步扩展至 256 位、384 位或 512 位。uCode 能包容现有编码体系的元编码设计，可以兼容多种编码，包括 JAN、UPC、ISBN、IPv6 地址，甚至电话号码。uCode 标签具有多种形式，包括条码、射频信号标签、智能卡、有源芯片等。把标签进行分类，设立了 9 个级别的不同认证标准。

（2）信息系统服务器存储并提供与 uCode 相关的各种信息。

（3）uCode 解析服务器确定与 uCode 相关的信息存放在哪个信息系统服务器上。uCode 解析服务器的通信协议为 uCodeRP 和 eTP，其中 eTP 是基于 eTron（PKI public key infrastructure，公钥基础设施）的密码认证通信协议。

（4）泛在通信器主要由 IC 标签、标签读写器和无线广域通信设备等部分构成，用来把读到的 uCode 送至 uCode 解析服务器，并从信息系统服务器获得有关信息。

3）ISO 标准体系

RFID 国际标准的主要制定机构有 ISO 和其他国际标准化机构，如 IEC、ITU 等。大部分 RFID 标准都是由 ISO（或与 IEC 联合组成）的技术委员会或分技术委员会制定的。目前常用的 RFID 国际标准主要有用于对动物识别的 ISO 11784 和 ISO 11785，用于非接触智能卡的 ISO 10536、ISO 15693、ISO 14443，用于集装箱识别的 ISO 10374 等。有些标准正在形成和完善之中，如用于供应链的 ISO 18000 无源超高频（860～930MHz 载波频率）部分的 C1G2 标准。

2. RFID 频率标准

RFID 阅读器发送的频率称为 RFID 系统的工作频率或载波频率。RFID 系统的载波频率基本上有 3 个范围：低频（30k～300kHz）、高频（3M～30MHz）和超高频（300MHz～3GHz）。常见的工作频率有低频 125k～134kHz，高频 13.56MHz，超高频 433MHz、860M～930MHz、2.45GHz 等。在超高频段，全球的定义不是很相同，欧洲和部分亚洲定义的频率是 868MHz，北美定义的频段是 902M～928MHz，日本建议的频段为 950M～956MHz。见表 2.2。

表 2.2　RFID 主要频率标准及特性

频率标准	低频	高频		超高频	微波
工作频率	125k～134kHz	13.56MHz	JM 13.56MHz	868M～915MHz	2.45G～5.8GHz
市场占有率	74%	17%	2003 年引入	6%	3%
读取距离	1.2m	1.2m	1.2m	4m（美国）	15m（美国）
速度	慢	中等	很快	快	很快
潮湿环境	无影响	无影响	无影响	影响较大	影响较大
方向性	无	无	无	部分	有
全球适用频率	是	是	是	部分（欧盟、美国）	部分（非欧盟国家）
现有 ISO 标准	11784/85，14223	18000-3.1/14443	18000-3/115693，A，B 和 C	EPC C0，C1，C2，G2	18000-4
主要应用范围	进出管理、固定设备、天然气、洗衣店	图书馆、产品跟踪、货架、运输	空运、邮局、医药、烟草	货架、卡车、拖车跟踪	收费站、集装箱

RFID 的低频系统主要用于短距离、低成本的应用中，如多数的门禁控制、校园卡、煤气表、水表等；高频系统则用于需传送大量数据的应用系统；超高频系统应用于需要较长的读写距离和高读写速度的场合，其天线波束方向较窄且价格较高，在火车监控、高速公路收费等系统中应用。关于 RFID 频率的国际使用情况和我国标准见表 2.3 和表 2.4。

表 2.3　国际上 RFID 频率的使用情况

频率	空间耦合方式	主要用途	特点及问题
125kHz 左右	电感耦合（近场）	家畜识别、自动化生产线、精密仪器	工作距离十分短，速度低，成本低，电磁噪声高
13.56MHz 左右	电感耦合（近场）	无线 IC 卡，防盗，自动化生产线等	工作距离为近场，由于允许的带宽只有 14kHz，所采用的窄带调谐天线易受环境影响而失谐，同时速率较低，不适合大规模使用
433MHz 左右	反向散射耦合（远场）	货物管理及特定场合	该频段电磁波绕射能力强，工作距离较远，但天线尺寸较大，该频段附近的无线电业务繁杂，容易引起干扰问题
800MHz/900MHz 段	反向散射耦合（远场）	商品货物流通	该频段电磁波绕射能力强，最大工作距离较远，可达 8m，甚至 10m。背景电磁噪声小，天线尺寸适中，射频信号标签易于实现，是全球范围内货物流通领域大规模使用 RFID 技术的最合适频段。该频段除 ITU 划分的 ISM（industrial scientific medical，工业、科学和医疗频带）外，其他国家和地区在使用时都必须考虑与已有无线电业务的电磁兼容问题
2.4GHz/5.8GHz 段	反向散射耦合（远场）	车辆识别，货流速度	该频段电磁波为视距传播，绕射能力较差，且相对来讲空间损耗大，因此工作范围小。由于频率高，相对而言制造成本较高。同时该频段为 ISM 频段，电磁环境复杂，干扰问题在特定场合可能较为突出

表 2.4　我国目前用于 **RFID** 的频率及相关技术指标

频率	发射场强或功率	应用场合
50k～190kHz	发射磁场强度：72dBμA/m（10m 处准峰值） 杂散发射限值：27dBμA/m（10m 处准峰值）	不限
13.553M～13.567MHz	电场强度：准峰值 10 020μV/m（3m 处频率容限）	不限
900MHz 3 个频段	0.3～1.6W（无线端口）	只限用于车辆自动识别
主要通信方式 上行：5.795GHz、5.805GHz 下行：5.835GHz、5.845GHz 被动式通信方式 下行频率： 5.797 5GHz、5.802 5GHz 5.807 5GHz、5.812 5GHz	发射功率 主动式：300mW（e.i.r.p） 被动式：2W（e.i.r.p）	智能交通专用

阅读案例

RFID 技术在 CAFTA 广西食糖物流配送中的应用前景[①]

　　糖，是一种特殊产品，有很强的社会、政治、地缘和情感属性。在所有味觉中，人类对甜味敏感且偏爱，需求量大，因此，食糖被认为是关系着国计民生的重要战略物资，历来受到各国政府的广泛关注。

　　广西是我国食糖主产区，自 1992 年以来，其蔗糖产量连续多年稳居全国第一，2006 年起成为世界上仅次于巴西圣保罗的第二大产糖省（州），产糖量超过世界第五大产糖国——澳大利亚及食糖出口大国——泰国和古巴。

　　一、CAFTA 给广西食糖带来新机遇

　　食糖产业是广西最大的农产品加工业，也是广西经济建设的支柱产业。甘蔗是生产食糖的主要原料，糖料蔗种植面积、原料蔗和食糖产量均高于全国总量的60%。2013 年，自治区人民政府部署制定了《关于促进我区糖业可持续发展的意见》，2015 年又颁布了《广西糖业二次创业总体方案（2015—2020 年）》，充分利用地理、资源和政策优势，抓住产业发展的转型期，全面推动食糖业多样性发展，在保障全国食糖供给安全、振兴广西地方经济、促进区域农业发展、带动农民增收等方面发挥着至关重要的作用。

　　中国—东盟自由贸易区（China and ASEAN Free Trade Area，CAFTA）是世界上三大区域经济合作区之一。2002 年 11 月 4 日，中国与东盟十国签署了《中国—东盟全面经济合作框架协议》，标志着 CAFTA 建设的全面启动，至 2010 年 1 月 1 日，贸易区全面建成且正式启动。广西作为 CAFTA 的物流枢纽，依托地缘优势，践行

---

　　① RFID 技术在 CAFTA 广西食糖物流配送中的应用前景，http://www.aidchina.com.cn/hyyy/72484.htm。

开放发展新理念，积极推动中国与东盟国家间的经贸合作与友好交流，其国际影响力逐年提升。

随着 CAFTA 的不断发展，关税壁垒逐渐被打破，在不久的将来，东盟成员国间的关税配额将彻底取消，东盟十国除泰国外，基本都是食糖进口国家，食糖需求总人口接近 6 亿，按照世界年人均食糖消耗量计算，整个东盟每年要消耗食糖上百亿公斤，且其国内糖价高于我国，这有利于广西食糖进入东盟市场。从地理位置看，广西食糖的产地与东盟的消费市场距离较近，且交通便利，物流成本不高，食糖出口外运便利。巨大的需求及优越的条件使东盟市场成为广西食糖产业发展的重要机遇。

二、广西食糖物流现状

在广西食糖的对外贸易中，物流占据着十分重要的位置。食糖物流配送指在经济合理区域范围内，根据客户要求，对食糖进行拣选、分割、加工、包装、组配等作业，并按时送达指定地点的物流活动。经过多年发展，广西的食糖物流配送已初具规模，配送网络遍布全国各地，区内设立了大型的食糖物流中心，可满足食糖外运的物流需求。然而，仍存在物流技术手段和物流基础设备投资不足的问题，由于食糖是吸湿性食品，运输过程的温度和湿度对贮存中的食糖有很大影响，一旦湿度过大、温度过高或过低，都会使食糖发黏返潮甚至流浆，这就增加了物流成本，如果受潮，食糖流通到下游企业甚至是消费者手中，更会使制糖企业信誉严重受损，因此，需要寻找一种可以监测食糖运输过程中温湿度变化的技术手段，来降低食糖的受潮概率。

三、RFID 技术在食糖物流中的应用

RFID 技术可实现产品的自动化登记，通过对标签的识别获得货物的基本信息（产地、种类、温湿度等），能够直接在库门处远程大批量识别，无须核对及开箱检验，节省了物流作业时间。

1. 食糖物流流程

食糖物流流程主要包括配送中心作业、出库、运输、交付作业四个阶段，详情如图 2.25 所示。

2. 应用方案设想

根据食糖物流流程，利用 RFID 技术进行全程温湿度监控，确保流入市场的均为高品质食糖。

1）生产

将可监测温湿度的 RFID 标签装入食糖包装内，记录生产时间、温度、湿度、规格、品质等信息。

2）入库

记录食糖的入库时间、入库时的温湿度、食糖在仓库内的实时温湿度。

3）运输

运输环节记录食糖的装车时间、装车时的温湿度、运送过程的温湿度变化情况、运送车辆的基本信息、驾驶员信息等。

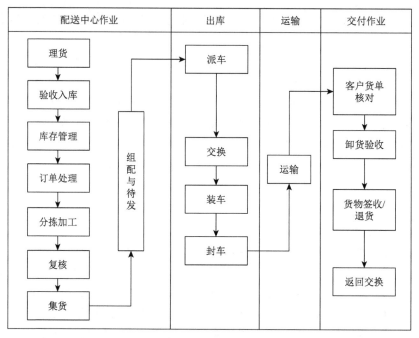

图 2.25　食糖物流流程

4）下游接收

下游企业可通过读取大批量验收到货的食糖信息，既节省人工核算时间，又实时监测食糖的品质，对于有受潮倾向的食糖能及时发现并做退货处理，有效节省了时间成本，有利于提高企业效益。

此外，RFID 标签上的 EPC 提供对物理对象的唯一标识，将 RFID 技术、计算机网络技术、GIS 技术、GPS 技术等进行集成，构建现代化物流信息管理系统，实现对物流全过程的信息管理，完成货物整个供应链上的物流跟踪和供应链的自动化管理，提高了供应链管理的透明化程度。如此，不仅降低了食糖物流环节的货物缺损率，提前预见并解决可能发生的问题，为广西制糖企业解决了运输成本问题，也为广西食糖打开东盟市场提供了一个便捷高效的物流管理方法。

讨论题

（1）RFID 在广西食糖物流配送中实施的必要性？

（2）谈谈 RFID 应用后会对广西食糖行业产生的影响。

（3）根据案例，分析 RFID 在广西食糖物流配送项目中的应用有哪些启示？

2.3　数据采集与识别技术在物流领域中的应用

2.3.1　条码技术助力物流信息自动采集

1. 条码技术在物流各环节中的应用

随着物流信息化建设的发展，条码技术在物流过程中的应用也逐步扩大，具体来看，作为物流管理的工具，条码技术的应用主要集中在以下几个环节。

1）物料管理

（1）将物料编码，并且打印条码标签，不仅便于物料跟踪管理，而且有助于做到合理的物料库存准备，提高生产效率，便于企业资金的合理运用。对采购的生产物料按照行业及企业规则建立统一的物料编码，从而杜绝物料无序导致的损失和混乱。

（2）打印需要进行标识物料的条码标识，以便在生产管理中对物料的单件跟踪，从而建立完整的产品档案。

（3）利用条码技术对仓库进行基本的进、销、存管理，有效地降低库存成本。

（4）通过产品编码，建立物料质量检验档案，产生质量检验报告，与采购订单挂钩以建立对供应商的评价。

2）生产线物流管理

（1）制定产品识别码格式。根据企业规则和行业规则确定产品识别码的编码规则，保证产品规则化、唯一标识。

（2）建立产品档案。通过产品标识条码在生产线上对产品生产进行跟踪，并采集生产产品的部件、检验等数据作为产品信息，当生产批次计划审核后建立产品档案。

（3）通过生产线上的信息采集点来控制生产的信息。

（4）通过产品标识码条码在生产线上采集质量检测数据，以产品质量标准为准绳判定产品是否合格，从而控制产品在生产线上的流向，确定是否建立产品档案，打印合格证。

3）分拣运输

铁路运输、航空运输、邮政通信等许多行业都存在货物的分拣、搬运问题，大批量的货物需要在很短的时间内被准确无误地装到指定的车厢或航班。一个生产厂家如果生产上百个品种的产品，并将其分门别类，送到不同的目的地，就必须扩大场地，增加人员，还常常会出现人工错误。解决这些问题的办法就是应用物流标识技术，使包裹或产品自动分拣到不同的运输机上。所要做的只是将预先打印好的条码标签贴在发送的物品上，并在每个分拣点安装一台条码扫描器。

4）仓储保管

在仓储系统，采用条码可以通过应用标识符分辨不同的信息，经过计算机对信息进行处理后，更有利于对商品的采购、保管和销售。

5）货物通道

货物通道由一组扫描器组成，全方位扫描器能够从上下、前后和左右各方向识读条码。无论包裹有多大，无论运输机的速度有多快，无论包裹间的距离有多小，所有制式的扫描器可以一起工作，决定当前哪些条码需要识读，然后把一条条信息传送给主计算机或控制系统。新一代的货物通道能够以很高的速度同时采集包裹上的条码标识符、实际的包裹尺寸和包裹的重量信息，且这个过程不需要人工干预。

6）产品售后跟踪服务

通过产品的售后服务信息采集与跟踪，为企业产品售后保修服务提供了依据，同时能够有效地控制售后服务中存在的各种问题，如销售产品重要部件被更换而造成保修损失、销售商虚假的修理报表等。其具体的应用体现在以下几方面：①根据产品标识条形码建立产品销售档案，记录产品信息、重要零部件信息；②通过产品上的条形码进行售后维修和产品检查，检查产品是否符合维修条件和维修范围，建立产品售后维修档案，同时分析其零部件的情况，建立维修零部件档案；③通过产品标识条形码反馈产品售后维修记录，对产品维修点实施监督，记录统计维修原因，强化对产品维修的过程管理。

2. 条码技术在物流环节中的应用案例

1）条码在服装行业的应用

J 公司拥有两大知名服装品牌，属国内十大畅销服装品牌，年产量 300 万件左右。产品远销美国、加拿大、欧洲、中东等国家和地区。拥有多家子公司，在全国 50 多个城市设立了分公司或办事处，并在 400 余家商厦设立了专柜、专厅，成为全国各大城市高档商厦中深受消费者青睐的知名品牌。

J 公司很早就开始实现信息化管理，有着成熟的产品内部编码方案。从使用到成熟经历了三代内部产品编码。第一代内部编码由 10 位数字组成，包含品牌、板型、面料、规格等有效信息。但由于业务发展迅速，第一代内部条码扩展性能较差，渐渐不能满足发展需求，于是出现了第二代内部编码，由 12 位数字组成，留有预留位。但是第二代内部编码随着公司信息化管理的加强及管理要求的提升，又出现了缺陷，主要是在生产过程中不够直观和不能明细到服装产品的裤、袖长等三维结构。于是产生了第三代产品内部编码，其位数不受限制，由数字和字母共同组成。

J 公司于 1999 年注册了厂商识别代码 69×××72。当时主要考虑到商品条码的容量不能满足要求。因此，采用了同一品牌、板型、面料的产品内部编码对应一个商品条码，经历了几年商品条码与产品内部码同时使用，工作中遇到了一些不便。在获准增加厂商识别代码 69×××62 后，使用商品条码不再需要考虑容量问题，真正实现了"两码统一"，把不同规格、裤（袖）长的服装产品明晰地区分开来，具体做法：①新产品设计定稿后按内部编码方案生成相应的产品内部编码；②生产时根据生产计划把内部编码通过计算机信息管理软件生成唯一、对应的商品条码；③服装标签上印有商品条码符号及对应的内部编码，产品内部编码只有代码，没有相应的条码符号；④在成品仓储管理、经营销售管理等环节，由于 J 公司的商品条码、产品内部编码都是唯一的，并有一一对应关系，因此可以分别在不同的环节按需求使用。例如，公司可以在全国所有网点全部采用扫描商品条码的方法进行进、出货管理（包括销售，进、出库管理等），并在计算机信息系统中检索出相应的产品信息。而当商品条码损坏或工作人员当时没有条码扫描器时，可以通过内部编码，采用人工补录的方式实现对产品的识别。

由上可见，在 J 公司日常销售与进、出库管理申请中，商品条码发挥了自动识别商品的关键作用。而企业内部编码在服装标签上起其辅助作用，不必要采用条码符号表示，但是在管理数据库中却对各种查询、统计有着重要作用。另外，由于商品条码的编码一般采用无含义、顺序编码，没有像内部编码那样有事先约定的严格规则，因此，无论产品的各种属性怎么变，都不用担心编码码段长度不够用。事实上，商品条码编码容量不够的问题，要比内部编码码段长度不够的问题容易解决。商品条码在这方面有着明显的优势，却往往被服装企业忽视。J 公司将商品条码与企业内部产品编码一一对应，以及在服装标签上的表示方法值得不少服装企业借鉴。

2）条码在中药溯源中的应用

中国物品编码中心天津分中心与天津天士力现代中药资源有限公司合作，以天士力陕西商洛丹参种植基地为试点，应用国际上通用的 GS1（Globe Standard 1）编码技术、计算机技术、现代通信技术及现代测绘技术，建立起中药材种植溯源管理系统。对药源产地的地理环境、种植、采购、加工、检验、仓储等过程进行有效的动态管理及监测评价。该项目填补了我国中药种植溯源的空白，确保了药材品质，提升了中药材种植信息化管理水平。

要建立中药材种植追溯体系，设计一套合理的编码方案至关重要。天士力公司零售药品使用的是 EAN-13 商品条码标识，物流条码标签的关键信息物流单元的标识采用 UCC/EAN-128 条码。由于天士力公司已经具有了适用 GS1 系统进行信息化的基础，在建立中药材种植溯源管理系统时，根据中药材种植工作流程，使用 GS1 编码技术对药源产地的地理环境、种植、采购、加工、检验、仓储等过程的关键节点，进行有效的标识。天力士公司设计了信息管理、传递和交换的方案，满足企业希望通过对各环节信息的追溯，来找出问题的根源，确定召回范围，防止问题再次发生的需求。其更深层次的是为影响中药材品质的所有因素建立一套完整的数据库。通过对大量数据的分析，以及对中药药效物质基础的研究，逐步实现种植精细化管理，优化环境因素，改进种植方式，摒弃有害成分，使中药材的有效成分达到稳定值和最优值。

首先是选地，采用了全球位置码（global location number，GLN）对农田进行标识，然后签合同，农户进行种植田间管理，在采收时形成原料批号，由 GLN＋批号构成。采购员到各农田采购原药材，运输到仓库。出原料库加工为成品，检验合格后进行包装。入成品库时生成成品批号，由全球贸易项目代码（global trade item number，GTIN）批号组成，这就形成了一条完整的追溯链条，从成品批号可以追溯到每一个流程的所有信息。成品药材一般都以大包装销往制药厂进行深加工，但也有少量制成定量小包装直接进入医药零售超市销售，在零售外包装上使用 EAN-13 条码标识，联合文字用于追溯。中药制造过程如图 2.26 所示。

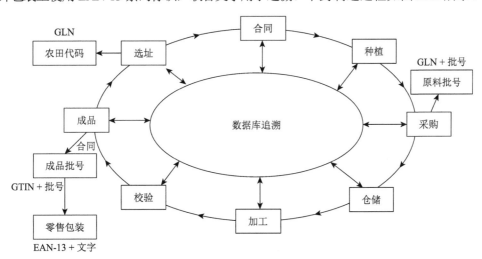

图 2.26　中药制造过程

（1）供应商厂商代码：管理种植基地的企业作为天士力公司的药材供应商，从中国物品编码中心注册全球唯一的厂商识别代码（8 位数字），用来作为企业的身份代码。该代码不单独使用。

（2）农田代码：由中国物品编码中心为农田赋予物理实体位置代码（GLN），用来唯一标识农田的位置（13 位数字）。该代码如果用条码符号表示，则需要与表示物理位置的应用标识符 AI（414）一起使用，条码符号采用 UCC/EAN-128 条码。

（3）定量包装药材零售商品条码：是将加工的药材产品定量包装后进入零售超市，用于自动结算的唯一的商品标识代码。其组成要素为：供应商厂商代码 + 药材品种项目代码 + 校验码，由 13 位数字组成，条码应用符号采用 EAN-13 条码。外加文字，如产品批号，用于溯源。

（4）原料批次号代码：中药材采收时生成的代码，用于下一个流程数据的自动采集，而不用于零售结算。其组成要素：应用指示符 AI（414）+ 农田代码（13 位数字）+ 应用指示符 AI（10）+ 采收时间（8 位数字），条码符号采用 UCC/EAN-128 条码。

（5）成品批号代码：原药材加工完包装后，入成品库时生成的代码。用于下一个流程数据的自动采集，不用于零售结算。其组成要素：应用指示符 AI（01）+ 产品标识代码 GTIN（14 位数字）+ 应用指示符 AI（10）+ 入成品库时间（8 位数字），条码符号采用 UCC/EAN-128 条码。

2.3.2 手机二维条码在物流各环节中的应用

二维条码的优点在于供应链组成各方可基于标准化的信息格式和处理方法，通过二维条码共同分享信息，达到提高流通效率、降低物流成本的目的。同时可以大大降低进货的出错率，节省进货商品检验的时间和成本，能迅速核对订货与到货的数据，易于发现差错。

应用时，只要在生产的时候制成二维条码贴在产品内包装，将运输信息制成二维条码贴在产品外包装，由专业的物流运输企业运输。交接时只要用手机扫描一下，所有的信息都可以调出来，立即就可以核对；接收货物的经销商也可以只用手机扫描外包装上的二维条码，就知道是不是给他的货物；打开外包装扫描内包装的二维条码，就知道是不是他所需要的品种，而且经销商还可以通过扫描发给他们的运输二维条码，随时随地掌握货物的运输信息。

具体的应用流程是：当制造企业接到订单后，便制订货物运送计划，并把运送货物的清单及运送时间安排等信息制成二维条码公布在 WAP 网站上。同时通过邮件、手机短信等方式将二维条码发送给物流运输业主和接收货物业主，以便于物流运输业主和接收货物业主分别制订车辆调配计划和货物接收计划。

当制造企业收到车辆调配和货物接收反馈信息后，便根据顾客订货的要求和货物运送计划下达发货指令、分拣配货，并把打印出物流二维条码的货物标签贴在货物包装箱上。然后再次把货物信息制成二维条码公布在 WAP 网站，并把二维条码发送给物流运输业主和接收货物业主。这样，物流运输业主在向公司取运货物时，利用手机就可以读取货物二维条码标签，并与先前收到的货物运输数据进行核对，确认运送货物。

物流运输业主在物流中心对货物进行整理、集装、做成送货清单，并制成二维条码在 WAP 网站上公布。把发货信息二维条码发送给收货业主。同时在货物运送的时候，还可以进行货物跟踪管理。收货业主收到货物之后，制造企业便可以收到物流运输业主的"完成运送业务"信息和"运费请示"信息。

收货业主收到货物时，不用急于打开包装具体查验，只需利用手机读取货物外包装的二维条码标签，并与先前收到的货物运输数据进行核对确认就可以。打开货物包装后，用手机读取内包装二维条码，就可以确认收到货物的产品质量，并开出收货发票，把货物入库。如果确认一切无误，收货业主就向物流运输业主和发送货物业主发送收货确认信息。

2.3.3　RFID 环境下的配送中心管理

1. RFID 配送中心物流管理概述

如何从根本上解决配送中心物流管理的共性问题，仍然需要全社会的共同研究，根据配送中心物流业务信息化的需求，构建基于 RFID 配送中心物流管理体系结构，为 RFID 配送服务的研究与应用提供技术保障。

为应对少量多样的客户需求环境，强调配送效率，即时反应的配送中心逐渐替代了传统的多层次、复杂的配送渠道。而顾客需求变化的波动性，往往是影响配送中心运营绩效的主要因素，如何掌握瞬息万变的客户需求，提高配送决策和操作效率，便成为配送中心作业规划的关键问题。

1）RFID 模式配送中心物流管理的主要内容

配送中心扮演着将产品从生产者转移到零售商或消费者的中介角色，其目的在于整合物流、资金流、商流和信息流，有效促进产品流通并达成顾客服务要求，因此配送中心着重于建立合作渠道、改善作业效率及提高企业经营绩效。

（1）收益分析。采用 RFID 技术不仅可以降低劳动力成本，还可以解决商品断货和损耗这两大零售业难题。通过使用 RFID 技术，沃尔玛每年可以节省劳动力成本 83.5 亿美元，同时可挽回因盗窃而损失的 20 亿美元。

（2）效益分析。由于 RFID 标签可以唯一地标识商品，通过同电脑技术、网络技术和数据库技术等的结合，可以在物流的各个环节上跟踪货物，实时掌握商品的动态资讯。

（3）先进性分析。RFID 技术的先进性，在于利用无线电波，非接触式、远距离、动态多目标大批量同时传送识别资讯，实现真正的"一物一码"，可快速地进行物品追踪和数据交换。由于 RFID 技术免除了跟踪过程中的人工干预，在节省大量人力的同时可极大地提高工作效率，因此对物流及供应链管理具有极大的吸引力。

（4）安全性分析。RFID 标签与阅读器之间的通信事实上可以用各种现存的先进技术来确保其安全性，并且 RFID 的应用通常是基于多业务系统，在这样的系统中安全性是通过多个层次实现的。

2）智能决策

现代物流的智能化已经成为物流发展的一个重要方向。采用智能决策方法，提高配送系统的智能化和自动化，最终实现快速响应、准时配送的优质服务，带动现代物流配送行业经济效益的提高是现代物流配送行业的宗旨。智能化是物流自动化、信息化的一种高层次应用，物流配送作业过程中大量的运筹和决策，都可以使用人工智能相关技术加以解决。同时综合人及计算机两者优势的决策支持系统可以有效辅助处理配送过程中的问题，成为解决这些问题的良好方案。

2. 配送中心管理体系结构

1）收货

货物在供应商发货时就配置了容器电子标签，该电子标签中记录了零配件的名称、数量、特征、发送地、到货地、送货单号、订单明细等。当送货车辆驶入天线场域时，固定读写器批量读取容器的标签，取得容器中的全部货物信息，并传入管理系统，同时打印出实际到货单。

司机将货单交至工作人员处，工作人员核对送货单与收货通知单。在核对完之后将收货通知单交给仓管员，仓管员安排卸货和验收，同时在仓库卸货平台上粘贴电子标签。仓管员根据系统提供的实际到货单进行货物验收，验收完毕后，在待检区货物标签上写入货物品种及相应的物品数量，并将其传入管理系统，系统将待检区电子标签 EPC 与其货物实际到货单相关联。

2）入库和检验

当贴有电子标签的货物运抵配送中心时，入口处的阅读器将自动识读标签，根据读到的信息，管理系统会自动更新存货清单，同时，根据订单的需要，将相应货物发往正确的地点。这一过程将传统的货物验收程序大大简单化，省去了烦琐的检验、记录、清点等大量需要人力的工作。

3）存储

货物在入库时被放置在托盘上运送，叉车将装有货物的托盘运至库门附近时，阅读器可以批量读出托盘及托盘之上的货物的 RFID 信息。在货物进入理货区之后，仓管员扫描货物条形码，并判断产品是进入平仓还是上货架。如果进入货架，货物通过传送带进入具体的货位。如果进入平仓，由叉车直接送入具体库位，此时在库位标签上记录货物的名称、数量、规格、计量单位等。

4）整理和补货

装有移动阅读器的运送车自动对货物进行整理，根据计算机管理中心指示自动将货物运送到正确的位置上，同时更新计算机管理中心的存货清单，记录下最新的货物位置。存货补充系统将在存货不足指定数量时自动向管理中心发出申请，根据管理中心的命令，在适当的时间补充相应数量的货物。在整理货物和补充存货时，如果发现有货物堆放到错误位置，阅读器将随时向管理中心报警，根据指示，运送车将把这些货物重新堆放到正确的位置。

5）拣选

拣选系统能够到配送中心管理系统的服务器上下载配送单并将之转换为拣货单，再以电子方式传到各组件上。工作人员通过手持阅读器读取库区货位标签，取得当前货物名称和实际数量等信息。在对拣货单的信息进行核对后，拣选出所需货物并移出存储区，而后利用读写器实时更新库位电子标签信息。最后将现场数据的实时收集传入配送中心管理系统，并立即更新拣货信息。

6）分选

配送中心分拣区安装识别系统，在进行货物分流的同时，实现自动复核出库。

7）订单填写

通过 RFID 系统，将存货和管理中心紧密联系在一起，而在管理中心的订单填写，将发货、出库、验货、更新存货目录整合成一个整体，最大限度地减少了错误的发生，同时节省了人力。

8）货物出库运输

应用 RFID 技术后，货物运输将实现高度自动化。当货物在配送中心出库，经过仓库出口处阅读器的有效范围时，阅读器自动读取货物标签上的信息，不需要扫描，就可以直接将出库的货物运输到零售商手中。

9）配送

进入配装区后，工作人员根据各分销点的配装作业单进行配装。每种货物分别用容器进行封装，此时在容器上粘贴电子标签。货物配装完毕后，在容器标签上写入货物名称、数量、配装时间等相关信息，在车辆标签上写入所存货物的各名称和数量。在运输管理中，运输线的一些检查点上安装了 RFID 接收转发装置，当贴有 RFID 标签的货车经过时，接收装置便可接收到 RFID 信息，并连同接收地的位置信息上传至通信卫星，再由卫星传送给运输调度中心，送入数据库，从而可以准确得知货物的到达时间，实现对货物配送的实时监控，确保货物能够准时、完好地到达客户手中。

> **应用案例**

一汽物流甩挂：RFID 应用案例[①]

1. RFID 应用背景——甩挂项目概况

一汽物流有限公司（以下简称一汽物流）甩挂运输试点项目是在财政部和交通运输部的政策引导下，根据区域经济发展、市场需求和企业自身发展的内在要求，转变传统运输组织方式，优化资源配置，促进甩挂作业站场设施、车辆装备、信息系统的全面升级，提高运输生产效率，降低企业物流成本，促进节能减排的运输项目。

本甩挂运输试点项目的实施部门为一汽物流天津子公司。天津子公司主要从事天津一汽丰田汽车有限公司（以下简称天津一汽丰田，厂址所在地为天津）和四川一汽丰田汽车有限公司丰越公司（以下简称四川一汽丰田，厂址所在地为长春）的零部件运输业务和整车发运业务，其中参与本次甩挂运输试点项目的是零部件运输业务。

本试点项目根据服务对象的不同可分为天津一汽丰田和四川一汽丰田两条线路，起讫点均为长春和天津，单向总里程 1054km，主要为天津一汽丰田和四川一汽丰田提供汽车零部件甩挂运输业务。运输服务对象均在长春和天津，其中天津一汽丰田线路长春到天津方向去程货物类型为天津一汽丰田主机厂所用的零部件，回程货物为零部件包装

---

① 一汽物流甩挂：RFID 应用案例，http://success.rfidworld.com.cn/2017_03/8b341cddd16a7218.html。

器具；而四川一汽丰田线路天津到长春方向运输的货物类型为四川一汽丰田西工厂主机厂所用的零部件，回程为零部件包装器具。

2. RFID 实施的必要性

（1）RFID 技术可以有效提高整体甩挂工作效率。通过 RFID 技术，在甩挂各地点及车头、车厢内装有射频装置，标签数据可动态更改，信息化手段提高了整体甩挂的工作效率。单车季度完成周转量提高 6.89%。因此，对于企业来讲，使用 RFID 技术能显著提高甩挂作业效率。

（2）可准确验证车辆及货物信息。车库门禁 RFID 柱可以准确识别车辆信息，甩挂场同样如此。使得甩挂作业出入库区工作更加人性化、信息化、智能化、高效化。

（3）在甩挂作业环境下需要灵敏度高、使用寿命长、安全可靠的标签。作业环境噪声污染大、环境比较恶劣、油污多，所以需要一个灵敏度高、使用寿命长、安全度高的信息化读取手段来帮助甩挂作业。

3. 信息化实施步骤

（1）2011 年起，一汽物流开始承运丰越公司天津—长春线路 51% 的零部件运输业务。

（2）2011 年起，一汽物流为四川一汽丰田开展甩挂运输业务。

（3）2012 年末，RFID 技术计划投入甩挂作业当中，以达到再次提升工作效率、节能减排，以及安全便捷等功用。

（4）2013 年，RFID 技术以天津物流部（即现在天津子公司）备品二分公司 yard 甩挂场作为试点应用，建立次序读取式门禁，提升了 yard 管理的秩序性、安全性，进一步保证生产。

（5）2013 年末，公司拟计划在所有甩挂作业场建立 RFID 门禁设备，甩挂作业车辆（包括车头、车厢）安装标签、读取器。

（6）2014 年，长春甩挂站场、天津甩挂站场、备品一分公司停车场、备品二分公司停车场次序读取式门禁安装完毕，为车辆安装 RFID 设备提供了基础保障。

（7）2014 年，第一批甩挂作业车头、车厢安装 RFID 标签、读取器，标志着一汽物流甩挂 RFID 应用正式实行，进一步提高了物流效率，节约了大量纸质成本，以信息化手段保证甩挂作业的实时性、准确性、安全性，标志着一汽物流的信息化建设又迈出一步。

4. 技术实施应用简介

RFID 技术主要包含以下功能。

（1）车头安装读取器，车厢安装可复写标签，拥有实时读取功能，了解最新的货物情况。

（2）在车辆出入库区、停车场时，会以先后次序的判定来确认车辆的出入情况，以保证任务正在按要求完成过程中。

（3）车厢标签的可复写性，减少了更换标签的成本，提高了使用效率，使得车厢内货物变换会很容易通过技术手段更新信息，使得车头能更快捷地确认货物是否按需求装载完毕。

5. RFID 应用实施前后效益对比

（1）甩挂作业效率提高。通过 RFID 技术，在甩挂各地点及车头、车厢内装有射频装置，标签数据可动态更改，信息化手段提高了整体甩挂的工作效率。单车季度完成周转量提高6.89%，作业交接阶段耗时约减少56.1%。因此，对于企业来讲，使用RFID技术能显著提高甩挂作业效率。

（2）司机满意度提高。经调查显示，司机在甩挂作业当中交接任务一环是最缺乏满意度的环节，因为等待时间不确定、需要准备数据较多，不能够在确定的时间内进行下一步作业，而RFID技术的应用，大大减少了这种不稳定的等待，提升了司机的整体满意度，也减少了交接失误情况的发生。

6. RFID应用建设对企业产生的影响

（1）优化工作效率、优化作业模式。RFID技术从提高安全性和灵敏度、缩短工作时间等着力点入手，提高了甩挂作业的工作效率，优化了作业模式，使得天津子公司零部件、备品运输作业提升了效率，进一步提升了空车使用率，减少了资源浪费，以信息化代替手工作业，使得一汽物流进一步满足主机厂的时效性需求。

（2）塑造了企业形象。RFID技术的应用在提升工作效率的同时，满足了主机厂的时效性要求，提升了一汽物流的企业形象，进一步保证了主机厂的个性化需求，且在满足需求的同时，保证了安全可靠性。

讨论题

（1）RFID在甩挂项目中实施的必要性？
（2）谈谈RFID应用建设对企业产生的影响？
（3）根据案例，分析RFID在一汽物流甩挂项目中的应用有哪些启示？

■ 本章小结

物流数据采集与识别技术是物流活动信息化的基础。本章介绍了条码技术和RFID技术这两种在物流活动中重要的数据采集与识别技术。其中，详细介绍了条码技术的基本概念和分类，着重介绍了一维条码和二维条码的码制及条码技术在物流活动的具体应用——物流条码技术。同时，对RFID技术及其系统进行了详细介绍，以RFID系统的基本组成和工作原理为基础，强调了其在现代物流管理中的具体应用。条码技术和RFID技术作为物流管理的基本手段，大大地提高了基础数据的采集和传递速度，提高了物流效率，为物流管理的科学化和现代化做出了贡献。

【关键术语】
（1）条码　　　（2）一维条码　　（3）二维条码　　（4）物流条码
（5）RFID　　　（6）阅读器　　　（7）电子标签　　　（8）RFID标准体系

 习题

1. 选择题

（1）_____是指从左右两侧开始扫描都可以被识别。

    A. 条码的定长　　　　　　　　　　　B. 条码字符集

C. 条码的码制 　　　　　　　　　　　D. 条码符号的双向可读性

（2）_____位于条码中间的条、空结构，它包含条码所表达的特定信息。

　　A. 静区　　　　B. 起始/终止符　　　C. 数据符　　　　D. 校验符

（3）_____二维条码在编码设计、校验原理、识读方式等方面继承了一维条码的一些特点，识读设备、条码印刷与一维条码技术兼容。

　　A. 堆叠式/行排式　　　　　　　　　B. 矩阵式

　　C. 图像式　　　　　　　　　　　　D. 数字式

（4）国际上公认的物流条码不包括_____。

　　A. EAN-13　　　　　　　　　　　　B. 交叉 25 码

　　C. QR Code　　　　　　　　　　　　D. UCC/EAN-128 码

（5）以下对二维条码的特点描述错误的是_____。

　　A. 密度低　　　　B. 信息容量大　　　C. 具有纠错功能　　　D. 译码可靠性高

（6）物流配送过程中，如需将生产日期、有效日期、运输包装序号、重量、尺寸、体积、送出送达地址等信息条码化，这时应该用_____。

　　A. EAN-13 码　　　B. DUN-14 码　　　C. DUN-16 码　　　D. EAN-128 码

（7）RFID 电子标签_____可分为：主动式标签和被动式标签。

　　A. 按是否有源　　　　　　　　　　B. 按工作频率

　　C. 按通信方式　　　　　　　　　　D. 按标签芯片

（8）RFID 电子标签的读取方式是_____。

　　A. 电荷耦合器件或光束扫描　　　　B. 电磁转换

　　C. 无线通信　　　　　　　　　　　D. 电擦除、写入

（9）RFID 的低频系统和高频系统的主要区别在于_____。

　　A. 成本的高低　　　　　　　　　　B. 频率的不同

　　C. 标签内存的大小　　　　　　　　D. 阅读距离

（10）uCode 采用_____位记录信息。

　　A. 64　　　　　　B. 128　　　　　　C. 256　　　　　　D. 512

2. 判断题

（1）一维条码只在一个方向（一般是水平方向）表达信息，而在垂直方向不表达任何信息。　　　　　　　　　　　　　　　　　　　　　　　　　（　　）

（2）"条"指对光线反射率较低的部分，"空"指对光线反射率较高的部分。

　　　　　　　　　　　　　　　　　　　　　　　　　　　　　　　（　　）

（3）完整的一维条码由两侧空白区、起始符、数据符、校验符、终止符组成。

　　　　　　　　　　　　　　　　　　　　　　　　　　　　　　　（　　）

（4）QR Code 在扫描时需对准 3 个位置探测图形才能被识别。　　　（　　）

（5）常用的二维条码码制有 UPC、EAN、25 码、交叉 25 码、库德巴码等。

　　　　　　　　　　　　　　　　　　　　　　　　　　　　　　　（　　）

（6）RFID 是一种接触式的自动识别技术，它通过射频信号自动识别目标对象并获取相关数据。　　　　　　　　　　　　　　　　　　　　　　　　（　　）

（7）RFID 的低频系统主要用于长距离、高成本的应用中。 （ ）

（8）RFID 系统主要包含电子标签和阅读器两个重要组成部分。 （ ）

（9）13.56MHZ、125kHz 和 433MHz 都是 RFID 系统典型的工作频率。 （ ）

3. 简答题

（1）简述二维条码的特点。

（2）简述物流条码包含的内容。

（3）简述物流条码的特点。

（4）简述 RFID 的特点。

（5）简述 RFID 系统的工作原理。

（6）简述 RFID 系统的工作流程。

第3章

物流电子数据交换技术

【本章教学要点】

知识要点	掌握程度	相关知识	应用方向
EDI 技术概述	掌握	EDI 的概念、特点、分类、作用、数据标准	掌握 EDI 的基本知识,为物流 EDI 系统的构建打下基础
EDI 系统的构成要素	熟悉	EDI 技术标准、EDI 技术软件及硬件、EDI 技术通信网络	EDI 系统结构和工作原理介绍,用于 EDI 系统及物流 EDI 系统的构建
EDI 的系统特点与结构	熟悉	EDI 的主要特点;EDI 基本结构的组成部分	
EDI 系统的工作原理	掌握	EDI 的工作方式、通信方式;EDI 的工作流程	
EDI 的安全问题	了解	EDI 的安全概述、安全要求及系统面临的威胁	EDI 系统的安全服务、国内外 EDI 法律保护,用于解决 EDI 系统面临的威胁
EDI 技术在物流领域中的应用	熟悉	EDI 技术在仓储中应用的业务流程;EDI 技术在运输中的应用流程;EDI 技术在配送中的应用与必要性	EDI 技术在物流领域主要应用于仓储、运输和配送环节

上海海关通关业务计算机及 EDI 应用①

1. 背景资料

上海海关是中国历史悠久的海关之一,它的主要任务是:按照《中华人民共和国海关法》和其他有关法律、法规,监管经上海口岸进出境的运输工具、货物、行李物品、邮递物品和其他物品,征收关税和其他税费,查缉走私并编制海关统计和办理其他海关业务。

2. 采用的技术

(1) 上海海关 EDI 发展历程。从 1985 年,上海海关就开始在通关业务方面应用计

---

① 百度文库 EDI 成功案例。

算机管理，从当时的单独业务环节处理程序发展成现在功能完备的大型数据处理系统，其发展过程经历了 3 个阶段。

第一阶段：计算机进行辅助处理阶段。该阶段从 1985 年到 1990 年，是上海海关计算机应用的起步阶段。

第二阶段：电子数据处理阶段。该阶段从 1990 年到 1995 年，上海海关全面使用了海关总署开发的 H883 报关自动化计算机管理系统，该系统是一种系统内部的（电子数据处理，electronic data processing，EDP）系统。1994 年上海海关开始应用"海关空运快递 EDI 系统"，该系统作为海关 EDI 通关系统的一部分一直沿用至今，其年均处理 200 万批国际快递物品，并全面实现无纸作业，世界海关组织和国际快递协会曾联合在上海虹桥国际机场海关召开现场会，向全世界推荐该 EDI 系统。

第三阶段：EDI 系统阶段。该阶段从 1995 年到 1999 年，海关总署将原来的 H883 系统升级为 H883/EDI 系统，并为上海海关配备了 EDI 平台使用的 AMTrixEDI 系统，使上海海关的计算机管理系统从 EDP 阶段发展到了 EDI 系统阶段。

（2）上海海关 EDI 通关系统。为了进一步促进上海国际经贸事业的发展，使上海与国际接轨，体现上海在全国经贸、交运的龙头地位，上海市 EDI 中心和上海海关合作于 1998 年开发了"海关 EDI 通关系统"（以下简称 EDI 通关系统）。在技术上，EDI 通关系统采用 EDIFACT（electronic data interchange for administration，commerce and transport，商务和运输业电子数据交换）标准，其中对 EDIFACT 的报文类型 CUSEXP（customs express message，海关快件货物申报报文）的应用，还成为全球首例，使中国海关在 EDI 方面进入世界先进行列。该系统现已集成了货运舱单录入、普货进出口报关和快递物品通关（包括空运快递及邮政 EMS 速递）等软件。使用至今，EDI 海关通关系统用户仅上海地区就已达 400 余家，日平均处理 10 000 余份单证，占上海通关总数的 40%。可以说该 EDI 通关系统的成功开发与应用为我国进出口业务的繁荣、海关业务的稳定发展做出了贡献，也对 EDI 技术在我国的应用起到了推动与示范的作用。该系统在技术上分为两大部分：EDI 中心系统和客户端系统。

EDI 中心系统。EDI 中心系统作为海关信息系统的外部网，主要用于向社会提供报关服务，并且起到隔离海关内部网与社会其他信息网的作用，使得各个进出口企业既可以得到方便的 EDI 通关服务，又可以保证海关内部信息系统的安全。而且 EDI 中心支持多种通信协议和灵活的报文翻译功能，可以方便地与各种不同的系统连接。其主要功能如下所述。

A. 通信服务功能：提供各种不同的接入方式，如数字数据网（digital data network，DDN）、专线、拨号线、X.25 等；支持各种不同的通信协议，EDI 用户可选择 FTP、WWW、电子邮件等各种通信服务来传送报关单报文。

B. 报文翻译功能：系统能对各种报文进行灵活的翻译，可以将 EDIFACT 报文自由地翻译成 ANSI X.12、TRADACOMS（trading data communications standard，交易数据通信标准）、ODETTE（由欧洲电信传输数据交换组织提出的用于传输 EDI 报文的传输协议）或自定义格式中的任一种格式，反之亦然；除完成报文翻译外，系统还对报文的语法错误进行检查。

C. 管理功能：完善的计费系统，可对各类用户按其传输信息量的多少、传输距离的长短、是否享受优惠等条件按月打印收费通知书；数据备份和日志，对经 EDI 中心传送的所有报文进行备份，以备日后查阅，同时对系统处理报文的每一个阶段的状态自动做好日志，并对事先设定的特定事件，一旦发生即通过电子邮件、传呼机等手段向管理员报警，保证每一份报文都被正确地处理；用户授权，系统对用户身份进行检查，保证用户能正确地发送和接受 EDI 报文。

D. 安全和保密：使用数字签名和数据加密/解密技术，对通过 EDI 中心传输的一些敏感数据提供数字签名和数据加密技术，防止数据被未经授权用户非法阅读。

E. 系统监控功能：系统提供分布或集中监控，允许从一点管理多个分系统；使用图形界面，可方便配置系统、维护系统、观察日志信息、浏览 EDI 标准或生成自定义格式。

F. 存证功能：EDI 存证是将用户已接收数据及用户在 EDI 系统的会话记录，加上一些必要的信息，按一定的格式以文件形式保存。在存证文件中包含有单证的发送方、接收方数据类型、单证类型、单证编号、接收/发送/删除时间及单证具体内容等重要信息，凡是发送成功在存证中可查阅发信记录，同时该功能又支持根据用户身份分级检索，支持万维网界面的检索、浏览、单证计费、统计等功能。

客户端系统。客户端系统通过各种通信线路连接到 EDI 中心，EDI 中心对这些数据进行查错、翻译、加密/解密等处理后发送给指定的海关主机系统。同样，海关主机系统通过 EDI 中心将海关回执发送给各个 EDI 用户。该系统的用户主要是各报关行、预录入公司等专业的进出口单证录入公司及进出口货运、快递公司。该系统主要包括各种单证录入软件、通信软件、报文翻译软件和系统配置软件，运行平台基于英特尔个人电脑和 Windows 系列操作系统。录入软件主要完成舱单、报关单、合同备案、快递等单证的录入。通信软件主要完成 EDI 用户与 EDI 中心之间的报文发送和接收，通过 FTP（file transfer protocol，文件传输协议）发送，也可使用电子邮件格式发送，或者使用 HTTP（hyper text transfer protocol，超文本传输协议）经 WebServer（网页服务器）发送。报文翻译软件主要用于把录入好的报关单数据文件或合同文件按 EDIFACT 标准翻译成报文格式［如 CUSDEC（customs declaration message，海关申报报文）］发送到 EDI 中心。另外，把从 EDI 中心取回的海关回执报文［如 CUSRES（customs response message，海关答复报文）］翻译成海关回执文件。

讨论题
（1）上海海关 EDI 应用系统可以为其提供哪些功能？
（2）分析 EDI 的应用给上海海关带来的好处。
（3）此案例给你带来哪些启示。

■ 3.1　EDI 技术概述

3.1.1　EDI 的概念与特点

1. 传统 EDI 的定义

EDI 是 20 世纪 80 年代发展起来的一种新颖的电子化贸易工具，是计算机、通信和现代管理技术相结合的产物。ISO 将 EDI 描述成"将贸易（商业）或行政事务处理按照一个公认的标准变成结构化的事务处理或信息数据格式，从计算机到计算机的电子传输"。而国际电信联盟-电信标准化部门（International Telecommunication Union-Telecommunication Standardization Sector，ITU-T）将 EDI 定义为"从计算机到计算机之间的结构化的事务数据互换"。由于使用 EDI 可以减少甚至消除贸易过程中的纸面文件，因此 EDI 又被人们通俗地称为"无纸贸易"。实际上，EDI 的应用并不局限于贸易领域，还广泛应用于其他领域，如医院中的信息交流也已采用 EDI 的思想和方法，并在国外得到了实际应用。

简单来说，EDI 就是供应商、零售商、制造商和客户等在其各自的应用系统之间利用 EDI 技术，通过公共 EDI 网络，自动交换和处理商业单证的过程。EDI 是近年来出现的利用计算机进行商务处理的新方法，它将贸易、运输、保险、银行和海关等行业的信息，用一种国际公认的标准格式，通过计算机通信网络在各有关部门、公司与企业之间进行数据交换与处理，并完成以贸易为中心的全部业务过程。需要强调的是，EDI 不是用户之间简单的数据交换，EDI 用户需要按照国际通用的消息格式发送信息，接收方也需要按国际统一规定的语法规则，对消息进行处理，并和其他相关系统的 EDI 系统进行综合处理。整个过程都是自动完成的，无须人工干预，减少了数据传输中可能会出现的差错，提高了工作效率。

2. 物流 EDI 的定义

所谓物流 EDI 是指货主、承运业主及其他相关的单位之间，通过 EDI 系统进行物流数据交换，并以此为基础实施物流作业活动的方法。物流 EDI 参与单位有发送货物业主（如生产厂家、贸易商、批发商、零售商等）、承运业主（如独立的物流承运企业等）、实际运送货物的交通运输企业（如铁路企业、水运企业、航空企业、公路运输企业等）、协助单位（如政府有关部门、金融企业等）和其他的物流相关单位。

下面通过一个实例来说明 EDI 在企业物流系统中的应用，如图 3.1 所示。某企业采用 EDI 系统后，通过计算机通信网络接收到来自用户的一笔 EDI 方式的订货单，企业的 EDI 系统随即检查订货单是否符合要求和工厂是否接收订货，然后向用户回送确认信息。企业的 EDI 系统根据订货单的要求检查库存，如果库存不足则向相关的零部件和配套设备厂商发出 EDI 订货单；向铁路、海运、航空等部门预订车辆、舱位和集装箱；以 EDI 方式与保险公司和海关联系，申请保险手续和办理出口手续；向用户开 EDI 发票；同银

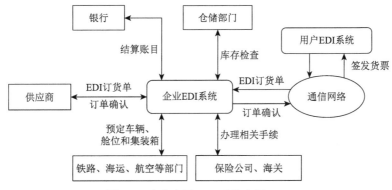

图 3.1 企业应用 EDI 系统实例

行以 EDI 方式结算账目等。从订货、库存检查与零部件订货，办理相关手续及签发货票等全部过程都由计算机自动完成，既快速又准确。

3. EDI 的特点

EDI 作为一种全球性的电子化贸易手段，具有以下显著的特点。

1）单证格式化

EDI 传输的是格式化的数据，如订购单、报价单、发票、货运单、装箱单、报关单等，这些信息都具有固定的格式与行业通用性，而信件、公函等非格式化的文件不属于EDI 处理的范畴。

2）报文标准化

EDI 传输的报文符合国际标准或行业标准，这是计算机能自动处理的前提条件。目前，应用最为广泛的 EDI 标准是 UN/EDIFACT（联合国标准 EDI 规则适用于行政管理、商贸和交通运输）和 ANSI X.12（由美国国家标准协会特命标准化委员会第 12 工作组制定）。

3）处理自动化

EDI 信息的传递路径是从计算机到数据通信网络，再到商业伙伴的计算机。信息最终被传递到计算机应用系统，它可以自动处理 EDI 系统传递的信息。因此，EDI 是一种机—机模式或应用—应用模式的数据交换技术，无须人工干预。

4）软件结构化

EDI 功能软件由 5 个模块组成，即用户接口模块、报文生成及处理模块、格式转换模块、通信模块和内部接口模块。这 5 个模块功能分明、结构清晰，形成了较为成熟的EDI 商业化软件。

5）运作规范化

任何一个成熟、成功的 EDI 系统，都有相应的规范化环境做基础，如联合国国际贸易法委员会制定了《电子商务示范法》，国际海事委员会制定了《国际海事委员会电子提单规则》，上海市制定了《上海市国际经贸电子数据交换管理规定》等。此外，EDI 主要传递重要的业务票据或合同等，单证报文具有法律效力，这也要求其按照相关规范进行运作。

3.1.2　EDI 的分类与作用

1. EDI 的分类

从不同的角度可以对 EDI 进行不同的分类。根据系统功能可将 EDI 分为以下 4 类。

（1）订货信息系统，是最基本、最知名的 EDI 系统。又可称为贸易数据互换（trade data interchange，TDI）系统，它用电子数据文件来传输订单、发货票和各类通知。

（2）电子金融汇兑（electronic fund transfer，EFT）系统，即在银行和其他组织之间实行电子费用汇兑。EFT 已使用多年，但仍在不断地改进之中，其中最显著的改进是同订货信息系统联系起来，形成一个自动化水平更高的金融汇兑系统。

（3）交互式应答（interactive query response，IQR）系统，可应用在旅行社或航空公司作为机票预订系统。在应用这种 EDI 时，先要询问到达某一目的地的航班，要求显示航班的时间、票价或其他信息，然后根据旅客的要求确定所要的航班，打印机票。

（4）带有图形资料自动传输的 EDI，最常见的是计算机辅助设计（computer aided design，CAD）图形的自动传输。例如，设计公司完成一个厂房的平面布置图，将其平面布置图传输给厂房的主人，请主人提出修改意见。一旦该设计被认可，系统将自动输出订单，发出购买建筑材料的报告。在收到这些建筑材料后，自动开出收据。

阅读案例

因赛特公司的订货信息系统[①]

因赛特直销公司（以下简称因赛特公司）始建于亚利桑那州潭蓓谷市，业务范围是计算机硬件和软件的分销。公司的客户，即软件产品的最终用户平均每天发出 2000 个订货要求。公司拥有 400 个订货终端，这使得销售员可以从公司的 5700 件库存品中挑选需要的产品，有效地满足客户的订货需求。但是由于因赛特公司库存软件产品订货至交货周期相当长，销售—订货流程不够顺畅，极大地影响了公司的业务发展。为了解决这一问题，公司开发了一种可以即时地得到软件销售商的软件产品库存信息的企业间订货信息系统。该系统由企业内部系统、销售商系统和客户组成。企业可以通过 EDI 的方式和销售商之间进行订货并得到库存状况，如图 3.2 所示。该系统的使用使得因赛特公司的订货流程变得更加流畅，销售人员可以更清楚地掌握产品的可得性及库存地点的信息，大大提高了企业内部和企业间的运作效率。

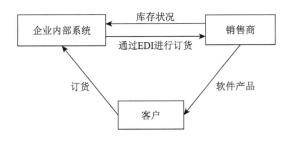

图 3.2　因赛特公司订货流程

根据 EDI 的不同发展特点和运作层次，还可以将 EDI 分为封闭式 EDI、开放式 EDI 和交互式 EDI。

1）封闭式 EDI

现行的 EDI 必须通过商业伙伴之间预先约定协议（如技术协议或法律协议）来完成。当其他贸易伙伴要加入时，也必须遵守原 EDI 参与方间所有的约定、协议和方法。由于不同行业、不同地区实施 EDI 所采用的标准和协议的内容是不同的，于是出现了大量不同结构的 EDI 系统。各个系统之间由于所采纳的标准和传输协议不同，彼此之间相对处于封闭状态，因此这种形式的 EDI 被称为封闭式 EDI。

[①] 资料来源：柳和玲（2006）。

2）开放式 EDI

为了避免逐渐形成专用的、封闭的 EDI 孤岛式的格局，一些国际组织提出了开放式 EDI 的概念，即"使用公共的、非专用的标准，以跨时域、跨商域、跨现行技术系统和跨数据类型的交互操作性为目的的自治使用方之间的电子数据交换"。开放式 EDI 保证了 EDI 参与方对实际使用 EDI 的目标和含义有一个共同的理解，以减少乃至消除对专用协议的需求，使得任何一个参与方不需要事先安排就能与其他参与者进行 EDI 业务。

3）交互式 EDI

传统 EDI 系统中报文发送方通过网络服务方将报文发至接收者的信箱中，接收者定期从信箱中提取报文，由于采用这种方式存在一定的时滞，因此被称为批式 EDI。由于用户对反应时间的要求越来越高，于是出现了交互式 EDI。交互式 EDI 是指在两个计算机系统之间连续不断地以询问和应答的形式，经过预定义和结构化的自动数据交换实现对不同信息的自动实时反应。这种方式可以使得用户等待应答的时间达到 1s 甚至更短。目前交互式 EDI 的研究仍处在理论和开发的初级阶段，是将来 EDI 的发展方向。

2. EDI 在企业中的作用

EDI 之所以在世界范围内得到如此迅速的发展和应用，是因为使用 EDI 有着纸面单证处理系统无法比拟的优势，能给企业用户带来实质性的好处，主要体现在以下四个方面。

1）降低企业的成本

EDI 能够节省企业的成本包括减少单据处理任务和费用，减少人事的层次和更好地安排人事，减少库存和随之变动的储运费和其他成本。根据联合国的一次调查，进行一次进出口贸易，双方需交换近 200 份文件和表格，其纸张、行文、打印及差错可能引起的总开销等大约为货物价格的 7%。据统计，美国通用汽车公司采用 EDI 后，每生产一辆汽车可节约成本 250 美元，按每年生成 500 万辆计算，可以产生 12.5 亿美元的经济效益。

2）减少重复劳动，提高工作效率

如果不使用 EDI 系统，即使是高度计算机化的公司，也需要经常将外来的资料重新输入本公司的计算机。而传统的纸张单据流通过程复杂且容易出现疏漏。EDI 的使用，不仅改善了内部管理和操作，也提高了人员的工作效率。例如，一个采购部经理过去要花 80% 的时间用于纸张单据的操作，而只有 20% 的时间能用于采购业务。使用 EDI 后，他可以把绝大部分时间用于真正的采购、找货源和谈判等工作。

3）改善贸易双方关系，提高贸易效率

通过引入 EDI，厂商可以准确地估计日后商品的需求量，货运代理商可以简化大量的出口文书工作，商户可以提高存货的效率，大大提高企业的竞争能力，从而改善贸易双方的关系。另外，EDI 简化了订货或存货的过程，使双方能及时地充分利用各自的人力和物力资源，能够以更迅速有效的方式进行贸易。美国数字设备公司（Digital Equipment Corporation，DEC）应用了 EDI 后，存货期由 5 天缩短为 3 天，每笔订单费用从 125 美元降到 32 美元。新加坡采用 EDI 贸易网络之后，海关贸易的手续从原来的 3～4 天缩短到 10～15min。

4）提高企业的国际市场竞争能力

在美国，EDI 得到了许多行业的欢迎和广泛应用，如汽车制造、石油和天然气、化工、铁路、仓储、海运、医药、零售等行业，一般都希望贸易伙伴采用 EDI 方式。特别是某些行业的国际物流中，EDI 已成为一种必备条件和行业规范。因此，EDI 可以帮助企业适应当今全球市场的需要，有效地提高企业在国际市场上的竞争能力。

3.1.3　EDI 数据标准

1. EDI 标准的形成

标准化工作是实现 EDI 互通和互连的前提和基础。早期的 EDI 使用的大都是各处的行业标准，不能进行跨行业 EDI 互连，严重影响了 EDI 的效益，阻碍了全球 EDI 的发展。例如，美国就存在汽车工业的汽车工业行动集团（automotive industry action group，AIAG）标准、零售业的通用通信标准（universal communication standards，UCS）、货栈和冷冻食品贮存业的网络进销存系统（web invoicing system，WINS）标准等；日本有连锁店协会标准、全国银行协会标准和电子工业协会标准等。

为促进 EDI 的发展，世界各国都在不遗余力地促进 EDI 标准的国际化，以求最大限度地发挥 EDI 的作用。国际上通用的 EDI 标准有两个：ANSI X.12 标准和 UN/EDIFACT 标准。其中，UN/EDIFACT 已被 ISO 接收为国际标准，编号为 ISO 9735。现在，ANSI X.12 和 UN/EDIFACT 已经被合并成为一套世界通用的 EDI 标准，并得到了现行 EDI 客户的广泛认可。为了向国际标准靠拢，我国企业和政府部门大多采用的是 UN/EDIFACT 标准。亚太地区 EDI 使用标准的情况见表 3.1。

表 3.1　亚太地区 EDI 使用标准情况

国家或地区	使用标准	运营公司
澳大利亚	UN/EDIFACT	PAXUS
新西兰	UN/EDIFACT	GEIS、NETWAY
新加坡	UN/EDIFACT	SNS
中国香港	UN/EDIFACT	HKT-CSL、INET、GAZATLENET
日本	N/A	NTT DATA、NEC、AT&T 等
韩国	ANSI X.12	DACOM、KT-NET

EDI 标准包括 EDI 网络通信标准、EDI 处理标准、EDI 联系标准和 EDI 语义语法标准等，下面分别进行说明。

（1）EDI 网络通信标准是要解决 EDI 通信网络应该建立在何种通信网络协议之上，以保证各类 EDI 用户系统的互连。目前，国际上主要采用 MHX（X.400）作为 EDI 通信网络协议，以解决 EDI 的支撑环境。

（2）EDI 处理标准是要研究那些不同地域不同行业的各种 EDI 报文，针对相互共有的"公共元素报文"的处理标准。它与数据库、管理信息系统（如 MRPⅡ）等接口有关。

（3）EDI 联系标准是要解决 EDI 用户所属的其他信息管理系统或数据库与 EDI 系统之间的接口。

（4）EDI 语义语法标准（又称 EDI 报文标准）是要解决各种报文类型格式、数据元编码、字符集和语法规则及报表生成应用程序设计语言等。

2. 国际统一的 EDI 标准——UN/EDIFACT

1）UN/EDIFACT 标准的形成

人们在相互通信过程中必须使用每个人都能理解的规则，这样才能进行顺畅的交流。应用 EDI 也同样需要一个大家都能接受的标准。在 EDI 应用的初期，EDI 报文格式的设计仅能满足个别组织、公司及部门间传递的需要。各组织、公司及部门的计算机系统间的 EDI 传输是建立在专用性标准之上的。随着应用 EDI 进行贸易的公司不断增多，这些组织、公司及部门都意识到这种专用性标准的局限性，认为他们不仅需要与其贸易伙伴进行联系，而且还需要同本行业内的其他组织、公司和部门进行联系。于是，按照更广泛通信要求制定的行业标准相继诞生。例如，欧洲电信传输数据交换组织（The Organisation for Data Exchange by Tele Transmission in Europe，ODETTE）标准是专门为欧洲的汽车工业和其他工业制定的；TRADENET（电子通关系统）标准则是针对英国的零售业制定的。即使有了各地方的行业标准，一些跨行业贸易的组织仍面临着跨行业实施 EDI 的大量障碍，制定 EDI 国家标准的要求日益强烈。

1985 年，两个 EDI 国家标准相继问世，并且很快得到广泛的认可和支持。这两个国家标准分别是北美地区的美国国家标准 ANSI X.12 和欧洲的贸易数据交换指南（Guidelines for Trade Data Interchange，GTDI）。虽然这两个不同的国家标准基本满足了 EDI 国内应用的需要，但是给国际 EDI 业务造成了困难。为解除国际 EDI 业务中的这一障碍，一些国家将此问题提请联合国欧洲经济理事会负责国际贸易程序简化的第四工作组（Work Party 4 of United Nations Economic Commission for Europe，UN/ECE/WP4）关注。1985 年 9 月，UN-JEDI（United Nations-Joint Electron Data Interchange，联合电子数据交换工作组）成立。北美地区和欧洲地区的专家成为该工作组的成员，并共同研究将 GTDI 和 ANSI X.12 合并为一个国际标准，这促使了 UN/EDIFACT 的诞生。1986 年 UN/ECE（United Nations Economic Commission for Europe，联合国欧洲经济委员会）通过了 UN/EDIFACT 的缩写。

2）UN/EDIFACT 标准的内容

UN/EDIFACT 是"联合国用于行政、商业和运输的电子数据交换"的英文字母的缩写。EDIFACT 的概念很简单，它是一个完全满足政府和专门行业需求的唯一的国际 EDI 标准。EDIFACT 的出现迅速得到世界各国的接受，并作为全球性 EDI 标准得到各国的认可。1992 年，美国决定从 X12 第 4 版后转向 EDIFACT 的标准报文的开发，并且从 1997 年开始不再继续维护 X12 的标准。EDIFACT 定义了传送报文所需的语法规则，并且可以跨行业、跨国在政府、个人之间使用。EDIFACT 很快在欧洲、澳大利亚、新西兰及亚洲流行起来。EDIFACT 标准由一系列国际认可的用于 EDI 的标准、规则和指南组成。EDIFACT 与一般文字语言的比较见表 3.2。

表 3.2 EDIFACT 与一般文字语言的比较

EDIFACT	一般文字语言
报文	单据表格

续表

EDIFACT	一般文字语言
语法规则	文法
数据段	句子
代码	简写、简称

EDIFACT 标准主要涉及以下六个方面的标准化工作。

（1）EDI 语法规则。语法规则是控制交换结构、交换功能组、报文、段及数据元的规则。这些规则仅适用于所交换的数据，并且与所使用的计算机类型、应用程序、通信协议及交换媒体无关。《EDIFACT 应用级语法规则》是由 ISO 和 UN/ECE 共同认可，并以国际标准 ISO 9735 的形式公布的。目前，EDIFACT 系统中使用的是 ISO 9735 第 4 版本，其语法规则由 6 部分组成：批式 EDI 与交互式 EDI 共用的语法规则；批式 EDI 语法规则及批式 EDI 服务目录；交互式 EDI 专用语法规则及交互式 EDI 服务目录；批式 EDI 的语法和服务的报告报文；批式 EDI 和交互式 EDI 的安全；可靠性鉴别和确认报文。

（2）数据元目录和复合数据元目录。数据元是构成 EDIFACT 报文的最小单位，也称为简单数据元，它等效于一个语句中的一个字或一个词。它由唯一的 4 位数字标记、数据元名称、数据元描述及表示方式来标识。EDIFACT 报文中所使用的全部数据元均收入《EDIFACT 数据元目录》（the EDIFACT Data Element Directory，EDED）中。采用 EDIFACT 用户应首先从 EDED 中选用数据元来设计所需要的 EDIFACT 报文，目前 EDED 收录了 200 个与设计 EDIFACT 报文相关的数据元，并对每个数据元的名称、定义、数据类型和长度都予以具体的描述。由简单数据元组成的复合数据元等效于一个词组。复合数据元由唯一的 4 位字母数字标记来标识，并收入《EDIFACT 复合数据元目录》（the EDIFACT Composite Data Element Directory，EDCD）中，目前 EDCD 中收录了在设计 EDIFACT 报文时涉及的 60 多个复合数据元。

（3）段目录。段是 EDIFACT 报文中的中间信息单位，它等效于一个句子。它是由预先定义的、功能上相关的数据元集合组成，这些数据元由其在集合中的序列位置来定义。每个段都由 3 个字母段标记标识，并收入《EDIFACT 段目录》（the EDIFACT United Nations Segment Directory，EDSD）中。

（4）代码表。代码是数据元值表示的一种方式，它以缩略语数字代码的方式来表示某数据元的值。EDIFACT 代码以 ISO 代码为基础，如国家代码、地点代码、运输方式代码、计量单位代码等。所有的代码型数据的代码均收入《EDIFACT 代码表》（the EDIFACT Code List，EDCL）中。

（5）报文目录。报文是由涉及的业务报文类型所需要的段按照逻辑顺序排列组成的。EDIFACT 报文（即联合国标准报文）相当于书面单证，涉及贸易、货管、运输、海关、制造、金融、保险、统计、旅游等多个领域。EDIFACT 报文共分为 3 类：0 状态报文是一种草案级报文，提交 EN/ECE/WP4 研究；1 状态报文是一种 UN/ECE 推荐正式使用的报文；2 状态报文则是 UN/ECE 推荐的报文。《EDIFACT 报文目录》（the EDIFACT United Nations Standard Messages Directory，EDMD）中包括了所有的报文。

（6）指南和规则。为了规范和指导 EDIFACT 标准的制定和使用，EN/ECE/WP4 设立了专门的工作组来起草相应的指南和规则。目前，已出版的指南和规范主要包括《EDIFACT 语法实施指南》和《EDIFACT 报文设计指南》。此外，UN/ECE/WP4 还起草了《交互式 EDI 报文设计指南》及《EDIFACT 业务和信息的模型化框架》等。

EDIFACT 标准主要包括下列文件。

（1）各种指南与规则。其中包括《EDIFACT 应用语法规则》《EDIFACT 语法实施指南》《EDIFACT 报文设计指南》。

（2）UNTDID（United Nations Trade Data Interchange Directory，联合国贸易数据交换目录），主要用于 2 状态的报文。其中包括《EDIFACT 报文目录》《EDIFACT 段目录》《EDIFACT 复合数据元目录》《EDIFACT 数据元目录》《EDIFACT 代码表目录》《EDIFACT 工作目录集》，主要用于 1 状态的报文。

3）UN/EDIFACT 标准的管理机构

随着 UN/EDIFACT 的出现，UN/ECE 被指定为专门管理 EDIFACT 的机构。在 UN/ECE/WP4 下设立两个专家组：第一专家组（Experts Group 1，GE1）负责数据元和自动数据交换的研究；第二专家组（GE2）负责制定处理规程和文档说明。为制定 EDIFACT 标准，GE1 指派专人（地区 UN/EDIFACT 召集人）来负责协调各地区的报文开发、技术评估、文档建立及促进 EDIFACT 应用等方面的活动。这些 EDIFACT 召集人由当地政府提名并由 UN/ECE/WP4 任命。1987 年 UN/ECE/WP4 任命了第一批地区召集人，即北美地区、西欧地区、东欧地区的召集人。1991 年 UN/ECE 任命澳大利亚/新西兰的召集人和亚洲召集人，1993 年任命了非洲召集人，各地区分别成立各自的 EDIFACT 理事会（如亚洲 EDIFACT 理事会，澳大利亚/新西兰 EDIFACT 理事会，）以支持地区召集人履行其职责，UN/ECE/WP4 不负责管理各地区理事会的组成，以允许地理语言及政治环境上的区域差别。

■ 3.2 EDI 系统概述

3.2.1 EDI 系统的构成要素

EDI 的产生是以现有的通信技术、计算机软件和硬件及数据的标准化为前提条件的。换句话说，数据通信网络是实现 EDI 的基础，业务处理的计算机化是实现 EDI 的条件，数据的标准化是实现 EDI 的保证。因此，EDI 系统由 EDI 技术标准、EDI 软件及硬件、EDI 技术通信网络 3 个要素构成。

1. EDI 技术标准

EDI 技术标准明确了进行电子事务处理的数据格式和内容，定义了一种在不同部门、不同公司、不同行业及不同国家之间进行信息传送的通用方法。现有的 EDI 标准已经达到可以满足全球业务数据交换的阶段，EDI 用户可以在全球范围内进行有关的事务处理资料的交换。

目前世界上的 EDI 标准主要是由两家著名的标准组织所制定和管理的。美国的 EDI 标准组织 ANSI X.12 在 ANSI 的全力支持下于 1979 年成立，1985 年 ANSI 公布了第一个美国 EDI 国家标准 ANSI X.12；另一个国际标准组织 UN/ECE 也于同年制定了 UN/EDIFACT 标准。

2. EDI 软件及硬件

企业实现 EDI 需要配备相应的 EDI 软件和硬件。

1）EDI 软件

EDI 软件可以将用户数据库系统中的信息译成 EDI 的标准格式，以方便 EDI 数据的传输和交换。EDI 系统中常用的软件有转换软件、翻译软件和通信软件 3 种。

（1）转换软件：帮助用户将原有计算机系统的文件转换成平面文件，或将从翻译软件接收到的平面文件转换成原计算机系统中的文件。

（2）翻译软件：将平面文件译成 EDI 的标准格式，或将接收到的 EDI 标准格式的文件翻译成平面文件，然后交给有关的通信软件，通过 EDI 网络传送给指定的接收者。

（3）通信软件：将 EDI 标准格式的文件外层加上通信信封，再送到 EDI 系统交换中心的邮箱，或从 EDI 系统交换中心将接收到的文件取回（李绍军等，2017）。

2）EDI 硬件

EDI 系统所需的硬件包括计算机、调制解调器和通信线路等。①计算机：存储和处理 EDI 数据的主要设备，各种类型的计算机都可在 EDI 系统中使用。②调制解调器：用来进行模拟信号和数字信号之间的转换。用户可根据实际传输速度的需求选择合适型号的调制解调器。③通信线路：是保证信息传递的通路。最常用的通信线路是由通信部门提供的通信公网，如果用户对传输时效和传输流量有特殊要求，可考虑租用 DDN 专线。

3. EDI 技术通信网络

EDI 的通信环境由一个 EDI 通信系统和多个 EDI 用户组成。EDI 的开发、应用就是通过计算机通信网络实现的。各种数据通信网络（如公用电话网、专用网、分组交换网等）都可用于构成 EDI 的网络环境。EDI 的通信方式主要有 3 种，即点对点（point to point，PTP）方式、VAN（value added network，增值网络）方式和信息处理系统（message handling system，MHS）方式。

1）PTP 方式

PTP 方式即 EDI 按照约定的格式，通过通信网络进行信息的传递和终端处理，完成相互的业务交往。早期的 EDI 通信一般都采用此方式，但它有许多缺点，如当 EDI 用户的贸易伙伴不再是几个而是几十个甚至几百个时，这种方式很费时间，需要许多重复发送。同时这种通信方式是同步的，不适于跨国家、跨行业之间的应用。PTP 方式又可分为一点对一点方式、一点对多点方式、多点对多点方式。

2）VAN 方式

VAN 方式是指那些增值数据业务（value-added data service，VADS）公司利用已有的计算机与通信网络设备，除完成一般的通信任务外，增加 EDI 的服务功能。VADS 公司提供给 EDI 用户的服务主要是租用信箱及协议转换，后者对用户是透明的。信箱的引入，实现了 EDI 通信的异步性，提高了效率，降低了通信费用。另外，EDI 报文在 VADS 公司自己的系统（即 VAN）中传递也是异步的，即存储转发的。

VAN 方式尽管有许多优点，但因为各 VAN 的 EDI 服务功能不尽相同，VAN 系统并不能互通，从而限制了跨地区、跨行业的全球性应用。同时，此方法还有一个致命的缺点，即 VAN 只实现了计算机网络的下层，相当于开放式系统互联通信参考模型（open system interconnection reference model，OSI）的下三层。而 EDI 通信往往发生在各种计算机的应用进程之间，这就决定了 EDI 应用进程与 VAN 的联系相当松散，效率很低。

3）MHS 方式

MHS 是 ISO 和 ITU-T 联合提出的有关国际电子邮件服务系统的功能模型。它是建立在 OSI 开放系统的网络平台上，适应多样化的信息类型，并通过网络连接，具有快速、准确、安全、可靠等特点。它是以存储转发为基础的、非实时的电子通信系统，非常适合作为 EDI 的传输系统。MHS 为 EDI 创造了一个完善的应用软件平台，减少了 EDI 设计开发上的技术难度和工作量。ITU-T X.435/F.435 规定了 EDI 信息处理系统和通信服务，把 EDI 和 MHS 作为 OSI 应用层的正式业务。EDI 与 MHS 互连，可将 EDI 报文直接放入 MHS 的电子信箱中，利用 MHS 的地址功能和文电传输服务功能，实现 EDI 报文的完善传送。

EDI 与 MHS 结合，大大促进了国际 EDI 业务的发展，为实现 EDI 的全球通信，EDI 通信系统还使用了 X.500 系列的目录系统（directory system，DS）。DS 可为全球 EDI 通信网的补充、用户的增长等目录提供增、删、改功能，以获得名址网络服务、通信能力列表、号码查询等一系列属性的综合信息。EDI、MHS 和 DS 的结合，使信息通信有了一个新飞跃，并为 EDI 的发展提供了广阔的前景。

3.2.2　EDI 系统的特点与结构

1. EDI 系统的特点

EDI 系统的最大特点就是利用计算机与通信网络来完成标准格式的数据传输，不需要人为地重复输入数据。也就是说，数据在物流公司的应用程序（如采购系统）与货物业主的应用程序（如订单输入系统）之间进行电子化转移，不需人为干预或重复输入。数据不仅在物流公司与货物业主之间电子化流通，而且在每一个物流公司和货物业主内部的应用程序之间电子化流通，同样不需要重新用键盘输入。例如，物流公司的订单进入货物业主的订单输入系统后，同样的数据就会传递到货物业主的仓储、运输、加工、财会等应用程序，并由各程序产生相应的自动加工安排表、库存记录更新、货运单、发票等。数据在一个组织内部的应用程序之间的电子化流通称为"搭桥"。由于报文结构与报文含义有公共的标准，交易双方所往来的数据能够由对方的计算机系统识别与处理，因此大幅度提高了数据传输与交易的效率。

2. EDI 系统的结构

一般来说，EDI 系统的基本结构包括报文生成和处理模块、格式转换模块、通信模块、用户接口模块、内部接口模块 5 个部分，EDI 系统结构如图 3.3 所示。

1）报文生成和处理模块

报文生成和处理模块的一个功能是接收来自用户接口模块和内部接口模块的命令和信息，按照 EDI 的公共标准生成所需的订单、发票、合同及其他各种 EDI 报文和单证，经格式转换模块处理后交给其他模块处理。另一个功能是自动处理由其他 EDI 系统发来的报文，按照不同的报文类型，应用不同的过程进行处理，一方面从信息系统中取出必要的信息回复发来单证的 EDI 系统，另一方面将单证中的有关信息传递至本单位其他信息系统。

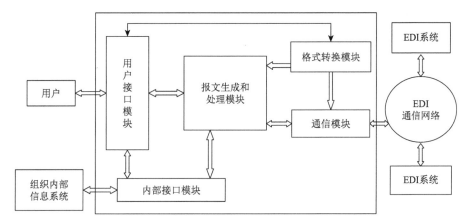

图 3.3　EDI 系统结构

2）格式转换模块

格式转换模块的主要功能是把企业自己生成或是其他企业发来的各种 EDI 报文，按照一定的语法规则进行处理，从而形成标准化、结构化的报文以方便其他模块进行处理。转换过程包括语法上的压缩、嵌套，代码的替换，以及添加必要的 EDI 语法控制字符。同样，经过通信模块接收到的结构化的 EDI 报文，也要做非结构化的处理，以便本单位内部对信息做进一步处理。该模块实现的具体功能可总结为：统一的国际标准和行业标准；所有 EDI 单证必须转换成标准的报文；转换过程中进行语法检查；其他系统的 EDI 报文的逆处理。

3）通信模块

通信模块是企业本身的 EDI 系统和其他企业 EDI 系统的接口。通信模块负责在接收到 EDI 用户报文后，进行审查和确认。根据 EDI 通信网络的结构不同，该模块功能也有所不同。其主要功能是执行呼叫、自动应答、确认身份和报文传送等。除此之外本模块还包括自动重发、合法性和完整性检查、出错报警、报文拼装和拆卸等功能。

4）用户接口模块

用户接口模块也称为联系模块，是 EDI 系统和本单位内的其他信息管理系统或数据库的接口。其主要功能是为 EDI 用户提供良好的接口和人机界面，业务管理人员可通过此模块进行输入、查询、统计、中断、打印等操作，以便及时了解市场变化，调整应对策略。此模块也是 EDI 系统和企业内部其他系统进行信息交换的纽带。由于 EDI 不是将订单直接传递或简单打印，而是通过订单审核、生产组织、货运安排及海关手续办理等事务的 EDI 处理后，再将有关结果通知其他信息系统，或印出必要文件进行物理存档，因此一个单位的信息系统应用程度越高，用户接口模块也就越复杂。

5）内部接口模块

内部接口模块是连接 EDI 系统与企业内部其他信息系统或数据库的接口。企业的信息系统应用程度越高，内部接口也就越复杂。一份来自外部的 EDI 报文，经过 EDI 系统处理之后，大部分相关内容都需要经内部接口模块送往其他信息系统，或查询其他信息系统才能给对方 EDI 报文以确认的答复。

3.2.3 EDI 系统的工作原理

1. EDI 的工作方式

根据接入 EDI 网络的方式不同，可以将 EDI 分为 3 种工作方式，如图 3.4 所示。

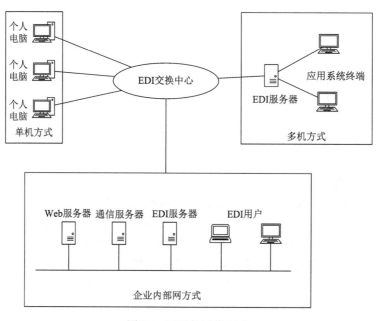

图 3.4　EDI 的工作方式

（1）单机方式：具有单一计算机应用系统的用户接入方式。用户通过连接电话交换网的调制解调器直接接入 EDI 交换中心，该计算机应用系统中需要安装 EDI 系统的专用通信软件及相应的映射和翻译软件。

（2）多机方式：具有多个计算机应用系统的用户接入方式。多个应用系统（如销售系统、采购系统、财务系统等）采用联网方式将各个应用系统先接入负责与 EDI 中心交换信息的服务器中，再由该服务器接入 EDI 交换中心，该服务器不仅负责各个应用系统与 EDI 中心的统一通信，还承担 EDI 标准格式的翻译、企业各部门 EDI 的记账。

（3）企业内部网方式：通过企业内部网的用户接入方式。可以采用基于内部网技术建立的企业内部专用网络来接入 EDI 交换中心。外联网概念的提出，使内部网由企业内部走向外部，它通过向一些主要的贸易伙伴添加外部连接来扩充企业内部网络。目前，在很多 EDI 系统中，用户已经可以使用浏览器通过 EDI 中心的 Web 服务器访问 EDI 系统。

2. EDI 的工作流程

简单来说，EDI 是指用约定的标准编排有关的数据，通过计算机传送业务往来信息。

其实质是通过约定的商业数据表示方法，实现数据经由网络在贸易伙伴所拥有的计算机应用系统之间的交换和自动处理，以达到迅捷和可靠的目的。EDI 的工作流程可以分为 3 个阶段。

（1）文件的结构化和标准化处理。用户先将原始的纸面商业和行政文件，经计算机处理，形成符合 EDI 标准的、具有标准格式的 EDI 数据文件。

（2）传输和交换。用户用自己的本地计算机系统将形成的标准数据文件，经由 EDI 数据通信和交换网，传送到登录状态下的 EDI 服务中心，继而转发到对方用户的计算机系统上。

（3）文件的接收和自动处理。对方用户计算机系统收到发来的报文后，立即按照特定的程序自动进行处理。如有必要，则输出纸面文档。

EDI 技术的实现主要体现在结构化标准报文在计算机应用系统之间的自动交换和处理。其单证处理过程可分为以下 4 个步骤，如图 3.5 所示。

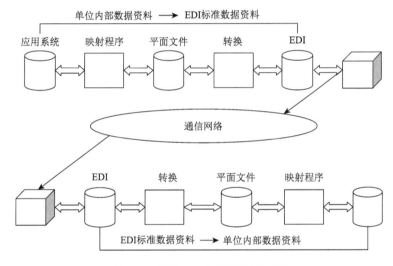

图 3.5　应用 EDI 的单证处理过程

（1）生成 EDI 平面文件。用户应用系统将用户的应用文件或数据库中的数据取出，通过映射程序把用户格式的数据转换为被称为平面文件的一种标准中间文件。平面文件是一种普通的文本文件，其作用在于生成 EDI 电子单证，以及用于内部计算机系统的交换和处理等。应用文件是用户通过应用系统直接进行编辑、修改、操作的单证和票据文件，可直接阅读、显示和打印输出。

（2）翻译生成 EDI 标准格式文件。将平面文件通过翻译软件生成 EDI 标准格式文件。EDI 标准格式文件是按 EDI 数据交换标准，即 EDI 标准的要求，将单证文件（平面文件）中的目录项，加上特定的分隔符、控制符和其他信息，生成的一种包括控制符、代码和单证信息在内的只有计算机才能阅读的 ASCII 码文件。EDI 标准格式文件就是所谓的 EDI 电子单证，或称电子票据。它是 EDI 用户之间进行贸易往来的依据，具有法律效力。

（3）通信。这一过程由用户端计算机通信软件完成。通信软件将已转换成标准格式的 EDI 报文，经通信线路传送到网络中心，将 EDI 电子单证投递到对方的信箱中。信箱系统自动完成投递和转接，并按照 ITU-T X.400/X.435 通信协议的要求为电子单证加上信封、信头、信尾、投递地址、安全要求及其他辅助信息。

（4）EDI 文件的接收和处理。接收和处理过程是发送过程的逆过程。用户需要先通过通信网络接入 EDI 信箱系统，打开自己的信箱，将 EDI 文件还原成应用文件再进行编辑、处理和回复。

3.3 EDI 的安全问题

3.3.1 EDI 安全概述

EDI 技术将人们几百年来习以为常的白纸黑字式的往来文书，转变成电子化的报文（message），因而使传统的信息交换方式发生了一场革命，这种变化对促进社会进步有很大的意义。但也出现了一些变革前不曾碰到的问题，如无纸贸易中的商业秘密不易保护；网络环境下怎么确保发出的商业文件能被贸易伙伴准确接收；贸易伙伴借口计算机系统的原因抵赖自己的行为，否认接受或发出商业文件；电子传递的商业文件用什么方式代替纸面签字；传输的公文因无法盖上传统的印章，又如何确认公文的合法性和有效性等。这些所谓的 EDI 安全问题若不能有效解决，人们就没有足够的信心使用 EDI 系统，EDI 系统本身也无法实现其"正确、完整、迅速"交换信息的目标。因而，EDI 的安全问题一直受到 EDI 技术界、用户界的密切关心，所有 EDI 系统开发者将系统能否提供安全服务视为 EDI 系统是否成熟的标志，用户团体视 EDI 系统是否有良好的安全服务为是否购买 EDI 系统的重要条件。欧洲共同体将安全列为推行 EDI 五大关键技术之一，ISO 和国际电报电话咨询委员会（International Telegraph and Telephone Consultative Committee，CCITT）也分别成立专门的研究小组，致力于 EDI 安全标准的开发，EDI 安全问题得到广泛的重视。

EDI 安全，一般是指防止由 EDI 系统交换的信息被丢失、泄露、篡改，假冒 EDI 合法用户，提交或接受过程中出现的抵赖、否认及 EDI 系统的拒绝服务（denial of service，Dos）。概括起来，EDI 安全包括两大方面的内容：一是 EDI 数据的安全，二是 EDI 系统的安全。EDI 数据的安全具体表现在数据的完整性、机密性和可用性；EDI 系统的安全则包括实体安全、管理保护、计算机系统本身的软硬件保护和通信系统的安全等内容，重点是 EDI 数据的安全。

3.3.2 EDI 安全要求

1. EDI 系统的安全服务

1）EDI 系统的安全策略

针对 EDI 应用系统所面临的威胁和攻击，EDI 系统首先要制定其安全策略，即规定 EDI 系统的数据在什么情况下允许存取、什么情况下不允许读写等方面的要求。一般来说，EDI 系统的安全策略包括：①他人无法冒充合法用户利用网络及其资源；②他人无法篡改、替换和扰乱数据；③与文电交换的各种活动及其发生时间均有精确、完整的记录和审计；④确保文电在交换过程中不丢失；⑤确保商业文件（合同、契约、协议书等）不被无关者或竞争对手知悉；⑥防止因自然灾害、人为因素和机器故障引起的系统拒绝服务。

2）EDI 系统安全服务的实现手段

安全服务是指 EDI 系统为用户提供的一组系统功能，用户通过它们来保护自己的数据、维护系统的正常工作。开放式 EDI 系统的基本安全服务遵循"ISO 7498-2"规定的 OSI 安全体系标准，主要有以下几个内容。①信息加密技术。信息加密技术是一种信息封装技术，主要包括私钥加密体制及公钥加密体制。其中私钥加密体制中加密与解密时使用相同的密码。密码形式分为分组密码和序列密码，后者的运算速度更快、安全性更高。②数字签名技术。EDI 业务的源点鉴别和文电内容的完整性由数字签名来实现。在数字签名中，采用密码算法产生的用校验和的方法来验证文电内容的完整性。源点鉴别则由合法源点给出用密钥加密信息的方法实现。③身份认证。EDI 系统通过用户注册、口令校验，同样可以识别用户身份，防止冒名顶替并有效阻止无关者或竞争对手偷看、窃取商业机密。④数字认证技术。在基于 Web 的 EDI 支付模式，Web 服务器和 EDI 网关都需要同证书颁发机构（certificate authority，CA）认证中心相连。由 CA 认证中心验证数字证书，保证甲乙双方所提供信息的正式性和保密性。⑤EDI 网关技术。负责对外来的应用连接请求进行回应，并将通过其安全检查的连接请求与被保护的网络应用服务器连接，为外部用户提供在受控的前提下访问并使用内部网络的服务。⑥防止报文丢失。报文丢失可能发生在任何同等实体间的通信链路上，也可能源于操作失误或不当。防止报文丢失的方法是利用一个脱机的文档库将所有递交和投递的报文都保存起来；防止特定报文丢失，可采用安全审计跟踪的办法实现。对用户而言，报文的投递最好有回执，以便及时了解报文是否投到欲投递的地方并采取相应措施。⑦防拒绝服务。硬件采取双备份措施；有良好的应急计划，可以及时恢复系统的正常运行。

2. 国内 EDI 法律保护问题

随着 EDI 的应用范围的扩大及无纸化办公和交易的理念深入人心，传统的以书面文字表达含义的合同、契约、意向书及各种单据等逐渐转变为电子信息，但当在商业贸易中发生纠纷时，目前的法律不一定能完全认可电子信息的效力。现行法律体系是以纸面记载为基础的。比如，法律在许多情形下直接规定只有书面证据才具有直接证据效力。传统法律有一套成熟的规则判定什么样的纸面（书面）记载具有直接的证据效力。例如，书面形式、手书签名和原件这三项规范性要求是一项有效的书面证据基本要求。但是，在电子环境下，几乎不存在原件，也没有手书签名，如何确认一份电子文档是某人所签发，认定为"原件"，必须有相应的规则。缺少这样的规则，一遇到纠纷打起官司来，当事人一般不能说服法官直接认定电子记录的证据效力。《中华人民共和国合同法》虽已经确认数据电文为书面合同，但法院还不能认定电子记录的证据效力。2004 年出台，2015 年修正的《中华人民共和国电子签名法》重点解决的是数据电文如何等同于传统书面证据这一问题，其中规定带有电子签名的数据文件也将具有纸上签名盖章的法律效力，一旦出现交易纠纷，电子签名的文件就可作为法律证据，可靠的电子签名与手写签名或者盖章具有同等的法律效力。但该规定对于电子文件法律效力的界定还相对比较模糊，需要进一步研究明确，同时也需要完善 EDI 技术，以保证电子信息的有效性，保证当事人的权益不受侵害。

3.3.3　EDI 系统面临的威胁

EDI 系统运行后会碰到许多安全威胁或攻击。根据着眼点的不同，有偶发性和故意性两类：偶发性威胁指不带任何预谋的威胁，如系统故障、操作失误和软件出错；故意性威胁则指那些人为的，有预谋或动机的威胁。故意性威胁一般称为攻击，如篡改商业合同数据，窃取商业机密，破坏 EDI 存储系统等行为。根据威胁来源不同，还可以将威胁分为内部和外部两种。内部威胁是指系统的合法用户以故意或非法方式进行操作所产生的威胁，如内部工作人员利用工作之便或者软件固有缺陷，非法使用 EDI 资源或越权存取数据；外部威胁泛指搭线窃听，截取交换信息，冒充合法用户，为鉴别或访问机制设置旁路。

EDI 系统面临的主要威胁和攻击，有以下六种。

（1）冒充：邮件传送代理（mail transfer agent，MTA）之间是以交换明文形式的 MTA 名称来彼此证实的，一个假冒合法的 MTA 可能会通过发送一个已知的 MTA 名与其他的 MTA 互连，冒名顶替偷窃工作资源和信息。

（2）篡改数据：数据被未授权更改会破坏数据的完整性。EDI 环境中篡改数据的现象与 MHS 提到的情况相同，攻击者会篡改在 EDI 系统中存储和传输的文电内容。

（3）偷看、窃取数据：EDI 系统中的用户及外来者未经授权偷看或窥视他人的文电内容以获取商业秘密，损害他人的经济利益。

（4）文电丢失：EDI 系统中文电丢失主要有三种情况，一是因为用户代理（user agent，UA）、存入存储（memory save，MS）或 MTA 的错误而丢失文电，二是因为安全措施不当丢失文电，三是在不同的责任区域间传递时丢失文电。

（5）抵赖或矢口否认：抵赖或矢口否认是 EDI 系统面临的较大的一种威胁。EDI 要处理的大量合同、契约、订单等商贸数据，其起草、递交、投递等环节都容易发生抵赖或矢口否认现象，尤其是基于 MHS 环境的 EDI 系统，采用自动转发、重新定向服务方式时，其危险性更大。

（6）拒绝服务：局部系统的失误及通信各部分的不一致所引起的事故（如路由表或映射表的错误项）而导致系统停止工作或不能对外服务，即所谓的拒绝服务（熊静等，2017）。局部系统出于自我保护目的而故意中断通信也会导致拒绝服务。这种拒绝是 EDI 系统中较可能出现而又危害巨大的威胁之一。

3.4　EDI 技术在物流领域中的应用

物流行业是使用 EDI 技术较早，且到目前为止 EDI 应用较为广泛的行业。利用 EDI 技术将运输、商检、报关、货物检查和跟踪等国际物流过程整合优化为一个有机的物流体系，给使用 EDI 的企业带来了巨大的经济效益。仓储、运输和配送是物流行业中很重要的环节，而 EDI 技术又在这些环节之中发挥着重要作用。

3.4.1　EDI 技术在仓储中的应用

仓储是指通过仓库对商品与物品的储存与保管，是物流活动的重要环节之一，传统仓储是指利用仓库对各类物资及其相关设施设备进行物品的入库、储存、出库的活动。现代仓储是指在传统仓储的基础上增加库内加工、库内分拣、库内包装等环节。在仓储环节中有个很重要的思想：供应商管理库存（vendor managed inventory，VMI），是指以用户和供应商双方都获得最低成本为目的，在一个共同的协议下由供应商管理库存，并不断监督协议执行情况和修正协议内容，使库存管理得到持续地改进的合作性策略。这种库存管理策略打破了传统的"各自为政"的库存管理模式。体现了供应链的集成化管理思想，适应了市场变化的要求，是一种新的、有代表性的库存管理思想。目前 VMI 在分销链中的作用十分重要，因此被越来越多的人重视。EDI 技术在物流的仓储环节的应用主要基于 VMI 管理思想，下面为利用 VMI 管理思想的仓库业务流程。

（1）需求方发送长期需求给供货方生产排程（每月）。

（2）供货方按需生产，完成交货。

（3）需求方发送短期订单给 VMI 仓库（每日）。

（4）VMI 仓库根据订单及时发货。

基于 VMI 思想的仓储业务模式图如图 3.6 所示，EDI 数据中心共享信息给第三方-需求方-供货方，VMI 仓库的仓库管理系统（warehouse management system，WMS），做到数据实时共享，最大限度地提高数据传输速率，从而达到降低库存的目的。

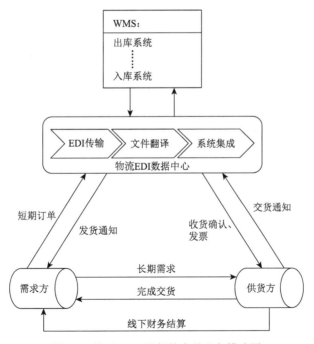

图 3.6　基于 VMI 思想的仓储业务模式图

供需双方的仓储流程如下。

1）需求方与供货方

需求方发送长期需求给供货方，然后供货方按需生产，安排交货到 VMI 仓库，在产品运达后，上传交货信息。

2）需求方与物流 EDI 数据中心

需求方首先发送订单到物流 EDI 数据中心，物流 EDI 数据中心将订单业务数据同步到 WMS，WMS 分析需求方订单，生成出库计划；其次，仓库人员根据出库计划，安排发货；最后，EDI 数据中心将发货通知数据提供给需求方。

3）供货方与物流 EDI

供货方按订单完成生产后，发送发货通知数据到物流 EDI 数据中心，物流 EDI 数据中心将数据同步到 WMS，VMI 仓库人员结合 WMS 提供的数据，进行收货确认，物流 EDI 数据中心返回收货确认数据给供货方，物流 EDI 数据中心提供发票数据给供货方，进行费用结算。

建立物流 EDI 数据中心，对仓储管理有如下好处。

（1）实现了物流作业的集约化。需求方为了降低成本和库存，只在必要的时间、按必要的数量、采购必要的商品，这就使物流运输出现多频率、小批量配送的趋势。物流 EDI 系统掌握了更多及时的信息，从而可以在配送中更加集约化。

（2）为仓储部减少库存，甚至为实现"零库存"创造了条件。仓储部最大的负担就是库存较多，建立 EDI 系统后，各供应商按照采购要求通过运输工具送到物流仓储部，为实现"零库存"创造条件。

3.4.2　EDI 技术在运输中的应用

运输是指用特定的设备和工具，将物品从一个地点向另一个地点运送的物流活动，它是在不同地域范围内，以改变物的空间位置为目的对物进行的空间位移。通过这种位移创造商品的空间效益，实现其使用价值，满足社会的不同需要。运输是物流的中心环节之一，也是现代物流活动最重要的一个功能。EDI 技术在物流运输的运作主要是对接运输管理系统（transportation management system，TMS）及用户，提高整个运输过程的效率，EDI 技术具体在运输过程的应用流程如下。

（1）供货方在接收到订货后，制订货物配送计划，并把货物清单及运输时间等信息通过 EDI 系统发送给物流公司和需求方，以便物流公司预先制订车辆调配计划，需求方制订货物接收计划。

（2）供货方根据需求方订货要求和货物运送计划下达发货指令，分拣配货，将物流条码标签贴在货物包装箱上，同时把运送货物品种、数量、包装等信息通过 EDI 发送给物流公司和需求方。

（3）物流公司从供货方处取运货物时，利用车载扫描读数仪读取货物标签的物流条形码，核实与先前送到的货物运输数据是否一致，以确认运送货物。

（4）物流公司对货物进行整理、集装，制作送货清单并通过 EDI 向需求方发送发货信息。在货物运抵接收方后，物流公司通过 EDI 向供货方发送运送业务信息和运费请示信息。

（5）需求方在货物到达时，利用扫描读数仪读取货物标签的物流条形码，并与先前收到的货物运输数据进行核对确认，开出收货发票，货物入库，同时通过 EDI 向物流公司和供货方发送收货确认信息。物流公司使用 EDI 技术向供货方实时地反馈货物运输过程中的信息流如图 3.7 所示。其优点在于供应链成员间基于标准化的信息格式和处理方法通过 EDI 分享信息，有利于提高流通效率，降低物流成本。

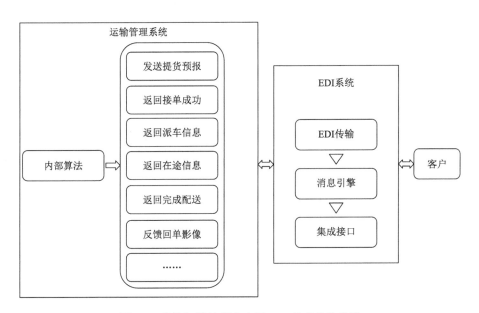

图 3.7　货物运输过程中应用 EDI 技术的信息流

3.4.3　EDI 技术在配送中的应用

配送是指在经济合理区域范围内，根据客户要求，对物品进行拣选、加工、包装、分割、组配等作业，并按时送达指定地点的物流活动。配送是物流中一种特殊的、综合的活动形式，是商流与物流的紧密结合，包含了商流活动和物流活动，也包含了物流中若干功能要素的一种形式。配送与运输虽同属线路活动，从含义上讲都是把物品从一个地点送到另一个地点，但是二者也有区别，其区别如表 3.3 所示。

表 3.3　运输与配送的区别

内容	运输	配送
活动范围与空间	活动空间比较大，它可以在不同地区、不同城市甚至不同国家之间进行，既有短距离又有长距离的运送	通常在同一地区或同一城市间进行，运送的距离比较短
运送对象与功能	多为运送大批量、远距离的物品，并且途中兼有储存的功能	包括拣选、加工、包装、组配、运输等环节，通常是小批量、多种类的产品运送，通过物品地理位置的移动，满足不同用户的多种要求
承载主体的责任与主动程度	仅仅按照用户的要求被动提供服务，只要把货物保质、保量、按时送到用户手中即可	要为顾客提供积极、主动的服务，涉及多个服务环节，是"配"与"送"的有机结合

续表

内容	运输	配送
运输工具与运输方式	根据运送货物的性状特点、到货时间、到货地点不同要求，采用多种运输工具、运送路线，既适合产品的特性又满足经济效益的实现	相对而言，配送在运输方式上受到限制，因为配送的产品一般花色品种比较丰富且多为小批量、多频率的运送，所以一般采用装载量不大的短途运输工具
对承载主体技术要求	客户对配送中心的作业技术和作业水平要求较低，只需将货物在一定时间内送到指定地点即可	客户对配送中心的作业技术和作业水平要求较高，需要配送中心最大限度地利用信息和网络技术把分销、仓储、包装、运送等环节紧密地连接在一起，实现物流、资金流、信息流的一体化
管理重点	更注重效率，以效率优先	以服务优先

EDI 技术在配送中的应用主要是物流配送中心的构建。配送中心的 EDI 系统框架构建主要包括两部分，一部分是 EDI 服务中心，面向用户提供 EDI 服务，供相关用户群使用；另一部分是 EDI 用户应用系统，完成 EDI 报文的收发、翻译，面向最终的具体应用业务。

配送中心应用 EDI 技术的必要性主要有以下 4 点。

（1）通过在配送中心的客户，设置 EDI 终端，来处理和交换有关订货、库存、销售时的数据、需求预测，以及运输日程、通知等方面的信息。这样可以减轻票据处理、数据输入输出等事务性作业，而且可以减少库存、缩短订货时间，提高工作效率。

（2）应用 EDI 可以使各企业之间达到无纸化交易，能减少大量人力和纸张的浪费，从而降低交易成本（白世贞和张鑫瑜，2019）。

（3）通过在配送中心、上游供应商、下游客户之间应用 EDI，可以实现信息共享，使供应链上各个节点企业都能了解到商品的销售、库存、生产进度等方面的信息，增强供应链经营的透明度。

（4）当今企业之间的市场竞争，实际上是对时间的竞争。谁获取的信息越快、商品周转时间越短，谁就能掌握竞争的主动权。而应用 EDI 则意味着电子传输的数据信息可以立即被用户获得。因此，应用 EDI 技术可以增强配送中心的市场竞争力。

 应用案例

上海华联超市集团的 EDI 系统[①]

1. EDI 应用现状

上海华联超市集团成立于 1992 年。随着经营规模越来越大，管理工作越来越复杂，集团领导意识到必须加强高科技的投入，搞好计算机网络应用。从 1997 年开始，集团成立了总部计算机中心，以完成经营信息的汇总、处理。配送中心也完全实现了订货、配送、发货的计算机管理，各门店的计算机应用由总部统一配置、统一开发、统一管理。

---

① 上海华联超市集团 EDI 系统，https://www.doc88.com/p-778380496291.html。

配送中心与门店之间的货源信息传输通过上海商业高新技术开发公司的商业增值网以文件方式（电子邮件）完成。每天中午12点，配送中心将商品的库存信息以文件形式发送到增值网上，各门店计算机系统从自己的增值网信箱中取出库存信息，然后根据库存信息和自己门店的销售信息制作"要货单"。但由于要货单信息没有通过网上传输，而是从计算机中打印出来，通过传真形式传送到配送中心，配送中心的计算机工作人员再将要货信息输入计算机系统。这样做不仅导致了数据二次录入可能发生的错误和人力资源的浪费，也体现不出网络应用的价值和效益，因此公司决定采用EDI系统管理公司的业务。如图3.8所示。

图3.8 EDI技术使用前上海华联超市集团的配送模式图

2. EDI应用规划

上海华联超市集团作为国家科学技术委员会"九五"科技攻关项目"商业EDI系统开发与示范"的示范单位之一，从1998年3月开始，与北京商学院（现北京工商大学）、杭州商学院（现浙江工商大学）、上海商业高新技术开发公司合作开发自己的EDI应用系统，其应用结构如图3.9所示。这个EDI应用系统包括配送中心和供货厂家之间、总部与配送中心之间、配送中心与门店之间的标准格式的信息传递，信息通过上海商业增值网EDI服务中心完成。

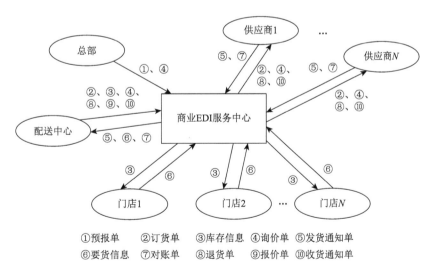

①预报单　②订货单　③库存信息　④询价单　⑤发货通知单
⑥要货信息　⑦对账单　⑧退货单　⑨报价单　⑩收货通知单

图3.9 EDI技术使用后上海华联超市集团的配送模式图

本章小结

EDI是通过计算机通信网络将贸易、运输、保险、银行和海关等行业信息，用一种国际公认的标准格式，实现各有关部门与企业之间或企业与企业之间的数据交换处理，完成以贸易为中心的全部过程。EDI 系统由 EDI 技术标准、EDI 软件及硬件、EDI 技术通信网络 3 个要素组成，其中 EDI 技术标准是实现 EDI 系统的基础要素。本章详细介绍了 EDI 系统的构成要素、特点、结构及工作原理；着重介绍了 EDI 的安全要求及 EDI 系统面临的威胁。同时，强调了 EDI 技术在仓储、运输和配送领域中的具体应用。企业通过使用 EDI 技术解决了物流系统中容易出现的信息不对称的问题，使物流系统的内部管理更加高效规范，并且大大节省了管理和处理费用。

【关键术语】

（1）EDI　　　　　（2）物流 EDI　　　　（3）EDI 组成要素　（4）EDI 数据标准

（5）报文格式转换　（6）EDI 系统工作原理　（7）EDI 安全　　　（8）VMI

 习题

1. 选择题

（1）EDI 是_____之间的数据传输。

　　A. 应用系统　　　　　　　　　　B. 应用系统与个人

　　C. 个人与应用系统　　　　　　　D. 个人

（2）根据 EDI 的不同发展特点和运作层次，还可以将 EDI 分为封闭式 EDI、开放式 EDI 和_____。

　　A. 分布式 EDI　　　　　　　　　B. 集中式 EDI

　　C. 分散式 EDI　　　　　　　　　D. 交互式 EDI

（3）UN/EDIFACT 是_____公布的 EDI 标准。

　　A. ANSI X.12　　　　　　　　　B. ISO

　　C. 国际标准组织 EDIFACT　　　　D. 电气与电子工程师协会

（4）_____是构成 EDIFACT 报文的最小单位。

　　A. 数据元　　　B. 段目录　　　C. 代码表　　　　D. 报文目录

（5）在 EDI 的硬件系统中，_____用来进行模拟信号和数字信号之间的转换。

　　A. 计算机　　　B. 调制解调器　　C. 通信线路　　　D. 路由器

（6）_____是指 EDI 按照约定的格式，通过通信网络进行信息的传递和终端处理，完成相互的业务交往。

　　A. MHS 方式

　　B. LAN（local area network，局域网）方式

　　C. PTP 方式

　　D. VAN 方式

（7）数据标准化，_____，通信网络是构成 EDI 系统的三要素。

　　A. 翻译功能　　　　　　　　　　B. EDI 软件及硬件

　　C. 格式转换模块　　　　　　　　D. 数转模

（8）EDI 网络传输的数据是_____。

　　A. EDI 标准报文　B. 自由文件　　　　C. 用户端格式　　　　D. 平面文件

（9）EDI 系统安全服务的实现手段不包括_____。

　　A. 信息加密技术　B. 数字签名技术　C. 防接收服务　　　　D. 防报文丢失

2. 判断题

（1）相互通信的 EDI 用户必须使用相同类型的计算机。　　　　　　　（　　）

（2）EDI 按系统功能可分为订货信息系统、电子金融汇兑系统、交互式应答系统、带有图形资料自动传输的 EDI。　　　　　　　　　　　　　　　　　（　　）

（3）EDI 的通信方式主要有 PTP 方式、VAN 方式和 MHS 方式。　（　　）

（4）EDI 传输的是标准的格式化的文件，并具有格式校验功能。而传真、电传和电子信箱等传送的是自由格式的文件。　　　　　　　　　　　　　（　　）

（5）增值网，简称 MHS，是 EDI 发展的产物。它是利用现有的网络系统，增加 EDI 的服务功能，向客户提供传递数据和加工数据的网络服务系统。　　　（　　）

（6）EDI 系统的用户接口模块是连接 EDI 系统与企业内部其他信息系统或数据库的接口。　　　　　　　　　　　　　　　　　　　　　　　　　（　　）

（7）根据接入 EDI 网络的方式不同，EDI 的工作方式可分为单机方式、多机方式和内部网方式 3 种。　　　　　　　　　　　　　　　　　　　　（　　）

（8）在 EDI 系统中，翻译软件可以帮助用户将原有计算机系统的文件转换成平面文件。　　　　　　　　　　　　　　　　　　　　　　　　　　（　　）

（9）虽然目前 EDI 技术已相对成熟，但电子文件中的电子签名不一定具有法律效力。　　　　　　　　　　　　　　　　　　　　　　　　　（　　）

3. 简答题

（1）什么是 EDI？什么是物流 EDI？

（2）简述 EDI 的特点。

（3）为什么要制定 EDI 标准？目前国际上公认的 EDI 标准有哪些？

（4）EDI 系统的构成要素有哪些？

（5）简述 EDI 系统的基本结构及各组成模块的作用。

（6）简述 EDI 的工作过程。

（7）简述 EDI 系统面临的主要威胁和攻击。

（8）简述建立物流 EDI 数据中心对仓储管理的好处。

（9）简述 EDI 技术在运输过程的应用流程。

（10）配送中心应用 EDI 技术的必要性有哪些？

第4章

物流动态定位跟踪技术

【本章教学要点】

知识要点	掌握程度	相关知识	应用方向
GPS 技术	了解	GPS 技术概述，组成、工作原理与定位方式，网络 GPS 与无线定位技术 LBS，北斗卫星导航系统	GPS 的基本知识和工作原理，在了解并掌握的基础上才能在实际应用中发挥其准确定位的作用
网络 GPS 与无线定位技术 LBS	熟悉	网络 GPS 与无线定位技术 LBS	互联网的发展促使了网络 GPS 的进一步形成。LBS 融合了当前诸多的信息技术，及时为用户提供方便的位置信息
北斗卫星导航系统	掌握	北斗卫星导航系统概述、发展历程和特点	北斗卫星导航系统作为新兴导航系统，掌握其概述、发展历程和特点可以加快新一代物流建设
GIS 技术	了解	GIS 技术概述，功能、原理及工作流程，空间分析技术	GIS 的基本知识，在掌握的基础上才能更好地在物流中应用
定位跟踪技术在物流领域中的主要应用	熟悉	GPS 和 GIS 在物流管理中的主要应用、基于定位跟踪技术的物流管理系统结构、定位跟踪技术在配送中的主要应用	理解定位跟踪技术在物流管理中的应用、基于定位跟踪技术的物流管理系统结构可以更方便地进行物流管理

导入案例

北斗卫星导航系统在农产品物流中的应用[①]

　　北斗卫星导航系统农产品物流平台融合了物联网、云计算、卫星定位、地理信息等先进技术，使农产品物流产业能够更专业化、规模化地进行物流活动，各农产品物流企业经营主体共享相关基础设施和配套服务设施，发挥整体优势和互补优势，从而有利于对货源的集散进行统一管理和调度，实现监控并管理车辆及货源，合理分配资源、优化路径、降低成本、合理配载，提高货车装载率和运输效率，实现农产品物流的规模效应，促进载体地区的可持续发展。北斗卫星导航系统农产品物流平台模型如图 4.1 所示。

---

① 资料来源：李旻晶和李巧钰（2017）。

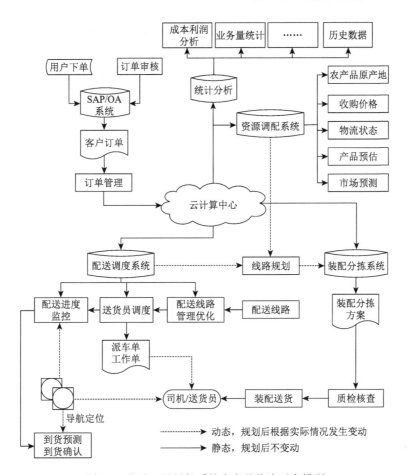

图 4.1　北斗卫星导航系统农产品物流平台模型

SAP/OA:system applications and products/office automation，系统应用和产品/办公自动化

1. 北斗卫星导航系统农产品物流平台

时效、质量、成本作为物流运输的基本要素，要求在物流配送运输过程中以最小的综合成本来满足用户的需求，提供高质量、高时效性的配送服务。尤其是时蔬瓜果、肉类制品，对运输过程的要求更高。如农产品物流云服务体系模型所示，在基于北斗卫星导航系统的农产品物流云服务平台中，通过有效地融合大数据分析、神经网络、启发式最短路径等科学算法，结合卫星导航定位、GIS 空间分析、移动通信等先进技术手段，为物流服务中的货源调配、装配分拣、配送调度、统计分析等各个基础环节提供坚实的服务支撑，在保证顾客对农产品物流配送服务需求的同时，可以对农产品市场预测、种植规划等方面提供决策支持。

2. 农产品运输车辆管理

北斗卫星导航系统精确的定位功能和特有的短信报文功能，可以对运输车辆的信息进行日常管理维护，该平台收集了货源信息、车源信息、专线信息、司机信息，能够将车辆的运行状况及时、准确地传达给配送中心，确保随时有车辆可供调配。农产品物流云服务平台不仅能准确了解到物流车辆的具体位置，对运输车辆进行监控，也能为运输中的车辆提供物流导航、交通、天气状况等信息，避免物流车辆因为不了解特殊规定遭遇罚款，以及在遇到突发情况时临时改变路线等问题。对农产品运输车辆的管理，将会减轻农产品需求量增大而带来的管理混乱问题，减少因此产生的运输成本。该平台的信息管理功能可以设计规划出货源信息、车源信息、专线信息、司机信息。

3. 物流车辆监控调度

北斗卫星导航系统能够提供车辆位置定位、轨迹查询、电子围栏、路线导航、状态告警等功能，通过车辆位置跟踪，实现对车辆、货物状态的实时监控。北斗卫星导航系统对农产品物流车辆的调度功能，是将该车辆的具体方位和行驶信息传达给驾驶员，车辆驾驶员再将这些信息提供给监控中心和调度人员，监控中心工作人员再将实时现状传达给车辆驾驶员，这是信息双向交互、共享的过程。监控中心根据运输货运单（调度单）状况（是否紧急、是否中转、长/短途、出发/到达地点等）及运力状况（自/外车）进行配载调度。依据实际情况安排最合适的车辆并规划最优路线，能够以总部经济模式，通过网络对车辆进行统一调度。

农产品物流平台中动态交通信息可以提供城际间动态交通信息，有效避免交通拥堵事件发生，构建多平台联网系统，解决物流设备设施水平低的问题，开发城际间物流交通信息处理模型，优化交通计算逻辑，提高信息化水平。

4. 在途农产品跟踪

该物流平台能够对运输途中的车辆进行精准定位，从而能够对在途农产品运输车辆进行跟踪监控。通过与 GPS 定位系统的对接，对车辆的位置进行精准定位，在地图上显示农产品物流车辆的位置，以多种形式对车辆进行监控。

对运输车辆行程进行监控并记录相关的信息，包括运输车辆的运行现状、所处位置、是否存在故障等，这可避免农产品在物流配送环节因为对车辆信息了解不完全而耽误配送时间。同时 GIS 反馈的信息将会被导入车辆跟踪模块，对运输车辆进行实时监控，以此达到对农产品的跟踪，防止发生不诚信问题。

讨论题

（1）北斗卫星导航在农产品物流中可以应用在哪些方面？

（2）通过该案例分析，谈谈 GPS 和 GIS 的关系？

■ 4.1　GPS 技术

4.1.1　GPS 技术概述

1. GPS 的发展历程

GPS 是由美国国防部开发的一个基于卫星的无线导航系统。GPS 利用分布在高度为20 200km 的 6 个轨道上的 24 颗卫星对地面目标的状况进行精确测定，每条轨道上拥有4 颗卫星，在地球上任何一点、任何时刻都可以同时接收到来自 4 颗卫星的信号，卫星所发射的空间轨道信息覆盖整个地球表面。GPS 主要应用于船舶和飞机的导航、对地面目标的精确定时和精密定位、地面及空中交通管制、空间与地面灾害的监测等。GPS能对静态或动态对象进行动态空间信息的获取，快速、精度均匀、不受天气和时间限制地反馈空间信息。GPS 不仅是一种可以定时和测距的定点导航系统，它还可以向全球用户提供连续、定时、高精度的三维位置和时间信息，以满足军事部门和民用部门的需要。

20 世纪 50 年代末，苏联发射了人类第一颗人造地球卫星，美国科学家在对其跟踪研究中，发现了多普勒频移现象，并利用该原理建成了子午仪卫星导航系统（Transit navigation satellite system），又称多普勒导航系统。子午卫星轨道高度低、信号载波频率低，轨道精度难以提高，使得定位精度较低，其应用受到较大的限制，难以满足大地测量或工程测量的要求，更不可能用于天文地球动力学研究。这些缺陷促使美国海军和空军研究更先进的卫星导航系统，以提高导航性能。海军提出的计划称为"时间导航"，空军的计划名为"621B"。1973 年，美国国防部在这两个方案的基础上，决定发展各军种共同使用的 GPS。美国国防部指定这个计划由空军牵头负责研制。在空军系统司令部空间部成立了国务会议联合计划办公室，具体负责 GPS 的研制、试验、采购和部署工作。参加的单位有空军、陆军、海军、海军陆战队、海岸警卫队、运输部、国防地图测绘局及国防预研计划局。1978 年，一些北大西洋公约组织成员和澳大利亚通过双边协议也参加了 GPS 计划。

GPS 从 1973 年开始筹建，于 1989 年发射正式工作卫星，并于 1994 年全部建成并投入使用。该系统能在全球范围内，向任意多用户提供高精度的、全天候的、连续的、实时的三维测速、三维定位和授时。自 1974 年以来，GPS 计划已经历了方案论证、系统论证、生产实验 3 个阶段，总投资超过 200 亿美元。

GPS 从根本上解决了人类在地球及其周围空间的导航及定位问题，它不仅可以广泛地应用于海上、陆地和空中运动目标的导航、制导和定位，而且可为空间飞行器进行精密定轨，满足军事部门的需要。同时，它在各种民用部门也获得了成功的应用，在大地测量、工程勘探、地壳监测等众多领域展现了极其广阔的应用前景。

1982 年 10 月，苏联开始建设全球导航卫星系统（global navigation satellite system，GLONASS），到 1996 年完成了 24 颗工作卫星加 1 颗备用卫星的布局。GLONASS 在系统组成和工作原理上与 GPS 类似，也是由空间卫星星座、地面控制和用户设备三大部分组成，可为全球海陆空及近地空间的各种军、民用户全天候、连续地提供高精度的三维位置和时间信息。GLONASS 在定位、测速及定时精度上则优于施加选择可用性（selective availability，SA）政策之后的 GPS，并且俄罗斯向国际民航和海事组织承诺将向全球用户提供民用导航服务，为 GLONASS 的广泛应用提供了方便。

欧洲空间局（European Space Agency，ESA）所筹建的 NAVSAT（navigational satellite，导航卫星）系统，采用 6 颗地球同步卫星和 12 颗高椭圆轨道卫星，6 颗地球同步卫星同处于一个轨道平面内。地面上任何一点、任何时间至少可以见到 4 颗 NAVSAT 卫星。

国际海事卫星组织（International Maritime Satellite Organization，INMARSAT）系统由国际移动卫星组织（原国际海事卫星组织）筹建，是全球移动卫星通信网络的领跑者。国际移动卫星组织成立于 1979 年，总部设在伦敦，直接成员国 89 个，是提供全球卫星移动通信的政府间国际合作团体，1999 年变为国际商业公司，全面提供海事、航空、陆地移动卫星通信和信息服务，是船舶遇险安全通信的主要支持系统，并承担陆地应急通信和灾害救助通信。

1992 年 5 月，国际民用航空组织（International Civil Aviation Organization，ICAO）在未来空中航行系统（Future Air Navigation System，FANS）会议上审议通过了全球卫星导航系统（Global Navigation Satellite System，GNSS）计划方案。该系统是一个全球性的位置和时间的测定系统，包括一个或几个卫星星座、机载接收机和系统完好性监视系统设备。具体方案：工作卫星星座由分布在 8 个高度为 11.5km×104km 的圆形轨道平面上的 30 颗中高度卫星和分布在一个椭圆轨道平面上 6～8 颗静止卫星组成。该系统建成后，不仅能提供与 GPS 和 GLONASS 类似的导航定位功能，还能同时具有全球卫星移动通信的能力。

伽利略定位系统（Galileo Positioning System）是欧盟一个正在建造中的卫星定位系统。2003 年 3 月，伽利略定位系统计划正式启动。伽利略定位系统可与美国的 GPS 和俄罗斯的 GLONASS 兼容，但比它们更安全、更准确、更商业化，有助于欧洲太空业的发展。伽利略定位系统的卫星数量多达 30 颗，轨道位置高、轨道面少，更多为民用，可为地面用户提供 3 种信号，且定位精度高。2003 年起中国也积极参加了伽利略定位系统计划。

2. GPS 的分类

（1）按接收机的用途不同，GPS 可以分为导航型接收机、测地型接收机和授时型接收机。导航型接收机主要用于运动载体的导航，它可以实时给出载体的位置和速度。这类接收机一般采用 C/A 码伪距测量，单点实时定位精度较低，一般为±25m，这类接收机价格便宜，应用广泛。测地型接收机主要用于精密的大地测量和精密的工程测量。这类仪器主要采用载波相位观测值进行相对定位，定位精度高，仪器结构复杂，价格较贵。授时型接收机主要利用 GPS 卫星提供的高精度时间标准进行授时，常用于天文台及无线电通信。

（2）按接收机的载波频率不同，GPS 可以分为单频接收机和双频接收机。单频接收机只能接收 L1 载波信号，测定载波相位观测值进行定位。由于不能有效消除电离层和延迟影响，单频接收机只适用于短基线的精密定位。双频接收机可以同时接收 L1、L2 载波信号，利用双频对电离层延迟不同的特点，可以消除电离层对电磁波信号延迟的影响，因此双频接收机可用于长达几千千米的精密定位。

（3）按接收机的通道数不同，GPS 可以分为多通道接收机、序贯通道接收机和多路多用通道接收机。GPS 接收机能同时接收多颗 GPS 卫星信号，并且将不同卫星信号进行分离，同时对卫星信号进行跟踪、处理和测量，因此被称为天线信号通道。

（4）按接收机工作原理，GPS 可以分为码相关型接收机、平方型接收机、混合型接收机和干涉型接收机。码相关型接收机利用码相关技术得到伪距观测值。平方型接收机利用载波信号的平方技术去掉调制信号，来恢复完整的载波信号，通过相位计测定接收机内产生的载波信号与接收到的载波信号之间的相位差，测定伪距观测值。混合型接收机综合了上述两种接收机的优点，既可以得到码相位伪距，也可以得到载波相位观测值。干涉型接收机将 GPS 卫星作为射电源，采用干涉测量方法，测定两个测站间的距离。

3. GPS 的特点

（1）定位精度高。GPS 的定位精度很高，其精度由许多因素决定。用 C/A 码做差分定位时一般的精度是 5m，采用动态差分定位的精度小于 10cm，静态差分定位精度达到百万分之一厘米。GPS 的测速精度为 0.1m/s。

（2）覆盖面广。GPS 可以在任何时间、任何地点连续地覆盖全球范围，从而大大提高了 GPS 的使用价值。

（3）观测时间短。随着 GPS 的不断完善，软件的不断更新，自 2010 年以来，以 20km 为相对静态定位，仅需 15～20min；快速静态相对定位测量时，当每个流动站与基准站相距在 15km 以内时，流动站观测时间只需 1～2min，然后可随时定位，每站观测只需几秒钟。

（4）被动式、全天候的导航能力。GPS 被动式、全天候的导航定位方式隐蔽性好，不会暴露用户位置，用户数据也不受限制，接收机可以在各种气候条件下工作，系统的机动性强。

（5）操作简便。随着 GPS 接收机不断改进，自动化程度越来越高，有的已经达到了"傻瓜化"的程度；接收机的体积越来越小，重量越来越小，极大地减轻了测量工作者的工作紧张程度和劳动强度。

（6）功能多，应用广。随着人们对 GPS 认识的加深，GPS 不仅在测量、导航、测速、测时等方面得到更广泛的应用，而且应用领域还将不断扩大，如汽车自定位、跟踪调度、陆地救援、内河及远洋船队最佳航程和安全航线的实时调度等。

4. GPS 的功能

国外 GPS 技术已经被广泛应用于公交、地铁、私家车等各方面。目前，国内 GPS 的应用还处于萌芽状态，但发展势头迅猛，交通运输业已充分意识到它在交通信息化管理方面的优势，并且已经开始逐渐发挥它的作用，主要体现在以下几个方面。

（1）导航功能定位。导航功能也就是电子地图功能，这个功能是 GPS 的最正统、最基本的功能。车主只要输入起点和终点，该系统便可立即将两地之间的最佳捷径指给车主。目前市场上已有了很多不同种类的 GPS 导航产品，可以为车主提供便利的导航功能，这大大地方便了司机的出行。这一功能的发挥需要与 GIS 技术相结合使用。

（2）实时跟踪功能。监控中心能设定跟踪网内的任何车辆，频率可以是几秒钟一次（可精确到秒级）或者几分钟、几小时监控一次，监控时间和次数都由监控中心设定。被监控的车辆能直观地显示在监控中心电子地图上并详细地记载行驶路线，以便管理人员随时回顾查询。

（3）防盗报警功能。当车主离开车辆，车辆处于安全设防状态时，如果有人非法开启车门或发动车辆，车辆会自动报警，此时车主手机、车辆监控中心同时会收到报警电话，监控中心的值班人员会立即报警且车辆自动启动断油、断电程序。

（4）反劫功能。车主将车尤其是出租车开到郊外，如果遇到几个劫匪，已不再是孤军奋战，有强大的 GPS 支持，车主只要按下报警开关，车辆就会向监控中心发出遇劫报警。如果报警开关被劫匪发现并遭到破坏，则遭到破坏的系统能自动发出报警信号，监控中心便立即启动自动跟踪系统，立即将车辆的位置信息反馈给公安机关，以便对车主进行及时营救。

4.1.2　GPS 的组成、工作原理与定位方式

1. GPS 的组成

GPS 系统包括三大部分：空间部分-GPS 卫星星座，地面监控部分-地面监控系统和用户设备部分-GPS 信号接收机。GPS 的构成如图 4.2 所示。

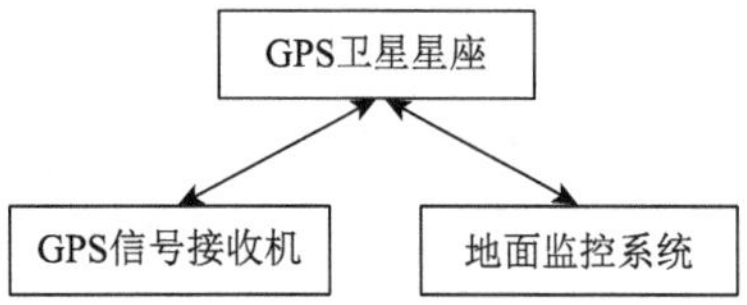

图 4.2　GPS 的构成

1）空间部分-GPS 卫星星座

GPS 卫星星座由均匀分布在 6 个轨道平面上的 24 颗（其中有 3 颗备用卫星）高轨道工作卫星构成，每个轨道平面交点的经度相隔 60°，轨道平面相对地球赤道的倾角为 55°；每条轨道上均匀分布着 4 颗卫星，相邻轨道之间的卫星彼此成 30°，以保证全球均匀覆盖的要求。GPS 卫星轨道平均高度约为 20 200km，运行周期为 11h58min。因此，地球上同一地点的 GPS 接收机的上空，每天出现的 GPS 卫星分布图形相同，只是每天提前约 4min。同时，位于地平线以上的卫星数目，随时间和地点的不同而相异，最少有 4 颗，最多可达 11 颗。3 颗在轨的备用工作卫星相间布置在 3 个轨道平面中，随时可以根据指令代替发生故障的其他卫星，以保证整个 GPS 空间星座正常而高效地工作。GPS 卫星具有以下作用。

（1）用 L 波段的两个无线载波（波长为 19cm 和 24cm）向广大用户连续不断地发送导航定位信号。每个载波用导航信息 $D(t)$ 和伪随机噪声码（pseudo-random noise code, PRN）测距信号进行双向调制，从而形成导航电文。由导航电文可以了解该卫星当前的位置和卫星的工作情况。

（2）在卫星飞跃地面注入站上空时，接收由注入站发送到卫星并无不妥，接收的是导航电文和其他有关信息，并通过 GPS 信号电路，适时地发送给广大用户。

（3）接收地面主控站通过注入站发送到卫星的调度命令，适时地改正运行偏差或启用备用时钟等。GPS 卫星的核心部件是高精度的时钟、导航电文存储器、双频发射机和接收机及微处理机，GPS 定位成功的关键在于高度稳定的频率标准。这种高度稳定的频率标准由高度精确的时钟提供。卫星钟由地面站检验，其钟差、钟速连同其他信息由地面站注入卫星后，再转发给用户设备。

2）地面监控部分-地面监控系统

地面控制站是由美国国防部控制的，主要工作是追踪及预测 GPS 卫星、控制 GPS 卫星状态及轨道偏差、维护整套 GPS 卫星工作正常。GPS 工作卫星的地面监控系统由 3 部分组成，包括 1 个主控站、3 个注入站和 5 个监测站。地面监控系统主要用于追踪卫星轨道，根据接收的导航信息计算相对距离、校正数据等，并将这些资料传回主控制站，以便分析。

（1）主控站：主控站又称联合空间执行中心，它位于美国科罗拉多州斯普林斯附近的福尔肯空军基地。其任务主要包括以下 4 种：采集数据，推算、编制导航电文；给定 GPS 时间基准；协调和管理所有地面监测站和注入站系统，诊断所有地面支撑系统和天空卫星的健康状况；调整卫星运动状态，启动备用卫星。

（2）注入站：3 个注入站分别设在大西洋的阿森松岛、印度洋的迪戈加西亚岛和太平洋的卡瓦加兰。任务是将主控站传来的导航电文注入相应卫星的存储器中。每天注入 3 次，每次注入 14 天的星历。注入站能自动向主控站发射信号，每分钟报告一次自己的工作状态。

（3）监测站：5 个监测站除了 1 个位于主控站和 3 个位于注入站的 4 个站之外，还包括在夏威夷设立的一个监测站。监测站的主要任务是为主控站提供卫星的观测数据。每个监测站均用 GPS 信号接收机对每颗可见卫星每 6min 进行一次伪距测量和积分多普勒观测，采集气象要素及电离层和对流层所产生的延迟时间等数据。在主控站的遥控下自动采集定轨数据并进行各项改正，每 15min 平滑一次观测数据，依此推算出每 2min 间隔的观测值，然后将数据发送给主控站。

3）用户设备部分-GPS 信号接收机

GPS 的空间星座部分和地面监控部分是用户应用该系统进行导航定位的基础，用户只有使用 GPS 信号接收机才能实现其定位、导航的目的。GPS 信号接收机能够捕获到按一定卫星高度选择的待测卫星的信号，并跟踪这些卫星的运行，对所接收的 GPS 信号进行变换、放大和处理，以便测量出 GPS 信号从卫星到接收机天线的传播时间，解译出 GPS 卫星所发送的导航电文，实时地计算出监测站的三维位置，甚至三维速度和时间。

GPS 信号接收机的基本结构是天线单元和接收单元两部分。天线单元的主要作用是，当 GPS 卫星从地平线上升起时，能捕获、跟踪卫星，接收放大 GPS 信号；接收单元的主要作用是记录 GPS 信号并对信号进行解调和滤波处理，还原出 GPS 卫星发送的导航电文，求解信号的传播时间和载波相位差，实时地获得导航定位数据或采用侧后处理的方式，获得定位、测速、定时等数据。其中微处理器是 GPS 信号接收机的核心，承担整个系统的管理、控制和实时数据处理。视频监控器是接收机与操作人员进行人机交流的部件。

GPS 信号接收机一般用蓄电池做电源，同时采用机内机外两种直流电源。设置机内电池的目的在于更换外电池时不中断连续观测。在用机外电池的过程中，机内电池自动充电。关机后，机内电池为随机存储器（random access memory，RAM）供电，以防止丢失数据。

2. GPS 的工作原理

GPS 定位采用空间被动式测量原理，即在测站上安置 GPS 用户接收系统，以各种可能的方式接收 GPS 发送的各类信号，由计算机求解站星关系和测站的三维坐标。GPS 的基本定位原理是：卫星不间断地发送自身的星历参数和时间信息，用户接收到这些信息后，经过计算求出接收机的三维位置、三维方向及运动速度和时间信息。如图 4.3 所示，假设 t 时刻在地面待测点上安置 GPS 接收机，可以测定 GPS 信号到达接收机的时间 Δt，再加上接收机所接收到的卫星星历等其他数据可以建立以下 4 个方程式：

$$[(x_1-x)^2 + (y_1-y)^2 + (z_1-z)^2]^{1/2} + c(v_{t_1} - v_{t_0}) = d_1$$
$$[(x_2-x)^2 + (y_2-y)^2 + (z_2-z)^2]^{1/2} + c(v_{t_2} - v_{t_0}) = d_2$$
$$[(x_3-x)^2 + (y_3-y)^2 + (z_3-z)^2]^{1/2} + c(v_{t_3} - v_{t_0}) = d_3$$
$$[(x_4-x)^2 + (y_4-y)^2 + (z_4-z)^2]^{1/2} + c(v_{t_4} - v_{t_0}) = d_4$$

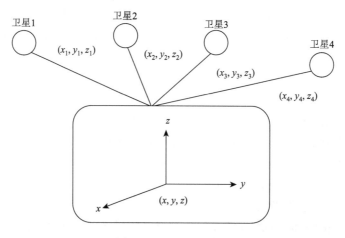

图 4.3　GPS 定位原理

4 个方程式中各个参数的意义如下。

待测点坐标 x、y、z 和 v_{t_n} 为未知参数，其中 $d_i = c\Delta t_i (i=1,2,3,4)$，$d_i$（$i=1, 2, 3, 4$）分别为卫星 1、卫星 2、卫星 3、卫星 4 到接收机之间的距离；Δt_i（$i=1, 2, 3, 4$）分别为卫星 1、卫星 2、卫星 3、卫星 4 的信号到达接收机所经历的时间；x_i，y_i，z_i（$i=1,2,3,4$）分别为卫星 1、卫星 2、卫星 3、卫星 4 在 t 时刻的空间直角坐标，可由卫星导航电文求得；v_{t_i}（$i=1, 2, 3, 4$）为卫星钟的钟差，由卫星星历提供；v_{t_n} 为接收机的钟差；c 为 GPS 信号的传播速度（即光速）。

由以上 4 个方程可解算出待测点的坐标 x，y，z 和接收机的钟差 v_{t_n}，即可求出目标的三维坐标和相对速度、方向，实现定位功能。

从原理上看，3 颗卫星就可以确定接收机所在位置。例如，一颗卫星在一个规定的时间发送一组信号到地面，假设每天 8:00 开始，如果地面接收机在 2s 后收到了这一组信号，那么信号从卫星到接收机的距离是电波花 2s 能够到达的距离，由于这颗卫星的位置和电波的速度已知，就可以肯定接收机就在以卫星为球心的一个球面上，再多测两颗卫星的距离，得到 3 个空间球，3 个空间球的焦点只有两个，逻辑排除一个不在地球表面的，剩下的即接收机的位置。但是，这只是假想的情况，卫星和接收机的时钟必须完全同步和准确，否则距离偏差会很大。实际上，如果接收机端不配备一个铷原子钟，测定出来的位置肯定相差较远。而普通 GPS 信号接收机不会安装铷原子钟。所以，需要第 4 颗卫星校准时间。可以从方程中看到，时间都不是绝对时间，而是以卫星之间的钟差来计量的。由以上可知，要实现精确定位需解决两个问题：一是要确定卫星的准确位置；二是要准确测定卫星信号的传播时间。

1）确定卫星的准确位置

要确定卫星所处的准确位置，首先要优化设计卫星运行轨道，而且要由监测站通过各种手段连续不断地监测卫星的运行状态，适时发送控制指令，使卫星保持在正确的运行轨道。将正确的运行轨迹编成星历，注入卫星，且经由卫星发送给 GPS 接收机。正确接收每个卫星的星历，就可确定卫星的准确位置。

2）准确测定卫星信号的传输时间

首先举个例子，在所处的地点和卫星上同时启用录音机来播放《东方红》乐曲，会一先一后听到两支《东方红》曲子，但一定不合拍。为了使两者合拍，必须延迟启动地上录音机的时间。当听到两支曲子合拍时，启动录音机所延迟的时间就等于曲子从卫星传送到地上的时间。实际上播送的不是《东方红》乐曲，而是一段叫作伪随机码的二进制电码。延迟 GPS 接收机产生的伪随机码，与接收到卫星传来的码字同步，测得的延迟时间就是卫星信号传到 GPS 接收机的时间。这就解决了测定卫星至用户的距离问题。

但上述是理想情况，实际情况要复杂得多。例如，电波传播的速度并不总是一个常数，在通过电离层中电离子和对流层中水汽的时候，会产生一定的延迟。一般可以利用监测站收集到气象数据，再利用典型的电离层和对流层模型来进行修正。另外，在电波传送到接收机天线之前，还会由于各种障碍物与地面折射和反射产生多径效应。

因此在设计 GPS 接收机时，要采取相应措施以提高 GPS 接收机的精确度。GPS 接收机中的时钟，不可能像卫星上那样设置昂贵的铯原子钟，所以就利用测定第 4 颗卫星，来校准 GPS 接收机的时钟。如上所述，每测量 3 颗卫星定位一个点，利用第 4 颗卫星和前面 3 颗卫星的组合，可以测得另一些点。理想情况下，所有测得的点都应该重合，但实际上并不完全重合。利用这一点，反过来可以校准 GPS 接收机的时钟。测定距离时选用卫星的相互几何位置对测定的误差也有一定影响。为了精确地定位，可以多测一些卫星，选取几何位置相距较远的卫星组合，测得的误差要小。

3. GPS 的定位方式

GPS 依据不同标准有多种定位方式，不同的定位方式各具特性和优势，在一定的环境条件下有其各自合理的使用范围。

（1）根据定位的模式不同，可以分为绝对定位和相对定位。绝对定位又称为单点定位，通常是指在协议地球坐标系中，采用一台接收机，直接确定观测站相对于坐标系原点（地球质心）绝对坐标的一种定位方法。相对定位又称为差分定位，这种定位方式采用两台或者两台以上的接收机，同时对一组相同的卫星进行观测，以确定接收机天线间的相互位置关系。

（2）根据获取定位结果的时间不同，可以分为实时定位和非实时定位。实时定位是根据接收机观测到的数据，实时地解算出接收机天线所在的位置。非实时定位又称后处理定位，它是对接收机接收到的数据先处理再定位的方法。

（3）根据定位时接收机的运动状态不同，可以分为静态定位和动态定位。静态定位就是 GPS 接收机在捕获和跟踪 GPS 卫星的过程中固定不变，接收机测量 GPS 信号的传播时间，利用 GPS 卫星在轨的已知位置，解算出接收机天线所在位置的三维坐标。动态定位就是在进行 GPS 定位时，认为接收机的天线在整个观测过程中的位置是变化的，是 GPS 接收机对物体运动轨迹的测定。

4.1.3　网络 GPS 与无线定位技术 LBS

1. 网络 GPS

GPS 在经过多年的发展之后，当前已经进入了实用阶段并深入军事与民用的各个领域中。随着互联网的蓬勃发展，GPS 也进入了网络时代。GPS、GIS、全球移动通信系统（global system for mobile communications，GSM）等各项先进技术的强强联合造就了现代的网络 GPS，它的出现将大大促进物流产业的发展。

网络 GPS 移动跟踪与通信服务平台，由专门提供公共 GPS 服务的公司运营，向运输企业或货主提供车辆、货物监控服务。网络 GPS 会员可以在世界的任何地方使用浏览器，通过互联网访问运营这个平台的网站，即可对移动物品（如车辆）进行跟踪定位。同时可以实现双方或者多方通信，而所有车辆的情况都显示在监控中心的电子地图上，一目了然。

1）网络 GPS 的概念

网络 GPS 就是指在互联网上建立起来的一个公共 GPS 监控平台，它同时融合了卫星技术、GSM 技术及国际互联网技术等多种目前世界上先进的科技成果。网络 GPS 示意图如图 4.4 所示。其中 GPRS 是指通用无线分组业务（general packet radio service），VPN 是指虚拟专用网络（virtual private network），ISDN 是综合业务数字网（integrated services digital network），PSTN 是指公共交换电话网络（public switched telephone network），ADSL 是指非对称数字用户线路传输（asymmetric digital subscriber line）。网络 GPS 综合了互联网与 GPS 的优势与特色，取长补短，解决了原来使用 GPS 所无法克服的障碍。其一，其可降低投资费用。网络 GPS 免除了物流运输公司自身设置监控中心的大量费用，其不仅包括各种硬件配置，还包括各种管理软件。其二，网络 GPS 一方面利用互联网实现无地域限制的跟踪信息显示，另一方面又可通过设置不同权限做到信息的保密。

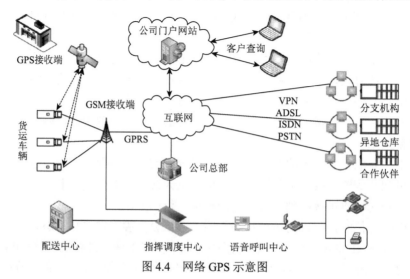

图 4.4　网络 GPS 示意图

2）网络 GPS 的主要功能

（1）实时监控功能。在任意时刻通过发出指令查询运输工具所在的地理位置（经度、纬度、速度等信息），并在电子地图上直观地显示出来。

（2）双向通信功能。①网络 GPS 的用户可使用 GSM 的语音功能与司机进行通话，或者使用系统安装在运输工具上的移动设备的汉字液晶显示终端进行汉字信息收发对话。②驾驶员通过按下相应的服务、动作键，把相关信息反馈到网络 GPS 监控中心，质量监督员在网络 GPS 工作站的显示屏上确认其工作的正确性，以便了解并控制整个运输作业的准确性（发车时间、到货时间、卸货时间、返回时间等）。

（3）动态调度功能。①调度人员能在任意时刻通过调度中心发出文字调度指令，并得到确认信息。因为网络 GPS 能够实时监控到自有车辆的位置及状态，所以能做到真正意义上的实时动态调度。②可快速解决客户问题，满足客户日益增长的服务需要。公司操作人员在接到客户来电或接到其他查询指示后，能立即通过查询数据库来显示客户关心的资料及相关信息，能够做到就近调派运力，提高运能，并能在最短的时间内为客户提供服务。③可实时掌握车辆的动态，当临时任务发生时，可依照各个车辆位置及运输作业状态进行临时性工作调派，以达到争取时间、争取客户、节约运输成本的目的。④可进行运输工具待命计划管理。操作人员通过在途信息的反馈，在运输工具未返回车队前就做好待命计划，可提前下达运输任务，减少等待时间，加快运输工具周转速度。

（4）运能管理。将运输工具的运能信息、维修记录信息、车辆运行状况信息、司机人员信息、运输工具的在途信息等多种信息提供给调度部门，帮助调度部门进行决策，使得调度部门能够更合理、更准确、更科学地进行调度，提高重车率，尽量减少空车时间和空车距离，充分利用运输工具的运能。

（5）数据存储、分析功能。实现路线规划及路线优化，事先规划车辆的运行路线、运行区域，何时应该到达什么地方等，并将这些信息记录在数据库中，以备以后查询、分析使用。

（6）可靠性分析。汇报运输工具的运行状态，提前了解运输工具的确有利于可靠性分析，状态最重要的就是修理状态，预先做好修理计划，计算运输工具平均差错时间，动态衡量该型号车辆的性价比。

（7）服务质量追踪。在中心设立服务器，并提供车辆的有关信息（运行状况、在途信息、运能信息、位置信息等用户关心的信息），让有该权限的用户能在异地方便地获取自己需要的信息。同时，还可对客户索取的信息中的位置信息用相对应的地图传送过去，并将运输工具的历史轨迹印在上面，使该信息更加形象化。依据资料库存储的信息，可随时调阅每台运输工具以前的工作资料，并可根据各管理部门的不同要求制作各种不同形式的报表，使各管理部门更准确地做出判断及提出新的指示。

3）网络 GPS 的工作流程

车载单元即 GPS 接收机在接收到 GPS 卫星定位数据后，自动计算出自身所处的地理位置的坐标，后经 GSM 通信机发送到 GSM 公共数字移动通信网，并通过与 MIS 连接的 DDN 专线将数据送到物流信息系统监控平台上，中心处理器将收到的坐标数据及其他数据还原后，与 GIS 的电子地图相匹配，并在电子地图上直观地显示车辆实时坐标的准确位置。网络 GPS 的工作流程如图 4.5 所示。

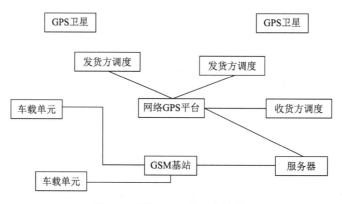

图 4.5　网络 GPS 的工作流程

各网络 GPS 用户可用自己的权限上网进行自有车辆信息的收发、查询等工作，在电子地图上清楚而直观地掌握车辆的动态信息（位置、状态、行驶速度等）。同时可以在车辆遇险或出现意外事故时进行种种必要的遥控操作。

2. 无线定位技术 LBS

1）LBS 的定义

基于位置的服务（location-based services，LBS）指的是任何通过互联网或者无线网络向终端用户提供空间信息的服务。只要是基于位置的信息服务均属于位置的服务。基于位置的服务中，有些业务可能与用户本身的位置无关，如公交汽车的报站系统，固定地点的天气等。但在移动通信网中，应用最多的是与终端持有者位置紧密相关的业务，如汽车的导航系统、手机地图服务等。

2）LBS 的结构及工作原理

一个完整的 LBS 由定位系统、移动服务中心、通信网络、移动智能终端四部分组成，定位系统由全球卫星定位系统和基站定位系统两个部分组成。服务中心通过与移动智能终端和不同分中心的网络连接，完成对信息的分类、存储和转发并对整个网络业务进行监控，是 LBS 的核心部分。通信网络是连接用户和服务中心的媒介，要求可以实时准确地进行信息传递，通常可选 GSM、码分多址（code division multiple access，CDMA）、GPRS 等手段，有时甚至可以介入互联网进行数据的传输与下载。作为用户唯一接触的部分，LBS 用户终端对设备的图形显示、通信能力及输入方式的要求比较高，因此部分智能手机和掌上电脑会成为较理想的移动终端设备。

LBS 工作的主要流程是：用户通过移动终端发出位置服务申请，该申请经过移动运营商的各种通信网管后，为移动定位服务中心所接受，经过审核认证之后，服务中心调用定位系统获得用户的位置信息（另一种情况是用户配有 GPS 等主动定位设备，这时可以通过无线网络主动将位置参数发送至服务中心），服务中心根据用户的位置，对服务内容进行响应，如发送路线图等。具体服务内容由内容提供商提供。

3）LBS 中的定位技术

LBS 通过移动终端和无线网络的协调确定用户位置的相关信息。LBS 定位的过程大致包括测量和计算两个方面。根据测量和计算的实体不同，定位技术可以分为基于网络的定位技术和基于移动终端的定位技术。

（1）基于网络的定位技术：基于网络的定位技术位置计算主要由网络实现。使用的定位技术主要有起源蜂窝小区（cell of origin，COO）、到达时间（time of arrival，TOA）、到达时间差分（time difference of arrival，TDOA）、增强观测时间差分（enhanced observed time difference，E-OTD）等。

（2）基于移动终端的定位技术：这种定位系统中，用户通过接收机接收空中卫星导航信号，并通过接收机内置的位置解算软件实现定位计算，这个过程主要在移动终端实现，不需要网络的作用。该定位方案特别适合导航应用，最常用的是辅助 GPS 定位技术。

4.1.4　北斗卫星导航系统

1. 北斗卫星导航系统概述

中国北斗卫星导航系统（BeiDou navigation satellite system，BDS）是我国自行研制的全球卫星定位与通信系统，是继美国 GPS 和俄罗斯 GLONASS 之后第三个成熟的卫星导航系统。系统可在全球范围内全天候和全天时为各类用户提供高精度和高可靠的定位、导航、授时服务，并具短报文通信能力，已经初步具备区域导航、定位和授时能力，定位精度优于 20m，授时精度优于 100ns。

1995 年，中国卫星导航定位协会成立，截至 2022 年协会下设 34 个专业委员会。中国的航天科技事业跻身于世界先进水平的行列，中国成为世界空间强国之一。同时，中国已着手建立自己的卫星导航系统（双星定位系统）。北斗卫星定位系统是由中国建立的区域导航定位系统。该系统由 4 颗（2 颗工作卫星、2 颗备用卫星）北斗定位卫星（北斗一号）、地面控制中心为主的地面部分、北斗用户终端 3 个部分组成。

北斗卫星导航系统由空间端、地面端和用户端三部分组成。空间端包括 5 颗静止轨道卫星和 30 颗非静止轨道卫星。地面端包括主控站、注入站和监测站等若干个地面站。用户端由北斗用户终端及与美国 GPS、俄罗斯 GLONASS、欧盟伽利略定位系统等其他卫星导航系统兼容的终端组成。

中国此前已成功发射 4 颗北斗导航试验卫星和 16 颗北斗导航卫星（其中北斗-1A 已经结束任务），将在系统组网和试验基础上，逐步扩展为全球卫星导航系统。

北斗卫星导航系统建设目标是建成独立自主、开放兼容、技术先进、稳定可靠、覆盖全球的导航系统。北斗卫星导航系统促进了卫星导航产业链的形成，形成了完善的国家卫星导航应用产业支撑、推广和保障体系，推动了卫星导航在国民经济社会各行业的广泛应用。

该系统可在全球范围内全天候、全天时为各类用户提供高精度、高可靠的定位、导航、授时服务并兼具短报文通信能力。中国以后生产定位服务设备的产商，都将会提供对 GPS 和北斗卫星导航系统的支持，会提高定位的精确度。而北斗卫星导航系统特有的短报文服务功能将收费，这个功能的实用性还有待观察。

2. 北斗卫星导航系统发展历程

20 世纪 70 年代，中国开始研究卫星导航系统的技术和方案，但之后这项名为"灯塔"的研究计划被取消。1983 年，中国航天专家陈芳允提出使用两颗静止轨道卫星实现区域性的导航功能，1989 年，中国使用通信卫星进行试验，验证了其可行性。1994 年，中国正式开始北斗卫星导航试验系统（"北斗一号"）的研制，2007 年 4 月 14 日 4 时 11 分，我国在西昌卫星发射中心用"长征三号甲"运载火箭，成功将第一颗北斗导航卫星送入太空；2009 年 4 月 15 日 0 时 16 分，中国成功将第二颗北斗导航卫星送入预定轨道。2010 年 1 月 17 日 0 时 12 分，将第三颗北斗导航卫星送入预定轨道，这标志着北斗卫星导航系统工程建设迈出重要一步，卫星组网正按计划稳步推进。

2004 年，中国启动了具有全球导航能力的北斗卫星导航系统的建设（即"北斗二号"的建设）。2007 年 2 月 3 日，"北斗一号"第四颗卫星发射成功，该卫星不仅作为早期三颗卫星的备份，还将进行北斗卫星导航定位系统的相关试验。至此，"北斗一号"已有四颗卫星在太空遨游，组成了完整的卫星导航定位系统，确保全天候、全天时提供卫星导航资讯。

2009 年起，后续卫星陆续发射。2010 年 4 月 29 日军用标准时间正式启用，并通过北斗导航系统进行发播；2011 年 12 月 27 日起，开始向中国及周边地区提供连续的导航定位服务；2012 年 10 月 1 日"长河二号"授时系统开始发播军用标准时间。2012 年 12 月 27 日起，形成区域服务能力，"北斗二号"正始运行，系统在继续保留北斗卫星导航试验系统有源定位、双向授时和短报文通信服务的基础上，向亚太大部分地区正式提供连续无源定位、导航、授时等服务；民用服务与 GPS 一样免费。

2013 年 12 月 27 日，北斗卫星导航系统正式提供区域服务一周年新闻发布会在国务院新闻办公室新闻发布厅召开，正式发布了《北斗系统公开服务性能规范（1.0 版）》和《北斗系统空间信号接口控制文件（2.0 版）》两个系统文件。2014 年 11 月 23 日，国际海事组织海上安全委员会审议通过了对北斗卫星导航系统认可的航行安全通函，这标志着北斗卫星导航系统正式成为全球无线电导航系统的组成部分，取得面向海事应用的国际合法地位。

截至 2019 年 9 月，北斗卫星导航系统是在轨卫星已达 39 颗。从 2017 年底开始，"北斗三号"系统建设进入了超高密度发射。北斗系统正式向全球提供区域导航卫星系统（radio navigation satellite system，RNSS）服务，在轨卫星共 39 颗。2020 年 6 月 23 日，"北斗三号"最后一颗全球组网卫星在西昌卫星发射中心点火升空。6 月 23 日 9 时 43 分，我国在西昌卫星发射中心用"长征三号乙"运载火箭，成功发射北斗系统第 55 颗导航卫星，暨"北斗三号"最后一颗全球组网卫星，至此"北斗三号"全球卫星导航系统星座部署比原计划提前半年全面完成。2020 年 7 月 31 日 10 时 30 分，"北斗三号"全球卫星导航系统建成暨开通仪式在人民大会堂举行，中共中央总书记、国家主席、中央军委主席习近平宣布"北斗三号"全球卫星导航系统正式开通[①]。

① 习近平出席建成暨开通仪式并宣布北斗三号全球卫星导航系统正式开通，http://www.gov.cn/xinwen/2020-07/31/content_5531676.htm[2020-07-31]。

3. 北斗卫星导航系统特点

1）定位方式

北斗定位系统定位方式分为有源定位和无源定位两种。

（1）有源定位。用户终端通过导航卫星向地面控制中心发出一个申请定位的信号，之后地面控制中心发出测距信号，根据信号传输的时间得到用户与两颗卫星的距离。除了这些信息外，地面控制中心还有一个数据库，包括地球表面各点至地球球心的距离，当认定用户也在此不均匀球面的表面时，交会定位的条件已经全部满足，控制中心可以计算出用户的位置，并将信息发送到用户的终端。北斗的试验系统完全基于此技术，而之后的北斗卫星导航系统除了使用新的技术外，也保留了这项技术。

（2）无源定位。用户终端不需要向控制中心发出申请，而是接收4颗导航卫星发出的信号，可以自行计算其空间位置。此即为GPS所使用的技术，北斗卫星导航系统也使用了此技术来实现全球的卫星定位。

根据导航卫星的信号覆盖范围，卫星导航系统还可分为区域卫星导航系统和全球卫星导航系统。区域系统有中国的北斗导航试验系统、印度的区域导航卫星系统（Indian Regional Navigation Satellite System，IRNSS）等，全球系统有美国的GPS、俄罗斯的GLONASS及欧洲的伽利略定位系统和中国的北斗卫星导航系统。

2）码分多址技术

北斗卫星导航系统使用码分多址技术，与GPS和伽利略定位系统一致，而不同于GLONASS的频分多址技术。两者相比，码分多址有更高的频谱利用率，在L波段的频谱资源非常有限的情况下，选择码分多址是更妥当的方式。

码分多址技术允许所有使用者同时使用全部频带，每个用户分配一个特殊的地址码，在接收端只有用与发射信号相匹配的接收机才能检出与发射地址码相符的信号。

频分多址是将可以使用的总频带分割为若干互不相交的频带（也叫作子频带），将每个子频带分配给一个特殊的用户使用，在接收端使用带通滤波器滤出其他频率信号，从而获取自身频率信号。

在技术发展上，先有频分多址方式，后来出现码分多址方式，可以说后者比前者更先进。设计一个技术比较先进的导航星座，选择码分多址方式调制导航信号，在很多方面比频分多址方式更具优越性，如抗干扰性能、与其他导航系统的兼容、接收机的设计等。而且，在相同指标约束下，使用频分多址的方式调制导航信号，无论对空间段还是用户机而言，实现起来技术复杂度都要高一些。

另外，从系统设计的角度，码分多址对频谱的利用率更高。由于目前L波段的频谱资源极其有限，已经不能像GLONASS设计时那样"奢侈"地使用频率资源了，因此北斗卫星导航系统和GPS、伽利略定位系统一样采用了码分多址方式。

3）北斗信号频率

北斗卫星导航系统的官方宣布，在L波段和S波段发送导航信号，在L波段的B1、B2、B3频点（B1频点为1559.052～1591.788MHz，B2频点为1166.220～1217.370MHz，

B3 频点为 1250.618～1286.423MHz）上发送服务信号，包括开放的信号和需要授权的信号。

ITU 分配了 E1（1590MHz）、E2（1561MHz）、E6（1269MHz）和 E5B（1207MHz）四个波段给北斗卫星导航系统，这与伽利略定位系统使用或计划使用的波段存在重合。然而，根据 ITU 的频段先占先得政策，若北斗卫星导航系统先行使用，即拥有使用相应频段的优先权。2007 年，中国发射了北斗卫星导航系统之后，在相应波段上检测到信号：1561.098±2.046MHz、1589.742MHz、1207.14±12MHz 和 1268.52±12MHz，以上波段与伽利略定位系统计划使用的波段重合，与 GPS 的 L 波段也有小部分重合。

4）北斗卫星组成

"北斗二号"卫星导航系统由空间段、控制段和用户段 3 个部分组成。空间段由 14 颗工作卫星组网，其中有 5 颗地球静止同步轨道（geosynchronous orbit，GEO）卫星、5 颗倾斜地球同步轨道（inclined geosynchronous orbit，IGSO）卫星和 4 颗中圆轨道（medium orbit，MEO）卫星。所有卫星均提供无线电导航业务，地球静止同步轨道卫星还提供无线电测定业务。

采用 3 种轨道卫星的组合，其好处在于，较少的卫星数量就能使"北斗"区域系统实现对覆盖区服务性能的保证。实际上，在目前的"北斗"区域系统中，通过地球静止同步轨道卫星和倾斜地球同步轨道卫星就能保证区域内服务性能的要求，可以不需要 4 颗中圆轨道卫星。但是，从未来北斗卫星导航系统在全球的整个发展和规划来讲，主要还是依赖于中圆轨道卫星来保证全球覆盖。

从北斗系统"三步走"的发展战略部署来看，先解决区域问题，再全球覆盖，所以在区域系统中必须要部署地球静止同步轨道卫星和倾斜地球同步轨道卫星，同时，又要考虑下一步的全球系统建设，因此在目前的区域系统中开展了必要的技术验证，包括对这种混合星座进行评估。

具体来说，中圆轨道卫星所起的作用主要有三个方面。第一，可以验证混合星座的可行性，看看是否能达到预先设计的指标。第二，从系统的可靠性和稳定性上来说，4 颗中圆轨道卫星可以对"5＋5"的星座部署起到周期性的改善作用；如果有一两颗在轨的倾斜地球同步轨道卫星发生故障，那么中圆轨道卫星可以通过轨道调整，起到替代失效卫星的作用，也就是说，中圆轨道卫星具有在轨备份的功能。第三，为未来部署全球导航系统提供经验。

5）北斗卫星导航系统的发展特色

北斗卫星导航系统的建设实践，实现了在区域快速形成服务能力，逐步扩展为全球服务的发展路径，丰富了世界卫星导航事业的发展模式。北斗卫星导航系统具有以下特点：一是空间段采用 3 种轨道卫星组成的混合星座，与其他卫星导航系统相比高轨卫星更多，抗遮挡能力强，尤其低纬度地区性能特点更为明显；二是提供多个频点的导航信号，能够通过多频信号组合使用等方式提高服务精度；三是创新融合了导航与通信能力，具有实时导航、快速定位、精确授时、位置报告和短报文通信服务五大功能。

4.2 GIS 技术

4.2.1 GIS 技术概述

1. GIS 的基本概念

信息是向人们或机器提供关于现实世界新的事实的知识，是数据、消息中所包含的意义，它不随载体物理设备形式的改变而改变。信息具有客观性、实用性、传输性、共享性等特点。数据是指对某一目标定性、定量描述的原始资料，包括数字、文字、符号、图形、图像及它们能转换成的数据等形式。地理数据是指表征地理圈或地理环境固有要素或物质的数量、质量、分布特征、联系和规律的数字、文字、图像及图形等的总称。

地理信息是有关地理实体的性质、特征和运动状态的表征和一切有用的知识，它表示地球表层物体及环境固有的数量、质量、分布特征、相互联系和变化规律，是对地理数据的解释。在地理信息中，其位置是通过数据进行标识的，这是地理信息区别于其他类型信息的最显著的标志。地理信息具有空间性、多维结构和动态变化的特性。地理数据的种类、特征是与其地理位置联系在一起的，因此具有空间性。地理信息具有多重结构，即在同一经纬度位置上可以有多种专题和属性的信息结构。例如，在同一地域有其相应的高程值、地表状况等多种信息。此外，地理信息还有明显的时序特征，即动态变化特征。这就要求及时采集和更新地理信息，并根据多时相的数据或信息来寻求随时间分布和变化的规律，进而对未来做出预测或预报。

信息系统是具有数据采集、管理、分析和表达能力的系统，它能够为单一的或有组织的决策过程提供有用的信息。GIS 是以空间数据库为基础，在计算机软件硬件的支持下，对空间数据进行采集、处理、分析、模拟和显示，为地理研究、综合评价和管理、定量分析和决策而建立的计算机应用系统。

GIS 是一种特定的十分重要的空间信息系统。它是在计算机硬件、软件系统支持下，对整个或部分地球表层（包括大气层）空间中的有关地理分布数据进行采集、存储、管理、处理、分析、显示和描述的技术系统。GIS 处理、管理的对象是多种地理空间实体数据及其关系，包括空间定位数据、图形数据、遥感图像数据、属性数据等，用于分析和处理在一定地理区域内分布的各种现象和过程，解决复杂的规划、决策和管理问题。

GIS 与地理信息、信息系统之间的关系如图 4.6 所示。

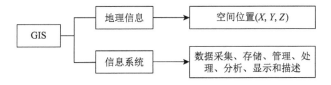

图 4.6 GIS 与地理信息、信息系统之间的关系示意

（1）GIS 的物理外壳是计算机化的技术系统，它由若干个相互关联的子系统构成，如数据采集子系统、数据管理子系统、数据处理和分析子系统、图像处理子系统、数据

产品输出子系统等。这些子系统的性能、结构直接影响 GIS 的硬件平台、功能、效率、数据处理的方式和产品输出的类型。

（2）GIS 的操作对象是空间数据，即点、线、面、体这类有三维要素的地理实体。空间数据的最根本特点是每一个数据都按统一的地理坐标进行编码，实现对其定位、定性和定量的描述，这是 GIS 区别于其他类型信息系统的根本标志，也是其技术难点之所在。

（3）GIS 的技术优势在于它的数据综合、模拟与分析评价能力，可以得到常规方法或普通信息系统难以得到的重要信息，实现地理空间过程演化的模拟和预测。

2. GIS 的特点与分类

1）GIS 的主要特点

与一般的 MIS 相比，GIS 具有四个特点。第一，GIS 使用了空间数据与非空间数据，并通过数据库管理系统（database management system，DBMS）将两者联系在一起共同管理、分析和应用；而 MIS 只有对非空间数据库的管理，即使存储了图形，也往往以文件形式机械地存储，不能进行有关数据的操作，如空间查询、检索、相邻分析等，不能进行复杂的空间分析。第二，GIS 强调空间分析，GIS 所具备的空间叠置分析、缓冲区分析、网络路径分析、数字地形分析等功能是一般 CAD 系统所不具备的。第三，GIS 的成功应用不仅取决于技术体系，而且依靠一定的组织体系（包括实施组成、系统管理员、技术操作员、系统开发设计者等）。第四，信息的可视化，GIS 将不同区域的各个属性，如人口等显示在地图上，形象、直观，一目了然。

2）GIS 的分类

a. 按内容分类

（1）专题 GIS。指具有有限目标和专业特点的 GIS，为特定的、专门的目的服务，如道路交通管理信息系统、水资源管理信息系统、矿产资源信息系统、农作物估产信息系统、水土流失信息系统、环境管理信息系统等。

（2）区域 GIS。主要以区域综合研究和全面信息服务为目标，可以有不同规模，如国家级、地区或省级、市级或县级等为各不同级别行政区服务的区域信息。也有以自然分区或流域为单位的区域信息系统。

b. 按功能分类

（1）工具型 GIS。常称为 GIS 工具、GIS 开发平台、GIS 外壳、GIS 基础软件等，它具有 GIS 的基本功能，但没有具体的应用目标，只是供其他系统调用或用户进行二次开发的操作平台。由于在应用 GIS 技术解决实际问题时，有大量软件开发任务，如果各种用户重复开发，就会对人力、财力造成很大的浪费。而有了工具型 GIS，只要在其中加入地理空间数据，加上专题模型和界面，就可开发成为一个应用型的 GIS 了。

如国外的 ARC/Info、MapInfo 软件，国内的 MAPGIS、GeoStar 软件等是建立应用型 GIS 的支持软件。工具型 GIS 具有图形图像数字化、数据管理、查询检索、分析运算和制图输出等 GIS 的基本功能，通常能适应不同的硬件条件。

（2）应用型 GIS。具有具体的应用目标、特定的数据、特定的规模和特定的服务对象。通常，应用型 GIS 是在工具型 GIS（基础软件）的支持下建立起来的。这样，可节省大量的软件开发费用，缩短系统的建立周期，提高系统的技术水平，使开发人员能把精力集中于应用模型的开发，且有利于标准化的实行。

c. 按数据结构分类

（1）矢量型 GIS。当空间数据是由矢量数据结构表示的地理实体时，这种 GIS 称为矢量型 GIS。

（2）栅格型 GIS。当空间数据是由栅格数据结构表示的标的物或现象的分布时，这种 GIS 称为栅格型 GIS。

（3）混合型 GIS。指矢量、栅格数据结构并存的 GIS。

3. GIS 的组成

完整的 GIS 主要由 4 个部分构成：计算机硬件系统，计算机软件系统，地理空间数据及系统开发、管理和使用人员。其核心部分是计算机软硬件系统，地理空间数据反映 GIS 的地理内容，系统开发、管理和使用人员决定系统工作方式和信息表现方式。GIS 的组成如图 4.7 所示。

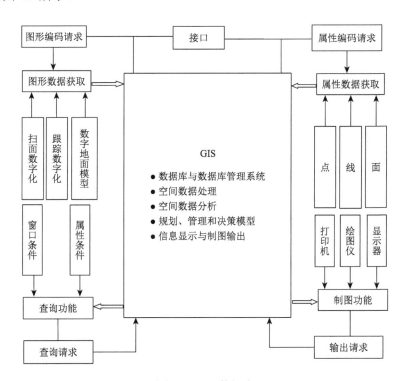

图 4.7　GIS 的组成

1）计算机硬件系统

计算机硬件是计算机系统中的实际物理装置的总称，可以是电子的、电的、磁的、机械的、光的元件或装置，是 GIS 的物理外壳，系统的规模、精度、速度、功能、形式、使用方法甚至软件都与硬件有极大的关系，受硬件指标的支持或制约。GIS 由于其任务的复杂性和特殊性，必须有计算机设备支持。GIS 硬件配置一般包括 4 个部分，如图 4.8 所示。

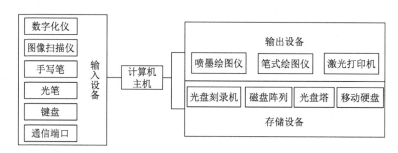

图 4.8　GIS 硬件组成示意

（1）计算机主机：包括机箱内部的各种硬件。

（2）数据输入设备：数字化仪、图像扫描仪、手写笔、光笔、键盘、通信端口等。

（3）数据存储设备：光盘刻录机、磁带机、光盘塔、移动硬盘、磁盘阵列等。

（4）数据输出设备：笔式绘图仪、喷墨绘图仪、激光打印机等。

2）计算机软件系统

计算机软件系统，指 GIS 运行所必需的各种程序，通常包括以下几种。

（1）计算机系统软件：由计算机厂家提供的、为用户开发和使用计算机提供方便的程序系统，通常包括操作系统、汇编程序、编译程序、诊断程序、库程序及各种维护使用手册、程序说明等，是 GIS 日常工作所必需的。

（2）GIS 软件和其他支撑软件：可以是通用的 GIS 软件，也可包括数据库管理软件、计算机图形软件包、CAD 软件、图像处理软件等。

GIS 软件应包括 6 类基本模块，即以下各子系统。

数据输入模块：指将系统外部的原始数据（多种来源、多种形式的信息）传输给系统内部，并将这些数据从外部格式转换为便于系统处理的内部格式，如将各种已存在的地图、遥感图像数字化，或者通过通信或读磁盘、磁带的方式录入遥感数据和其他系统已存在的数据；还包括以适当的方式录入各种统计数据、野外调查数据和仪器记录的数据。

数据输入方式与使用的设备密切相关，常有 3 种形式。第一种是手扶跟踪数字化仪的矢量跟踪数字化。它是通过人工选点或跟踪线段进行数字化，主要输入有关图形点、线、面的位置坐标。第二种是扫描数字化仪的光栅扫描数字化，主要输入有关图像的网格数据。第三种是键盘输入，主要输入有关图像、图形的属性数据（即代码、符号），在属性数据输入之前，须对其进行编码。

数据存储与管理模块：GIS 的关键组成部分之一。数据存储和数据库管理涉及地理元素（表示地表物体的点、线、面）的位置、连接关系及属性数据如何构造和组织等。用于组织数据库的计算机系统称为数据库管理系统。空间数据库的操作包括数据格式的选择和转换，数据的连接、查询、提取等。

数据分析与处理模块：指对单幅或多幅图件及其属性数据进行分析运算和指标

量测，在这种操作中，以一幅或多幅图输入，而分析计算结果则以一幅或多幅新生成的图件表示，在空间定位上仍与输入的图件一致，因此可称为空间函数转换。空间函数转换可分为基于点或像元的空间函数，如基于像元的算术运算、逻辑运算或聚类分析等；基于区域、图斑或图例单位的空间函数，如叠加分类、区域形状量测等；基于邻域的空间函数，如像元连通性、扩散、最短路径搜索等。量测包括对面积、长度、体积、空间方位、空间变化等指标的计算。函数转换还包括错误改正、格式变化和预处理。

数据输出与表示模块：指 GIS 内的原始数据或经过系统分析、转换、重新组织的数据以用户可以理解的某种方式提交给用户，如以地图、表格、数字或曲线的形式表示于某种介质上，或采用 CAT（cathode ray tube，阴极射线管）显示器、胶片复制、点阵打印机、笔式绘图仪等输出，也可以将结果数据记录于存储介质设备或通过通信线路传输到用户的其他计算机系统。

用户接口模块：该模块用于接收用户的指令、程序或数据，是用户和系统交互的工具，主要包括用户界面、程序接口与数据接口。由于 GIS 功能复杂且用户又往往为非计算机专业人员，用户界面（或人机界面）是 GIS 应用的重要组成部分，它通过菜单技术、用户询问语言的设置，还可采用人工智能的自然语言处理技术与图形界面（graphical user interface，GUI）等技术，提供多窗口和光标或鼠标选择菜单等控制功能，为用户发出操作指令提供方便。该模块还随时向用户提供系统运行信息和系统操作帮助信息，这就使 GIS 成为人机交互的开放式系统。而程序接口和数据接口可分别为用户连接各自特定的应用程序模块和使用非系统标准的数据文件提供方便。

应用分析程序：是系统开发人员或用户根据地理专题或区域分析模型编制的用于某种特定应用任务的程序，是系统功能的扩充与延伸。在优秀的 GIS 工具支持下，应用程序的开发是透明的和动态的，与系统的物理存储结构无关，而是随着系统应用水平的提高会不断优化和扩充。应用程序作用于地理专题数据或区域数据，构成 GIS 的具体内容，这是用户最为关心的真正用于地理分析的部分，也是从空间数据中提取地理信息的关键。用户进行系统开发的大部分工作是开发应用程序，而应用程序的水平在很大程度上决定系统的实用性、优劣和成败。

3）地理空间数据

地理空间数据是指以地球表面空间位置为参照的自然、社会和人文景观数据，可以是图形、图像、文字、表格和数字等，由系统的建立者通过数字化仪、扫描仪、键盘、磁带机或其他通信系统输入 GIS，是系统程序作用的对象，是 GIS 所表达的现实世界经过模拟抽象的实质性内容。不同用途的 GIS 的地理空间数据的种类、精度是不同的，但基本上都包括 3 种互相联系的数据类型。

（1）某个已知坐标系中的位置，即几何坐标。标志地理实体在某个已知坐标系（如大地坐标系、直角坐标系、极坐标系、自定义坐标系）中的空间位置，可以是经纬度、平面直角坐标、极坐标，也可以是矩阵的行、列数等。

（2）实体间的空间相关性，即拓扑关系。表示点、线、面实体之间的空间联系，如网络节点与网络线之间的枢纽关系，边界线与面实体间的构成关系，面实体与外部或内部点的包含关系等。空间拓扑关系对于地理空间数据的编码、录入、格式转换、存储管理、查询检索和模型分析都有重要意义，是 GIS 的特色之一。

（3）与几何位置无关的属性，即常说的非几何属性或简称属性，是与地理实体相联系的地理变量或地理意义。属性分为定性和定量两种，前者包括名称、类型、特性等；后者包括数量和等级。定性描述的属性如岩石类型、土壤种类、土地利用类型、行政区划等；定量描述的属性如面积、长度、土地等级、人口数量、降雨量、河流长度、水土流失量等。非几何属性一般是根据抽象的概念，通过分类、命名、量算、统计得到。任何地理实体至少有一个属性，而 GIS 的分析、检索和表示主要是通过属性的操作运算实现的，因此属性的分类系统、量算指标对系统的功能有较大的影响。

GIS 特殊的空间数据模型决定了 GIS 特殊的空间数据结构和特殊的数据编码，也决定了 GIS 具有特色的空间数据管理方法和系统空间数据分析功能，成为地理学研究和资源管理的重要工具。

4）系统开发、管理和使用人员

人是 GIS 中的重要构成因素，GIS 不同于一幅地图，而是一个动态的地理模型，仅有系统软硬件和数据还不能构成完整的 GIS，需要人进行系统组织、系统管理、系统维护和数据更新。一个成熟的 GIS 也需要人来不断更新完善，需要人来利用系统的功能完成显示、分析、决策和研究。因此，GIS 行业中的技术人员是 GIS 的重要组成部分。

GIS 是信息技术、数据和数据处理过程的综合体，一个机构在开发和使用 GIS 时，不仅需要对技术人员本身有足够的了解，还要具备有效、全面和可行的组织与管理能力。GIS 的管理是多层次的，从高到低可以分为决策性管理层、计划性管理层和实施性管理层。决策性管理层主要是指机构或企业制定 GIS 战略的高级决策层。计划性管理层是指决策管理层制定了 GIS 的战略方向后，计划 GIS 实施的阶层。实施性管理层则是具体进行管理的阶层。对于大型机构或企业，这三级管理层是很明显的。例如，一个城市 GIS 的建立，常常首先是市级主管技术的领导层从整个城市的发展角度出发来制定有关 GIS 对该城市的发展的战略方向；这种战略方针确定以后，将下达到有关的部门，由下一层领导该项目的发展和实施。这种组织可能是暂时建立的，如城市 GIS 发展委员会或类似机构，它的成员可能是从各个实施层的部门中调用，也可能是一个常设的机构。而实施性管理层是由各具体的市政部门组成，可以包括市政部门、税务部门、交通部门、土地管理部门和环境保护部门等。

GIS 的组织者要尽量使整个生产过程形成一个整体。要真正做到这些，不仅要在硬件和软件方面投资，还要在适当的组织机构中重新培训工作人员和管理人员，使他们能够应用新技术。近年来，硬件设备连年降价，而性能则日趋完善与增强，但有技能的工作人员及优质廉价的软件仍然不足。只有在对 GIS 合理投资与综合配置的情况下，才能建立有效的 GIS。

4.2.2　GIS 的功能、原理及工作流程

1. GIS 的基本功能

GIS 将表格类数据（无论它来自数据库、电子表格还是直接在程序中输入）转换为

地理图形显示出来，然后对显示的结果进行浏览、操作和分析。其显示范围可以从洲际地图到非常详细的街区地图，显示对象包括人口、销售情况、运输路线及其他内容。GIS具有以下基本功能。

1）数据采集与编辑功能

GIS 的核心是一个地理数据库，为此必须将地面上实体图形数据和描述它的属性数据输入数据库中。输入的数据要求有统一的地理基础，并要求对输入的图形及文本数据进行编辑和修改。具体来说包括以下几项内容：人机对话窗口，文件管理数据获取，图形显示，参数控制，符号设计，建立拓扑关系，属性数据输入与编辑，地图修饰，图形几何要素计算统计，查询，图形接边处理及属性数据采集、编辑、分析等功能。

2）空间信息查询和分析功能

空间信息的查询和分析是 GIS 的基本功能。例如，GIS 可以在各种咨询服务中为房地产开发商找到适合开发的土地；房地产经纪人可以利用 GIS 在一定的区域内寻找满足如小高层、三室两厅等条件的所有房屋，并可列出这些房屋的所有特点；农业人员可以利用 GIS 寻找粮食、土壤和天气之间的相关关系等。GIS 不仅能提供静态的查询和检索，还可以进行动态的分析，如空间信息量测与分析、地形分析、网络分析、叠置分析等。

空间信息查询是 GIS 及许多其他自动化地理数据处理系统应具备的最基本的分析功能，而空间分析是 GIS 的关键性功能，也是 GIS 与其他计算机系统的根本区别。空间分析是在 GIS 的支持下，分析和解决现实世界中与空间相关的问题，是 GIS 应用深入的重要指标。GIS 的空间分析可分为 3 个不同的层次。

（1）空间检索。包括从空间位置检索空间物体及其属性和从属性条件集检索空间物体。空间索引是空间检索的关键技术，如何有效地从大型的 GIS 数据库中检索出所需数据，将影响 GIS 的分析能力；另外，空间物体的图形表达也是空间检索的重要部分。

（2）空间拓扑叠加分析。空间拓扑叠加实现了输入要素属性的合并，以及要素属性在空间上的连接，其本质是空间意义上的布尔运算。

（3）模型分析。在空间模型分析方面，目前多数研发工作着重于如何将 GIS 与空间模型分析相结合。其研究可分为以下 3 类：①GIS 外部的空间模型分析，将 GIS 当作一个通用的空间数据库，而空间模型分析功能则借助于其他软件；②GIS 内部的空间模型分析，试图利用 GIS 软件提供空间分析模块及发展适用于问题解决模型的宏，这种方法一般适用于基本空间的复杂性与多样性分析，且易于了解和应用，但由于 GIS 软件所能提供的空间分析功能极为有限，这种紧密结合的空间模型分析方法在实际的 GIS 设计中较少使用；③混合型的空间模型分析，其宗旨在于尽可能地利用 GIS 提供的功能，同时充分发挥 GIS 用户的主动性。

3）可视化功能

GIS 通过对跨地域的资源数据进行处理、分析，揭示其中隐含的模式，发现其内在的规律和发展趋势，而这些在统计资料和图表里并不能很直观地表示出来。GIS 把空间和信息结合起来，实现了数据的可视化。对于许多类型的地理信息操作，最好的结果是以地图或图形显示出来。GIS 把数据显示集成在三维动画、图像或多媒体形式中输出，使用户能在短时间内对资料数据有直观、全面的了解。

4）制图功能

制图功能是 GIS 最重要的一项功能，对多数用户来说，也是用得最多最广的一项功能。GIS 的综合制图功能包括专题地图制作，在地图上显示出地理要素，并赋予数值范围，同时可以放大和缩小以表明不同的细节层次。GIS 不仅可以为用户输出全要素图，而且可以根据用户需求分层输出各种专题地图，以显示不同要素和活动的位置，或有关属性内容，如矿产分布图、城市交通图、旅游图等。通常这种含有属性信息的专题地图主要有多边形图、线状图、点状图这 3 种基本形式，也可由这几种基本图形综合组成各种形式和内容的专题图。

5）辅助决策功能

GIS 技术已经被用于辅助完成一些任务，如为计划调查提供信息，为解决领土争端提供信息服务，以最小化视觉干扰为原则设置路标等。GIS 可以用来帮助人们在低风险、低犯罪率的地区，以及离人口聚集地近的地区进行新房选址。所有的这些数据都可以用地图形式简洁而清晰地显示出来，或者出现在相关的报告中，使决策的制定者不必将精力浪费在分析和理解数据上。GIS 快速的结果获取，使多种方案和设想可以得到高效的评估。

2. GIS 的基本原理

GIS 的基本原理：GIS 把地理事物的空间数据和属性数据以数字的方式存储在计算机中，再利用计算机图形技术、数据库技术及各种数学方法来管理、查询、分析和应用，输出各种地图和地理数据。

1）GIS 中的信息存储方式

一幅地图包含的最基本的信息有两种：空间信息和描述性信息。前者反映了地理特征的位置和形状及特征间的空间关系，后者则反映了这些地理特征的一些非空间属性。例如，地图上的一个城市，其经纬坐标属于空间信息，而城市名称、级别、人口等都属于描述性信息。点、线、面作为组成地图的 3 种基本元件，分别反映了不同的地图特征，其中点特征（point feature）用一个独立的位置来代表，它所反映的地图对象因太小而无法用线特征（line feature）和面特征（area feature）来表示，或者该对象不具备面特征（如机井、村庄等）；线特征由一组有序的坐标点相连接而成，反映的是那些宽度太窄而无法表示为一个面积区域的对象（如水渠、道路）或本身就没有宽度的对象（如等高线）；面特征由一个封闭的图形区来代表，其边界包围着同一性质的一个区域（如同一土地类型、同一行政区域等）。在地图上，一定的地图对象的地理特征及其非空间特性往往是用特定的符号同时反映出来的。

计算机 GIS 存储的地图（即数字地图），不是传统观念上的存储着一幅地图的计算机图形文件。数字地图是以数据库的形式存储的。数据库是 GIS 的中心概念，也是 GIS 与那些绘图系统或仅能产生好的图形输出的地图制作系统的主要区别。流行的 GIS 软件都结合了 DBMS。

数字地图同样包含两种类型的信息：空间信息和描述性信息。它们都是以一系列的数据库文件的形式存储于计算机中。

a. 空间信息数据的存储

地图实际上是将地球表面的特征以点、线、面的形式映射到一个二维平面上，过去采用笛卡尔坐标系确定地图位置与地面位置的对应关系。一个点可由一个独立的 (x,y) 坐标对代表，一条线段可由一系列的 (x,y) 坐标对表示。在 GIS 中，线与线间的交点称为结点，结点间的线段称为弧（arc），线与线围合成的图形称为多边形（polygon），一个多边形是由一个或多个弧围成的。为了让计算机能区分地理特征间的空间关系、空间信息，在数据文件中存储时采用了拓扑学的方法。具体的记录结构是这样的：①对于点，每条记录可由点代号和坐标对共两个字段组成；②对于弧，每条记录可以由弧代号、起始结点、终了结点、左侧多边形代号、右侧多边形代号及坐标对系列共六个字段构成；③对于多边形，每条记录可以由多边形代号和弧代号系列共两个字段构成。

空间信息是与位置坐标 (x,y) 密切联系的。同平面地图一样，GIS 中采用的是平面坐标系（planar coordinate system）。地球是个椭圆形的球体，经度和纬度常用于表示地球表面上任何一点的位置，其单位为度、分、秒。但是，经度和纬度不能用作平面坐标系中的 x、y 坐标，因为同样的经度差所反映的地面距离是随纬度而变的。例如，1 经度的地面距离，在赤道上是 111km，在两极上则为 0km。因此，要根据不同的需要，采用适合的坐标映射体系将地球表面映射到平面上。常用的映射体系有若干种，各自都会在形状、面积、距离或方向等方面产生某些程度的失真。

b. 描述性信息数据的存储

对于一个地理特征的描述性信息，记录的字段数因该特征具有的信息项数而异。例如，对于城市道路，可以有 6 个字段：①路段（弧）代号；②类型；③路面材料；④宽度；⑤车道数目；⑥名称。可以想象，一个地理特征的描述性信息数据文件，就如同一个表格一样，记录着对应特征的非空间属性的信息，每一条记录就相当于一个表行，所以，描述性信息数据文件又叫作特征属性表（feature attribute table，FAT）。

c. 数据间的连接

通过前面的介绍还可以发现，不论在空间信息数据文件还是在描述性信息数据文件中，有一个共同的字段，即特征代号。这个代号可以就是记录号，也可以是用户指定的识别码。这个代号必须是唯一的，也就是说，同一数据文件中，不同的记录必须有不同的代号，绝对不能重复，因为 GIS 正是通过这个代号存取和交换信息，在空间信息数据和描述性信息数据之间建立连接。两类数据之间借由识别代号保持一一对应的关系。通过用识别代码做桥梁，还可以将同一空间对象的两个或多个特征属性表合并为一个文件，这使得在空间对象中增加新的描述性信息变得很方便。

2）数字地图的显示与输出

如前所述，GIS 并不以图形或图像文件的形式保存地图，而是以地图元件的形式存储在空间信息数据库和描述性信息数据库。在显示数字地图时，GIS 能实时地访问空间信息数据库并读取其中的数据进行分析处理，然后在计算机屏幕上显示出相应的图形。这个过程可称为"添加主题"。可以同时添加多个主题，如干旱类型、土壤类型、渠道、道路及村镇等。所有主题都有"开"（ON）与"关"（OFF）的可控选择，可以根据需要，随时让某个主题显示（ON）或不显示（OFF）。还可以将某个主题移出（删除）。一般地，在添加主题（即访问空间信息数据库）的同时，GIS 还访问相应的描述性信息数据库，打开对应的特征属性表，并通过识别代码在二者之间建立联系。这样，用户可方便地进行双向查询。GIS 在退出时，将当前添加的主题及其开关状态、颜色、线形、符号等选项都保存在配置文件中，使得当前的所有选择能够在下次启动时快速重现。

在输出方面，GIS 提供了多种地图版式（layout）供用户选择。用户在选择了某个版式以后，还可以按自己的爱好对版面重新安排，如标题字体、字号、颜色，图例大小、位置，比例尺的样式、位置等，甚至还可以添加或删除某些成分，直到满意后再将结果输送到打印机或绘图仪。也可以把结果按一定的比例放大或缩小并转换为 BMP（bitmap，位图）或其他格式的图形文件，供图形图像软件处理。

3）GIS 的数据来源

GIS 可用的数据非常广泛，包括现有的地图、以计算机图形图像文件形式存放的影像资料和表格资料、绘图软件（如 AutoCAD）绘制的图形等。对现有的地图，可利用数字化仪对需要的地理图形进行数字化，并输入相应的描述性信息。先进的 GIS 软件都支持对数字化仪的操作。此外，还可以用扫描仪将地图扫描成图像文件。对表格文件，有的可以直接显示为视图，有的则作为与已有的空间信息相连接的描述性信息而成为特征属性表的内容。GIS 可直接利用以数据库文件及文本文件形式提供的表格资料。对影像资料和 CAD 图形资料，GIS 可通过一定的方法对其进行数字化处理。

随着空间技术的发展，遥感（remote sensing，RS）和 GPS 成为 GIS 重要的数据来源。尤其是 GPS，其技术不断完善，其定位的高精度和高灵活性是遥感和常规测量无法比拟的。由于其接收机价格逐渐降低，GPS 的应用将逐渐广泛，GIS 与 GPS 的结合将更趋紧密。

3. GIS 的工作流程

GIS 将现实世界从自然环境转移到计算机环境，其作用不仅仅是真实环境的再现，更主要的是为各种分析提供决策支持。也就是说，GIS 实现了对空间数据的采集、编辑、存储、管理、分析和表达等加工处理，其目的是从中获得更加有用的空间信息和知识。这里"有用的空间信息和知识"可归纳为位置、条件、趋势、模式和模拟 5 个基本问题，GIS 的价值和作用就是通过地理对象的重建，利用空间分析工具，实现对这 5 个基本问题的求解。

位置问题回答"某个地方有什么"，一般通过空间对象的位置（坐标、街道编码等）进行定位，然后利用查询获取其性质，如建筑物名称、地点、建筑时间、使用性质等。位置问题是地学领域最基本的问题，反映在 GIS 中，则是空间信息查询技术。条件问题即"符合某些条件的地理对象在哪里"，它通过空间对象的属性信息列出条件表达式，进而查找满足该条件的空间对象的分布位置。在 GIS 中，条件问题虽然是查询的一种，但也是较为复杂的空间查询问题。趋势即"某个地方发生的某个事件及其随时间的变化过程"。它要求 GIS 能根据已有的数据（现状数据、历史数据等）对现象的变化过程做出分析判断，并能对未来做出预测和对过去做出回溯。例如，土地覆被变化研究中，可以利用现有的和历史的土地覆被数据，对未来土地覆被状况做出分析预测，也可展现不同历史时期的覆被情况。模式问题即"地理实体和现象的空间分布之间的空间关系问题"。例如，城市中不同功能区的分布与居住人口分布的关系模式；地面海拔升高、气温降低，导致山地自然景观呈现垂直地带分异的模式等。模拟即"某个地方如果具备某种条件会发生什么"，是在模式和趋势的基础上，建立现象和因素之间的模型关系，从而发现具有普遍意义的规律。例如，通过对某一城市的犯罪概率和酒吧、交通、照明、警力分布等要素进行关系分析，对其他城市进行相关问题研究，一旦发现带有普遍意义的规律，即可将研究推向更高层次，建立通用的分析模型，进行未来的预测和决策。

在建立一个实用的 GIS 的过程中，面对以上 5 个问题，从数据准备到系统完成，必须经过各种数据转换，每次转换都有可能改变原有的信息。因此，一般的 GIS 需要完成以下 5 个任务或过程：数据采集与输入、数据编辑与更新、数据存储与管理、空间统计与分析、数据显示与输出。GIS 的工作流程如图 4.9 所示。

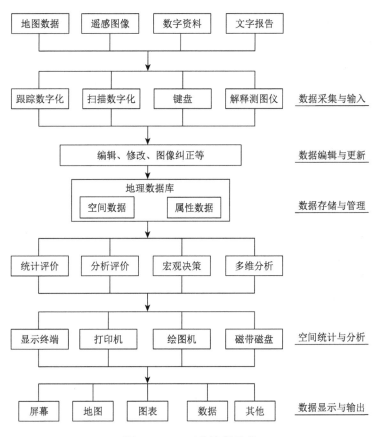

图 4.9　GIS 工作流程示意

1）数据采集与输入

根据任务的需要，将各种系统外部的原始数据转化为 GIS 软件可以识别的格式并加以利用的过程称为数据采集。数据采集就是保证各层实体的要素按顺序转化为 x、y 坐标及对应的代码输入计算机中。数据采集的方式通常有以下几种：通过纸质地图的数字化获取数据；直接通过数值数据获取数据；通过 GPS 采集数据；直接获取坐标数据。

数据输入是将系统外部的原始数据传输到系统内部，并将这些数据从外部格式转换为系统便于处理的内部格式的过程。对多种形式和多种来源的信息，可以实现多种方式的数据输入，主要有图形数据输入、栅格数据输入、测量数据输入和属性数据输入等。它包括数字化、规范化和数据编码三个方面的内容。数字化是指根据不同信息类型，经过跟踪数字化或扫描数字化，进行模数转换、坐标变换等，形成各种数据文件，存入数据库。规范化是指对不同比例尺、不同投影坐标系统和不同精度的外来数据，必须统一坐标和记录格式，以便在统一的数学基础上进一步工作。数据编码是指根据一定的数据结构和目标属性特征，将数据转换为计算机识别和管理的代码或编码字符。数据输入方式与使用的设备密切相关，常用的有三种形式：手扶跟踪数字化、扫描数字化和键盘输入。

2）数据编辑与更新

数据编辑主要包括图形编辑和属性编辑。图形编辑主要包括图形修改、增加和删除，图形整饰，图形变换，图幅拼接，投影变换，误差校正，拓扑关系建立等。属性编辑通常与数据库管理结合在一起完成，主要包括属性数据的修改、删除和插入等操作。

数据更新是以新的数据项或记录来替换数据文件或数据库中相应的数据项或记录，它是通过修改、删除和插入等一系列操作来实现的。由于空间信息具有动态变化的特征，人们所获取的数据只反映地理事物某一时刻或一定时间范围内的特征，随着时间推移，数据会随之改变。因此，数据更新是 GIS 建立空间数据的时间序列，满足动态分析的前提是对自然现象的发生和发展做出科学合理的预测预报的基础。

3）数据存储与管理

数据存储，即将数据以某种格式记录在计算机内部或外部存储介质上。属性数据管理一般直接利用商用关系数据库软件，如 Oracle、SQL Server、FoxBase、FoxPro 等进行管理。但是，当数据量很大而且是多个用户同时使用数据时，最好使用一个 DBMS 来帮助存储、组织和管理空间数据。

4）空间统计与分析

空间统计与分析是 GIS 的核心，是 GIS 最重要和最具有魅力的功能。其以地理事物的空间位置和形态特征为基础，以空间数据与属性数据的综合运算（如数据格式转换、矢量数据叠合、栅格数据叠加、算术运算、关系运算、逻辑运算、函数运算等）为特征，提取与产生空间的信息。

只需要通过鼠标操作，GIS 就可以非常方便地提供从基本的空间查询到复杂的空间分析功能，为管理者和相关的分析专家提供及时而有用的信息。不同的商业 GIS 软件都具有支持缓冲区分析、叠置分析、网络路径分析和数字地形分析等基本的空间分析功能。

5）数据显示与输出

数据显示是中间处理过程和最终结果的屏幕显示，通常以人机交互方式来选择显示的对象与形式，对于图形数据根据要素的信息量和密集程度，可选择放大或缩小显示。输出是将 GIS 的产品通过输出设备（包括显示器、绘图机、打印机等）输出。GIS 不仅可以输出全要素地图，还可以根据用户需要，分层输出各种专题地图、各类统计图、图表、数据和报告等。

4.2.3　GIS 空间分析技术

空间分析是 GIS 的主要特征。GIS 与一般的计算机辅助制图系统（如 CAD）的主要区别在于 GIS 具有空间分析功能，空间分析功能是评价 GIS 软件的主要指标之一。

1. 空间分析的基本概念

空间分析的根本目的，在于通过对空间数据的深加工，获取新的地理信息。因此空间分析的定义为：空间分析是指以地理事物的空间位置和形态为基础，以地学原理为依托，以空间数据运算为特征，提取与产生新的空间信息的技术和过程，如获取关于空间分布、空间形成及空间演变的信息。

按照空间数据的形式，可以把空间分析分为两种类型：矢量数据空间分析和栅格数据空间分析。矢量数据空间分析是指参与空间分析运算的空间数据主要是矢量数据结构，栅格数据空间分析是指参与空间分析运算的空间数据主要是栅格数据机构。矢量数据空间分析主要包括缓冲区分析、重置分析、网络分析等。

2. 典型的空间分析技术

1）空间缓冲区分析

空间缓冲区分析是围绕着空间的点、线、面实体，自动在其周围建立起一定宽度的范围，从而实现空间数据在水平方向上得以扩展信息的方法，也是指空间实体的影响范围或者服务范围。其中包括基于点的缓冲区分析、基于线的缓冲区分析和基于面的缓冲区分析。

基于点的缓冲区分析，是以点状实体为圆心，以缓冲区距离为半径绘制圆即可，线性缓冲区的建立，是以线实体为参考，在线的两边建立一定距离的与参考线平行的线，所以，其缓冲区都是面状，面的缓冲区的建立是以面为中心，在其周围建立一定距离的面状实体。

栅格缓冲区的建立主要是通过两个步骤。第一，是对需要做缓冲区的栅格单元做距离扩散，即计算其他栅格到需要做缓冲区的栅格的距离；第二，是按照设定的缓冲区距离提取符合要求的栅格。

2）空间叠置分析

叠置分析是 GIS 中常用的一种空间分析方法，是指在相同的地理坐标下，对同一地区的两个不同的地理要素进行叠加，以产生空间区域的多重属性特征，或建立地理对象之间的空间关系，这种分析涉及逻辑交、逻辑并、逻辑差等运算。

基于矢量的空间数据的叠加主要包括点与多边形的叠加、线与多边形的叠加和面积与多边形的叠加。主要是指点落在或者不落在某一个面域内，线经过或者不经过某一个面域，两个面之间的空间关系。在 GIS 的叠加分析中，主要学习和使用的是面与面的叠加，可以分为图层擦除、图层合并、识别叠加、图层交集、对称区别和修正更改。

（1）图层擦除。输出图层包括输入图层中除了擦除图层以外部分。在数学中表达为 A-A∩B（A 代表输入图层，B 代表擦除图层）。

（2）图层合并。图层合并是指将两个面状空间数据进行叠加，输出的图形包括输入两个图形的所有属性信息，在布尔运算上用的是"or"关键字，即输入图层"or"叠加图层，在数学中表达为 A∪B（A、B 代表两个输入图层）。

（3）识别叠加。输入图层进行识别叠加，将图形叠合的区域的属性赋给输入图层，在数学中表达为 A-B（A 代表输入图层，B 代表识别图层）。

（4）图层交集。图层交集是通过两个输入图层的叠加得到图层的交集部分，输出图层保留两个图层相交部分的属性信息。在数学中表达为 A∩B（A、B 代表两个输入图层）。

（5）对称区别。对称区别是指通过两个输入图层叠加得到除相交部分以外的输出图层，新生成的图层的属性也综合了两个输入图层的属性，在数学中表达为 A∪B-A∩B（A、B 代表两个输入图层）。

（6）修正更改。修正更改是指对输入图层和修正图层进行几何相交，输入图层被修正图层所覆盖的那一部分的属性将会被修正图层所替代。

3）网络分析

网络分析作为 GIS 应用最重要的功能，在电子导航、交通旅游、城市规划、电力、通信、供排水等各种管网的布局设计中发挥了重要作用。同计算机网络类似，GIS 中的网络是由一系列相互连接的线状要素组成。GIS 中网络基本要素及属性如下。

（1）链：网络中有物质流动的线，如河流、道路、管线等，其状态属性包括阻力和需求。

（2）障碍：禁止网络链上流动的点。

（3）拐角点：位于网络链上的所有分割结点上，其状态属性包括阻力，如拐弯的时间限制和方向限制（如不允许右拐）。

（4）中心：收集或分配资源的位置，如水库、变电站、商业中心等，其状态属性包括资源容量（如总资源量）和阻力限额（如距离或时间限制）。

（5）站点：在路径中可进行资源增减的地点，如库房、火车站等，其状态属性包括需要被运输的资源需求，如货物数量。

GIS 中网络分析的主要内容包括路径分析和资源分配等。

（1）路径分析：路径分析是 GIS 中最基本的功能，其目的是在两点或多点之间寻找最佳路径。在给定了起点、终点、必须要通过的若干中间点及其他约束条件后，就可以通过路径分析算法求出最佳路径。最佳路径中的"佳"有多种含义，它不仅可以指一般地理意义上的距离最短，还可以是运输成本最低、时间最短，在军事应用中还可以指危险度最低。路径分析功能可应用于长途货运、邮件传递、公共交通、消防、救护、巡警巡视中的路线选择等。

最佳路径求解算法有几十种，其中最经典并被 GIS 广泛采用的算法是迪杰斯特拉算法（Dijkstra's algorithm）。

路径分析主要有以下 4 种种类。①静态计算最佳路径：先由用户确定权值关系，即给定网络中每条弧段的属性，当需要计算最佳路径时，读取最佳路径的相关属性，求出最佳路径。②N 条最佳路径分析：给定起点和终点，求代价最小的 N 条路径。因为软件在进行路径分析时，往往不可能将所有影响因素考虑进去，这时选出多条最佳路径，可由使用者进行最终决策，从而确定实际使用中的最佳路径。③最短路径或最低成本路径：

给定起点、终点和若干要经过的中间点，求出最短路径或最低耗费路径。④动态最佳路径分析：在很多应用场合下，网络中的权值是动态变化的，而且还可能出现临时的障碍点、障碍区，这是需要动态计算最佳路径。

（2）资源分配：资源分配用来解决一个或多个资源在网络中的最优分配问题，也称为资源定位与分配。其中定位问题是指已知需求点的分布情况，如何合理布置供应点的问题；而分配问题是指确定各个需求点应该由哪个供应点供应的问题。在大多数应用场合下，这两个问题需要同时解决。资源分配的应用包括物流企业仓库的设置、交通枢纽的设置、学校的选址、消防站点的分布等。

资源分配网络模型由中心点（分配中心或收集中心）及其状态属性和网络组成。有两种分配形式：①由分配中心向四周输出；②由四周向中心集中。资源分配模型可用于计算中心点的等时区、等交通距离区和等费用距离等；可用于对商业中心、文体中心、港口等进行吸引范围分析，进行各种规划及模拟等。

4.3　动态跟踪技术在物流领域中的应用

4.3.1　定位跟踪技术在物流管理中的主要应用

1. GPS 在物流管理中的主要应用

1）实时监控

在任意时刻通过发出指令查询运输工具所在的地理位置（经度、纬度、速度等信息），并在电子地图上直观地显示出来。

2）双向通信

GPS 的用户可使用 GSM 的话音功能与驾驶人员进行通话或使用 GPS 安装在运输工具上的移动设备的汉字液晶显示终端进行汉字消息收发对话。

驾驶人员通过按下相应的服务、动作键，可将该信息反馈到网络 GPS，质量监督员可在网络 GPS 工作站的显示屏上确认其工作的正确性，了解并控制整个运输作业的准确性（发车时间、到货时间、卸货时间、返回时间等）。

3）动态调度

调度人员能在任意时刻通过调度中心发出文字调度指令，并得到确认信息。

（1）进行运输工具待命计划管理，即调度人员通过在途信息的反馈，在运输工具未返回车队前即做好待命计划，可提前下达运输任务，减少等待时间，加快运输工具周转速度。

（2）进行运能管理，即将运输工具的运能信息、维修记录信息、车辆运行状况、驾驶人员信息、运输工具的在途信息等多种信息提供给调度部门以减少空车率，尽量减少空车时间和空车距离，充分利用运输工具的运能。

4）数据存储和分析

（1）实现路线规划及路线优化，即事先规划车辆的运行路线、运行区域，何时应该到达什么地方等，并将该信息记录在数据库中，以备以后查询、分析使用。

（2）进行可靠性分析，即通过汇报运输工具的运行状态，了解运输工具是否需要较大的修理，预先做好修理计划，计算运输工具平均差错时间，动态衡量该型号车辆的性价比。

（3）进行服务质量跟踪，即在中心设立服务器，并将车辆的有关信息（运行状况、在途信息、运能信息、位置信息等用户关心的信息），让拥有该权限的用户能够在异地方便地获取自己需要的信息。同时，可对客户索取的信息中的位置信息用相对应的地图传送过去，并将运输工具的历史痕迹印在上面，使该信息更加形象化。

依据资料库储存的信息，可随时调阅每台运输工具以前的工作资料并可根据各管理部门的不同要求制作各种不同形式的报表，使各管理部门能更快速、更准确地做出判断和发出新的指令。

5）汽车导航、跟踪调度、陆地救援

汽车导航系统是在 GPS 基础上发展起来的一门实用技术。它通常由 GPS 导航、车速传感器、陀螺传感器、微处理器、只读存储器、液晶显示器组成。它通过 GPS 接收机接收到多颗 GPS 卫星的信号，经过计算得到汽车所处位置的经纬度坐标、汽车行驶速度和时间信息。它通过车速传感器检测出汽车行驶速度，通过陀螺传感器检测出汽车行驶的方向，再依据时间信息就可计算出汽车行驶的动态轨迹。将汽车实际行驶的路线与电子地图上的路线进行比较，并将结果显示输出，可以帮助驾驶人员在正确的行驶路线上行驶。

通过采用 GPS 对车辆进行定位，在任何时候，调度中心都可以知道车辆所在位置、离目的地的距离；同时可以了解到货物还需要多长时间才能到达目的地，其配送计划可以精确到小时。这样就提高了整个物流系统的效率。另外，借助于 GPS 提供的准确位置信息，可以对故障或事故车辆实施及时的救援。

6）铁路运输管理

我国铁路部门开发了基于 GPS 的计算机管理信息系统。该系统可通过 GPS 和计算机网络实时收集全路列车、机车、车辆、集装箱及所运货物的动态信息，可实现列车、货物的追踪管理。只要知道某一货车的车种、车型和车号信息，就可以立即从近 10 万 km 的铁路网上流动着的几十万辆货车中查找到该货车，从而得到该货车现在何处运行或停在何处，以及其所载货物情况等信息。

7）内河及远洋船队最佳航程和安全路线的测定、航向的实时调度等

在我国，GPS 最早是被应用于远洋运输船舶的导航。我国三峡工程也利用了 GPS 来改善航运条件，提高运航能力。若国内船运物流公司都能采用 GPS 技术，必然能提高其运营效率，取得更好的经济和社会效益。

8）军事物流

GPS 首先是为军事目的所建立的，其已被广泛应用于军事物流中的后勤保障方面。例如，对于美国来讲，其在不同地方驻扎的军队无论是在战时还是在平时都对后勤补给提出了很高的需求，GPS 在提高后勤补给的效率方面起到了重要作用。

物流对于社会经济生活的重要性是不言而喻的，但我国在物流领域和国际先进水平相比仍有很大差距，物流及物流管理发展的滞后已成为我国国民经济发展的制约因素之一。当前，信息化已经成为现代物流必然的发展方向和趋势，加强信息技术在物流领域

的应用和应用研究，以信息技术为依托全面更新和装备我国物流产业，对实现我国经济可持续发展具有重要意义。GPS 以其独特的性能和应用优势，在物流信息化建设中有着重要的位置。探索和实践 GPS 在我国物流领域中的应用，增强国内物流企业竞争能力和服务功能已经成为当务之急。

2. GIS 在物流管理中的主要应用

1）利用 GIS 技术进行物流中心的选址

物流中心的选址是物流投资决策中的重要影响因素，选址的好坏对物流系统能否成功构建及能否获得最大化的物流效益会产生直接影响。但物流中心的选址容易受车辆、交通、区域环境等方面的影响，导致不管在何地建立物流中心，物流系统的总体发展和经济获益情况都会受到影响，甚至发生改变。GIS 技术能够在对地理位置信息分析的基础上，为物流中心的选址提供优化的指导。在物流不断发展的情况下，国内外很多专家提供了多种基于 GIS 技术的模型算法，从不同的角度对物流中心的选址进行了研究。经过很多人的不断努力和研究探索发现，现阶段的物流中心选址研究方法主要包括运输规划法、遗传算法、动态规划法等。这些方法将影响物流运输服务质量和成本的各种因素进行整合，一旦确定了地理位置的相关因素，物流配送人员就能根据自身哪怕有限的物流中心选址理论知识来进行物流配送地址的选择。

2）利用 GIS 技术进行车辆运输配送调度管理

物流配送环节是物流管理中的重要内容，在这个阶段会消耗企业大量的人力、物力及财力资源。但现阶段的物流配送中人工决策模式效率较低，在很大程度上制约了物流企业的配送发展。GIS 技术的应用能够通过提供大量的空间信息来对配送环节中的问题进行解决，从而为企业车辆的调度和物流配送路线的选择提供优化的解决策略，提升企业决策的科学性和技术性。有人研究出了集合 GPS、GSM 及地理信息定位系统于一体的急救车辆导航管理信息系统。这种系统能够向进行物流配送的人员提供一个带有数据机构的具体实施曲线道路网，从而帮助物流配送人员找到一个最短的配送路径，提升物流配送效率。另外，还有人在地理信息定位系统中研究出了一种专注于物流运输策略的运输方法。这种运输方法能够让物流配送人员根据地理定位来了解该地区的生物能源，从而对潜在站点进行确定，绘制一种具有最佳生物能源的地点，并在对其进行网络分析的同时，节省物流运输的时间和成本，提高物流运输的效率。

3）利用 GIS 技术优化物流系统的集成

物流管理的进行需要对来自各方面系统的信息进行分析和处理，可见，信息贯穿在整个物流活动管理过程中，是现代物流管理的重要组成部分。但物流管理中的信息来源较为广泛，涉及的信息内容较多且具有动态性强的特点。因此，对物流管理中信息的分析和处理存在一定的困难，一旦处理分析不当就会影响对信息资源的利用，不利于物流企业的稳定、健康发展。GIS 技术的应用能够优化对各种信息的处理，并对物流系统的集成进行优化。有人将空间信息技术集成到了物流分配系统的数据结构中，对数据采集设备和数据库的管理系统进行了优化，提升了对物流系统的集成管理操作。还有人在GIS 技术的基础上研究出了一个通过集成网络实现的优化算法，根据一些先进的开放性技术标准优化了车辆路径选择系统，从根本上避免了传统物流集成系统的手工流程，节省了流程中的加工成本，减少了物流运输中的交通拥挤问题。

4）利用 GIS 技术实现物流件定位

传统物流系统是不具备物流件定位功能的，代表物流件在运输过程当中很难被系统监测到，因此当运输过程中物流件出现了丢失、损坏等现象，就会长时间无法处理，引起用户不满。但在 GIS 系统中通过 GPS 车载终端可以实时发送物流车辆信号给 GIS 系统，然后 GIS 系统可以对车辆位置进行定位，随后通过 GPS 的地理坐标定位功能，给 GIS 系统提供定位坐标，针对坐标用户可以查询到当前物流车辆位置，由此实现了物流件定位功能。

5）利用 GIS 技术实现实地拍摄

在物流件定位功能基础上，用户只能了解到物流车辆的位置，无法了解到车辆内物流件的状态，针对这一点，通过 GIS 卫星拍摄功能，结合 GPS 地理坐标可以得到车辆的高清图像，随之通过通信层将图像传输到物流企业终端，使用户了解物流件的状态。此外，延伸来看假设物流件出现丢失、损坏或者物流车辆出现故障等问题，借助实地拍摄功能还可以起到找寻物流件、补充物流件、车辆维修定位作用。

6）利用 GIS 技术进行大容量数据库保存

GPS、GIS 及卫星系统的联动运作当中，会产生大量的信息数据，这些信息数据十分重要，不能随意删除，而因为数据量较大，传统物流管理系统设计当中，缺乏满足数据量的数据保存措施，但结合上述设计可见，GIS 系统可以与云数据库相互连接，借助云数据库的超大容量可以长时间地保存数据。而这一功能表现，在传统物流管理系统设计中无法实现，因为其数据产生会自动保存在计算机内，如果要将数据导入云数据库就只能通过人工操作来实现，但这种方式十分烦琐。

7）利用 GIS 技术实现数据处理自动化管理

在 GPS、GIS 及卫星系统的联动运作条件下可见，通过 GPS、卫星系统得来的数据信息，将会被导入 GIS 当中，而 GIS 系统会对这些数据信息进行自动整合，即实现了数据处理自动化管理模式。原理上，因为 GIS 系统设计借助了云数据库功能，这一条件下 GIS 技术在得到 GPS、卫星系统的数据信息反馈之后，可以根据云数据库内保存的地理信息图进行检索，随后找到与反馈数据信息对应的地理坐标，由此完成信息对应。在传统物流管理系统设计当中，这项功能同样需要通过人工操作来实现，而由于人工误差性、不稳定性及工作能力的局限性，这项工作耗时漫长且准确度、可靠性较低。

4.3.2　基于定位跟踪技术的物流管理系统结构

1. GPS 车辆运输管理控制系统

应用 GPS 技术，可以解决车辆和货物在运输途中的监管问题，减少空驶消耗，提高车辆的运输效率。要实现上面的功能，需要利用覆盖全国的移动通信网，使调度中心能及时与移动的车辆建立联系，然后利用定位系统，使调度中心能随时监控车辆/货物的位置。一般来说，采用 GPS 技术、GIS 技术、GSM 技术和网络技术相结合，可为上述问题提供完整的技术解决方案。基于 GPS 技术的运输管理监控系统就是 GPS 在物流领域的主要应用。

1）系统原理

由于地球上任一目标在任一时刻均能通过 GPS 系统得知其三维坐标、三维速度和准确时间，因此若在车辆上安装 GPS 接收机，便能实时获知车辆位置、运行速度和运动方向，再把这些信息及一些传感器的数据通过一定的通信手段提供给主控中心，在主控中心电子地图上，能清晰地显示出车辆运行轨迹。主控中心根据车辆运行情况，再发出调度指令，以完成对车辆的集中监控。

2）系统组成

基于 GPS 技术的运输管理监控系统主要由车载设备、监控中心及通信系统三个部分组成，基本工作流程是：车载设备在接收到 GPS 定位数据后，自动计算出自身所处的地理位置的坐标，每隔一段时间，车载台通过 GSM 将数据发送到主控中心；主控中心将收到的坐标数据及其他数据还原后，与 GIS 的电子地图相匹配，并结合其他子系统的数据库在电子地图上直观地显示车辆在途状态信息（货物在途情况、交货时间、发货地和到达地等），地图本身可以任意放大、缩小、还原、切换，可开多个窗口以分别跟踪不同的车辆；用户可根据自己的权限在互联网上通过用户接口进行信息查询或发出调度指令，此时主控中心会将该指令发送到指定的车辆，并在其车载设备上显示出来。

3）系统的功能

（1）车辆跟踪。基于 GPS 技术的运输管理监控系统可选定车辆进行跟踪显示。在主控中心的电子地图上选定跟踪车辆，将其运行位置在地图画面上保存，形成直观的运行轨迹。货主、物流企业可以随时了解车辆的运行状况、任务执行和安排情况。

（2）运行监控。主控中心的大屏幕可实现多窗口显示，多窗口可同时监视多辆车的运行，并可显示和存储车辆的运行轨迹，以供运行评估，进行指挥调度。主控中心可随时与跟踪的车辆进行通话，实行话务指挥与车辆跟踪相结合，实现现代化管理。通过实时监督运输车辆，可以避免驾驶人员的不良驾驶行为，防止超速、疲劳驾驶等行为的出现，保障司乘人员、货物和车辆的安全；通过实施实时远程监控、报警，可以预防和阻止违法犯罪行为的发生；通过监督车辆是否按规定线路营运，可以遏制车辆在行驶途中"换货"等违规行为，提高运输管理能力；在车辆发生事故时，可将事故车辆的位置和状况等信息及时、准确地报告给主控中心，使事故损失减小到最低。

（3）信息查询。通过查询，可实时从电子地图上直观了解运输车辆的经度、纬度、速度等数据，还可以查询行车的路线、时间、里程等信息。系统可自动将车辆发送的数据与预设的数据进行比较，对发生的较大偏差进行报告，从而使后方管理人员可轻松准确地掌握公司的运输作业。对于一些危险品运输车辆，如果安装了额外的监测设备，用户还可以查询到货物在运输过程中的信息，以保障车辆按时安全地到达目的地。

（4）指挥调度。物流企业需要为货主提供在运输过程中货物的状态、位置、到货时间等信息，对运输车辆统一集中管理和实时监控调度指挥。主控中心可监视车辆的运行状况，对系统内的所有车辆进行动态调度管理，通过车辆调度，可提高车辆的重载率，能有效减少车辆的空驶率，降低运输成本，提高运输效率。

（5）全程导航。系统通过 GPS 定位技术、GSM 及 GIS，可全程提供导航信息，在驾驶人员不熟悉的路段，尤其是在城市中，能有效地减少路线差错，使驾驶人员按最优路径行驶，提高工作效率，降低成本。

（6）自动报警。在现代物流运输管理监控系统中，采用 GPS 技术能对运行车辆进行准确定位，对车辆进行监控，能对不同车辆指定其允许的行驶区域、允许的行驶路线，由软件对其进行自动监管，一旦其超出指定区域的一定距离或行驶偏离路线时，计算机将自动报警，提醒值班员注意，同时车载终端系统会发出警告声，提醒司机按正确路线行驶。

（7）紧急援助。当运输工具遇到抢劫、偷窃等情况时，驾驶人员可通过系统第一时间请求紧急援助，系统根据事件的性质及发生的时间位置信息，及时报警，同时向主控中心发回报警信号，在地图上将对运输车辆以鲜明色彩及图标进行显示，并以声、光报警提醒值班员注意，同时在屏幕上显示出该目标的用户卡片资料和处理方案，帮助值班员进行警情处理，为驾驶人员提供紧急援助，从而为企业的运输安全提供有力支持。

2. 基于 GIS 的物流管理系统模型

GIS 不仅具有对空间和属性数据采集、输入、编辑、存储、管理、空间分析、查询、输出和显示功能，而且可为系统用户进行预测、监测、规划管理和决策提供科学依据。可见，将其应用于物流信息系统中，可大大加强对物流过程的全面控制和管理，实现高效、高质的物流服务。GIS 技术与物流管理技术的集成将是发展的必然趋势。以某一城市中的物流过程为例，讨论一个基于 GIS 的物流系统的功能与设计，如图 4.10 所示。

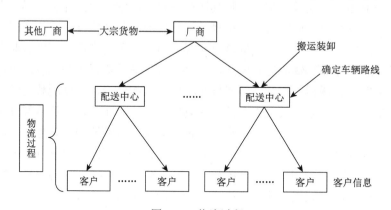

图 4.10　物流过程

1）需求分析

对基于 GIS 的物流系统的主要功能需求为：①通过客户提供的详细地址字符串，确定客户的地理位置和车辆路线；②通过基于 GIS 的查询、地图表现的辅助决策，实现对车辆路线的合理编辑（如创建、删除、修改）和客户配送排序；③用特定的地图符号在地图上表示客户的地理位置，不同类型的客户（如普通客户和会员客户，单位客户和个人客户等）采用不同的符号表示；④通过 GIS 的查询功能或在地图上点击地图客户符号，显示此客户符号的属性信息，并可以编辑属性；⑤在地图上查询客户的位置及客户周围的环境以发现潜在客户;⑥通过业务系统调用 GIS,以图形的方式显示业务系统的各种相关操作结果的数值信息;⑦基于综合评估模型和 GIS 的查询,实现对配送区域的拆分、合并。

2)系统基本结构

基于 GIS 的物流系统,采用面向对象的空间数据模型和基于关系数据库的空间数据库来实现数据的集成。系统整体采用三层结构,分为客户端、应用服务器和数据库服务器,其中应用服务器分为 Web 服务器和空间数据服务器,如图 4.11 所示。

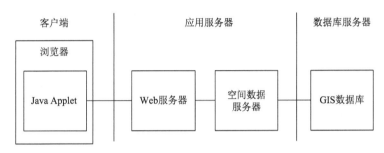

图 4.11 基于 GIS 的物流系统结构图

3)系统中的主要模型

根据需求分析结果,在系统中构建以下模型:车辆路线模型、设施定位模型、网络物流模型和分配集合模型等。

(1)车辆路线模型。用于解决在一个起点、多个终点的货物运输问题中,如何降低操作费用并保证服务质量,包括决定使用多少车辆,每个车辆经过什么路线的问题。物流分析中,在一对多收发货点之间存在着多种可供选择的运输路线的情况下,应该以物资运输的安全性、及时性和低费用为目标,综合考虑,权衡利弊,选择合理的运输方式并确定费用最低的运输路线。

例如,一个公司只有一个仓库,而零售店却有 30 个,并分布在各个不同的位置上,每天用卡车把货物从仓库运到零售商店,每辆卡车的载重量或者货物尺寸是固定的,同时每个商店所需的货物重量或体积也是固定的,因此,需要多少车辆及所有车辆所经过的路线就是一个最简单的车辆路线模型。实际问题中,车辆路线问题还应考虑很多影响因素,问题也变得十分复杂。

(2)设施定位模型。用来确定仓库、医院、零售商店、加工中心等设施的最佳位置,其目的同样是提高服务质量,降低操作费用,使利润最大化等。设施定位模型可以用于确定一个或多个设施的位置。在物流系统中,仓库和运输线共同组成了物流网络,仓库处在网络的"结点"上,运输线就是连接各个"结点"的"线路",从这个意义上看,"结点"决定着"线路"。具体地说,在一个具有若干资源点及若干需求点的经济区域内,物质资源要通过某一个仓库的汇集中转和分发才能供应各个需求点,因此,根据供求的实际需要并结合经济效益等原则,解决在既定区域内设立多少仓库,每个仓库的地理位置在什么地方,每个仓库应有多大规模(包括吞吐能力和存取能力),这些仓库间的物流关系如何等问题,就显得十分重要。而这些问题运用设施定位模型均能很容易地得到解决。

（3）网络物流模型。用于解决寻求最有效的分配货物路径问题，也就是物流网点布局问题。例如，将货物从 N 个仓库送到 M 个商店，每个商店都有固定的需求量，因此需要确定由哪个仓库提货送给哪个商店，所耗的运输费用最小。

（4）分配集合模型。可以根据各个要素的相似点把同一层上的所有或部分要素分为几个组，用以解决确定服务范围的销售市场范围等问题。例如，某一公司要设立 X 个分销点，要求这些分销点要覆盖某一地区，而且要使每个分销点的顾客数目大致相等；某既定经济区域可以大至一个国家，小至某一地区、城市，考虑各个仓储网点的规模及地理位置等因素，合理划分配送中心的服务范围，确定其供应半径，实现宏观供需平衡。

4）系统功能

基于 GIS 的物流系统实现的主要功能如下。

（1）车辆和货物跟踪：利用 GPS 和电子地图实时显示出运输车辆或货物的实际地理位置，并能查询出运输车辆和货物的状态，以便进行合理调度及管理。

（2）提供运输路线规划和导航：规划出运输路线，并在电子地图上显示出规划的线路，并同时显示出车辆运行路径和运行方法。

（3）信息查询：对配送范围内的主要建筑物、运输车辆、客户等进行查询，在电子地图上显示其位置，并将相关信息以文字、语音、图像等形式显示。

（4）模拟与辅助决策：在客户、车辆、订单和地理空间数据等信息的基础上建立模型，进行物流网络的布局模拟，并以此建立辅助决策支持系统，为管理层提供高效、直观的决策依据。

4.3.3 定位跟踪技术在配送中的主要应用

1. GPS 在货物配送中的应用

GPS 技术备受人们关注的一个重要原因是：GPS 在物流领域的运用已被证明是卓有成效的，尤其是在货物配送领域中。由于货物配送过程是实物空间位置的转移过程，所以在货物配送过程中，对可能涉及的货物的运输、仓储、装卸、快递等处理环节，对各个环节所涉及的问题，如运输路线的选择、仓库位置的选择、仓库的容量设置、合理装卸策略、运输车辆的调度和投递路线的选择等都可以运用 GPS 的车辆追踪。应用信息查询等功能进行有效的管理和决策分析，这无疑将有助于配送企业有效地利用现有资源，降低消耗，提高效率。具体来看，GPS 在货物配送中的主要应用包括五个方面。

1）车辆跟踪

GPS 与 GIS 技术、无线移动通信系统（如 GSM）及计算机车辆管理信息系统相结合，可以实现车辆跟踪。借助于 GPS 和 GIS 技术，可以在电子地图上实时显示出车辆所在位置，并可以进行放大、缩小、还原、地图更换等操作；可以使显示区域随目标移动，从而使目标始终显示在屏幕上；还可以实现多窗口、多车辆、多屏幕同时跟踪，从而对重要的车辆和货物进行跟踪运输。通过车辆跟踪功能，能够掌握车辆基本信息、对车辆进行远程管理，有效避免车辆的空载现象，同时客户也能通过互联网，了解自己的货物在运输过程中的细节情况。

2）货物配送路线规划

货物配送路线规划是 GPS 的一项重要辅助应用。通过与 GIS 软件相结合，可以进行自动路线规划，即由驾驶员指定起点与终点，由计算机软件按照要求自动设计出最佳行驶路线，包括行驶时间最短的路线、最简单的路线、通过高速公路段数次数最少的路线等。如果驾驶员没有按照指定的路线行驶，其行驶信息将会以偏航报警的方式显示在计算机屏幕上。

3）信息查询

客户能够在电子地图上根据需要进行某些目标的查询。查询结果能够以文字、语音或图像的形式输出，并能在电子地图上显示被查询目标的位置。另外，检测中心可以利用监测控制台对区域内任意目标的所在位置进行查询，车辆信息能够很方便地显示在控制中心的电子地图上。

4）话务指挥

指挥中心可以监测区域内车辆的运行状况，对被监控车辆进行合理调度，指挥中心可随时与被跟踪目标进行通话，实行有效管理。

5）紧急救援

通过 GPS 的定位和监控功能，相关部门可以对遇有险情或发生事故的车辆进行紧急援助。监控台的电子地图可显示出报警目标和求助信息，并以声、光报警方式提醒值班人员进行快速应急处理。

2. GIS 在货物配送中的应用

利用 GIS 能够便于企业基于属性数据和图形数据的结合对分区进行科学、规范的管理，并且可以优化车辆与人员的调度，最大限度地利用人力、物力资源，使货物配送达到最优化。对于物流中的许多重要决策问题，如配送中心的选址、货物组配方案、运输的最佳路径、最优库存控制等方面，都可以得到更好的解决。

1）物流网络布局和运输路线的模拟与决策

寻求最优分配货物路径问题，也就是物流网点布局问题。如将货物从 N 个仓库运到 M 个商店，每个商店都有固定的需求量，因此需要确定由哪个仓库提货送给哪个商店，所耗的运输代价最小。还包括决定使用多少辆车、每辆车的路线等。

可利用长期客户、车辆、订单和地理数据等建立模型来模拟物流网络的布局，根据实际的需求分布规划出运输线路，使显示器能够在电子地图上显示设计线路，并同时显示汽车运行路径和运行方法，同时利用 GIS 的网络分析模型优化具体运行路径，使资源消耗最小化。并以此来建立决策支持系统，以提供更有效而直观的决策依据。

2）车辆、货物跟踪和导航及突发事件的处理

利用 GPS 和电子地图可以实时显示出车辆或货物的实际位置，从而对车辆提供导航服务，并能查询出车辆和货物的状态，以便进行合理调度和管理。在时间紧迫的情况下，找出可替代的行车路线。由于交通情况复杂多变，适时地为司机提供更多的信息可以减轻交通拥挤，提高驾驶安全性并尽快到达目的地。在所从事的物流活动中，司机可以在

恰当的时间出发并按照规定的时间到达目的地。例如，对时间敏感性的物料获取、加工和配送活动，可以精确细致地确定临时解决方案，预测路网的交通量，根据货物的最迟到达时间和目的地找出车辆的最佳出发时间和行驶路线。

3）配送区域划分

企业可以参照地理区域，根据各个要素的相似点把同一层上的所有或部分要素分为几个组，用以解决确定服务和销售市场范围等问题。例如，某一公司要设立 X 个分销点，要求这些分销点覆盖某一地区，而且要使每个分销点的顾客数目大致相等。

4）客户定位

使用 GIS 可以实现某个城市或地区按管理的要求建立电子地图，准确地反映出街道、道路等情况。由于地理地图已具有了地理坐标，通过对地理坐标的描述，可以在地图上对新客户进行地理位置的定位或者修改老客户的地理位置，从而使企业能精确地确定配送点和客户的位置。

5）物流中心选址

用于确定一个或多个设施的位置。在物流系统中，仓库和运输路线共同组成了物流网络，仓库处于网络的节点上，节点决定着线路，如何根据供求的实际需要并结合经济效益等原则，在既定区域内设立多少个仓库，每个仓库的位置，每个仓库的规模，以及仓库之间的物流关系等，运用此模型均能很容易地得到解决。

6）信息查询

对配送范围内的主要建筑、运输车辆、客户等进行查询，查询资料可以以文字、语言及图像的形式显示，并在电子地图上显示其位置。

 应用案例

京东物流公司的配送系统[①]

配送是电商供应链中最后的环节，也是"最后一公里"竞争的关键。京东在这个环节上，如何运营？GIS 是京东的"杀手锏"。GIS 来自刘强东的创意。他在一次阅读客服简报时发现，有 32% 的用户咨询电话是货物配送以后打来的。用户打电话来大多询问订单配送了没有，目前到哪了，什么时候能等到。刘强东认为，实际上客服人员根本无法知道每一张订单到达的具体位置，也不可能准确地告诉用户到达时间。因此，用户这样的咨询电话往往是无效的。与其让用户打电话来问，还不如让他自己实时地看。京东的GIS 2011 年投入使用。

在支撑京东物流配送的系统中，正是通过自主研发的 GIS 实现了对物流运输的有力保障。通过自主研发的 GIS，京东可以对订单轨迹、行车轨迹、配送员轨迹做实时的监控和调度，并可以实现基于 GIS 的 O2O（online to offline，线上到线下）等服务，大大提高了用户的购物体验。

_____

① 资料来源：姜蓉和沈伟民（2012）。

京东通过 GIS 的应用，可以对订单轨迹、行车轨迹、配送员轨迹做实时的监控和调度。在企业端完成站点规划、车辆调度、GIS 预分拣、配送员路径优化、GIS 单量统计等模块管理，对用户实现 LBS、订单全程可视化、送货时间可预期、基于 GIS 的 O2O 等服务，大大提高了用户的购物体验。

据了解，京东 GIS 架构包含基础层、展示层、监控层和运营层，通过不断进行系统优化，京东 GIS 系统已经发挥出规模效应，有效解决了物流配送环节的突出问题。在北斗产业化应用方面，京东 GIS 系统对北斗芯片的功耗要求更低，稳定性要求更高，京东物流公司（以下简称京东物流）研发部总监李鹏涛建议有关北斗芯片研发，系统生产厂家可以积极扩展商业联盟，和互联网企业结合，从芯片研发到企业应用形成闭环效应，以提高北斗卫星导航系统在生产、生活等实际应用方面的规模和效率，做大做强我国的北斗卫星导航系统产业。

据悉，我国北斗卫星导航系统市场空间巨大，产业发展迅速，在这个过程中，北斗终端市场占有率将迅速提升，届时可望发展成为全球范围内与 GPS 比肩的导航系统。业内人士认为，京东在北斗应用方面不断地研发与探索，不但能够为京东物流配送体系的发展提供有力保障，进一步提升京东的用户体验，而且积极推动了北斗技术的落地，促进北斗相关产业的共同发展，为北斗产业联盟的形成与壮大做出贡献。

那么，这套系统具体是如何运用的？在订单页面的地图上有一个包裹标识，在地图上以一条红色的轨迹移动着。包裹将要经过的线路是一条红色的虚线，已经经过的线路是红色的实线。到达分站之后，包裹标识停止了。包裹再次出发时又可以看到其开始移动起来。包裹在地图上运行时甚至可以看到包裹转过了的一个路口。客户根据包裹的运送情况，准确地计算出送达自己手中的时间。

京东在电子商务企业中第一个使用 GIS，这使用户感到很新奇。京东 GIS 是物联网的典型应用，是一种可视化物流的实现。传统的线下店，用户可以看到、摸到商品，眼见为实的体验是电子商务无法代替的。而这种可视化物流可以消除用户线上线下的心理差距。用户可以实时感知到自己的订单，是一种提升了的用户体验。

GIS 在技术上，不是特别难。京东和一家提供地图服务的公司合作，将后台系统与地图公司的 GPS 进行关联。在包裹出库时，每个包裹都有一个条形码，运货的车辆也有相应的条形码，出库时每个包裹都会被扫描，同一辆车上包裹的条形码与这辆车的条码关联起来。当这辆车在路上运行时，车的 GPS 与地图就形成了适时的位置信息传递，与车载 GPS 是一个道理。

当车辆到了分拨站点分配给配送员时，每个配送员在配送时都有一台掌上电脑（personal digital assistant，PDA），而这台 PDA 也是一个 GPS 设备。通过扫描每件包裹的条形码，这个包裹又与地图系统关联。这个实时位置信息与京东商城的后台系统打通之后开放给前台用户，用户就能实时地在页面上看到自己订单从出库到送货的运行轨迹。

京东 GIS 使物流管理者在后台可以实时看到物流运行情况——车辆的位置信息、车辆的停留时间、包裹的分拨时间、配送员与客户的交接时间等，这些都会形成原始数据。经过分析之后，可以给管理者提供优化流程的参考。比如，怎么合理使用人员、怎么划分配送服务人员的服务区域、怎么缩短每个订单的配送时间等。另外，通过对一个区域的发散分析，可以看到客户的区域构成、客户密度、订单密度等。

讨论题

（1）结合案例，分析 GIS 技术为京东物流带来的变化。

（2）通过该案例分析，谈谈 GPS 技术和 GIS 技术在电子商务行业如何更好地结合并应用。

■ 本章小结

物流动态定位跟踪技术是一种通过 GPS 技术定位和通过 GIS 技术进行物流管理的应用技术。GPS 由 GPS 卫星星座、地面监控系统和 GPS 信号接收机组成，采用空间被动式测量原理。GIS 是一种特定的十分重要的空间信息系统，用于分析和处理在一定地理区域内分布的各种现象和过程，解决复杂的规划、决策和管理问题。本章详细介绍了 GPS 的组成、工作原理与定位方式和 GIS 的功能、原理与工作流程，着重介绍了网络 GPS、无线定位技术 LBS、北斗卫星导航系统、GIS 空间分析技术等，同时，强调了定位跟踪技术在物流管理、物流管理系统和配送中的主要应用，解决了物流中复杂的定位、规划、决策和管理问题。

【关键术语】

（1）GPS   （2）GIS   （3）定位   （4）导航

（5）信息系统   （6）空间数据   （7）空间分析技术 （8）物流配送系统

习题

1. 选择题

（1）_____是 GPS 信号接收机的核心，承担整个系统的管理、控制和实时数据处理。

    A. 视频监控器   B. 原子钟

    C. 蓄电池   D. 微处理器

（2）_____主要用于运动载体的导航，它可以实时给出载体的位置和速度。

    A. 测地型接收机   B. 单频接收机

    C. 授时型接收机   D. 导航型接收机

（3）根据定位的模式，GPS 定位可以分为_____。

    A. 绝对定位和相对定位 B. 实时定位和非实时定位

    C. 静态定位和动态定位 D. 差分定位和非差分定位

（4）网络 GPS 由网上服务平台、用户端设备、_____3 部分组成。

    A. 运输终端设备   B. 物流终端设备

    C. 车载终端设备   D. 网络终端设备

（5）_____不是地理信息的特征。

　　A. 空间性　　　　　B. 多维结构　　　　C. 静态特征　　　　D. 动态特征

（6）_____不是 GIS 的基本功能。

　　A. 可视化功能　　B. 制图功能　　　C. 信息通信功能　　D. 空间信息查询

（7）不是 GIS 数据输入方法的是_____。

　　A. 图形数据输入　B. 矢量数据输入　C. 属性数据输入　　D. 栅格数据输入

（8）矢量空间数据面与面的叠加不包括_____。

　　A. 图层擦除　　　B. 识别叠加　　　C. 图层交集　　　　D. 图层并集

2. 判断题

（1）GPS 不仅是一种可以定时和测距的定点导航系统，它还可以向全球用户提供连续、定时、高精度的三维位置、速度和时间信息。　　　　　　　　　　　　　　（　　）

（2）GPS 工作卫星的地面监控系统由 3 部分组成，包括 1 个主控站、3 个注入站和 4 个监测站。　　　　　　　　　　　　　　　　　　　　　　　　　　　　　　（　　）

（3）网络 GPS 综合了互联网与 GPS 的优势与特色，取长补短，解决了原来使用 GPS 所无法克服的障碍，但是投资费用较高。　　　　　　　　　　　　　　　　　　（　　）

（4）一个完整的 LBS 是由定位系统、移动服务中心、通信网络、移动智能终端 4 部分组成。　　　　　　　　　　　　　　　　　　　　　　　　　　　　　　　　　（　　）

（5）在 GIS 中，非空间数据又称为关系数据。　　　　　　　　　　　　　　（　　）

（6）计算最短路径的经典算法是迪杰斯特拉算法。　　　　　　　　　　　　（　　）

（7）地理数据一般具有的三个基本特征是：空间特征、地理特征和时间特征。

　　　　　　　　　　　　　　　　　　　　　　　　　　　　　　　　　　　（　　）

（8）"3S" 技术指的是：GIS、DSS 和 GPS。　　　　　　　　　　　　　　（　　）

3. 简答题

（1）GPS 的特点有哪些？

（2）简述网络 GPS 的工作流程。

（3）简述 GIS 的基本功能。

（4）简述 GIS 的基本原理及工作流程。

（5）典型的 GIS 空间分析技术有哪些？

第5章

物流中的物联网技术

【本章教学要点】

知识要点	掌握程度	相关知识	应用方向
物联网的概念与特征	掌握	物联网的定义与特征	
物联网的体系结构	掌握	物联网的三层体系结构、每层的组成和作用，以及各自的硬件和软件系统	掌握物联网的基本定义，能够对物联网形成正确的认知和理解
物联网系统的基本组成	了解	物联网的硬件与软件组成	
物联网在物流中的关键技术	熟悉	感知技术、通信组网技术、传感网技术、数据融合与智能处理技术、5G技术	熟悉物联网的关键技术，能够在实际中使用这些关键技术
物联网的安全体系	了解	物联网安全概述、主要特点与安全架构，包括感知层、网络层和应用层安全	了解物联网的安全特点，能发现物联网的安全问题
物联网应用	熟悉	物联网在仓储、运输和配送中的应用、物联网在物流行业面临的挑战与趋势	能够将物联网技术应用到物流行业的管理之中

物联网这么火，究竟是什么东西[①]

物联网（internet of things，IoT）是指嵌入式物理设备，如汽车、家用电器等，具有软件、传感器等这类计算机化系统，通过智能感知、识别技术与计算等通信感知技术，广泛应用于网络的融合中，也因此被称为继计算机、互联网之后世界信息产业发展的第三次浪潮。在这项技术中，每一个设备都能自动工作，根据环境变化自动响应，与其他或多个设备交换数据，不需要人为参与。整个系统由无线网络和互联网的完美结合而构建。物联网的主要目的是提高设备的效率和准确性，为人们节省金钱和时间。

物联网隐含在我们生活的方方面面，我们使用的手机，其实就是启动物联网的开关。物联网以互联网为核心，建立在互联网的基础上，你永远无法想象数以亿计的设备相互联通能撞出什么样的火花。下面列举一些物联网应用的例子。比如，你要出门，家里的

---

① 物联网这么火，究竟是什么东西？http://mp.ofweek.com/iot/a245683524176。

电视机、空调、灯泡等电器设备的电源会自动关闭，扫地机器人开始工作，烟雾警报器自动打开。而且你可以在任意地点任何时间控制家中的智能设备，如下班后通过手机中的 App 打开家里的空调，到家后打开房间的灯，这样一回到家就能享受到舒适的温度，也不用摸黑去找灯的开关了。

物联网的诞生，还能让生活中一些旧的设备焕发出新的活力。举个例子，我们平时用的空调，可以通过空调遥控器无线控制空调的开关，调节温度、工作模式。调温度不需要爬到房顶，用遥控器操作特别方便。但两者间的连接并不是通过网络，自然不能称为物联网，那么物联网下的空调会是什么样的呢？除了可以进行基本的操作，还可以依托内置传感器及接入互联网进行数据交换，进而更加智能地工作。室内温度、湿度可以实现自动调节，回家途中达到一定距离时，空调会自动开启；出现内部故障时，空调会自动进行诊断，在拥有智能的使用体验的同时，还大大缩小了厂商的维护成本及人员成本。没错，这就是目前的智能家居。智能家居正是物联网的一个应用领域，但是物联网并不止于此。除了智能家居外，物联网遍及智能交通、环境保护、政府工作、公共安全、平安家居、智能消防、工业监测、环境监测、路灯照明管控、景观照明管控、楼宇照明管控、广场照明管控、水系监测等多个领域。

讨论题

（1）如何理解物联网的核心和基础仍然是互联网？

（2）未来物联网还会在哪些方面改变我们的生活？

5.1　物联网技术概述

5.1.1　物联网的概念与特征

近年来物联网技术受到了人们的广泛关注，被称为继计算机、互联网之后，世界信息产业的第三次浪潮。物联网是新一代信息技术的重要组成部分，在不同的阶段从不同的角度出发，对物联网有不同的理解。本节将从物联网的起源与发展、定义、特点这三个方面介绍物联网的概念与特征。

1. 物联网的起源与发展

1990 年施乐公司发明的网络可乐贩售机（networked coke machine）拉开了人类追梦物联网的序幕。物联网的概念最早出现于比尔·盖茨 1995 年出版的《未来之路》一书中。该书提出了"物—物互联"的设想，只是当时受限于无线网络、硬件及传感器设备的发展，并未引起世人的重视。1998 年，美国麻省理工学院（Massachusetts Institute of Technology，MIT）创造性地提出了当时被称为 EPC 系统的"物联网"构想。2005 年，ITU 在《ITU 互联网报告 2005：物联网》中，正式提出了"物联网"的概念，系统地阐述了物联网的基本概念、相关技术、潜在市场、面临的挑战，以及对未来全球经济和社会发展的可能影响，正式向全球揭示了物联网。

2009 年，欧盟委员会发表题为"Internet of things—an action plan for Europe"（"物联网——欧洲行动计划"）的物联网行动方案，描绘了物联网技术应用的前景，并提出要加强对物联网的管理、完善隐私和个人数据保护、提高物联网的可信度、推广标准化、建立开放式的创新环境、推广物联网应用等行动建议。韩国广播通信委员会于 2009 年出台了《物联网基础设施构建基本规划》，该规划旨在构建世界最先进的物联网基础设施、发展物联网服务、研发物联网技术、营造物联网推广环境等。2009 年，日本政府信息技术战略本部制定了日本新一代的信息化战略"i-Japan 战略 2015"，该战略旨在到 2015 年让数字信息技术如同空气和水一般融入每一个角落，聚焦电子政务、医疗保健和教育人才三大核心领域，激活产业和地域的活性并培育新产业，以及整顿数字化基础设施。

我国政府也高度重视物联网的研究和发展。2009 年 8 月 7 日，时任国务院总理的温家宝在无锡视察时发表重要讲话指出，"至少三件事情可以尽快去做：一是把传感系统和 3G 中的 TD①技术结合起来；二是在国家重大科技专项中，加快推进传感网发展；三是尽快建立中国的传感信息中心，或者叫'感知中国'中心"。2009 年 11 月 3 日，温家宝向首都科技界发表了题为《让科技引领中国可持续发展》的讲话，他强调，"要着力突破传感网、物联网关键技术，及早部署后 IP②时代相关技术研发，使信息网络产业成为推动产业升级、迈向信息社会的'发动机'"。2012 年，工业和信息化部、科技部、住房和城乡建设部再次加大了物联网和智慧城市方面的力度。我国政府高层一系列的重要讲话、报告和相关政策措施表明：大力发展物联网产业今后将成为一项具有国家战略意义的重要决策。

2. 物联网的定义

物联网就是物物相连的互联网。这说明物联网的核心和基础是互联网，物联网是互联网的延伸和扩展，其延伸和扩展到了任何人与人、人与物、物与物之间进行的信息交换和通信。关于物联网比较准确的定义是：物联网是通过各种信息传感设备及系统（传感网、射频识别系统、红外感应器、激光扫描器等）、条码与二维条码、GPS 等，按约定的通信协议，将物与物、人与物、人与人连接起来，通过各种接入网、互联网进行信息交换，以实现智能化识别、定位、跟踪、监控和管理的一种信息网络。这个定义的核心是，物联网的主要特征是每一个物件都可以寻址，每一个物件都可以控制，每一个物件都可以通信。该定义包含了以下三个方面的含义。

（1）信息全面感知。物联网是指对具有全面感知能力的物体及人的互联集合，两个或两个以上物体如果能交换信息即可称为"物联"。为使物体具有感知能力，需要在物品上安装不同类型的识别装置，如电子标签、条码等，或通过传感器、红外感应器等感知其存在。

（2）通过网络传输。物联必须遵循约定的通信协议，并通过相应的软件和硬件实现。互联的物品要互相交换信息，就需要实现不同系统中的实体的通信。为了成功通信，它们必须遵守相关的通信协议，同时需要相应的软件和硬件来实现这些规则，并可以通过现有的各种接入网与互联网进行信息交换。

① TD：time division，时间分割。

② IP：internet protocol，网络协议。

（3）智能决策与控制。物联网可以实现对各种物品（包括人）进行智能化识别、定位、监控和管理等功能。这就需要智能信息处理平台的支撑，通过数据库、云计算和人工智能等智能计算技术，对海量数据进行存储、分析和处理，针对不同的应用需求，对物品实施智能化的控制。

由上述定义可见，物联网融合了各种信息技术，突破了互联网的限制，将物体接入信息网络，实现了"物—物相连的物联网"，如图 5.1 所示。物联网支撑信息网络向全面感知和智能应用两个方向扩展、延伸和突破，从而影响国民经济和社会生活的方方面面。

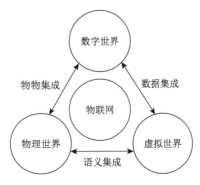

图 5.1　物理、数字、虚拟世界和社会互动共生

3. 物联网的特点

从网络的角度来观察，物联网具有在网络终端层面呈现联网终端规模化和感知识别普适化的特点。物联网在通信层面呈现异构设备互联化的特点，而在数据层面和应用层面分别呈现出管理处理智能化和应用服务链条化的特点。

（1）联网终端规模化。物联网时代的一个重要特征是"物品触网"，每一件物品均具有通信功能，均可成为网络终端。据预测，截至 2019 年，全球物联网终端数量已达 110 亿个。

（2）感知识别普适化。作为物联网的末梢，自动识别和传感网技术近些年来发展迅猛，应用广泛。当今社会，人们的衣食住行都能折射出感知识别技术的发展。无处不在的感知与识别将物理世界信息化，使传统上分离的物理世界和信息世界能够实现高度融合。

（3）异构设备互联化。尽管硬件和软件平台千差万别，各种异构设备（不同型号与类别的 RFID 标签、传感器、手机、笔记本电脑等）利用无线通信模块和标准通信协议，构建成自组织网络。在此基础上，运行着不同协议的异构网络之间通过"网关"互联互通，实现网际间信息共享及融合。

（4）管理处理智能化。物联网将大规模数据高效、可靠地组织起来，为上层行业应用提供智能的支撑平台。数据存储、组织及检索成为行业应用的重要基础设施。与此同时，各种决策手段，包括运筹学理论、机器学习、数据挖掘、专家系统等，广泛应用于各行各业。

（5）应用服务链条化。链条化是物联网应用的重要特点。以工业生产为例，物联网技术覆盖从原材料引进、生产调度、节能减排、仓储物流到产品销售、售后服务等各个环节，成为提高企业整体信息化程度的有效途径。更进一步，物联网技术在一个行业的应用也将带动相关上下游产业，最终服务于整个产业链。

5.1.2　物联网的体系结构

物联网的技术复杂、形式多样，目前比较认可的是通过对物联网多种应用需求的分析，把物联网分为 3 个层次：感知层、网络层和应用层，如图 5.2 所示。

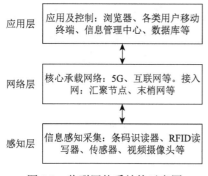

应用层　应用及控制：浏览器、各类用户移动终端、信息管理中心、数据库等

网络层　核心承载网络：5G、互联网。接入网：汇聚节点、末梢网等

感知层　信息感知采集：条码识读器、RFID读写器、传感器、视频摄像头等

图 5.2　物联网体系结构示意图

1. 感知层

感知层相当于整个物联网体系的感觉器官，如同人体的皮肤和四肢。感知层主要负责两项任务，分别是识别物体和采集信息。识别物体是通过物品编码来确定物品是什么；采集信息是利用传感器来感知物品怎么样。物联网中的物指的是现实世界中的客观事物，如电器设备、基础设施、家用电器、计算机、建筑物等。感知层所采集的物品信息，指的是物品能够被感知的因素，如温度、湿度、压力、光线等。感知层的主要目标就是要实现对客观世界的全面感知，其核心是要解决智能化、小型化、低功耗和低成本的问题。

感知层在实现其感知功能时所用到的主要技术有条码识读器、RFID 读写器、传感器、视频摄像头等。RFID 主要实现的是对物品的识别，通过识别装置靠近物品上的编码，读取物品的信息，从而来确定物品。传感器技术主要利用各式各样的传感器来感知物品的温度、湿度、压力、光线等可被感知的因素。摄像头技术可以实时地采集到物品在空间中的动态影像信息。利用 GPS 定位卫星，可以在全球范围内实时进行定位和导航。

2. 网络层

网络层由各种私有网络、互联网、有线和无线通信网、网络管理系统和云计算平台等组成，相当于人的神经中枢和大脑，负责传递和处理感知层获取的信息。物联网的网络层包括接入网与互联网的融合网络、网络管理中心和信息处理中心等。接入网包括移动通信网、有线电话网，通过接入网能将信息传入互联网。网络管理中心和信息处理中心是实现以数据为中心的物联网中枢，用于存储、查询、分析和处理感知层获取的信息。

网络层主要技术有光纤接入技术、电力网接入技术和无线接入技术等。光纤接入技术是指光纤到楼、光纤到路边、以太网到用户的接入方式，真正实现了千兆到小区、百兆到楼、十兆到家庭；电力网接入技术是利用电力线路为物理介质，将家中电器连为一体，实现家庭局域网；无线接入技术有 4G、5G、WiFi（无线通信技术）、蓝牙等。

当前以 5G 技术为代表的新一代通信技术发展日新月异，物联网也将迎来新的发展。移动通信网络从 2G 到 4G 都是面向人的连接，而 5G 扩充到了人与物、物与物的连接。5G 定义了 eMMB（enhanced mobile broadband，增强移动宽带）、URLLC（ultra reliable low latency communication，超可靠低时延通信）、mMTC（massive machine type communication，海量机器类通信）这 3 种业务场景。5G 网络的设计更符合物联网所需要的基本特性，不仅体现在高带宽、低时延的"增项能力"，更具有低能耗、大连接、深度覆盖的低成本优势。5G 的通信速度比以往的移动通信网络高出 10～100 倍，可传送高清视频等大容量数据，即使同时连接多台设备，速度也不会下降。全球各大电信运营商均积极跟进 5G 技术发展，在日本，NTT DoCoMo（多科莫）、KDDI（凯迪迪爱）和软银这三大移动通信运营商正致力于 5G 的商业化运营；在中国，电信、移动和联通三大运营商更是积极部署 5G，力求取得先发优势。

3. 应用层

应用层由各种应用服务器（包括数据库服务器）组成，其主要功能包括对采集数据的汇聚、转换、分析，以及用户层呈现的适配和事件触发等。由于感知层从末梢节点获取了大量原始数据，这些原始数据对于用户来说只有经过转换、筛选、分析处理后才有实际价值。这些应用服务器根据用户的呈现设备完成信息呈现的适配，并根据用户的设置触发相关的通告信息。同时，当需要完成对末梢节点的控制时，应用层还能完成指令生成控制和指令下发控制。应用层要为用户提供物联网应用接口，包括用户设备（如个人电脑和手机）、客户端浏览器等。除此之外，应用层还包括物联网管理中心、信息中心等利用下一代互联网的能力对海量数据进行智能处理的云计算功能。

5.1.3　物联网系统的基本组成

计算机互联网可以把世界上不同角落、不同国家的人们通过计算机紧密地联系在一起，而采用感知识别技术的物联网也可以把世界上不同国家、地区的物品联系在一起，彼此之间可以互相"交流"数据信息，从而形成一个全球性物物相互联系的智能社会。从系统组成来看，可以把物联网分为硬件平台和软件平台两大系统。

1. 物联网硬件平台系统组成

物联网是以数据为中心的面向应用的网络，主要完成信息感知、数据处理和数据回传及决策支持等功能，其硬件平台可由传感网、承载网络和信息服务系统等三大部分组成。系统硬件平台的组成如图 5.3 所示。其中，传感网包括感知节点（数据采集和控制）和末梢网络（汇聚节点、接入网关等）；承载网络为物联网业务的基础通信网络；信息服务系统硬件设施主要负责信息的处理和决策支持。

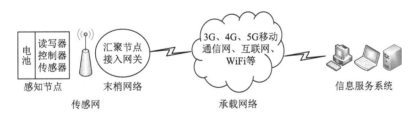

图 5.3　物联网硬件平台示意图

1）感知节点

感知节点由各种类型的采集和控制模块组成，如温度传感器、声音传感器、振动传感器、压力传感器等，完成物联网应用的数据采集和设备控制等功能。

感知节点的组成包括 4 个基本单元：传感单元，由传感器和模数转换功能模块组成，包括二维条码识读设备和温感设备；处理单元，由嵌入式系统构成，包括微处理器、存储器、嵌入式操作系统等；通信单元，由无线通信模块组成，实现与末梢节点间及与汇聚节点的通信；以及电源供电单元。感知节点综合了传感器技术、嵌入式计算技术、智能组网技术、无线通信技术、分布式信息处理技术等，通过各类集成化的微型传感器进行协作，能够实时监测、感知和采集各种环境或监测对象的信息，通过嵌入式系统对信息进行处理，并通过无线通信网络以中继方式将所感知信息传送到接入层的基站节点和接入网关，最终到达信息应用服务系统。

2）末梢网络

末梢网络即接入网络，包括汇聚节点、接入网关等，完成末梢感知节点的组网控制和数据汇聚功能，同时完成向感知节点发送数据的转发等功能，即在感知节点之间组网之后，如果感知节点需要上传数据，则将数据发送给会聚节点，汇聚节点收到数据后，通过接入网关完成承载网络的连接；当用户应用系统需要下发控制信息时，接入网关接收到承载网络的数据后，由会聚节点将数据发送给感知节点，完成感知节点与承载网络之间的数据转发和交互功能。感知节点与末梢网络承担物联网的信息采集和控制任务，构成传感网，实现传感网的功能。

3）核心承载网络

核心承载网络可以有很多种，主要承担接入网与信息服务系统之间的数据通信任务。根据具体应用需要，承载网络可以是公共通信网，如移动通信网、WiFi、互联网，以及企业专用网等。

4）信息服务系统硬件设施

物联网信息服务系统硬件设施由各种应用服务器组成，包括用户设备、客户端等，主要是对采集数据的融合及汇聚、转换、分析，以及事件的触发。由于信息采集的环节从感知节点获取大量的原始数据，这些原始数据对于用户来说只有经过转换、筛选和分析处理后才有实际价值。对这些有实际价值的信息，由服务器根据用户端设备进行信息呈现的适配，并根据用户的设置触发相关的通知信息，当需要对末端节点进行控制时，信息服务系统硬件设施生成控制指令。

2. 物联网软件平台系统组成

在构建一个信息网络时，硬件往往被作为主要因素来考虑，软件仅在事后才考虑，但现在人们已不再这样认为。网络软件目前是高度结构化、层次化的，物联网系统也是这样，既包括硬件平台系统，也包括软件平台系统，其中软件平台是物联网的神经系统。不同类型的物联网，其用途是不同的，其软件系统平台也不相同，但软件系统的实现技术与硬件平台密切相关。相对硬件技术而言，软件平台开发及实现更具特色。一般来说，物联网软件平台建立在分层的通信协议体系之上，通常包括数据感知系统软件、中间件系统软件、网络操作系统及物联网信息管理系统等。

1）数据感知系统软件

数据感知系统软件主要完成物品的识别和物品 EPC 的采集和处理，主要由物品电子标签、传感器、读写器、控制器、物品代码等组成。存储有 EPC 的电子标签在经过读写器的感应区域时，物品的 EPC 会自动被读写器捕获，从而实现 EPC 信息采集的自动化，采集的数据交由上位机信息采集软件进行进一步处理，如数据校对、数据过滤、数据完整性检查等，这些经过整理的数据可以为物联网中间件和应用管理系统使用。

2）中间件系统软件

中间件是位于数据感知设施与后台应用软件之间的一种应用系统软件。中间件具有两个关键特征：一是为系统应用提供平台服务，这是一个基本条件；二是需要连接到网络操作系统，并且保持运行工作状态。中间件为物联网应用提供一系列计算和数据处理功能，主要任务是对感知系统采集的数据进行捕获、过滤、汇聚和计算，并进行数据校对、数据解调、数据传送、数据存储和任务管理，减少从感知系统向应用系统中心传送的数据量。引入中间件使得原先后台应用软件系统与读写器之间非标准的、非开放的通信接口，变成了后台应用软件系统与中间件之间和读写器与中间件之间的标准的、开放的通信接口。

3）网络操作系统

物联网通过互联网实现物理世界中的任何物品的互联，在任何地方、任何时间可识别任何物品，使物品成为附有动态信息的"智能产品"，并使物品信息流和物流完全同步，从而为物品信息共享提供一个高效、快捷的网络通信及云计算平台。

4）物联网信息管理系统

物联网也需要管理，其管理系统类似于互联网上的网络管理系统。目前，物联网大多数是基于简单网络管理协议（simple network management protocol，SNMP）建设的管理系统，其重要功能是提供对象名解析服务（object name service，ONS）。ONS 类似于互联网的域名系统（domain name system，DNS），其需要授权，并且有一定的组成架构，能把每一种物品的编码进行解析，再通过统一资源定位器（uniform resource locator，URL）服务获得相关物品的进一步信息。

5.2 物联网的关键技术

不同的视角对物联网概念的看法不同，所涉及的关键技术也不相同，可以确定的是，物联网技术涵盖了从信息获取、传输、存储、处理直至应用的全过程，在材料、器件、软件、网络、系统各个方面都要有所创新才能促进其发展。通过对物联网的内涵分析，可以将实现物联网的关键技术归纳为感知技术、通信组网技术、传感网技术、数据融合与智能处理技术和 5G 技术等。

5.2.1 感知技术

感知技术是实现物联网的基础，它包括用于对物质世界进行感知识别的电子标签、新型传感器和智能化传感网节点技术等。

1. 电子标签

在感知技术中，电子标签用于对采集点信息进行标准化标识，通过 RFID 读写器、二维条码识读器等实现物联网应用的数据采集和设备控制。RFID 是一种非接触式的自动识别技术，属于近程通信，与之相关的技术还有蓝牙技术等。RFID 通过射频信号自动识别目标对象并获取相关数据，识别过程无须人工干预，可工作于各种恶劣环境，同时可识别高速运动物体并可识别多个标签，操作快捷方便。RFID 技术与互联网、通信等技术相结合，可实现全球范围内的物品跟踪与信息共享。

RFID 主要采用 ISO 和 IEC 制定的技术标准。目前可供射频卡使用的射频技术标准有 ISO/IEC 10536、ISO/IEC 14443、ISO/IEC 15693 和 ISO/IEC 18000，应用最多的是

ISO/IEC 14443 和 ISO/IEC 15693，这两个标准都由物理特性、射频功率和信号接口、初始化和反碰撞、传输协议 4 部分组成。

2. 新型传感器

传感器是节点感知物质世界的"感觉器官"，用来感知信息采集点的环境参数。传感器可以感知热、力、光、电、声、位移等信号，为物联网系统的处理、传输、分析和反馈提供最原始的数据信息。随着电子技术的不断进步提高，传统的传感器正逐步实现微型化、智能化、信息化和网络化，同时正经历着一个从传统传感器到智能传感器再到嵌入式 Web 传感器不断丰富发展的过程。应用新理论和新技术，采用新工艺、新结构和新材料，研发各类新型传感器，提升传感器的功能与性能，降低成本，是实现物联网的基础。目前，市场上已经有大量门类齐全且技术成熟的传感器产品可供选择使用。

3. 智能化传感网节点技术

所谓智能化传感网节点，是指一个微型化的嵌入式系统。在感知物质世界及其变化的过程中，需要检测的对象很多，如温度、压力、湿度、应变等，因此需要微型化、低功耗的传感网节点来构成传感网的基础层支持平台。因此，需要针对低功耗传感网节点设备的低成本、低功耗、小型化、高可靠性等要求，研制低速和中高速传感网节点核心芯片，以及集射频、基带、协议、处理于一体并具备通信、处理、组网和感知能力的低功耗片上系统。同时针对物联网的行业应用，研制相应的系列节点产品。这不但需要采用微机电系统（micro-electro-mechanical system，MEMS）加工技术，设计出符合物联网要求的微型传感器，使之可识别和配接多种敏感元件，并能适用于各种主被动检测方法，还要使得传感网节点具有强抗干扰能力，以适应恶劣的工作环境。其中重要的是如何利用传感网节点具有的局域信号处理功能，在传感网节点附近完成一定的信号处理，使原来由中央处理器实现的串行处理、集中决策的系统，成为一种并行的分布式信息处理系统，这一功能的实现还需要开发基于专用操作系统的节点级系统软件。

5.2.2　通信组网技术

在物联网的机器到机器、人到机器和机器到人的数据传输中，有多种组网及通信网络技术可供选择，目前主要有有线业务、无线业务和 GPRS 等通信技术，这些技术均已相对成熟。

1. 有线业务

有线业务主要有数字用户线路（digital subscriber line，DSL）和无源光纤网络（passive optical network，PON）。DSL 是以电话线为传输介质的传输技术组合。DSL 包括 ADSL、速率自适应数字用户线路（rate adaptive digital subscriber line，RADSL）、高速率数字用户线（high-bit-rate digital subscriber line，HDSL）和甚/超高速数字用户环路（very-high-bit-rate digital subscriber loop，VDSL）等。DSL 技术在传递公用电话网络的用户环路上支持对称和非对称传输模式，解决了经常发生在网络服务供应商和最终用户间"最后一公里"的传输瓶颈问题。由于 DSL 接入方案无须对电话线路进行改造，可以充分利用可以已经被大量铺设的电话用户环路，这大大降低了额外的开销。因此，利用铜缆电话线提供更高速率的互联网接入，更受用户的欢迎，在一些国家和地区得到了大量应用。PON 是一种点对多点的光纤传输和接入技术，下行采用广播方式，上行采用时分多址（time division multiple access，TDMA）接入方式，可以灵活地组成树型、星型和总线型等各种拓扑结构。对于下行传输，采用基于时分复用的广播方式，由无源光分离器把由馈线光纤输入的光信号按功率平均分配到若干输出用户线光纤上，一般有 1min 16s、1min 32s 或 1min 64s 这三种分配方案。对于上行传输，采用时分多址接入方式，由无源光分离器把由用户线光纤上传的光信号耦合到馈线光纤并传输至光线路终端。整个系统可以同时传送电话、数据和视频信号。

2. 无线业务

无线业务主要通过 CDMA 实现。CDMA 是在数字技术的分支——扩频通信技术上发展起来的一种崭新而成熟的无线通信技术。CDMA 技术的原理是基于扩频技术，将需传送的具有一定信号带宽信息数据，用一个带宽远大于信号带宽的高速伪随机码进行调制，使原数据信号的带宽被扩展，再经载波调制并发送出去。接收端使用完全相同的伪随机码，与接收的带宽信号做相关处理，把宽带信号换成原信息数据的窄带信号即解扩，以实现信息通信。CDMA 是指一种扩频多址数字式通信技术，通过独特的代码序列建立信道，可用于二代和三代无线通信中的任何一种协议。CDMA 是一种多路方式，多路信号只占用一条信道，极大提高了带宽使用率，应用于 800MHz 和 1.9GHz 的超高频移动电话系统。CDMA 使用带扩频技术的模-数转换，输入音频首先数字化为二进制元。传输信号频率按指定类型编码，因此只有频率响应编码一致的接收机才能拦截信号。

3. GPRS

GPRS 是一种基于 GSM 的无线分组交换技术，提供端到端的、广域的无线 IP 连接。相对原来 GSM 的拨号方式的电路交换数据传送方式，GPRS 是分组交换技术，具有实时在线、按量计费、快捷登录、高速传输和自如切换的优点。通俗地讲，GPRS 是一项高速数据处理的技术，方法是以"分组"的形式传送资料到用户手上。GPRS 是 GSM 网络向第 3 代移动通信系统过渡的一项 2.5 代通信技术，在许多方面都具有显著的优势。GPRS 技术较完美地结合了移动通信技术和数据通信技术，是 GSM 网络和数据通信发展融合的必然结果。GPRS 采用分组交换技术，可以让多个用户共享某些固定的信道资源，也可以让每个用户占用多达 8 个时隙。如果把空中接口上的时分多址帧中的 8 个时隙捆绑起来用来传输数据，可以提供高达 71.2kB/s 的无线数据接入，可向用户提供高性价比业务并具有灵活的资费策略。GPRS 既可以使运营商直接提供丰富多彩的业务，也可以给第三方业务提供商提供方便的接入方式，这样便于将网络服务与业务有效地分开。此外，GPRS 能够显著地提高 GSM 系统的无线资源利用率，它在保证话音业务质量的同时，利用空闲的无线信道资源提供分组数据业务，并可对其采用灵活的业务调度策略，大大提高了 GSM 网络的资源利用率。

5.2.3　传感网技术

传感网是集分布式数据采集、传输和处理技术于一体的网络系统，以其低成本、微型化、低功耗和灵活的组网方式、铺设方式，以及适合移动目标等特点受到广泛重视。物联网正是通过遍布在各个角落和物体上的形形色色的传感器节点及由它们组成的传感网，来感知整个物质世界的。目前，面向物联网的传感网，主要涉及以下几项关键技术。

1. 传感网体系结构及底层协议

网络体系结构是网络的协议分层及网络协议的集合，是对网络及其部件所应完成功能的定义和描述。传感网体系结构由分层的网络通信协议、传感网管理及应用支撑技术三个部分组成。其中，分层的网络通信协议结构类似于 TCP/IP（transmission control protocol/internet protocol，传输控制协议/网际协议）协议体系结构；传感网管理技术主要是对传感器节点自身的管理及用户对传感网的管理；应用支撑技术则在分层协议和网络管理技术的基础上支持传感网。

2. 对传感网自身的检测与自组织

由于传感网是整个物联网的底层及数据来源，网络自身的完整性、完好性和效率等性能至关重要。因此，需要对传感网的运行状态及信号传输通畅性进行监测，才能实现对网络的有效控制。在实际应用当中，传感网中存在大量传感器节点，密度较高，当某一传感网节点发生故障时，网络拓扑结构有可能会发生变化。因此，设计传感网时应考虑自身的自组织能力、自动配置能力及可扩展能力。

3. 传感网安全

传感网除了具有一般无线网络所面临的信息泄漏、数据篡改、重放攻击、拒绝服务等多种威胁之外，还面临传感网节点容易被攻击者物理操纵，获取存储在传感网节点中的信息，从而控制部分网络的安全威胁，这显然需要建立起物联网网络安全模型来提高传感网的安全性能。例如，在通信前进行节点与节点的身份认证；设计新的密钥协商算法，使得即使有一小部分节点被恶意控制，攻击者也不能或很难从获取的节点信息推导出其他节点的密钥；对传输数据加密，解决窃听问题；保证网络中传输的数据只有可信实体才可以访问；采用一些跳频和扩频技术减轻网络堵塞等问题。

4. ZigBee（紫蜂）技术

ZigBee 技术是基于底层 IEEE 802.15.4 标准，用于短距离范围、低数据传输速率的各种电子设备之间的无线通信技术，它定义了网络/安全层和应用层。ZigBee 技术经过多年的发展，其技术体系已相对成熟，并已形成了一定的产业规模。

5.2.4 数据融合与智能处理技术

由于物联网应用是由大量传感网节点构成的，在信息感知的过程中，采用各个节点单独传输数据到汇聚节点的方法是不可行的，需要采用数据融合与智能技术进行处理。若网络中存有大量冗余数据，不仅会浪费通信带宽和能量资源，还会降低数据的采集效率和及时性。物联网系统是一个巨大的信息系统，这个系统中含有大量的感知数据，只有选取适当的融合模式、处理算法进行综合分析，才能提高数据的质量，获得最佳决策和完成评估任务。

1. 数据融合与处理

所谓数据融合，是指将多种数据或信息进行处理，组合出高效、符合用户要求的信息的过程。在传感网应用中，多数情况只关心监测结果，并不需要收到大量原始数据，数据融合是处理这类问题的有效手段。数据融合有三层含义：一是数据的全空间，即数据包括确定的和模糊的、全空间的和子空间的、同步的和异步的、数字的和非数字的，它是复杂的、多维多源的，覆盖全频段；二是数据融合不同于组合，组合指的是外部特性，融合指的是内部特性，它是系统动态过程中的一种数据综合加工处理；三是数据的互补过程，包括了数据表达方式的互补、结构上的互补、功能上的互补和不同层次的互补，是数据融合的核心，只有互补数据的融合才可以使系统发生质的飞跃。

数据融合技术需要人工智能理论的支撑，包括智能信息获取的形式化方法，海量数据处理理论和方法，网络环境下数据系统开发与利用方法，以及机器学习等基础理论。同时，还包括智能信号处理技术，如信息特征识别和数据融合，物理信号处理与识别等。数据融合中心对来自多个传感器的信息进行融合，也可以将来自多个传感器的信息和人机界面的观测事实进行信息融合，提取征兆信息，在推理机作用下，将征兆与知识库中的知识匹配，做出故障诊断决策，提供给用户。

2. 海量数据智能分析与控制

海量数据智能分析与控制是指依托先进的软件工程技术，对物联网的各种数据进行海量存储与快速处理，并将处理结果实时反馈给网络中的各种"控制"部件。智能技术就是为了有效地达到某种预期目的和对数据进行知识分析而采用的各种方法和手段，如当传感网节点具有移动能力时，网络拓扑结构如何保持实时更新；当环境恶劣时，如何保障通信安全，如何进一步降低能耗。通过在物体中植入智能系统，可以使物体具备一定的智能性，能够主动或被动地实现与用户的沟通，这也是物联网的关键技术之一。智能分析与控制技术主要包括人工智能理论、先进的人—机交互技术、智能控制技术与系统等。物联网的实质性含义是要给物体赋予智能，以实现人与物的交互对话，甚至实现物体与物体之间的交互对话。为了实现这样的智能性，需要智能化的控制技术与系统。例如，怎样控制智能服务机器人完成既定任务，包括运动轨迹控制、准确地定位及目标跟踪等。

5.2.5　5G 技术

随着我国移动通信及网络技术的不断发展，我国已经进入 5G 时代。截至 2022 年，5G 是最新一代蜂窝移动通信技术，5G 的性能目标是提高数据速率、减少延迟、节省能源、降低成本、提高系统容量和大规模设备连接。移动通信技术作为物联网发展的基础，在推动物联网的普及和为物联网业务提供服务保障过程中发挥着重要作用。5G 中新的特征和新的技术将是物联网发展的坚实后盾。本节将介绍 5G 中的 4 大核心技术。

1. 毫米波技术

以往移动通信的传统工作频段主要集中在 3GHz 以下，这使得频谱资源十分拥挤，而在高频段（如毫米波、厘米波频段）可用频谱资源丰富，能够有效缓解频谱资源紧张的现状，可以实现极高速短距离通信，能支持 5G 大容量和高速率等方面的需求。高频段在移动通信中的应用是未来的发展趋势，业界对此高度关注。高频段毫米波移动通信有着这些优势：足够量的可用带宽；小型化的天线和设备；较高的天线增益；绕射能力好；适合部署大规模天线阵列（massive multiple-input multiple-output，massive MIMO）。目前，各大研究机构和公司正在积极开展高频段需求研究及潜在候选频段的遴选工作。高频段资源虽然较为丰富，但是仍需要进行科学规划、统筹兼顾，从而使宝贵的频谱资源得到最优配置。

2. 大规模天线阵列

多天线技术经历了从无源到有源、从二维（2 dimensions，2D）到三维（3 dimensions，3D）、从高阶 MIMO 到大规模天线阵列（massive MIMO）的发展，将有望实现频谱效率提升数十倍甚至更高，是 5G 重要的研究方向之一。由于引入了有源天线阵列和毫米波技术，基站侧同样大小的物理空间可支持的协作天线数量将达到 128 根甚至更多。此外，原来的二维天线阵列拓展成为三维天线阵列，形成新颖的 3D-MIMO（3 dimension MIMO，立体多维 MIMO 技术），支持多用户波束智能赋型，减少用户间干扰，结合高频段毫米波技术，将进一步改善无线信号覆盖性能。3D-MIMO 技术在原有的 MIMO 基础上增加了垂直维度，使得波束在空间上三维赋型，可更好地避免相互之间的干扰。配合大规模 MIMO，可实现多方向波束赋型。自 2018 年来，研究人员开始针对大规模天线信道测量与建模、阵列设计与校准、导频信道、码本及反馈机制等问题展开研究，之后将支持更多的用户空分多址（spatial division multiple access，SDMA），显著降低发射功率，实现绿色节能，提升覆盖能力。

3. 网络切片技术

网络切片（network slice）技术，最简单的理解就是将一个物理网络切割成多个虚拟的端到端的网络，每个虚拟网络之间，包括网络内的设备、接入、传输和核心网，都是逻辑独立的，任何一个虚拟网络发生故障都不会影响到其他虚拟网络。每个虚拟网络就像是瑞士军刀上的钳子和锯子一样，具备不同的功能和特点，面向不同的需求和服务，可以灵活配置调整，甚至可以由用户定制网络功能与服务，实现网络即服务（network as a service，NaaS）。目前 4G 网络中主要终端设备是手机，网络中的无线接入网部分，如数字单元（digital unit，DU）、基带单元（baseband unit，BBU）和射频单元（radio unit，RU），以及核心网部分都采用设备商提供的专用设备。4G 网络主要服务于人，连接网络的主要设备是智能手机，不需要网络切片以面向不同的应用场景。但是 5G 网络需要将一个物理网络分成多个虚拟的逻辑网络，为了实现各个逻辑网络间的互相隔离、互不干扰，网络功能虚拟化（network function virtualization，NFV）是先决条件。本质上讲，所谓 NFV，就是将网络中的专用设备的软硬件功能（如核心网中的网络节点、网关及无线接入网中的数字单元等）转移到虚拟主机（virtual machines，VM）上。这些虚拟主机是基于行业标准的商用服务器，低成本且安装简便。简单来说，就是用基于行业标准的服务器、存储和网络设备，来取代网络中专用的网络设备，从而实现网络设备软硬件解耦，达到快速开发和部署。

4. 超密集异构网络

在未来的 5G 通信中，无线通信网络正朝着网络多元化、宽带化、综合化和智能化的方向演进。随着各种智能终端的普及，数据流量将出现井喷式的增长。未来数据业务将主要分布在室内和热点地区，这使得超密集异构网络成为实现未来 5G 的 1000 倍容量需求的主要手段之一。未来 5G 网络将采用立体分层超密集异构网络，在宏蜂窝网络层中部署大量微蜂窝小区、微微蜂窝小区和毫微微蜂窝小区，覆盖范围从几百米到十几米。超密集网络能够改善网络覆盖，大幅度提升系统容量，并且对业务进行分流，具有更灵活的网络部署和更高效的频率复用。未来，面向高频段和大带宽，将采用更加密集的网络方案，部署小区/扇区将高达 100 个以上。与此同时，愈发密集的网络部署也使得网络拓扑更加复杂，小区间干扰已经成为制约系统容量增长的主要因素，极大降低了网络能效。干扰消除、小区快速发现、密集小区间协作、负载动态平衡、基于终端能力提升的移动性增强方案等都是目前密集网络方面的研究热点。

5.3　物联网的安全体系

5.3.1　物联网安全概述

物联网作为一个多网的异构融合网络，不仅存在与传感器网络、移动通信网络和互联网同样的安全问题，还有其特殊性，如隐私保护问题、异构网络的认证与访问控制问题、信息的存储与管理等。从物联网的信息处理过程来看，感知信息需经过采集、汇聚、融合、传输、决策与控制等过程，整个信息处理的过程体现了物联网安全的特征与要求，也揭示了所面临的安全问题。

1. 感知网络的信息采集、传输与信息安全问题

感知节点呈现多源异构性，感知节点通常情况下功能简单、携带能量少，使得它们无法拥有复杂的安全保护能力，而感知网络多种多样，从温度测量到水文监控，从道路导航到自动控制，它们的数据传输和消息也没有特定的标准，所以没法提供统一的安全保护体系。

2. 核心网络的传输与信息安全问题

核心网络具有相对完整的安全保护能力，但是物联网中节点数量庞大，且以集群方式存在，会导致在数据传播时，大量机器数据的发送使网络拥塞，产生拒绝服务攻击。此外，现有通信网络的安全架构都是从人通信的角度设计的，对以物为主体的物联网，要建立适合于感知信息传输与应用的安全架构。

3. 物联网业务的安全问题

支撑物联网业务的平台有着不同的安全策略，如云计算、分布式系统、海量信息处理等，这些支撑平台要为上层服务管理和大规模行业应用建立起一个高效、可靠和可信的系统，而大规模、多平台、多行业类型使物联网业务层次的安全面临新的挑战。

从信息与网络安全的角度来看，目标是要达到被保护信息的机密性、完整性和可用性。因此，还应从安全的机密性、完整性和可用性来分析物联网的安全需求。信息隐私

是物联网信息机密性的直接体现，如感知终端的位置信息是物联网的重要信息资源之一，也是需要保护的敏感信息。另外在数据处理过程中同样存在隐私保护问题，如基于数据挖掘的行为分析等，对此要建立访问控制机制，控制物联网中的信息采集、传递和查询操作，保证不会由于个人隐私或机构秘密的泄露而对个人或机构造成伤害。信息的加密是实现机密性的重要手段，由于物联网的多源异构性，密钥管理显得更为困难，特别是对感知网络的密钥管理是制约物联网信息机密性的瓶颈。

物联网的信息完整性和可用性贯穿物联网数据流的全过程，网络入侵、拒绝攻击服务、路由攻击等都使信息的完整性和可用性受到破坏。同时物联网的感知互动过程也要求网络具有高度的稳定性和可靠性，物联网与许多应用领域的物理设备相关联，要保证网络的稳定可靠，如在仓储物流应用领域，物联网必须是稳定的；要保证网络的连通性，不能出现互联网中电子邮件时常丢失等问题，不然无法准确检测入库和出库的物品。

因此，物联网的安全特征体现在感知信息的多样性、网络环境的多样性和应用需求的多样性，呈现出网络规模和数据处理量大且决策控制复杂的特点，给安全防范提出了新的挑战。

5.3.2 物联网安全的主要特点

与互联网安全相比，物联网的安全问题更为突出，互联网一旦受到安全威胁，其造成的损失一般集中在信息领域，而物联网一旦受到攻击，那么将会直接影响现实社会。可能会出现工厂停产、供应链中断、医院无法正常就医，进而造成社会秩序混乱，甚至直接威胁到人类的生命安全，因此物联网的安全显得尤为重要。物联网的安全具有以下特点。

1. 物联网的脆弱性

互联网在设计之初，其主要目标是用于科研和军事，相对比较封闭，没有从整体、系统和开放性应用的角度来思考、解决安全问题，因此互联网本身并不安全，这是当前互联网安全问题日益严重的根源。又由于物联网建设在互联网的基础之上，互联网安全的脆弱性，同样影响着物联网的安全。

2. 网络环境的复杂性

物联网将组网的概念延伸到了现实生活的物品当中，将涉及物流、生产、金融、家居、城市管理和社会活动等方方面面。从某种意义上来说，复杂的应用需求将现实生活建设在物联网中，从而导致物联网的组成非常复杂，复杂性带来了诸多不确定性，从安全角度无法确定物联网信息传输的各个环节是否被未知的攻击者控制，复杂性成为安全保障的一大障碍。

3. 无线信道的开放性

为了满足物联网终端自由移动的需要，物联网边缘更多地依赖于无线通信技术，无线信道的开放性使其很容易受到外部信号干扰和攻击；同时，无线信道不存在明显边界，无线网络比有线网络更容易受到入侵，外部观测者可以很容易对无线信号进行监听；另外，无线技术是从军用转向民用，军事上对无线网络的攻击技术研究已开展多年，通过智能手机和手持设备发起攻击的技术不断完善，因此保障物联网的无线通信安全也就更加困难。

4. 物联网感知端的能力局限性

一方面，无线组网方式使物联网面临着更为严峻的安全形势，使其对安全提出了更高要求；另一方面，物联网感知端一般是微型传感器和智能卡（如射频标签），其在运算处理、数据存储能力及功率提供上都比较受限制，导致一些对计算、存储、功耗要求较高的安全措施无法加载。

5.3.3　物联网安全架构

对应于物联网的体系结构，物联网的安全层次结构见表 5.1。其中，安全管理贯穿于所有层次。感知层安全威胁主要针对射频识别安全威胁、无线传感网安全威胁和移动智能终端安全威胁。网络层安全威胁主要针对数据泄露或破坏及海量数据融合等方面的安全问题。应用层安全威胁主要体现在用户隐私泄露、访问控制措施设置不当与安全标准不完善等问题。

表 5.1　物联网安全层次结构

层级	典型设备	面临的安全问题
应用层	智能交通、环境监测、内容服务等服务数据挖掘、智能计算、并行计算、云计算等	信息处理安全 系统平台安全
网络层	GSM、3G 通信网、卫星网、互联网等	网络安全 信息系统安全
感知层	RFID、二维条码、传感器、红外感性等	信息采集安全 物理安全

以密码技术为核心的基础信息安全平台及基础设施建设是物联网安全，特别是数据隐私保护的基础，安全平台同时包括安全事件应急响应中心、数据备份和灾难恢复设施、安全管理等，而安全管理涉及法律问题。安全防御技术主要是为了保证信息的安全而采用的一些方法，在网络和通信传输安全方面，主要针对网络环境的安全技术，如 VPN、路由等，旨在确保通信的机密性、完整性和可用性，以实现网络互连过程的安全。而应用环境主要针对用户的访问控制和审计，以及应用系统在执行过程中产生的安全问题。

1. 感知层的安全

感知层的任务是多层次感知外界信息，或者说是原始信息的收集。该层的典型设备包括各类 RFID 装置、各类传感器（如红外、超声、温度、湿度、速度等）、图像捕捉装置（摄像头）、GPS、激光扫描仪等。

这一层所面临的主要安全问题包括物理安全和信息采集安全。物理安全主要是指保证物联网信息采集节点不被欺骗、控制、破坏。信息采集安全则主要包括防止采集的信息被窃听、篡改、伪造和重放攻击。根据以上的分析，感知层的安全问题主要表现为相关数据信息在机密性、完整性、可用性方面的要求，主要涉及 RFID/EPC、传输技术的安全问题等。

实现 RFID 安全性机制所采用的方法主要有物理方法、密码机制及二者相结合的方法，使用物理途径来保护 RFID 标签安全性的方法主要有如下几类。

（1）静电屏蔽。通常采用由金属网或金属薄片制成的容器，使得某一频段的无线电信号（或其中一段的无线电信号）无法穿透。当 RFID 标签置于该外罩中，保护标签无法被激活，当然也就不能对其进行读/写操作，从而保护了标签上的信息。这种方法的缺点是必须将贴有 RFID 的标签置于屏蔽笼中，使用不方便。

（2）阻塞标签。采用一种标签装置，通过发射出假冒标签序列码的连续频谱信号，来隐蔽其他标签的序列码。这种方法的缺点是需要一个额外的标签，并且当标签和阻塞标签分离时其保护效果也将失去。

（3）主动干扰。用户可以采用一个能主动发出无线电信号的装置，以干扰或中断附近其他 RFID 读写器的操作。主动干扰带有强制性，容易造成附近其他合法无线通信系统无法正常通信。

（4）改变读写器频率。读写器可使用任意频率，这样未授权的用户就不能轻易地探测或窃听读写器与标签之间的通信。

（5）改变标签频率。特殊设计的标签可以通过一个保留频率传送信息，然而，该方法的最大缺点是需要复杂电路，容易造成设备成本过高。

（6）感知信息加密。除一些物理上的安全保护方法外，对感知信息的加密也是一种有效的保护方法。

2. 网络层的安全

物联网的网络层主要用于把感知层收集到的信息安全可靠地传输到信息应用层，然后根据不同的应用需求进行信息处理，实现信息的传送和通信。这一层又可以细分为接入层和核心层，主要是网络基础设施，包括互联网、移动网和一些专业网（如国家电力专用网、广播电视网等）。网络层既可依托公众电信网和互联网，也可以依托行业专业通信网络，还可同时依托公众网和专用网，如接入层依托公众网，核心层则依托专用网，或接入层依托专用网，核心层依托公众网。

网络层面临的安全问题主要分为两类：一是来自物联网本身（主要包括网络的开放性架构、系统的接入和互连方式，以及各类功能繁多的网络设备和终端设备的能力等）的安全隐患；二是源于构建和实现物联网网络层功能的相关技术（如云计算、网络存储、异构网络技术等）的安全弱点和协议缺陷。对安全的需求可以概括为数据机密性、数据完整性、数据流机密性、移动网中认证与密钥协商机制的一致性或兼容性、跨域认证和跨网络认证等方面。

在物联网发展过程中，第三代互联网或者下一代互联网将是物联网网络层的核心载体，多数信息需要经过互联网传输。互联网遇到的拒绝服务和分布式拒绝服务（distributed denial of service，DDoS）攻击等仍然存在，因此需要有更好的防范措施和灾难恢复机制。另外，在物联网信息传输过程中，需要经过一个或多个不同架构的网络进行信息交接。异构网络的信息交换将成为安全性的脆弱点，特别在网络认证方面，存在中间人攻击和其他类型的攻击（如异步攻击、合谋攻击等），这些攻击都需要有更高的安全防护措施。

网络层的安全机制可分为端到端机密性和节点到节点机密性。对于端到端机密性，需要建立如下安全机制：端到端认证机制、端到端密钥协商机制、密钥管理机制和机密性算法选取机制等。在这些安全机制中，根据需要可以增加数据完整性服务。对于节点到节点机密性，需要节点间的认证和密钥协商协议，这类协议要重点考虑效率因素，机密性算法的选取和数据完整性服务则可以根据需求选取或省略。考虑到跨网络架构的安全需求，需要建立不同网络环境下的认证衔接机制，另外，根据应用层的不同需求，网络传输模式可能区分为单播通信、组播通信和广播通信，针对不同类型的通信模式也应该有相应的认证机制和机密性保护机制。

简言之，网络层的安全架构主要包括如下几个方面。

（1）节点认证、数据机密性、完整性、数据流机密性、DDoS 攻击的检测与预防。

（2）移动网中兼容性、跨域认证和跨网络认证。

（3）相应密码技术，如密钥管理、端对端加密和节点对节点加密、密码算法和协议等。

（4）组播和广播通信的认证性、机密性和完整性安全机制。

3. 应用层的安全

应用层所涉及的某些安全问题，通过前面几个逻辑层的安全解决方案可能仍然无法解决，如隐私保护等。此外，应用层还将涉及知识产权保护、计算机取证、计算机数据销毁等安全需求和相应技术。

应用层面临的需求和挑战主要来自以下几个方面：如何根据不同访问权限对同一数据库内容进行筛选；如何提供用户隐私信息保护，同时能正确认证；如何解决信息泄露追踪问题；如何进行计算机取证；如何销毁计算机数据；如何保护电子产品和软件的知识产权等。由于物联网需要根据不同应用需求对共享数据分配不同的访问权限，而且不同权限访问同一数据可能得到不同的结果。例如，道路交通监控视频数据在用于城市规划时只需要很低的分辨率即可，因为城市规划需要的是交通堵塞的大概情况；当用于交通管制时就需要清晰一些，因为需要知道交通实际情况，以便能及时发现哪里发生了交通事故，以及交通事故的基本情况等。因此如何以安全方式处理信息是应用中的一项挑战。

随着个人和商业信息的网络化，越来越多的信息被认为是用户隐私信息。需要隐私保护的应用至少包括了以下几种：移动用户既需要知道（或被合法知道）其位置信息，又不愿意被非法用户获取该信息；用户既需要证明自己合法使用某种业务，又不想让他人知道自己在使用某种业务；病人急救时需要及时获得该病人的电子病历信息，但又要保护该病历信息不被非法获取；许多业务需要匿名性，如网络投票。很多情况下，用户信息是认证过程的必需信息，如何对这些信息提供隐私保护，是一个具有挑战性的问题，但又是必须要解决的问题。

基于物联网应用层的安全挑战和安全需求，需要如下的安全机制：有效的数据库访问控制和内容筛选机制；不同场景的隐私信息保护技术；有效的计算机获取技术；安全的计算机数据销毁技术等。针对这些安全机制，需要发展相关的密码技术，包括访问控制、匿名认证、门限密码、数字水印和指纹技术等，以及建立相应健全的法律法规，实现对用户行为的约束。

5.4 物联网在物流领域中的应用

物联网应用非常广泛，在不同的领域中都可以见到物联网的身影。其中，物联网在物流管理中有着独特的应用，也发挥着不可或缺的作用。首先，伴随着物联网的不断发展，物联网为物流市场的扩大奠定了一定的基础，促进了物流服务市场在空间和地域上的延伸，物联网所涉及的领域在很大程度上都有可能成为物流服务所发展的新方向，成为物流的服务市场。本节将从仓储、运输和配送这三个方面介绍物联网广泛的应用。

5.4.1 物联网技术在仓储中的应用

1. 仓储中涉及的物联网技术

库存管理在整个物流过程中占据着越来越重要的地位。现代技术水平在不断进步，基于物联网技术的库存管理模式更能适应市场需求的变化。实时掌握物流过程中产品的品质、标识、位置等信息已经成为现代物流管理的新要求。图 5.4 展示了物联网技术在仓储中的应用的具体内容，体现在收货、发货、单据管理、存货盘点等多个方面，涉及的基于物联网技术的仓储系统架构设计包括了系统编码体系、RFID 系统、服务及软件构建、系统网络结构和硬件布局等 5 个部分。

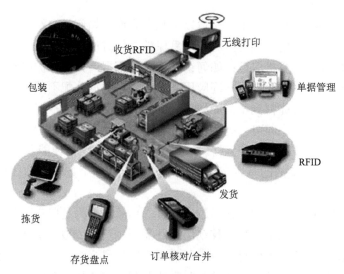

图 5.4 物联网技术在仓储中的应用

1）系统编码体系

仓储实体大体上可以分为货物类、设备类、设施类、人员类和环境类。仓储管理需要在实体对象上粘贴一定编码的 RFID 标签，才能实现仓储智能管理。仓储信息编码可参照 EPC 分子段的编码方式，信息访问以内部服务器为主，并保留访问外网的数据接口。

2）RFID 系统

仓储信息自动化采集系统能够在货物移动和静止时对信息进行快速、准确的获取，采集系统主要有两类，一是普及范围最广的 RFID 系统，二是传感系统。RFID 系统在仓储管理中主要被应用于信息采集部分，体现为对人员、货物、设施和设备的监管，信息采集用于数量统计、定位、权限和流程管理等多个方面；传感系统针对不可标识的物体收集信息，用于对工作环境、物品存储环境和物品形状的检测。

3）系统网络结构

物联网仓储系统的网络是混合型网络，包括现场总线网络、局域网、无线传感网等，前两者的应用最多。物联网仓储系统涉及很多自动化、电子设施设备，如自动传输装置、智能机器、立体货架、电子显示屏、扩音器等，这些设施的信息交互是必须要解决的问题。

4）服务及软件

仓储系统服务是为仓储信息的收集、传输和处理设定控制和计算规则，通过这些规则为应用层提供必要的服务，满足仓储管理的需求。需求包括信息采集、数据集成、资源调度、流程优化和权限管理。这些服务以一定的输入、输出实现仓储系统的软件系统功能。软件系统位于仓储系统最高层，仓储软件系统按功能分大致有业务应用、数据库和中间件三个部分。

5）系统硬件

仓储系统所涉及的物联网相关硬件设备大致有计算机、手机、PDA、RFID 货物标签、车载读卡器、天线、电子显示屏、电子语音设备、温度传感标签、红外传感器和相应读卡器、摄像头、扩音器、通风和供暖设备等。

2. 物联网技术在仓储中应用的优势

将物联网技术应用于仓储管理中可以带来多个方面的优势，极大地提高仓储管理的效率。具体而言，物联网技术在仓储管理中可发挥出如下优势。

1）可以进行时效控制

传统的条形码不能够包含时效信息而需要附加电子标签于保鲜食品或时效限制商品上，这样就大大增添了搬运工人的麻烦，特别是当一个集装箱有不同时效的商品时，逐个阅读商品时效标签是一件极其浪费时间和精力的工作。另外，若仓库不能合理安排时效商品的存储顺序，搬运工人未能看到所有时效标签，没有将较早进库的商品及时运出，而是选择了后到的商品，便会使一些库存商品的时效过期而造成浪费和损失。运用RFID 系统就可以解决这个问题。可以将货品的时效信息存储于货品 RFID 电子标签中，使得货品进入仓库时，信息便能自动读出并存入数据库，搬运工人可以通过装于货架上的阅读器或手持阅读器对此类货品进行处理。这样不仅节约了时间，也避免了因商品等过期而造成的损失。

2）提高工作效率，降低成本

在仓储方面，在使用传统条形码的货物进出仓库时，管理员需要重复地对每一件货品进行搬动、扫描，并且为了便于盘点，货物堆放的密度和高度也受到限制，制约了仓库的空间利用率。如果使用 RFID 电子标签，在每一件货物进仓时，安装在仓库大门上的阅读器就已经将货物上安置的 RFID 电子标签中的数据进行了读取，并存入数据库。管理员仅需点击鼠标便可轻松地了解库存，并且可以通过物联网查询货品信息及通知供货商货品已到或缺乏。这样，不但大大节约了人力，提高了工作效率，而且提高了仓库的空间利用率，提高了盘点效率，降低了仓储成本。

3）有效地控制库存管理

生产商可以通过物联网清楚地监测从产品下线安装上 RFID 电子标签，进出分销商仓库，直至到达零售端甚至在零售端的销售情况；分销商可以监控库存，保持合理的存货量。与此同时，生产部门或采购部门还可以根据快捷准确的库存情况及时调整工作计划，可以避免缺货或减少不必要的库存积压。

5.4.2　物联网技术在运输中的应用

1. 运输中涉及的物联网技术

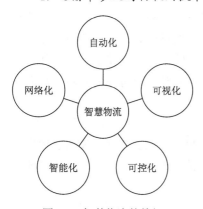

图 5.5　智慧物流的特征

运输是人类社会经济活动中不可缺少的必要环节，也是物流过程中最关键的作业环节，在运输中，物联网技术起到了很大的作用。尤其是近些年来，"智慧物流"这一概念的推出，更是促进了物联网技术在运输中的应用。"智慧物流"就是利用条形码、RFID、传感器、GPS 等先进的物联网技术，再通过信息处理和网络通信平台广泛应用于物流业运输、仓储、配送、包装、装卸等过程，使得货物运输过程可以实现自动化和高效率管理，以此提高物流行业的服务水平，降低物流行业成本。图 5.5 展示了智慧物流的特征，有自动化、网络化、智能化、可控化和可视化五个方面，这些特征由以下技术得以实现。

1）RFID 技术在运输过程的应用

RFID 技术，常用于信息采集、仓储管理、供应链管理、生产管理、产品追溯、产品防伪、车辆管理等多个方面。通过 RFID 技术，对物资信息进行采集、录入，实现物流和供应链信息可传递、可共享。使用 RFID 扫描读取器扫描贴附在物品外包装的 RFID 电子标签可对物品信息进行自动读取和识别，辨证真伪。RFID 还可用于对运输车辆进行智能调度，实现智能可视化运输、配送，对车辆进行智能化管理。RFID 的使用，大大提高了整个供应链和物流作业管理水平和作业效率。

2）GPS、GIS 技术在运输过程中的应用

通过 GPS 技术，可实现对运输车辆的导航和定位，应用在物流管理中，能对运输车辆和物资进行实时监控、追踪管理、动态调度等。基于 GPS 和 GIS 技术，可对货物运输车辆进行运输路线规划、合理设计，科学分配和调度车辆，降低运输成本和调度成本。应用 GPS 的定位技术及计算机技术、网络技术等手段，结合运用电子地图 GIS，可实时显示出车辆的实际位置，实现对车辆的状态监视、调度管理、报警求助和信息咨询等功能，可对重要的运输车辆和货物进行跟踪服务。

3）传感网技术在运输过程中的应用

传感网技术，主要用于仓库温湿度监测、冷链物流管理、运输车辆及运输在途物资的跟踪与监测、危险品物流管理等。通过传感网技术构建一个无线温湿度及气体传感监测网络，可实时跟踪监测冷链上货物的环境参数，通过 GSM/GPRS 与远程 PC 数据管理平台相连，实现对冷链货物的实时监控，为保证低温货物的安全运输提供了信息技术解决手段。

2. 物联网技术在运输中应用的优势

物联网技术的应用可以促进运输信息化、智能化，能发挥多个方面的优势。

1）提高运输质量

物联网借助互联网、RFID 等无线数据通信技术，能实现对单个商品的识别与跟踪。基于这些特性，将物联网应用到物流的各个环节，保证商品的生产、运输、仓储、销售及消费全过程的安全和实效，具有广阔的发展前景。

基于物联网的支持，电子标签承载的信息就可以实时获取，从而清楚地了解到商品的具体位置，并可进行自动追踪。对制造商而言，原材料供应管理和产品销售管理是其管理的核心，物联网的使用使得商品的动态跟踪运送和信息的获取更加方便，对不合格的产品及时召回，降低产品退货率，提高自己的服务水平，同时提高消费者对产品的依赖度。另外，制造商与消费者之间的信息交流可使厂商对市场需求做出更快的响应，在市场信息的捕捉方面夺得先机，从而有计划地组织生产，调配内部员工和生产资料，降低甚至避免牛鞭效应带来的投资风险。

2）保证运输安全

EPC 可以自动获取数据，进行货物分类，降低取货、送货成本，并且 EPC 中编码的唯一性和其仿造的难度高，使其可以用来鉴别货物的真伪。由于其读取范围广，可实现自动通关和运输路线的追踪，从而保证了产品在运输途中的安全，即使在运输途中出现问题，也可以准确地定位，做出及时的补救，使损失尽可能降到最低，这就大大提高了运输商送货的可靠性和效率，从而提高了服务质量。

3）提高运输效率

运输商利用 EPC 可以提高信息增值服务，从而提高收益率，维护其资金安全。不仅如此，利用 RFID 技术对高速移动物体识别的特点，可以对运输工具进行快速有效的定位与统计，方便对车辆的管理和控制。具体应用方向包括公共交通票证、不停车收费、车辆管理及铁路机车、相关设施管理等。基于 RFID 技术，可以为实现交通的信息化和智能化提供技术保障，实际上，基于给予 RFID 技术的军用车辆管理、园区车辆管理及高速公路不停车收费等应用已经在开展。

5.4.3　物联网技术在配送中的应用

1. 配送中涉及的物联网技术

配送过程中主要涉及的问题有：配送路线的选择、配送过程对配送车辆货物的实时监控跟踪、对配送车辆的调度指挥及对整个配送过程的管理。通过物联网技术在物流运输过程中的集成应用，可以实现对整个配送过程的可视化、智能化的实时动态监管。首先是 GPS 技术在每个运载工具上的应用，可以实时获取运载工具的位置和状态，结合 GIS 技术、GPS 技术及 RFID 技术，可以对运输状态、运输线路和运输时间进行实时跟踪管理，可以实现配送线路的调整优化，对货物到达的时间进行预估。

1）车辆跟踪

车载定位终端自动进行 GPS 定位，并按照预设的发送间隔频率自动上传定位信息，结合 GIS 和 GPS 技术，准确定位车辆所在位置，记录过去一段时期车辆行驶路线，实时跟踪车辆行驶情况。准确地对车辆的位置、状况进行实时跟踪，通过将车辆载货情况及到达目的地的时间预先通知下游单位配送中心或仓库等，有利于下游单位合理地配置资源、安排作业。

2）调度指挥

在物联网环境下，结合物流供应链信息化管理系统，通过商品配送路径和节点的自适应寻优，结合货物配送的信息加工和信息自适应调度模型，实现货物的最优配送路径选择。管理人员得到最优配送路线之后，可以通过物流运输系统给车辆驾驶员发送调度指挥信息，驾驶员通过车载通信系统接收信息并执行指令，可以确保运输过程安全、高效、准确。

3）货物运输状态跟踪

货物的安全问题是现代物流配送要面临的重要问题。利用物联网技术，在车辆内安装无线数据采集器，同时在每一个货物配备 RFID 标签，这样管理人员就可以通过系统实时地获取车载货物的状态，确保货物的安全。

2. 物联网技术在配送中应用的优势

物联网技术可以通过不同技术的使用，极大地提升配送的安全性、准时性和高效性，以解决传统配送中存在的众多问题。物联网技术在物流配送中的应用价值主要体现在以下几个方面。

1）完善配送网络

物联网技术可以对传统的物流配送网络进行升级改造，而且可以在技术统一标准下，建立起全国范围内共同使用的物流配送网络。并且，由于物联网技术具有网络信息的开放性和互动性，可以促进不同地区的配送中心之间的合作和信息交流，通过不同地区物流信息的搜集和分析，能够在全国范围内完善配送网络建设，加强各个地区配送中心的工作效率。

2）提高配送效率、降低价格和运输成本

物联网技术的优势在于，能够及时掌握配送车辆信息，并且能够实时分析配送路径，从而可以帮助调度中心选择出最优化的配送路径。在掌握地区配送网络信息和实时分析的基础上，物联网技术都可以提出最优化的运输方案，这就可以帮助配送车辆以最好的路径、最短的时间将货物输送到配送地，大大提高了物流配送的效率。同时，物联网技术的应用，实现了物流配送的自动化和智能化，可以为物流企业节省大量的人工成本，并且由于提高了物流配送效率，也为物流企业节省了更多的时间，使得其时间成本降低。因此，物联网技术也有着降低运输成本的价值。

3）加强信息传递、保障配送安全

物联网技术帮助物流配送构建了信息化的网络系统，在这个系统中，货物的信息、种类和规模，车辆的实时信息、配送网络的信息都可以实现实时传递。而信息传递的加强，对提高物流配送管理的效率，帮助调度中心及时掌握和分析配送过程都有着重要的帮助。一方面，物联网技术采用的 RFID、GPS 和传感网等技术，可以帮助物流企业全方位、全时间地掌握货物在整个配送过程的信息。另一方面，在配送设备上安装 RFID 系统，在配送的货物上嵌入 EPC 标签，可以克服传统条形码无法识别单品、只能接触识别，易破损丢失信息等缺点。利用 RFID 技术和 EPC 标签，货物和人之间可以实现对话，消费者可对配送的货物进行实时、准确的监控，通过实时扫描货物的 RFID 标签，从而能够及时掌握货物信息，保障货物运输的安全。

5.4.4　物联网技术应用于物流的挑战与趋势

1. 物联网技术应用于物流的挑战

物联网在仓储、运输和配送中的应用，对生产企业、物流中心及消费者都十分有利，可给物流产业带来很多积极的影响，但目前我国物联网的应用还处于初级阶段，离期望水平还有不少差距，存在很多问题，具体体现在以下几方面。

1）技术方面

物联网促进物流智能化，物联网属于通用技术，而物流业是个性需求最多、最复杂的行业，甚至在一些领域，应用要求比技术开发难度还大。因此，要充分考虑物联网通用技术如何满足物流产业的个性需求。此外，如何及时、准确地采集信息，如何使信息实现互联互通，如何及时处理海量感知信息并把原始传感数据提升为信息，进而把信息提升为知识，这都是物联网需重点研究的问题。

2）标准化方面

物联网的实现需要一个标准体系的支撑，这样才能够做到物品检索的互通性。但是，目前所制定的标准并没有形成一个统一的标准体系，由于各领域独立制定标准，所制定的标准之间缺乏沟通和协调，这给物联网各种技术的融合造成了难度，阻碍了物联网在物流业的推广。

3）安全方面

作为物联网的关键技术，RFID 还存在着很多技术上的不成熟和设计缺陷，隐私问题、被追踪问题、被定位问题、非法读取信息问题，都会对物联网的安全造成影响。此外，由于物联网离不开互联网的支持，因此也会面临互联网存在的安全隐患：也会面临病毒和黑客的攻击，导致系统瘫痪；也会面临企业商业机密的泄露，使企业丧失市场机会，给企业造成重大经济损失。

4）成本方面

成本价格是当前制约物联网技术在物流产业中应用的一个障碍。物流行业不是高利润行业，而可以实现远距离扫描的标签每个成本要 1 美元左右，一个读写器价格大约为1000 美元，同时物联网技术的应用成本还包括接收设备、系统集成、计算机通信、数据处理平台等综合系统的建设等，这会给物流产业，尤其是低利润率的物流产业带来沉重的负担。所以，若没有急迫需求，很少有企业会去主动应用电子标签，而目前即使有应用物联网技术的，也主要集中在利润率较高和单件物品价值较高的领域。

2. 物联网技术应用于物流的趋势

物联网的应用是物流业发展的助推剂，物联网理念的引入、技术的提升和政策的支持，将会推动物流业的飞速发展。

1）RFID 技术大规模应用

近年来物联网技术的广泛应用推动了 RFID 市场规模的快速扩大。未来，RFID 技术在流通领域的应用将主要集中在两个方面。一是物流供应链管理。在制造物流、商业物流、应急物流等领域，RFID 的市场潜力巨大，更多的商品将从生产环节开始加入 RFID 电子标签，促进运输过程中的货物监控和实时跟踪，大大提高商品从制造到流通环节，最后到消费者手中的供应链管理效率。同时，RFID 技术也将更多地应用于智能仓储系统、货运车联网系统等领域。二是大型连锁超市。受沃尔玛、麦德龙集团等跨国零售巨头应用 RFID 技术的启迪，国内有实力的大型流通企业集团，如北京物美商业集团股份有限公司、苏宁易购集团股份有限公司、国美零售控股有限公司等将加大流通信息化投入，推动商品贴上 RFID 标签，创造智能超市、智能商店新模式。

2）多种技术集成应用

在 RFID 技术在物流领域大范围渗透的同时，随着新一代信息技术及云计算的快速发展，未来越来越多的物联网技术将会呈现集成化应用趋势。传感技术、蓝牙技术、视频识别技术、机器对机器（machine to machine，M2M）技术等多种技术也将逐步集成应用于现代物流领域，用于现代物流作业中的各种感知与操作。一是可视化与智能化物流管理领域，主要应用 RFID 技术、GPS、感知技术等多种技术，在物流过程中实现车辆定位、在线调度、货物监测及配送可视化管理。这种集成技术的应用可以有效地提高物流效率，降低因迂回运输、空载等产生的物流成本。二是智能化物流配送中心，其主要通过 RFID 技术、网络技术、数据分析技术等，实现机器人码垛、无人自动搬运车搬运、计算机控制自动商品出库。这种集成技术可以提高货物入库和出库的效率，自动监测商品库存储备情况。三是"智慧冷链"，"智慧冷链"是一种车联网应用技术。它是无线技术、数字地理信息技术、GPS 及多种物联网技术的集成。这种集成技术可以为冷链车运输的货品提供生命周期管理服务，并且能够运用温度传感、高清视频、温度标签、无线传输等手段，实时监测货品的温度、湿度等系列数据，确保监控的物品在流通环节不会因为温度失控而发生变质，从而保障货品质量，减少货品损耗。物联网技术的集成化应用要求流通信息化条件较高，且开发的软件系统能够兼容各种技术，确保各种技术能在同一平台上有效运行。

3）物联网创造"智慧物流"

物联网在流通领域的应用将彻底改变流通业原有的劳动力密集、附加值低的面貌，使流通业通过新技术改造和应用，逐渐成为创造价值、影响中国制造、促进消费升级的重要行业。未来物联网在流通领域的深度应用和渗透，将会创造出"智慧物流"等多种新概念，丰富物流服务形式，促进物流业内涵不断延伸。除了物流与零售领域，作为中国特色的专业市场也将通过应用物联网技术，进一步扩展其生命力。物联网作为近年来新兴的产业和技术，广泛应用于经济社会发展的各个领域。流通业作为国民经济的基础性、先导性行业，在推进流通现代化的过程中，流通领域特别是现代物流领域应用物联网技术至关重要。要加快推动物联网在物流领域的应用，应着力加强流通信息化基础设施建设，打造完整的物流链，加快制定统一的物流标准和流通业标准，创造符合物流业发展特点的商业模式。建立统一的标准是物联网发展的趋势，更是物流行业市场的需求，统一的标准平台是物联网顺利运行的前提，只有在统一的体系基础上建立的物联网才能真正做到信息共享和智慧应用。

4）物流网络开放共享

物联网是聚合型的系统创新，必将带来跨行业、跨系统的网络建设与应用。随着标签与传感器网络的普及，物与物的互联互通，将给企业的物流系统、生产系统、采购系统与销售系统的智能融合打下基础，形成新的社会物联网络，其他的物流系统也将根据需要融入社会物联网络。随着物联网的发展，更多的创新模式会不断涌现，这是未来智慧物流不断发展的基础。

应用案例

物联网技术为传统冷链企业赋能①

提到双汇，你还是只知道火腿肠吗？

其实每年有 2000 万头猪，在双汇的生产线上被加工成火腿肠、冷鲜肉运往全国。但如何保证产品肉质鲜美且安全高效地被送往全国各地？那不得不提到它背后的"双汇物流"。双汇物流投资有限公司（以下简称双汇物流）作为国内专业化冷藏物流公司之一，不仅全力保障双汇食品有限公司的生产、销售、配送等，还积极拓展新的物流服务领域。18 年的发展让它成为能够服务双汇、圣农、蒙牛、肯德基、麦德龙等多家食品企业的综合物流企业。

冷藏车 1200 台、整合社会车辆 9000 台、日均运量 15 000 吨、年均运量 5 000 000 吨……庞大数据的背后不仅是双汇物流强大的冷藏货物存储和冷藏车源调控的能力，也是其近年来与物联网科技公司在理念和想法上不断碰撞的结果。

2020 年 12 月 10 日，第十四届中国冷链产业年会上，双汇物流董事长张太喜坦言，发展过程并非一帆风顺，也曾因"车难找、人难管、订单小、线路多"等问题而苦恼。2016 年，双汇物流找到了商用车物联网平台 G7，合作的产生最初是因为双汇物流意识到"伴随规模扩大，冷链的数字化转型迫在眉睫。不仅需要巨大的资金投入，还需要非常优质且专业的合作伙伴"。于是，当传统冷链物流企业遇上物联网科技公司后，一场属于冷链的信息化、智能化、物联网化的化学反应开始了。

在途温度管控是冷链行业的根本。基于物联网技术，G7 为双汇物流实现了冷链车辆温度管控数字化。双汇可以根据产品所需温度进行运输前的先行设定，通过温度传感器实时反馈数据，实现冷链货物在途温度可视、可控。

---

① GT 物联网技术如何为传统冷链企业赋能且看双汇物流案例，https://new.qq.com/omn/20201215/20201215A0CVD500.html。

　　为了保证车辆的安全高效运行，双汇物流还给所有自有车辆安装了 G7 安全管家，通过人工智能及安全管家的 7×24h 服务，实时监测路况、分析司机驾驶行为，并对高风险行为进行有效干预。张太喜在会上强调，今年的事故率降低了 51%，预计明年的车辆保费至少要降 50%。这对于双汇物流自持的 1000 多台车来说，意味着节省 100 多万元的成本。

　　针对运力调度及管理，为了摆脱传统依赖人力的方式，G7 将双汇物流的私有运力池接入系统，让包括签约、运输、交付、结算等所有运单流程都实现了线上化和数字化，告别了电话联系运力和线下交易，通过系统进行车辆调度，司机和车辆的当下状态一目了然。

　　随着双汇食品有限公司的持续布局，双汇物流正向食品供应链领域一流服务企业逐步迈进，车辆载重监控系统、智慧园区系统、厂区自动驾驶等系列与 G7 合作的数字化物流基础设施建设已提上日程。

讨论题

（1）为了保证车辆的安全高效运行，双汇物流做了哪些工作？

（2）对于物联网未来在物流领域的应用，你有什么想法？

■ 本章小结

　　物联网技术是一种通过各种信息传感设备及系统、条码与二维条码、GPS 等，按约定的通信协议，将物与物、人与物、人与人连接起来，通过各种接入网、互联网进行信息交换，以实现智能化识别、定位、跟踪、监控和管理的一种信息网络。它作为世界信息产业发展的第三次浪潮，在短期内经历了快速发展，并取得了一系列成果。本章详细介绍了物联网的概念与特征、体系结构和基本组成，着重介绍了物联网的关键技术和安全体系，同时，强调了物联网技术在仓储、运输和配送中的具体应用，解决了物流行业中存在的不能进行时效控制、工作效率低、缺货及不必要库存积压等问题。

【关键术语】

（1）物联网　　　　（2）感知层　　　（3）网络层　　　（4）应用层

（5）通信组网技术　（6）传感网　　　（7）数据融合　　（8）物联网应用

习题

1. 选择题

（1）世界信息产业的第三次浪潮指的是____。

　　A. 互联网　　　　B. 物联网　　　　C. 智慧地球　　　　D. 感知中国

（2）物联网的核心和基础是____。

　　A. 互联网　　　　B. 大数据　　　　C. 云计算　　　　　D. 区块链

（3）三层结构类型的物联网不包括____。

　　A. 感知层　　　　B. 网络层　　　　C. 应用层　　　　　D. 会话层

（4）利用 RFID、传感器、二维码等随时随地获取物体的信息，指的是____。

    A. 可靠传递　　　　B. 全面感知　　　　C. 智能处理　　　　　　D. 互联网

（5）通信组网技术不包括如下的____。

    A. 有线业务　　　　　　　　　　　B. 无线业务

    C. 通用分组无线业务　　　　　　　D. 组合业务

（6）ZigBee 堆栈是在____标准基础上建立的。

    A. IEEE 802.15.4　　　　　　　　　B. IEEE 802.11.4

    C. IEEE 802.12.4　　　　　　　　　D. IEEE 802.13.4

（7）传感网体系结构不包括如下的____。

    A. 分层的网络通信协议　　　　　　B. 传感网管理

    C. 应用支撑技术　　　　　　　　　D. 服务器

（8）物联网应用是由大量____构成的。

    A. 传感网节点　　　B. 软件　　　　　　C. 硬件　　　　　　　　D. 系统

2. 判断题

（1）物联网的目的是实现物与物、物与人，所有的物品与网络的连接，方便识别、管理和控制。（　　）

（2）物联网一方面可以提高经济效益、大大节约成本；另一方面可以为全球经济的复苏提供技术动力。（　　）

（3）物联网是新一代信息技术，它与互联网没任何关系。（　　）

（4）物联网就是物物互联的、无处不在的网络，因此物联网是空中楼阁，是目前很难实现的技术。（　　）

（5）物联网的核心和基础仍然是互联网，它是在互联网基础上的延伸和扩展的网络。（　　）

（6）RFID 技术可广泛应用于如物流管理、交通运输、医疗卫生、商品防伪、资产管理及国防军事等领域，被公认为 21 世纪十大重要技术之一。（　　）

（7）仓储实体大体上可以分为货物类、设备类、设施类、人员类和环境类。（　　）

（8）物联网技术可以通过不同技术的使用，极大地提升配送的安全性、准时性和高效性。（　　）

3. 简答题

（1）物联网的定义是什么？

（2）简述物联网的三层体系结构。

（3）物联网硬件平台由哪些部分组成？

（4）简述仓储中涉及的物联网技术。

（5）物联网在物流应用中的挑战有哪些？

（6）简述物联网安全的主要特点。

（7）简述物联网的安全架构。

第6章

物流中的大数据与云计算技术

【本章教学要点】

知识要点	掌握程度	相关知识	应用方向
大数据的概念和特征	掌握	"5V" 特征	大数据的基本知识,在熟悉的基础上才能掌握其在物流行业中的应用
大数据的关键技术	熟悉	大数据采集技术、大数据预处理技术、大数据存储与管理技术、大数据分析与挖掘技术、大数据可视化技术	
大数据对物流企业的影响	了解	对物流企业的内外部环境、市场决策等方面带来的影响	
云计算的概念与特征	熟悉	云计算的组成,十大特征及发展的四个阶段	云计算的基本知识,在熟悉的基础上才能掌握其在物流行业中的应用
云计算的关键技术	掌握	编程模型、分布式技术、虚拟化技术和云平台技术	
大数据在物流中的应用	熟悉	物流中心选址、库存预测、运输配送路径优化	大数据和云计算的广泛应用有助于物流行业的智能化发展
云计算在物流中的应用	熟悉	资源整合、共享平台、数据存储	
大数据和云计算在物流中的应用实例	了解	智能集装箱监控管理服务平台、京东1小时达	

导入案例

智慧物流：顺丰数据灯塔①

智慧物流的发展日新月异,其以大数据、云计算、人工智能等信息技术为支撑,在仓储、运输、包装、配送等各环节实现系统感知、全面分析的功能,大大地降低了物流行业的运营成本。其中,物流平台的大数据化对于物流行业具有非常重要的战略意义。数据引领未来,如何掌握庞大的数据信息,并对大数据进行运用,已成为物流行业的重要课题。

顺丰控股股份有限公司(以下简称顺丰)作为国内物流行业的龙头,在 2016 年 5 月

---

① 智慧物流：顺丰数据灯塔,https://baijiahao.baidu.com/s?id=1611036272554049942&wfr=spider&for=pc。

就推出了顺丰数据灯塔计划,这是国内物流行业第一款大数据产品。它是顺丰在快递服务之外推出的首款数据增值服务,其以智慧物流和智慧商业为主旨,充分运用大数据计算与分析技术,为客户提供物流仓储、市场开发、精准营销、电商运营管理等方面的决策支持,助力客户优化物流和拓展业务。

顺丰数据灯塔融合了顺丰内部海量大数据(30 万名收派员、5 亿名个人用户、150 万个企业客户、300 万条楼盘/社区信息、10 亿条电商数据及 10 亿条社交网络等海量数据、全国 3000 个城市和地区的覆盖范围)和外部公开平台数据,基于此进行数据的多维度分析,同时通过快递配送仓储实时监控分析、智慧商圈、智慧云仓等数据清洗处理,为商户提供分行业、分场景的专业解决方案,目前已经覆盖生鲜、食品、服装等多个行业。

1. 智慧物流

数据灯塔的智慧物流帮助客户解决快递全流程实时监控痛点,协同实现仓储收、发、存数据并行分析管理,提升物流服务水平、控制物流成本,最终实现智能管控。产品特性主要为快递探照灯和仓储仪表盘。

(1)快递探照灯:掌握快件各环节的流转情况,监控每单快件实时状态。及时发现快件异常,并且可以自定义条件。

(2)仓储仪表盘:提供入库、出库、库存的分析数据及报表下载。库存透视方面,提供库存、销量及库龄等信息,自定义库存预警指标,实时监控库存状态,超过警戒值立即预警。订单透视方面,实时监控订单在各个环节的状态,自定义配置规则,精准锁定异常。

2. 智慧云仓

智慧云仓就是具备大数据分析能力的顺丰仓储物流产品,能够结合内外部影响因素预测未来订单走势,帮助商家提前合理分仓备货;同时,智慧云仓能够实现在不同成本和不同时效场景下的模拟分仓,为客户提供库存健康检查。智慧云仓分为件量预测、分仓模拟、库存健康 3 个模块。

(1)件量预测:数据灯塔根据商家的历史快递情况、近期销售情况及整体行业情况,在预测模型中综合考虑多种影响因素,最终可视化呈现商品在一定周期内的销量预测结果。

(2)分仓模拟:数据灯塔根据商家在顺丰的历史数据或商家销售计划进行模拟分仓计算,精确显示不同分仓场景下时效和物流成本,以及安全库存等数据,直观呈现分仓前后的实效、成本等对比结果,指导商家更好地进行分仓备货。

(3)库存健康:基于商家的库存结构、库存周转天数等,通过查看当前的库存情况并进行综合分析,得出库存当前状态(呆滞/缺货/正常)。同时,对库存进行评分,根据库存所处的不同分数区间,商家可进行对应操作。从而形成库存的健康得分及各项指标分析,提供库存优化建议,包括智能补货、手工补货等。

3. 智慧商业

智慧商业掌握全面多维的商业决策数据,充分洞察行业对手、供应链上下游,精准定位消费者,全方位掌握市场动态,真正做到智能决策。产品特性主要为商机发现、风险防控和画像分析。

（1）商机发现：分析老客户历史购物行为，判断客户忠诚度，针对摇摆客户进行维系，留住老客户；通过相关算法识别行业和关联潜在客户，扩大自身客户群；基于精准地址数据，圈定商圈人群，分析商圈特征，指导企业线下营销；对比同行数据，取长补短。

（2）风险防控：识别已经流失的客户，协助制定挽回策略；识别具有流失风险的客户，及时采取挽留措施；识别具有衰退风险的客户，提升复购率。

（3）画像分析：5亿位中高端客户，250＋维度，全方位圈定客户群；支持导入自有数据，匹配顺丰体系数据，丰富客户群特征；提供数据分析工具，可灵活组合各维度，进行自助化在线分析。

讨论题

（1）顺风数据灯塔具有哪些主要功能？

（2）大数据和云计算等技术在物流业中有哪些方面的应用？

6.1　大数据技术

6.1.1　大数据的概念和特征

1. 大数据的概念

大数据是数量极大并且附有一定价值的数据集合。关于大数据的概念，目前并没有统一的定义。维克托·迈尔-舍恩伯格和肯尼斯·库克耶编写的《大数据时代》给出的大数据定义为：不用走随机分析法（抽样调查）这样的捷径，而是使用所有数据来进行分析处理。

美国国家科学基金会将大数据定义为：由科学仪器、传感器、网上交易、电子邮件、视频、点击流或所有其他可用的数字源产生的大规模、多样的、复杂的、纵向的和（或）分布式的数据集。

麦肯锡全球研究院对大数据的定义为：一种规模大到在获取、存储、管理、分析方面大大超出了传统数据库软件工具能力范围的数据集合，具有海量的数据规模、快速的数据流转、多样的数据类型和价值密度低4大特征。

维基百科的定义：大数据是一个复杂而庞大的数据集，以至于很难用现有的数据库管理系统和其他数据处理技术来采集、存储、查找、共享、传送、分析和可视化。

本书对大数据的定义为：无法在一定时间范围内用常规软件工具进行捕捉、管理和处理的数据集合，是需要新处理模式才能具有更强的决策力、洞察发现力和流程优化能力的海量、高增长率和多样化的信息资产。

2. 大数据的特征

正如第1章关于大数据的简介，大数据的特征通常被概括为5个"V"，即数据量大（volume）、数据类型繁多（variety）、价值密度低（value）、真实性强（veracity）和处理速度快（velocity）五个方面。

1）数据量大

数据量大是大数据最显著的特征。一般来说，处于GB（gigabyte，吉字节）级别的数据就称为超大规模数据，TB（terabyte，太字节）级别的数据为海量级数据，而大数据的数据量通常在 PB（petabyte，拍字节）级别及以上。

用一个更形象例子来展现大数据的数据量：2012 年 IDC 和 EMC 联合发布的《数字宇宙研究报告》显示，2011 年全球数据总量已经达到 1.87ZB，如果把这样的数据量用光盘来进行存储，并把这些存储好的光盘并排排列好，其长度可达 8×10^5km，大约可绕地球 20 圈。而且这样的数据量并不是缓慢增长的，而是呈几何式爆发增长的。

数据的存储单位及换算关系如表 6.1 所示。

表 6.1　数据存储单位及换算关系

单位	换算关系
B（byte，字节）	1B = 8bit（位）
KB（kilobyte，千字节）	1KB = 1024B
MB（megabyte，兆字节）	1MB = 1024KB
GB	1GB = 1024MB
TB	1TB = 1024GB
PB	1PB = 1024TB
EB（exabyte，艾字节）	1EB = 1024PB
ZB（zettabyte，泽字节）	1ZB = 1024EB

2）数据类型繁多

数据类型繁多和复杂多变是大数据的一个重要特性。随着互联网技术和通信技术的迅猛发展，在数据激增的同时，新的数据类型层出不穷。如今的数据类型早已不仅仅是便于存储、处理的结构化数据，非结构化、半结构化的异构数据〔如 XML（extensible markup language，可扩展标记语言）、HTML（hyper text markup language，超文本标记语言）、图像、音频、视频、各类报表和地理位置信息等〕也越来越多。同时数据所在的领域也变得更加丰富，很多传统的领域由于互联网技术的发展，数据量也明显增加，像物流、医疗、电信、金融等行业的大数据都呈现出"爆炸式"的增长。

3）价值密度低

大数据虽然在数量上十分庞大，但其实有价值的数据量相对比较少。在通过对大数据的获取、存储、抽取、清洗、集成、挖掘等一系列操作之后，能保留下来的有效数据甚至不足 20%，真可谓是"浪里淘金"。以监控摄像拍摄下来的视频为例，一天的视频记录中有价值的记录可能只有短暂的几秒或是几分钟，大量的不相关信息降低了数据的价值密度。

4）真实性强

大数据反映了很多现实世界中的真实的、客观的信息，因此大数据拥有真实性强的特征。但大数据中也存在着一些错误的数据，要保证在数据的采集和清洗中留下来的数据是准确和可信赖的，才能在大数据的研究中提取出能够解释和预测现实的事件，分析出其中蕴含的规律，预测未来的发展动向。

5）处理速度快

大数据的产生速度很快，变化的速度也很快。这是大数据技术和传统的数据处理技术的本质不同。随着各种传感器和互联网等信息获取和传播技术的飞速发展，数据呈爆炸式增长，需要的数据处理速度相应地提升，并要求对数据进行快速、持续的实时处理。

传统数据与大数据的比较见表 6.2。

表 6.2　传统数据和大数据的区别

特征	传统数据	大数据
数据量	GB、TB	TB、PB 以上
多样性	结构化数据	结构化数据，半结构化数据，多维数据，音视频
价值	统计和报表	数据挖掘和预测性分析
真实性	信息偶尔延迟、偏差	真实、客观
速度	数据量稳定，增长不快	持续实时产生数据

6.1.2　大数据的关键技术

大数据的关键技术一般包括大数据采集技术、大数据预处理技术、大数据存储与管理技术、大数据分析与挖掘技术、大数据可视化技术等，大数据技术处理的一般流程如图 6.1 所示。

图 6.1　大数据技术处理的一般流程

1. 大数据采集技术

数据采集技术是指通过 RFID 技术、传感器、交互型社交网络及移动互联网等方式获得各种结构化、半结构化和非结构化的海量数据。大数据采集架构一般分为智能感知层和基础支撑层，其中智能感知层主要包括数据传感体系、网络通信体系、传感适配体系、智能识别体系及软硬件资源接入系统，以实现对海量数据的智能化识别、定位、跟踪、接入、传输、信号转换、监控、初步处理和管理等；而基础支撑层提供大数据服务平台所需的虚拟服务器、数据库及物联网资源等基础性的支撑环境。

2. 大数据预处理技术

大数据预处理技术主要用于完成对已获得数据的抽取、清洗等步骤。对数据进行抽取操作是由于获取的数据可能具有多种结构和类型，需要将这些复杂的数据转化为单一的或者便于处理的构型，以达到快速分析、处理的目的。数据清洗操作主要是由于在海量数据中，数据并不全是有价值的。比如，有些数据与所需内容无关或是错误的数据等，因此要对数据进行清洗从而提取出有效数据。

3. 大数据存储与管理技术

大数据存储与管理就是利用存储器把采集到的数据存储起来，并建立相应的数据库来进行管理和调用。大数据存储与管理的技术重点是解决复杂结构化数据的管理与处理，主要解决大数据的存储、表示、处理、可靠性和有效传输等关键问题。

目前的新型数据库技术将数据库分为关系型数据库和非关系型数据库，已经基本解决了大数据存储与管理的问题。其中，关系型数据库包含了传统关系型数据库及 NewSQL 数据库；非关系型数据库主要指 NoSQL，其中包括键值数据库、列存数据库、图存数据库及文档数据库等。

4. 大数据分析与挖掘技术

大数据分析与挖掘技术包括改进已有的数据挖掘、机器学习、开发数据网络挖掘、特异群组挖掘和图挖掘等新型数据挖掘技术，其中重点研究的是基于对象的数据连接、相似性连接等的大数据融合技术和用户兴趣分析、网络行为分析、情感语义分析等面向具体领域的大数据挖掘技术。

数据挖掘是从大量的、不完全的、有噪声的、模糊的和随机的实际数据中提取出隐含在其中的，人们事先不知道但又有可能有用的信息和知识的过程。数据挖掘涉及的技术很多，可以从很多角度对其进行分类。根据挖掘任务把数据挖掘技术分类可分为：分类或预测模型发现、数据总结、分类和预测、聚类分析、关联规则发现、序列模式发现、依赖关系或依赖模型发现、异常和趋势发现等。

5. 大数据可视化技术

大数据可视化技术能够将隐藏于海量数据中的信息和知识挖掘出来，为人类的社会经济活动提供依据，从而提高各个领域的运行效率，提升整个社会经济的集约化程度。数据可视化的技术可分为基于文本的可视化技术和基于图形的可视化技术。其中基于文本的可视化技术又包括基于云标签的文本可视化、基于关联的文本可视化等；基于图形的可视化技术也包括桑基图、饼图、折线图等图形展现形式。

6.1.3　大数据技术对物流企业的影响

物流行业是一个产生海量数据的行业，大数据应用将推动物流业向智慧物流这一更高层次快速发展。大数据时代的到来将给物流业带来极其深远的影响。能否抓住大数据所带来的机遇，将成为物流企业能否提升核心竞争力的关键。大数据给物流企业内外环境带来了发展机遇，有效提高了物流企业的快速反应能力，更好地满足了客户对物流服务要求，提升了物流企业竞争力。

1. 大数据技术可以帮助物流企业适应外部环境的变化

物流企业外部环境包括物流企业外部的政治环境、社会环境、技术环境、经济环境等，这些环境始终处于不断的变化中，物流企业要想保持强有力的竞争力，就必须及时地调整自身的发展目标及发展策略，将企业的经营理念和目标与外部环境相适应。要想做到这一点，必须在瞬息万变的环境中获取科学、可靠的决策依据，这就是数据。大数据技术可以解决这个问题，海量的环境数据通过先进的大数据处理技术处理后，可以更快、更及时、更准确和更科学地为物流企业领导提供有价值的外部环境的综合数据信息，还能使企业领导了解外部环境，及时应对各种环境变化，做出客观的评估，准确地判断出这些变化给企业带来的机遇和风险，准确研判外部环境的变化规律，从而对企业未来的发展方向和发展战略进行科学的决策。

2. 大数据的应用将提高物流企业的服务质量

大数据的应用可提高物流企业的透明度和服务质量，大数据时代物流企业的信息交流将更开放，可实现更高程度的信息共享，势必使物流企业的工作更加透明，直接或间接促进物流服务质量的提高。透明公开地发布物流质量和绩效数据，可以帮助客户做出更明智的决策，也可以帮助物流服务提供方提高服务质量，使企业更好地发展。

物流企业还可以在确保顾客隐私和商业机密的前提下，通过与供应链上各合作伙伴的数据共享、交换或者交易，动态检测行业趋势、聚焦优先目标、优化服务组合、避免无端浪费、探索全新的业务模式等。

3. 大数据的应用可以优化物流企业市场策略

物流行业的网络平台和社区可产生大量有价值的数据。通过这些数据汇总物流行业客户的消费记录，对其进行高级分析，将提高物流需求方和物流服务提供方的决策能力。平台的用户数据都是实时更新的，用户行为的预测反映了实际用户需要，根据对这些行为预测来制定的市场策略，更符合市场规律。物流行业可快速地采集并分析加工大数据，提供准确和及时的物流信息咨询，大幅提高企业的知名度、市场空间和客户的忠诚度。

4. 大数据的应用可提高物流企业的运作效率

大数据的应用可以提升企业业务营运的可视化程度，推动知识和信息在组织内部的共享，可精准地掌控企业各项资源的运行情况，如人员作业状况，设备运作状况，车辆的位置、时间、速度、性能等，有利于企业高效调度各项资源，提升工作效率。

以快递企业为例，大数据的应用可以为企业满足个性化订单、开展定制化服务、实施弹性配送等提供技术支持。适时调配物流资源，实现业务营运的主动性、前置性，提升物流运作效率和顾客满意度。

5. 大数据的应用可提高物流企业市场营销的有效性

大数据的应用有助于物流企业获得有关顾客偏好、情绪、消费体验等的真实信息，有利于对目标市场的精确细分和高效筛选。大数据所承载的有关资源、成本、服务、定价等的即时性关键信息，有助于物流企业动态监测市场变化，可以针对高价值的客户实施精准营销、广告的精准投放，实现对广告或者促销效果的精准测定。大数据的应用还有利于物流企业摆脱繁杂的中间环节、对传统营销的依赖，极大地降低营销成本，大大提高市场营销的有效性。

6. 大数据时代数据将为物流企业创造价值和收益

企业应管好自己的私有数据，编制详细目录，把所有能获取的数据（包括公开的可获取的数据和可以购买的数据）进行系统的分类管理。企业可以通过购买或者激励方案获取第三方的数据资源，并与自有的数据整合。从这些海量数据中发现新知识、新价值，推动业务模式的创新，物流企业也可在条件成熟时通过数据交易、数据应用辅导等业务获取经济利益、提升竞争优势。

6.2　云计算技术

云计算（cloud computing）的概念是由 Google（谷歌）公司提出的，是一种全新的领先信息技术，可实现超级计算和海量存储。推动云计算兴起的动力是高速互联网和虚拟化技术的发展。云计算作为下一代企业数据中心，可以更有效地为各行各业提供有效的计算与分析。本节主要介绍云计算概念与特征、服务类型、关键技术。

6.2.1　云计算的概念与特征

1. 云计算的概念

1983 年，Sun Microsystems（太阳计算机系统有限公司）提出了"网络是计算机"的概念；2006 年 3 月，Amazon（亚马逊）公司推出了弹性计算云（Elastic Compute Cloud，EC2）服务；2006 年 8 月 9 日，Google 公司首席执行官埃里克在搜索引擎大会首次提出"云计算"的概念，该概念源于 Google 公司的工程师克里斯托弗所做的"Google 101"项目中的"云端计算"。2008 年初，Cloud Computing 正式被翻译为"云计算"。

云计算是继 20 世纪 80 年代大型计算机到客户端——服务器的转变之后的又一次巨变。它是分布式计算、并行计算、效用计算、网络存储、虚拟化、负载均衡、热备份冗余等传统计算机和网络技术发展融合的产物。

云计算是一种能够通过网络以便利的、按需付费的方式获取计算资源（包括网络、服务器、存储、应用和服务等）并提高其可用性的模式。这些资源来自一个共享的、可配置的资源池，并能够以最省力和无人干预的方式获取和释放。

云计算的组成通常可以分为 6 个部分，分别是：云基础设施、云存储、云平台、云应用、云服务和云客户端。

（1）云基础设施：主要是指基础设施即服务（infrastructure as a service，IaaS），包括计算机基础设施和虚拟化的平台环境等。

（2）云存储：即将数据存储作为一项服务（类似数据库的服务），通常以使用的存储量为结算基础。它既可交付作为云计算服务，又可以交付作为单纯的数据存储服务。

（3）云平台：主要指平台即服务（platform as a service，PaaS），即将直接提供计算平台和解决方案作为服务，以方便应用程序部署，从而帮助用户节省购买和管理底层硬件和软件的成本。

（4）云应用：最终用户利用云软件架构获得软件服务，用户不再需要在自己的计算机上安装和运行该应用程序，从而减轻软件部署、维护和售后支持的负担。

（5）云服务：云架构中的硬件、软件等各类资源都通过服务的形式提供。

（6）云客户端：主要指为使用云服务的硬件设备（台式机、笔记本电脑、手机、平板电脑等）和软件系统（如浏览器等）。

2. 云计算的特征

云计算作为信息行业的一项变革，为企业和个人提供了便捷、高效的服务，具有重要的实际价值和意义，它的特征体现在十个方面，如图 6.2 所示。

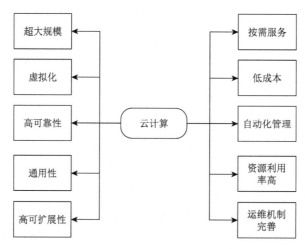

图 6.2　云计算的特征

1）超大规模

云计算中心的规模一般都很大，如 Google 的云计算中心拥有一百多万台服务器，IBM、Amazon、Microsoft（微软）等著名企业云计算中心拥有几十万台服务器，企业私有云也都拥有着成百上千台服务器，这些服务器可提供庞大的存储空间和较强的计算能力来满足多用户的不同需求。

2）虚拟化

用户可在任意位置使用终端通过互联网获取相应的服务，用户所请求的资源和对数据资源的运算都来自"云"，而不是固定的有形实体。用户不需要担心也无须了解这些服务器所处的位置，只需给"云"发送请求，便能接收到返回的数据和计算结果。

3）高可靠性

云计算中心在软硬件层采取了许多措施来保障服务的高可靠性，如采取了数据多副本容错、计算节点同构可互换等技术，还在设施层面上进行了冗余设计进一步保证服务的可靠性，减小错误率，相对来说使用云计算比使用本地计算机更加可靠。

4）通用性

云计算并不只是为特定的应用提供服务，它可以为业界大多数的应用提供服务，服务类型多样，面对的对象也是多样的，如企业、专业人士、个人用户等。而且同一个云可同时支持用户的多种需求，如存储、计算等需求，这些需求的服务质量也有所保障。

5）高可扩展性

云计算中心可根据用户的不同需求合理地安排资源，云计算的规模还可以进行动态伸缩调整。通过动态调整和调用整合资源，高效响应用户请求的同时，可以满足用户大规模增长的需要，尤其是应对突发、热点事件时平稳负载，具有较高的可扩展性。

6）按需服务

像使用自来水、电、天然气一样，云计算按需服务并根据用户的使用量进行收费，用户无须进行前期软硬件设备的投入，即可满足使用计算机资源的需求。云计算是一种新型的商业模式，强调了服务化，将服务作为一种公共设施提供给用户，方便用户使用计算机资源。

7）低成本

云计算的成本开销很低，可为服务提供商和用户节省巨大的资金。对于服务提供商来说，建设云计算平台的成本与提供服务所获得的利润相比较低，保证了服务提供商的盈利。对于用户来说，云计算节约了软硬件的建设、维护和管理的成本，可使用户更加注重于自身业务。

8）自动化管理

云计算平台的管理主要是通过自动化的方式进行，如软硬件的管理、资源服务的部署等，降低了云计算中心的管理成本。此外镜像部署更使得以往较难处理的、异构程序的操作简单化，更加容易处理。特殊的容错机制一定程度上也加强了云平台的自动化管理。

9）资源利用率高

云计算将许多分散在低效率服务器上的工作整合到云中，利用高效率和高计算能力的计算机进行计算处理，而且提供弹性的服务，根据需求的不同动态分配和调整资源，高效响应，提高了资源的利用率，减少了资源的冗余和浪费。

10）运维机制完善

在云计算的服务器端有较为完善的运维机制，有专业的团队帮助用户管理信息，有强大的数据中心帮用户存储数据，有较强能力的计算机能快速高效地进行数据的计算和处理，同时响应多用户的不同请求，还有严格的权限管理条例保证数据的安全和用户的隐私。

3. 云计算的演化和发展

从 1959 年克里斯托弗提出虚拟化的基本概念，2006 年 Google 公司首席执行官埃里克在搜索引擎大会上首次提出"云计算"的概念，2010 年工业和信息化部、国家发展和改革委员会联合印发《关于做好云计算服务创新发展试点示范工作的通知》，到 2015 年工业和信息化部《关于印发〈云计算综合标准化体系建设指南〉的通知》，云计算实现了由最初的美好愿景到最终的概念落地，目前已经进入到广泛应用阶段。

纵观云计算的发展过程，可以将云计算的发展分为理论完善阶段（1959～2005 年）、发展准备阶段（2006～2009 年）、稳步成长阶段（2010～2012 年）和高速发展阶段（2013～2020 年）4 个阶段。

1）理论完善阶段（1959～2005 年）

云计算的相关理论逐步发展，云计算概念逐渐清晰，部分企业开始发布初级云计算平台，提供简单的云服务。

2）发展准备阶段（2006～2009 年）

云计算概念正式提出，用户对云计算认知度仍然较低，云计算相关技术不断完善，云计算概念深入推广。国内外云计算厂商布局云计算市场，但解决方案和商业模式尚在尝试中，成功案例较少，初期以政府公有云建设为主。

3）稳步成长阶段（2010~2012 年）

云计算产业稳步成长，云计算生态环境建设和商业模式构建成为这一时期的关键词，越来越多的厂商开始介入云计算领域，出现大量的应用解决方案，成功案例逐渐丰富。用户了解和认可程度不断提高，用户主动将自身业务融入云中。公有云、私有云、混合云建设齐头并进。

4）高速发展阶段（2013~2020 年）

云计算产业链、行业生态环境基本稳定；各厂商解决方案更加成熟稳定，提供丰富的云计算产品。用户云计算应用取得良好的绩效，并成为 IT（internet technology，互联网技术）系统不可或缺的组成部分，云计算成为一项基础设施。

6.2.2　云计算的服务类型

云计算可为用户提供不同类型的服务，以满足用户多样的需求。通常，云计算的服务类型分为 3 类，即 IaaS、PaaS 和软件即服务（software as a service，SaaS）。

1）IaaS

IaaS 指服务提供商将完善的计算机基础设施资源作为服务提供给用户，用户可通过互联网获得服务，如操作系统、磁盘存储、服务器、数据库等。用户可以部署和运行任意软件，包括应用程序与操作系统，虽然用户不能控制或管理这些基础设施，但是可以选择操作系统、存储空间等。用户可将这些基础设施整合在一个平台中进行部署，实现应用程序的运行和系统的搭建，并根据用户对资源的使用量进行收费。

如图 6.3 所示，IaaS 具有以下特点：①使用门槛低，用户通过低成本的租用即可获取高质量的服务，无须购买额外的硬软件设施；②可扩展性强，用户可根据自己的实际需要动态增减所需资源，无须担心资源是否够用等问题；③管理方便，设施资源可通过互联网进行有效管理，无须进行实地的管理，降低了管理的成本；④使用灵活，用户获得了独立的服务器且拥有管理员权限，操作可不受权限约束；⑤技术虚拟化，服务商所提供的为虚拟服务器，共享计算机的所有资源，提高了资源的利用率。

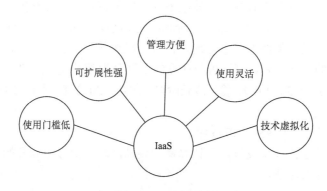

图 6.3　IaaS 的特点

IaaS 主要提供计算资源、数据存储和通信设施 3 种类型的云服务。计算资源主要通过提供虚拟机来实现。对于数据的存储，用户可在远程的云端硬盘上存储数据，在任意时刻都能对数据进行访问且用户对数据进行了一定的备份，保障了数据的安全性。IaaS 还能为用户提供通信服务，但其对网络质量的要求较高。

国内外主要 IaaS 产品如表 6.3 所示。

表 6.3　国内外主要 IaaS 产品

公司名称	主要产品	功能
Amazon	Elastic Compute Cloud	提供计算、存储等服务，出租存储服务器、中央处理器（central processing unit，CPU）等资源
IBM	Blue Cloud（蓝云）	用户可在全球通过互联网获得所需的服务
Microsoft	Azure 蓝天	开发可运行在云服务器、Web 和个人电脑端上的应用程序
北京华胜天成科技股份有限公司	IaaS 管理平台	提供客户化定制功能，支持多种虚拟化技术

2）PaaS

PaaS 指将软件开发平台作为服务，用户可根据自己实际的需要开发应用程序，这种服务模式支持了不同行业、不同企业、不同业务的多种需求。PaaS 提供了一个完整的开发运行平台，包括应用设计、应用开发、应用测试等环节，用户利用 PaaS 就可以建立一些实用的应用程序，再利用互联网传播给其他用户。

如图 6.4 所示，PaaS 具有以下特点：①提供的平台较为基础，而并非某种应用，用户可自行设计创立应用程序；②为平台运营商提供技术支持，提供了应用系统优化、开发等服务，保证系统长期稳定地运行，有利于平台的运营；③为第三方开发者提供有价值的资源平台，第三方开发者通过互联网资源的服务可以获得大量的可编程元素，提高了开发效率。

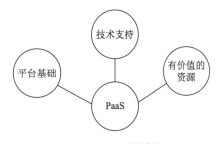

图 6.4　PaaS 的特点

PaaS 主要提供基于硬件基础设施上的软件、中间件和应用开发的工具，不同的 PaaS 提供不同的服务，如提供给源代码管理和版本控制过程的管理等。部分 PaaS 还会根据用户的需求提供相关的服务组合，满足多样化的用户需求。

国内外部分 PaaS 产品如表 6.4 所示。

表 6.4　国内外部分 PaaS 产品

公司名称	主要产品	功能
Google	Google App Engine（谷歌应用引擎）	提供一体化主机服务器，应用可自动在线升级
VMware（威睿）	Cloud Foundry（云平台）	首个开放式平台，简化了开发、部署等功能
八百客	800 App	无须安装辅助软件，支持的业务类型全面
北京云荷素科技有限公司	云鹤平台	可通过在线配置实现数据库应用系统的开发

3）SaaS

SaaS 是指服务商将在线服务软件提供给用户，包括应用程序和实用工具等。应用软件部署在服务提供商的服务器上，用户通过互联网向提供商购买应用软件服务，同时提供商也会提供离线操作和本地数据存储使用户随时随地都能使用应用软件。SaaS 实现了多职能部门在同一平台进行工作，达到了信息的高度共享，提高了办公的效率。

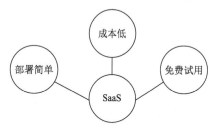

图 6.5　SaaS 的特点

如图 6.5 所示，SaaS 具有以下特点：①部署简单，最初只需要简单地注册，不需要另购设备；②成本低，拥有基本的硬件设施、进行简单的部署降低了硬件和配置成本；③免费试用，多数 SaaS 服务商都会提供免费试用功能，让用户先进行体验。若用户产品体验感觉良好，认为能满足自己的需求，再进行服务的购买，解锁更多、更全面的功能。

SaaS 企业管理软件分为灵活型和非灵活型，灵活型的 SaaS 具有自定制的功能，提供商将赋予用户管理软件的权限，用户可根据自己的需求对应用软件进行管理；而非灵活型的 SaaS 只提供固定的模块和功能，不能实现灵活的应用。国内外部分 SaaS 产品如表 6.5 所示。

表 6.5　国内外部分 SaaS 产品

公司名称	主要产品	功能
Google	Google Docs（谷歌文档）	提供一套在线办公软件，包括在线文档、表格和演示文档
Google	Google Apps（谷歌应用程序）	可实现企业消息传输、协作和安全
北京百会纵横科技有限公司	在线办公、项目管理平台	系统灵活地办公、在线完成项目的进度跟进和管理

6.2.3　云计算的关键技术

云计算技术是由计算机技术和网络通信技术发展而来的，其核心技术主要包括了编程模型、分布式技术、虚拟化技术和云平台技术。

1. 编程模型

云计算以互联网服务和应用为中心，其背后是大规模集群和大数据，需要编程模型来对数据进行快速地分析和处理。目前较为通用的编程模型是 MapReduce。MapReduce 是一种简化的分布式编程模型，由 Google 公司开发，支持 Python、Java、C++等编程语言，能实现高效的任务调度，用于规模较大的数据集（大于 1TB）的并行运算。MapReduce 的思想是将要解决的问题分解成 Map（映射）和 Reduce（化简）的方式，先通过 Map 程序将输入的数据集切分成许多独立不相关的数据块，分配调度给大量的计算机进行并行运算、处理，再由 Reduce 程序汇总输出结果。

MapReduce 模型的工作流程描述如图 6.6 所示。实际上，MapReduce 是分治算法的一种，分治算法即分而治之，将大的问题不断分解成与原问题相同的子问题，直到不能

再分，对最小的子问题进行求解，然后不断向上合并，最终得到原问题的解。MapReduce
在面对大数据集时，会先将其利用 Map 函数分解为成百上千甚至更多相互独立的小数据
集，每个小数据集分别由集群中的一个节点，通常指一台普通的计算机进行计算处理，
生成中间结果。这些中间结果又由大量的节点利用 Reduce 函数进行汇总合并，形成最
终结果并输出。

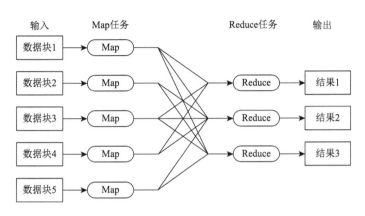

图 6.6　MapReduce 模型的工作流程

2. 分布式技术

随着网络基础设施建设的不断完善与服务器性能的不断提升，分布式技术的优势逐
渐凸显，越来越受到人们的关注和重视，成为云计算系统的核心技术之一。

1）分布式计算

分布式计算是指将分布在不同地理位置的计算机资源，通过互联网组成共享资源的
集群，能够提供高效快速计算、管理等服务。可使稀有资源可以共享，各计算机的计算
负载能力得到平衡。分布式计算的思想是把大的任务分割成若干较小的任务单元，通过
互联网分配给不同的计算机进行计算处理，并将计算结果返回，最终汇总整合计算结果。
分布式计算的特点如下。

（1）模块结构化，分布式计算的资源单位通常是相对独立的模块，通过互联网连接
成一个系统，结构化的模块有利于系统的调用，不会影响系统的整体性。

（2）资源分散，计算机资源实际的地理位置较为分散，但通过互联网可以将位于不
同地理位置的分散的资源进行整合，实现资源的共享和高效利用。

（3）任务并行，当计算机同时处理多个任务时，处于不同地理位置的计算机间可以
相互协作，共同完成任务，并行处理可为每个任务分配相同的资源、处理时间等。

（4）整体强健，对于系统资源的操作是高度自治的，系统的局部性破坏不影响整体，
即使局部受到破坏，系统也能正常地工作，具有良好的容错性和可靠性。

（5）实时性强，通过资源的高度共享和任务的细化再整合，提高了计算速度，用户
的需求可得到快速响应，能够更好地为用户服务。

与传统的计算模式相比，分布式计算具有强容错能力、高灵活性、高性能、高性
价比等优势。当某个节点的计算机出现故障时，可通过冗余或重构的方式保证计算的

正常进行，而不会影响其他的计算机，因此具有很好的容错能力。因为分布式计算是模块化结构，所以扩充较为容易，维护方便，灵活性强。分布式计算采用了分布式控制，能够及时响应和处理用户的需求，性能较高。分布式计算只需较少的投资即可实现昂贵处理机所能完成的任务，性能甚至更优，维护难度相对较小，具有较高的性价比。

2）分布式存储

分布式存储的体系架构有两种形式：中心化体系架构和去中心化体系架构。

（1）中心化体系架构是以系统中的一个节点作为中心节点，其余节点直接与中心节点相连接所构成的网络。所有的分布式请求及处理结果的返回都要经过中心节点，因此中心节点的负载较重，一般都会设置副中心节点，当中心节点出现故障无法正常工作时，副中心节点将会接替中心节点的工作。分布式存储的中心化体系架构如图 6.7 所示。

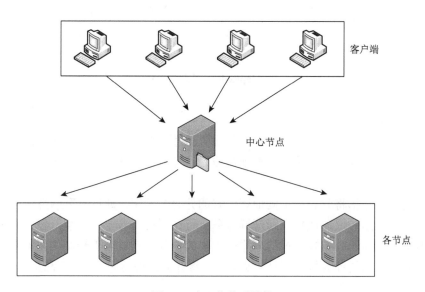

图 6.7 中心化体系结构

（2）去中心化体系架构不存在中心节点，每个节点的功能作用几乎都是相等的，相较于中心化体系架构均衡了负载。通常来说，系统中的一个节点一般只与自己的邻居相交互，而不可能知道系统中所有的节点信息，需要思考的是如何将这些节点组织到一个网络中，以提高各节点的信息处理能力。分布式存储的去中心化体系架构如图 6.8 所示。

分布式存储的体系架构的两种形式各有各的特点。中心化体系架构管理方便，可对节点直接进行查询，但对中心节点的频繁访问加重了中心节点的负担且中心节点的故障可能会影响整个系统；去中心化体系架构均衡了每个节点的负载，但管理存在一定的难度，不能对节点进行直接查询，系统高度依赖节点之间的通信，通信设备发生故障会对系统有一定的影响。两种体系架构的性能比较如表 6.6 所示。

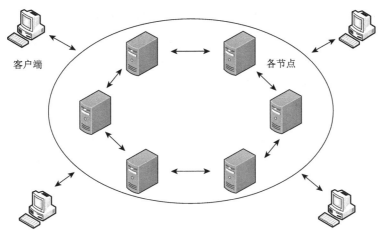

图 6.8　去中心化体系结构

表 6.6　两种体系结构的性能比较

性能	中心化	去中心化
可扩展性	低	高
可维护性	高	低
执行效率	高	低
动态一致性	低	高
节点查询效率	高	低

3. 虚拟化技术

虚拟化技术是云计算中的关键技术之一，它是指将真实环境中的计算机系统运行在虚拟的环境中。计算机系统的层次包括硬件、接口、应用软件，虚拟化技术可应用在不同的层次，实现了物理资源的抽象表示，用户可在虚拟的环境中实现在真实环境中的部分或全部功能，且虚拟化后的逻辑资源对用户隐藏了不必要的细节，提高了资源的利用率。

虚拟化技术的优势表现在许多方面，它可以提供高效的应用执行环境，简化计算机资源的复杂程度，同时降低资源的使用者和资源具体实现之间的耦合程度，让使用者不再依赖于资源的某种特定实现。虚拟化技术提供的高效执行环境具体表现在当底层资源实现方式发生改变或系统管理员对计算机资源进行维护时，不会影响用户对资源的使用。同时，虚拟化技术还能根据用户不同的需求实现对 CPU、存储、网络等资源的动态分配，减少了资源的浪费。

计算机的各种资源都可以进行虚拟化，根据虚拟资源在计算机系统中所处的层次，分为了基础设施虚拟化、系统虚拟化和软件虚拟化 3 种类型。

1）基础设施虚拟化

基础设施是计算机网络的根基，它的虚拟化可以分为硬件虚拟化、网络虚拟化、存储虚拟化和文件虚拟化。

（1）硬件虚拟化也就是用软件虚拟出一台计算机的硬件配置，硬件设备包括了CPU、内存、硬盘、显卡、光驱等，即虚拟裸机，能够在裸机上安装操作系统，如VMware、Virtual Box（虚拟机）等。硬件虚拟化不占用系统资源，如CPU虚拟化技术是将单个CPU模拟成多个CPU并行，一个平台允许多个操作系统同时运行，应用程序可以独立运行在各操作系统，互不影响。但硬件虚拟化的操作较为复杂，如内存的虚拟化，要保证非特权域可以访问同一个内存范围。

（2）网络虚拟化是指将网络的硬软件资源相整合，可为用户提供网络连接的虚拟化技术，该网络的实现方式是透明的。目前较为成熟的技术有虚拟局域网（virtual LAN，VLAN）、VPN、虚拟IP（virtual IP，VIP）等。VLAN是在一种在共享物理网络中建立独立逻辑网络的方法，VPN是用于在公共网络上进行保密通信的网络，VIP是一种不用连接到特定计算机或计算机接口上的IP地址。

（3）存储虚拟化是对存储设备进行统一的抽象管理，为物理存储设备提供统一的逻辑接口，用户通过这些逻辑接口实现资源的访问、存取。即对下层管理具体的存储设备，对上层提供统一的运行环境和资源使用方式。存储虚拟化分为了基于存储设备虚拟化和基于存储网络虚拟化两大类，基于存储设备虚拟化的技术有独立磁盘冗余阵列（redundant arrays of independent disks，RAID）等，基于存储网络虚拟化的技术有存储区域网（storage area network，SAN）等。

（4）文件虚拟化是指把物理上分散存储的文件整合成统一的逻辑接口，用户可对存储在不同设备、不同区域上的文件进行访问和管理，通过互联网就能实现访问，无须知道文件真实的存储位置，提高了文件资源的利用率和管理效率。

2）系统虚拟化

系统虚拟化技术可将物理计算机与操作系统分离，实现了一台物理计算机可以运行多个虚拟的操作系统。对于操作系统上的应用程序来说，与安装在物理计算机上没有显著差异，节约了计算机的资源。系统虚拟化的过程如图6.9所示，系统虚拟化的技术和虚拟机的运行环境可以不相同，但所有的虚拟运行环境都需要为虚拟机提供一套虚拟的硬件环境，包括了虚拟的处理器、内存、设备与I/O（input/output，输入/输出）、网络接口等。

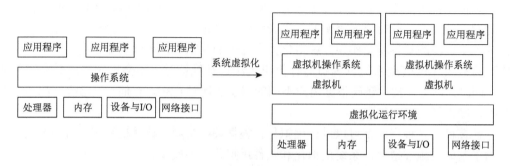

图6.9　系统虚拟化的过程

系统虚拟化的应用十分广泛，如某用户使用的操作系统是Windows，但是由于工作的需要，需使用的应用软件只能在 Linux 系统下运行。该用户只需在原计算机上创建一台虚拟机，在虚拟机上安装 Linux 系统，就可以使用该应用软件。

系统虚拟化的技术还可以用于服务器的虚拟化和桌面虚拟化。服务器的虚拟化可以使同一台服务器运行不同的服务，可提高服务器的利用率，从而减少服务器的数量，节约资金。桌面虚拟化将云计算中的托管服务与服务器虚拟技术相结合，桌面虚拟化后的桌面环境存储在远程的服务器上，而不是本地计算机的硬盘上，当用户使用虚拟桌面工作时，数据和程序的运行将保存在远程服务器上，使桌面使用更安全和灵活。

3）软件虚拟化

随着虚拟化技术的不断发展，软件虚拟化成了软件管理的新方式。软件虚拟化技术通过虚拟软件包放置应用程序和数据，不需要传统的安装流程，软件包只运行在自己的虚拟环境中，可以瞬间被激活，也可以瞬间失效，以及恢复默认设置。

软件虚拟化的优势如下：①减小了应用程序冲突，应用程序运行在虚拟环境中，不会干扰其他应用程序，也不会修改操作系统；②减少了应用程序的导入时间，可提前创建打包好的应用程序，在本地或通过互联网远程进行部署；③可运行同一个应用程序的多个版本，而不会发生冲突，提高了应用程序的升级方式和版本测试能力。

4. 云平台技术

云计算系统的服务器数量众多而且分布在不同的地点，根据用户的各种需求，服务器同时提供着大量的服务，因此服务器整体的规模非常大。云平台的架构及如何有效地进行管理成为云平台技术的重点。合理的架构能够使云计算更加高效，提升计算的速度和准确性，一定程度上能节约计算机及网络资源。而对云平台进行有效的管理有利于快速发现和恢复系统故障，更好地进行云服务。不同的公司有着不同的云平台技术和云服务。

1）Amazon 云平台

Amazon 凭借多年的积累，已经有了完善的基础设施、先进的分布式计算技术和庞大的用户群体，在云计算技术方面一直处于领先地位。Amazon 公司的云计算服务平台称为 AWS（Amazon Web Service，亚马逊云服务平台），它为用户提供计算、存储、数据库、应用程序等服务。具体来说，AWS 包括了弹性计算云服务、简单存储服务（simple storage service，S3）、简单数据库服务（simple database，SDB）、弹性 MapReduce 服务等，用户可根据需求选择不同的服务或服务的组合。AWS 云平台体系架构如图 6.10 所示。

AWS 云平台的整体架构采用去中心化的分布式架构，存储采用了 Dynamo 架构，Dynamo 是一种去中心化的分布式架构，以键值对的方式、位（bit）的形式存储数据，不对数据的具体内容进行解析，不支持复杂的查询。对于 Amazon 来说，购物车、推荐列表等服务数据的存储需求只是简单地存取和写入，键值对形式的存储正好满足其存储需求，用传统的关系型数据库存储反而降低了存储的效率。Dynamo 也不识别任何的数据结构，这使得它可以处理所有的数据结构，提高了存储效率。

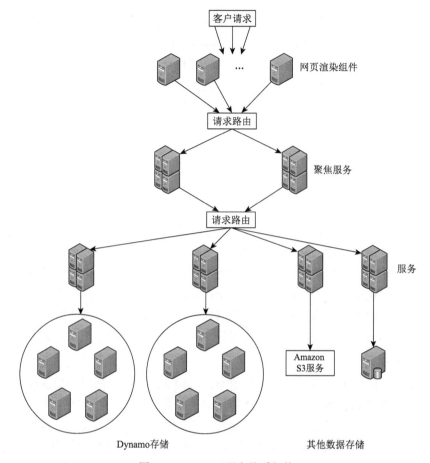

图 6.10 AWS 云平台体系架构

2）Google 云平台

Google 公司不仅拥有强大的搜索引擎，还提供 Google Map（谷歌地图）、Google Gmail（谷歌邮箱）、YouTube（优兔）等服务。海量的数据处理和存储使 Google 公司不断完善和发展其云计算技术和云平台的搭建管理，以提供更高效、性价比更高的服务。Google 云平台体系架构如图 6.11 所示。

Google 云平台主要由网络系统、硬件系统、软件系统和应用服务组成。

（1）网络系统：包括了内部网络与外部网络，内部网络指连接 Google 公司自建数据中心的网络系统，外部网络是指用于不同地域、不同应用间的数据交换网络。

（2）硬件系统：包括服务器、服务器机架和连接服务器机架的数据中心（internet data center，IDC）。服务器机架节省了空间，满足了服务器的密集部署需求。

（3）软件系统：包括每个服务器的单机操作系统和底层软件系统，底层软件系统有文件系统 Google File System、并行计算模型 MapReduce、并行数据库 BigTable 等。

（4）应用服务：主要包括了内部使用的软件开发工具、PaaS 和 SaaS。软件开发工具有 C++、Java、Python 等。PaaS 的主要代表是 Google App Engine。各类 SaaS 服务有 Google Search（谷歌搜索）、Google Map、Google Gmail 等。

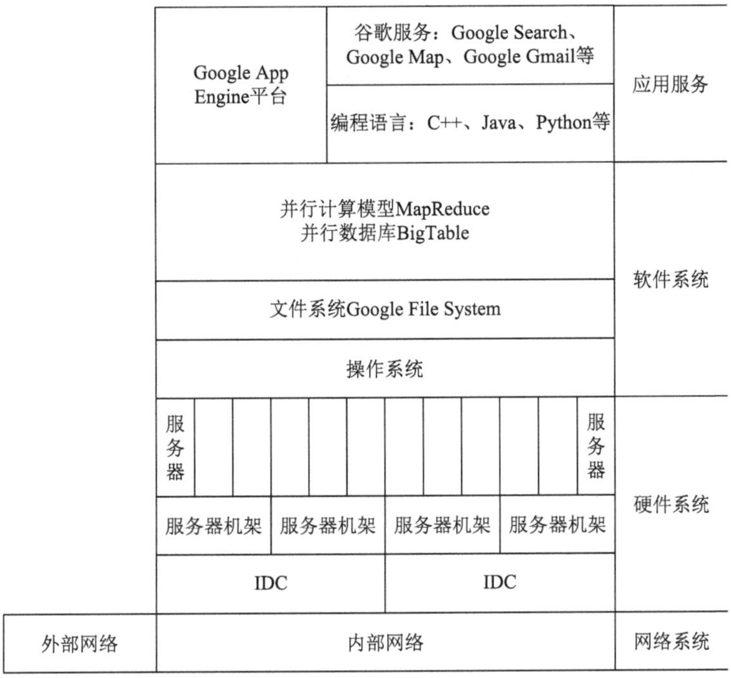

图 6.11　Google 云平台体系架构

6.3　大数据与云计算技术在物流中的应用

6.3.1　大数据在物流中的应用

物流企业正一步一步地进入数据化发展的阶段，物流企业间的竞争逐渐演变成数据间的竞争。大数据能够使物流企业有的放矢，甚至可以做到为每一个客户量身定制符合他们自身需求的服务，从而创新整个物流业的运作模式。目前大数据在物流行业的应用主要包括以下几个方面。

1. 物流配送中心的选址

在物流开放平台配送中心选址时，利用大数据综合考虑交通运输、物流配送资源空间分布、历史快递包裹物流方向等因素，同时基于空间地图可以帮助物流开放平台选定配送中心空间和地址，对物流配送服务的盲区或薄弱区域进行划分与预判，从而帮助物流开放平台最优化仓储位置的空间分布，提高工作效率。

影响物流中心科学选址的主要因素有企业自身的经营模式、企业经营的商品特点及企业配送路线的交通状况等。物流企业间可以通过数据挖掘和分析等技术对不同地区消费者的消费习惯、消费水平进行分析归纳，根据消费者日常的浏览记录、收发件地址及快件数量对消费者的未来消费行为进行预测，同时结合企业自身经营模式、企业经营的商品特点和配送路线的交通状况等信息，利用大数据分析的结果，可以制定出最佳配送路线，在地图上面做出分类、聚类的点，以此作为最优的物流中心地址，从而对物流配送中心进行合理有效的安排与管理，解决盲目选址，配送路线过长等导致的物流配送成本过高、配送资源浪费等问题。

2. 库存预测

通过互联网技术和商业模式的改变，可以实现生产者直接与顾客对接的供应模式。这样的改变，从时间和空间两个维度都为物流业创造新价值奠定了很好的基础。通过对消费需求等相关信息进行大数据分析运算，对区域仓储商品品类进行有针对性的分配和优化，有效避免缺货断货；同时建立透明化的物流追踪系统，通过仓储网络的数据共享、数据提取自由、物品全程监控，实现物流的动态管理，进行自动补货，优化区域货品调配，降低物流成本，提高货品调度反应速度。

运用大数据分析商品品类，系统会自动判断哪些商品是用来促销的，哪些商品是用来引流的。同时，系统会自动根据以往的销售数据建模和分析，以此判断当前商品的安全库存，并及时给出预警，而不再是根据往年的销售情况来预测当前的库存状况，降低库存存货，从而提高资金利用率。以菜鸟为例，其运营方能够通过对以往货物需求量、商家信息、备货量等数据的提取和分析，依托大数据技术对物流数据进行有效的挖掘和处理，实现物流信息的高效流通，为商家管理库存、备货销售提供精准参考。

利用大数据技术实现自动补货。大数据分析预测技术可以实现自动补货，根据商品的历史销售数据，利用大数据分析预测技术预测出各个商品的库存临界值，在商品的库存达到警戒线时，系统就会选择能满足订购要求和条件的供货商进行自助下单，快速及时地补货。大数据技术的此项功能降低了消费者在下订单时出现无货现象的可能性，及时满足消费者的需要，提高消费者的满意度和体验。大数据技术自动补货流程如图 6.12 所示。

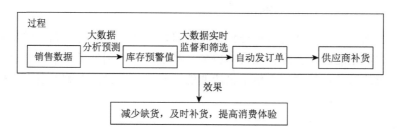

图 6.12　大数据技术自动补货流程

3. 运输配送优化

现代物流企业可以利用大数据存储技术、大数据智能分析和物联网等技术进行物流运输线路的规划和物流配送方案的制订。

在物流运输路线的规划上，首先在 RFID 技术、GPS 技术、GIS 技术与传感技术结合的基础上，可以通过接收读取 RFID 标签信息来实现运输车辆及运输货物的识别、定位、跟踪及状态感知等。运输人员和用户可随时查询货物状态，实现在途管理的可视化与透明化。

其次，根据货物在途状态数据、车辆实时状态分布数据和历史车辆数据等，对现有的调度方案进行调整，对车辆进行合理调配，缓解网点货物量不均衡的情况。对货物所在地、消费者所在位置、当时的交通状况、天气情况等因素进行分析，对运输过程中的风险因素做出科学评价，可以制定最优的运输路线，保障物流的畅通和高效运作。例如，全球最大的速递货运公司 DHL，通过对末端运营大数据的采集，实现全程可视化的监控，在运输途中会根据即时交通状况和 GPS 数据实时更新配送路径，做到更精确地取货和交货、对随时接收的订单做出更灵活的反应及向客户提供有关取货的精确信息。此外，车辆在配送时，需要借助物流大数据掌握实时的车辆位置信息、油耗情况、平均车速、天气情况等。分析线路拥堵状况，及时优化行车路线，调配车辆，还可避免恶劣气候导致的物流阻塞。

大数据背景下，配送方案的制订是实现配送动态化的最重要的一环。配送方案的实现首先通过对配送过程所涉及的各种数据进行采集，使数据的源头能够及时、有效地捕捉；其次是通过畅通的数据传输网络和复杂的存储技术，实现数据的传输存储；最后通过大数据分析技术根据实际情况对物流配送方案进行动态调整，制订经济合理的配送方案。基于大数据的物流配送方案的制订将会在很大程度上降低物流配送的成本，提高物流配送的效率，同时客户也会享受到更加舒适贴心的个性化服务，进而实现企业和用户之间的利益最大化。

6.3.2　云计算技术在物流中的应用

利用云计算技术可以提高单个物流活动的执行效率，由局部优化提高整体物流效能。在企业的物流活动中，最开始是由企业完全承担，这样给企业造成了巨大的压力。第三方物流出现后，对各个物流活动进行了更为细致的划分，使整个物流活动更加专业化，极大提升了物流的执行效率。云计算作为新型技术在物流活动的运营与管理中起了重要作用。例如，在对单个活动的优化中，借助相关云计算平台收集运输车辆信息，对运输车辆进行实时监控，计算车辆的实际物流运输能力，从而加快物流运输的速率，提高了装卸、配送、运输过程中的效率。

1. 利用云计算进行资源整合

目前，许多物流企业缺乏一个完善的物流系统管理标准，导致物流效率低、物流成本高，主要还是由于没有进行信息共享。利用云计算对物流企业的系统信息和资源数据进行集中整理，加强企业对物流信息系统的管理，进而达到提高物流运输效率的目的。比如，通过云计算平台实现将客户的信息进行统计整合；利用大数据技术计算最优物流运输路线；针对企业工作人员，通过云计算实现业绩考核等。同时，在得到物流反馈信息后，在大数据分析下，企业可以根据云计算对物流运输路线进行适当修正，重构传统物流配送模式，节约运输成本，以及降低设备的采购和人员的支出。

2. 利用云计算搭建数据共享平台

物流行业流程相当复杂，物流活动也极其多样化，运输、仓储、包装、配送及相关的物流信息流动等环节互相连接，共同组成一条完整的物流产业链。在现代物流企业与其他物流企业、客户的交流中，构建完善的物流信息网络是非常重要的。云计算平台的出现实现了这一目标，云计算平台可以实现物流企业对于运输、仓储、配送等环节的全程电子化、智能化，客户只需要登录企业云物流平台便可以快速查询到自己货件的相关信息，这样有利于加强用户的体验，提升用户满意度，扩大服务范围。

3. 利用云计算提供数据存储服务

数据存储对于物流企业堪称至关重要，随着信息化程度不断提高，各大物流企业平时在业务中产生的信息量也越来越大，如果采用传统的存储方式，所需机房占地面积大、所需人力成本高，并且需要更多地在软件和硬件设施上进行升级维护。但是，采用云存储服务方式，首先在数据安全上可以得到充分保障，在极大程度上防止信息泄露，其次云存储服务还可以提供数据备份和数据恢复等功能，进一步确保数据的安全性和可靠性。云存储服务还可以将系统资料、信息数据分享给子公司，从而可节省下一大笔数据传输的费用，同时能避免数据在传输过程中遭到丢失或损坏。利用移动设备实现虚拟存储，还可以对货物的情况进行实时监控，实时更新库存信息和信息交换都可以通过云存储服务实现。

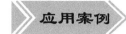
应用案例

京东物流子集团背后核心竞争力：智慧供应链①

京东宣布京东物流独立运营，组建京东物流子集团。这一动作让中通快递股份有限公司、申通快递股份有限公司、圆通速递有限公司、韵达控股股份有限公司（以下简称"三通一达"）和顺丰等巨头措手不及，同时给其他传统物流企业敲响了警钟。

如果谈及"行业颠覆"，目前看来可能还遥不可及，但京东的一些做法特别是其"智慧供应链"体系的建立则是其向这些巨头叫板的底气之一，同时给竞争对手树立了短时间内难以逾越的巨大屏障。

电商物流注重极致化服务和客户体验，是以市场和消费者需求为导向所形成的一种柔性化物流服务，电商物流需要不断创新以适应市场和消费者的需求变化。

而单纯的局限在末端快递、配送、仓储等领域则很难适应或者引领消费者的需求，仅仅成了纯粹的订单执行者，被动地响应客户需求。同时，电商物流总体成本较高，众多从业企业存在大而不强、多而不优，智能化、数字化水平低等问题。

在这种背景下，"三通一达"、顺丰等其实也在试图走出单一的模式，持续逆向整合，协同更多上下游供应链伙伴，建立自己的生态圈。

对于电商物流企业而言，在传统的硬件投资、抢占市场占有率、拓展市场区域等"硬"发展要素相继乏力的情况下，大力发展智慧供应链体系来给客户提供更多的供应链增值服务则成为其下一步关注的要点。特别是在物流服务同质化严重的今天，成本降得不能再降，速度快得不能再快，人工压得不能再压，增值供应链服务则将成为真正的核心竞争力。

具体来说就是往上游蔓延，以传统物流服务为基础，依据自身过去积攒多年的物流大数据，结合强大的信息技术，来给企业提供智慧化的供应链"软"服务，让广大企业的供应链和运营难题得到真正的解决。

---

① 京东物流子集团背后核心竞争力：智慧供应链，http://www.chinawuliu.com.cn/zixun/201709/01/324420.shtml。

从电商物流企业的客户角度来说，他们想要的物流服务除了基本服务如仓储、运输、报关等之外，围绕着商流、信息流、物流和资金流的控制，从原材料开始到制成中间产品及最终产品，最后由销售网络把产品送到消费者手中这一闭环所产生的五大核心问题——"卖什么、卖多少、怎么卖、多少钱、投多少"则让他们更加关心和头疼。

客户企业特别是除了一些行业巨头企业之外，由于对数据的挖掘能力弱、信息技术投入不足、供应链管理意识较弱、对渠道中的各种信息掌握不全面等，一直没有很好地解决上述问题，造成的结果就是库存高、缺货率高、净利润低、效率低下、人工成本激增等。

而物流企业如果能借助自己对于物流数据的控制，以及相应的智慧化供应链的技术和理念是完全有能力帮助客户企业解决上述问题的。比如，京东物流给客户所提供的一项重要的智慧供应链的服务就是"销售预测和库存管理"。

智慧化的供应链以市场和消费者需求为导向，围绕"人、货、场"整体框架，以数据智能、信息技术、流程优化和员工赋能为基础，通过提供商品管理、动态定价、需求计划、订单承诺履行、库存管理、自动补货和调拨、协同计划、供应计划、成本效益分析、年度经营计划等应用场景的解决方案，为上游企业构建和优化全新的运营计划和决策体系。

以提升商业预测准确性为核心，指导相关应用场景的决策，为客户解决"卖什么、卖多少、怎么卖、多少钱、投多少"五大核心问题，目的就是要帮助企业提升销售额，提升利润率，降低库存和控制人工，全面提升应对市场变化和消费者需求的快速响应和决策能力。

具体来说，就是通过对大量供应链数据的挖掘和分析，来预测和计划未来所销售的产品及数量，并根据消费者喜好、流行趋势、竞争情况、产品特性等来帮助客户进行选品规划，告诉客户哪类产品更好卖，同时可以依据成本结构、市场均价、竞争对手的价格来建议定价，让其卖个好价格，产出更大的利润率。

智慧供应链还能告诉供应链的各个环节，包括生产环节、供应商供货环节、产品配送环节，哪些商品供大于求、哪些商品供不应求、哪些商品要清仓处理、哪些产品要迅速补货或者调拨，什么时候采购什么产品、分配多少、清理多少、放到哪儿去，从而从根本上控制整个链条上的库存，全力避免爆仓和缺货的现象，减少库存投资，让企业的利润率得以提升。

而智慧供应链的背后，正是人工智能算法和闭环的业务流程。通过数据的积累与分析，整个决策根据模型进行运算，所有的逻辑都要在算法和模型层面上形成，这相比人脑决策会更加高效、准确和廉价。在人口红利已经结束的时代，不少企业提出维持现有员工的数量来支撑未来销售额数倍的增长，智慧供应链也将是实现这一目标的基础之一。

总之，电商企业未来的转型升级、逆向整合等转折其实都是建立在解决客户难题给客户带来价值的基础之上，只有更加贴近产品和客户，了解客户的需求，他们痛点和难点才能够迎刃而解，真正和他们建立起牢固稳定的生态圈，与京东物流垂直整合的价值链相抗衡才不会是一句空话。

而建立在云计算、大数据、人工智能和闭环业务流程基础上的智慧供应链理念、技术和体系才是构建电商企业未来核心竞争力的基础乃至中国新零售体系的核心元素。

■ 本章小结

大数据是指无法在一定时间范围内用常规软件工具进行捕捉、管理和处理的数据集合。大数据技术包括大数据采集、预处理、存储与管理、分析与挖掘、可视化及安全保障等。云计算技术是一种通过网络以便利的按需付费的方式获取计算资源并提高其可用性的服务模式。它的核心技术包括了编程模型、分布式技术、虚拟化技术和云平台技术。本章详细介绍了大数据和云计算的概念、特点和关键技术,着重介绍了大数据技术对物流企业的影响,强调了大数据技术和云计算技术在物流中的具体应用,解决了物流配送中心选址、库存预测、配送路径优化、信息资源整合及数据存储等问题。

【关键术语】

(1) 大数据　　(2) 云计算　　(3) 物流云　　(4) 智慧物流
(5) 库存预测　(6) 云平台　　(7) 云存储　　(8) 运输路径优化

习题

1. 选择题

(1) 大数据的起源是____。

　　A. 金融　　　　B. 电信　　　　C. 互联网　　　　D. 公共管理

(2) 以下_____不是大数据在物流行业的应用。

　　A. 物流中心选址　　　　　　B. 库存预测
　　C. 产品购买响应预测　　　　D. 运输路径优化

(3) 大数据最显著的特征是_____。

　　A. 数据规模大　　　　　　　B. 数据类型多样
　　C. 数据处理速度快　　　　　D. 数据价值密度低

(4) 云计算以互联网服务和应用为中心,其背后是大规模集群和大数据,需要____来对数据进行快速地分析和处理。

　　A. 编程模型　　B. 分布式技术　　C. 虚拟化技术　　D. 云平台技术

(5) 下列关于云存储的描述不正确的是_____。

　　A. 需要通过集群应用、网格技术或分布式文件系统等技术实现
　　B. 可以将网络中大量各种不同类型的存储设备通过应用软件集合起来协同工作
　　C. "云存储对用户是透明的",也就是用户清楚存储设备的品牌、型号等具体细节
　　D. 云存储通过服务的形式提供给用户使用

(6) 下列数据存储单位换算关系不正确的是_____。

　　A. 1ZB = 1024PB　　B. 1KB = 1024B　　C. 1TB = 1024GB　　D. 1PB = 1024TB

（7）AWS 云平台提供的服务有_____。

A. 弹性计算云服务　　　　　　　　B. 简单存储服务

C. 简单数据库服务　　　　　　　　D. 以上三个选项都是

（8）将平台作为服务的云计算服务类型的是_____。

A. IaaS　　　　　　　　　　　　　B. PaaS

C. SaaS　　　　　　　　　　　　　D. 三个选项都不是

2. 判断题

（1）大数据技术和云计算技术是两种完全不相关的技术。　　　　（　　）

（2）云计算提供了最可靠、最安全的数据存储中心，用户不用再担心数据丢失、病毒入侵个人电脑的麻烦，用户也不用进行安全防护。　　　　　　　　（　　）

（3）云计算可以有效地进行资源整合，解决资源闲置问题，提高资源利用率。

（　　）

（4）大数据技术不仅能帮助物流企业适应外部环境变化，还能改变物流企业的内部环境。　　　　　　　　　　　　　　　　　　　　　　　　　　　　　（　　）

（5）物流云只能作用在物流信息方面。　　　　　　　　　　　　（　　）

（6）云计算并不只是为特定的应用提供服务，它可以为业界大多数的应用提供服务，服务类型多样，面对的对象也是多样的。　　　　　　　　　　　　　（　　）

（7）大数据的意义是对数据进行专业化处理，实现数据的"增值"，但并不依托于云计算的分布式处理、分布式数据和云存储。　　　　　　　　　　　（　　）

（8）MapReduce 的思想是通过 Map 程序将输入的数据集切分成许多独立不相关的数据块，分配调度给大量的计算机进行并行处理，再由 Reduce 程序汇总输出结果。

（　　）

3. 简答题

（1）什么是大数据？

（2）简述大数据在物流中的应用。

（3）简述云计算的组成部分。

（4）简述云计算在物流中的应用。

（5）简述大数据的 5 "V" 特征。

（6）简述云计算的服务类型。

第7章

物流中的人工智能技术

【本章教学要点】

知识要点	掌握程度	相关知识	应用方向
人工智能的定义	掌握	人工智能定义的要点	掌握人工智能的基本定义，能对人工智能形成正确的认知理解
人工智能的发展历程	了解	人工智能发展过程中的重要事件	
深度学习	掌握	机器学习的结构、深度学习的定义和训练过程	熟悉人工智能的关键技术，能够在实际中使用这些关键技术
计算机视觉	熟悉	计算机视觉的实现过程、工作原理和主要研究内容	
自动驾驶	熟悉	自动驾驶的研究内容和体系结构	
自然语言理解	熟悉	自然语言的特点、自然语言理解的主要内容	
人工智能的应用	了解	人工智能在仓储、运输和配送领域的应用	能将人工智能技术应用到物流领域中

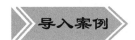

新的"朋友"——人工智能①

人工智能是计算机的一个分支，20世纪70年代以来被称为世界三大科学技术成就（即空间技术、原子能技术和人工智能）之一，也被认为是21世纪三大尖端技术（即基因工程、纳米科学和人工智能）之一。这是因为1970~2000年它获得了迅速的发展，在很多学科领域都获得了广泛应用，并取得了丰硕的成果。

2016年AlphaGo横空出世，横扫了当时世界上所有围棋高手，它的学习思考能力让业界的所有人都叹为观止，美国斯坦福大学人工智能研究中心尼尔逊教授曾对人工智能下了这样的一个定义："人工智能是关于知识的学科，是研究怎样表示知识及怎样获得知识并使用知识的科学。"

---

① 新的"朋友"——人工智能，https://www.sohu.com/a/407537270_120374288?scm=1019.e000a.v1.0&spm=smpc.csrpage.news-list.8.1601971448479O1otQCf。

人工智能固然给人们的生活带来了便利，但它并不是有百利而无一害的。例如，它的出现可能会取代很多人的工作，造成人才的两极分化，顶尖的人才就会留在企业，部分劳动密集型人才会因为人工智能丧失工作。人工智能还使得资源变得比较集中，企业垄断现象越发明显，城乡贫富差距增大等。人工智能甚至还会带来战争，它可能会更多地利用危害性极大的武器，这个后果是无法估量的。

人工智能作为一种新兴技术，我国政府一直大力支持它的发展和应用。2017年9月《亚洲评论》的研究显示，2010年至2014年间，中国在人工智能方面的专利申请达到8410项，比2005~2009年这五年增长了186%。海归人才逐渐成为人工智能行业中流砥柱。2019年4月3日，广东省人民医院与广东高州市人民医院完成全国首例人工智能＋5G手术，成功为心脏病患者"补心"。手术期间的人工智能技术是由曾靠"贪心算法"成功追回被抢车的圣母大学计算机系终身副教授史弋宇团队提供。这次手术也是人工智能技术在临床上的一次落地应用。

2017年7月8日国务院印发了《新一代人工智能发展规划》，提出了面向2030年我国新一代人工智能发展的指导思想、战略目标、重点任务和保障措施，为我国人工智能的发展奠定了重要基础。

人工智能改变了人们的生活，我们对人工智能应加以好的利用，同时要避免带来的弊端，人工智能与人类、与社会、与自然和谐相处，这样才能长远地发展。

讨论题
（1）人工智能真的会统治人类吗？
（2）人工智能会在哪些方面改变人类的生活？

7.1 人工智能技术概述

7.1.1 人工智能技术的定义与特征

近年来人工智能技术受到了人们的广泛关注，它与空间技术和原子能技术一起被誉为20世纪三大科学技术成就。人工智能延伸了人脑的功能，实现了脑力劳动的自动化，是第四次工业革命的代表技术。

人工智能是指用人工的方法使机器（计算机）实现智能，即让机器具有类似于人的智能，能够处理解决问题，进行决策等。由于人工智能借助机器实现，因此人工智能又被称为机器智能（machine intelligence，MI）。人工智能是一门研究智能系统或智能机器（计算机），使它能模拟、延伸、扩展人类智能的学科。也就是说，人工智能要研究如何使机器会学习、能思考、适应环境的变化、能解决各种实际问题等这类的难题。

人工智能在被正式提出之前，最早由英国数学家图灵于1950年提出。他发表了题为 *Computing Machinery and Intelligence*（《计算机与智能》）的论文，提出了著名的图灵测试：让人和机器分别位于两个房间，他们可以相互通话，但彼此看不到对方。如果通过对话，人不能分辨与自己对话的是人还是机器，说明这台机器达到了人类智能的水平。

人工智能一般具有以下4类特征：类人行为、理性行为、类人思考和理性思考。

1. 类人行为

在类人行为中，主要研究人们希望机器能执行人类需要花费一定脑力完成的任务，使计算机能做人比计算机更擅长的事情，可对机器进行图灵测试来检验机器是否具有智能。

在对计算机进行编程，使之智能化的过程中，还需要具备自然语言处理、知识表示、自动推理、机器学习、计算机视觉和机器人技术等。自然语言处理即能够使机器用中英文等自然语言成功地与人交流；知识表示即将知识用符号表示和存储；自动推理即通过存储的知识信息推演出问题的结论；机器学习即基于现有的知识使机器掌握解决问题的能力，能够在新的环境中解决问题和进行预测；计算机视觉通过计算机、光学设备和计算机算法，感知外部环境，使得计算机具有动物的视觉；机器人技术结合了人工智能、控制论、机械学和传感技术等学科，机器人根据用途分为了工业机器人和服务机器人，以提高生产效率及人们的生活水平。

2. 理性行为

在理性行为中，主要研究机器的智能 Agent[①]，Agent 是指能够自主行动和进行的某种东西。人们希望具有人工智能的机器能够自主地去做更多的事，如自主操作、感知环境和适应变化从而进行决策等。理性 Agent 指在不确定的环境中，机器能够实现最优结果的 Agent。

在理性行为的研究中，需要考虑到机器正确的推理能力，推理能力是理性 Agent 的关键，能够使机器自主、合理地执行某些任务。理性 Agent 比基于人类的行为或思考更能经得起科学发展的检验。但有时具有正确推理能力的机器所推理的也不一定合理，在一些情形下，无法做理论上正确的事。还有一些情形下的决策不能被定义为推理，如从热火炉上退缩的反射行为，这种反射行为比思考一段时间后采取行动更贴合实际。通过丰富和更新机器学习的知识库，能够使机器的行为更加智能和理性。

3. 类人思考

在类人思考中，主要研究如何让机器自动化地进行与人类思维相关的活动，如进行决策、问题求解、学习等。想让机器具有人类思考问题的能力，首先要了解人类是如何思考的，可通过内省、心理实验和脑成像确定人是如何思考的。内省试图捕获我们人类自身的思维过程，心理实验可观察工作中的一个人，脑成像可观察工作中的头脑。

当具备足够的人脑精确理论时，才能够更好地将这种理论表示成计算机程序。如果输入输出能够准确匹配人类的行为，说明了机器能够很好地进行类人思考，智能程度较高。有些科学家认为不能只满足于让程序正确地解决问题，而要注重程序推理步骤和解决相同问题的人类个体的思维。通过与人类个体的思维方式进行对比分析，不断地对程序进行优化改进，从而提高机器类人思考的能力和智能化水平。

4. 理性思考

在理性思考中，主要研究机器通过使用计算模型来表现智力，使感知、推理和行动的计算成为可能。古希腊哲学家和思想家亚里士多德将正确思考定义为不可反驳的推理过程。

---

① Agent：人工智能术语。指能自主活动的软件或者硬件实体。

在给定正确的前提下，他提出的三段论能够在一定程度上得到正确的结论。例如，给出所有人必有一死，苏格拉底是人这样的前提，可以得出苏格拉底必有一死这样的结论。这种思维方式开创了逻辑学领域，1965 年已有程序可求解用逻辑表示法描述的任何可解问题。

但是这种方式存在两个阻碍，用逻辑法表示非形式化的知识是有一定困难的，在原则上的可解问题和实际解决存在一定的差异，可能会较大地消耗计算机资源，除非计算机能够进行先验实验，得到消耗资源少的推理步骤，以减少对计算机资源的消耗。

7.1.2 人工智能技术的发展历程与趋势

人工智能技术的发展可总结为孕育期、形成期和发展期三个阶段。

1. 孕育期（1955 年之前）

从古至今，人们一直试图用各种机器代替人的部分脑力劳动，解放了人脑并且提高了做事的效率。人工智能的产生和发展绝不是偶然的，是科学技术发展的必然产物。对人工智能影响较大的研究成果有以下几个方面。

（1）公元前 384 年到公元前 322 年，古希腊哲学家和思想家亚里士多德在《工具论》中提出了关于形式逻辑的一些定律，其中的三段论至今仍是演绎推理的基本依据。

（2）德国数学家和哲学家莱布尼茨提出了万能符号和推理计算的思想，他认为可以建立一种通用的符号语言并在此符号语言上进行推理演算。这一思想不仅为数理逻辑的产生和发展奠定了基础，还是现代机器思维设计思想的萌芽。

（3）英国逻辑学家布尔致力于使"思维规律"形式化和实现机械化，并创立了布尔代数。他在《思维法则》一书中首次用符号语言描述了思维活动的基本推理法则。

（4）1936 年英国数学家图灵提出了一种理想计算机的数学模型，即图灵机，为后来电子数字计算机的问世奠定了理论基础。

（5）1943 年美国神经生理学家麦克洛奇和匹兹建成了第一个神经网络模型（M-P 模型），开创了微观人工智能的研究领域，为后来人工神经网络的研究奠定了基础。

（6）1937～1941 年，在美国爱荷华州立大学的阿塔纳索夫教授和他的研究生贝瑞开发了世界上第一台电子计算机"阿塔纳索夫-贝瑞计算机"后，电子计算机迅速发展，为人工智能的研究奠定了物质基础。

2. 形成期（1956～1969 年）

1956 年，由麦卡锡、香农和西蒙等 10 名年轻的学者在美国达特茅斯学院召开了关于机器智能的学术研讨会，研讨会长达两个月。会议上经麦卡锡提议，正式采用了"人工智能"这一术语，因此，麦卡锡被称为人工智能之父。这次会议的历史意义重大，标志着人工智能作为一门新兴学科正式诞生了。这次会议后，美国形成了多个人工智能研究组织，如明斯基和麦卡锡的麻省理工学院研究组等。会议之后的 10 多年间，人工智能的研究在机器学习、定理证明、模式识别、问题求解、专家系统及人工智能语言等方面都取得了许多令人瞩目的成就。

（1）在机器学习方面，1957 年罗森布拉特（Rosenblatt）成功研制了感知机。这是一种将神经元用于识别的系统，推动了连接机制的研究，但人们很快发现了感知机的局限性。

（2）在定理证明方面，1958 年美籍华人数理逻辑学家王浩在 IBM-704 机器上证明了《数学原理》中有关命题演算的全部定理（220 条），还证明了谓词演算中 150 条定理的 85%；1965 年鲁滨逊（J. A. Robinson）提出了归结原理，为定理的机器证明做出了突破性的贡献。

（3）在模式识别方面，1959 年塞尔夫里奇推出了一个模式识别程序；1965 年罗伯特编制出了可分辨积木构造的程序，为后续模式识别的研究奠定了基础。

（4）在问题求解方面，1960 年纽厄尔等通过心理学试验总结出了人们求解问题的思维规律，编制了通用问题求解（general problem solver，GPS）程序，能够求解 11 种不同类型的问题。

（5）在专家系统方面，1965 年美国斯坦福大学的费根鲍姆开始带领小组进行了专家系统 DENDRAL 的研究，1968 年完成并投入使用。该专家系统能根据质谱仪的实验，通过分析推理决定化合物的分子结构，其分析能力已接近于甚至超过有关化学专家的水平。该专家系统的研制成功不仅为人们提供了一个实用的专家系统，而且对知识表示、存储、获取、推理及利用等技术是一次非常有益的探索，对人工智能的发展产生了深刻的影响。

（6）在人工智能语言方面，1960 年麦卡锡研制出了人工智能语言 LISP（list processing），成为建造智能系统的重要工具。1969 年国际人工智能联合会议的成立标志着人工智能这门新学科已经得到了世界的公认，是人工智能发展史上的一个重要里程碑。1970 年《人工智能》期刊的创刊促进了各国学者之间的交流，进一步推动了人工智能的发展。

3. 发展期（1970 年后）

1970 年后，许多国家相继开展了关于人工智能的研究，克服了机器学习、问题求解和神经网络等方面的种种困难，涌现了大量的研究成果。

（1）1972 年法国马赛大学的科麦瑞尔提出并实现了逻辑程序设计语言 PROLOG（programming in logic，逻辑编程语言），斯坦福大学的肖特利夫等从 1972 年开始研制用于诊断和治疗感染性疾病的专家系统 MYCIN。

（2）1976 年斯坦福大学杜达等研制的地矿勘探专家系统 PROSPECTOR 能根据岩石标本和地质勘探数据对矿藏资源进行估计和预测，能对矿床分布、储藏量、品位及开采价值等进行推断，制订合理的开采方案，该系统成功地找到了超亿美元的钼矿。

（3）美国 DEC 的专家系统 XCON 能根据用户要求确定计算机的配置，由专家做这项工作一般需要 3h，而该系统只需要 0.5min，速度提高了 300 多倍。

（4）1997 年美国 IBM 公司邀请国际象棋棋王卡斯帕罗夫与 IBM 公司的"深蓝"计算机系统进行人机大战，在双方的决胜局中，卡斯帕罗夫仅走了 19 步便放弃了。"深蓝"赢得了这场"人机大战"的胜利。卡斯帕罗夫赛后表示："这场比赛中有许多新的发现，其中之一就是计算机有时也可以走出人性化的棋步。在一定程度上，我不能不赞扬这台机器，因为它对盘势有着深刻的理解，我认为这是一项杰出的科学成就。"

（5）2006 年神经网络之父欣顿（Hinton）提出了深度神经网络；2012 微软研制出了自动同声传译系统；2013 年 Google 人工智能识别出了一只猫；2014 年 DeepID 人脸识别精度超过了肉眼；2016 年 Google 的 AlphaGo 战胜了人类围棋冠军。1978 年，中国也开始将"智能模拟"作为国家科学技术发展规划的主要研究课题之一，并在 1981 年成立了中国人工智能学会,目前在专家系统、模式识别、机器人学及汉语的机器理解等方面都取得了很多研究成果。

人工智能作为引领未来的战略性技术,将受到各国的高度重视,可见人工智能技术有着良好的发展前景。人工智能技术未来的发展趋势可从智能基础设施、数据智能处理、智能技术服务和行业智能化四个方面进行简述。

(1)智能基础设施。智能基础设施为人工智能产业提供了计算能力的支撑,包括智能芯片、智能传感器和分布式计算框架等。未来的智能芯片主要朝着模仿人类大脑结构的芯片和量子芯片方向发展;智能传感器将朝着高精敏度、高可靠性、微型化和集成化的方向发展;常规的单机计算模式将朝着分布式计算进行改进和优化,以高效处理海量的数据。

(2)数据智能处理。信息数据是人工智能技术创造价值的关键要素,数据处理包括了数据的采集、处理和分析等。目前进行人工智能数据处理的企业主要有数据提供商和自身拥有数据获取途径,并能处理分析的综合性厂商两类。这些厂商在未来的发展中,需要不断提升对数据的采集、处理和分析水平,使数据处理更加智能。

(3)智能技术服务。智能技术服务重点关注人工智能技术平台的构建,并对外提供人工智能相关的服务。根据提供服务的类型,智能技术服务厂商可分为提供人工智能技术平台和算法模型、提供整体解决方案和提供在线服务三类。在未来的发展中,这三类提供技术服务的厂商需要根据自己的侧重点进行计算框架、算法模型和整体方案的提升优化。

(4)行业智能化。在未来人工智能技术的发展中,人工智能将渗透各行业,切入各场景形成"人工智能+"的行业应用,为人类提供更精准、智能和个性的服务,有效提升各行业的智能化水平,不断促进经济和科技的发展。人工智能技术的行业应用见表 7.1。

表 7.1 人工智能技术的行业应用

应用领域	主要内容	主要作用
人工智能 + 医疗	医学研究、制药研发、智能诊疗、疾病预测、医疗影像、辅助诊疗、虚拟助手和医保控费等	提高医疗机构和人员的工作效率,降低医疗成本,科学有效地进行日常疾病的预防
人工智能 + 金融	智慧银行、智能投顾、智能风控、智能信贷、智能保险、身份验证和智能监管等	提升金融机构的服务效率,拓展金融服务的广度和深度,实现金融服务的智能化
人工智能 + 零售	智能营销推荐、智能支付系统、智能客服、无人仓/无人车、无人店和智能配送等	优化从生产、流通到销售全产业链资源配置与效率,实现产业服务与效能的智能化升级
人工智能 + 教育	教育评测、拍照答题、智能教学、智能教育、智能阅卷和人工智能自适应学习等	注重对学生个性化的教育,有助于教师因材施教,提升教学与学习质量
人工智能 + 制造	智能产品与装备、智能工厂、智能车间与生产线、智能管理与服务和智能供应链与物流等	显著缩短制造周期和提高制造效率,改善产品质量,降低人工成本
智能驾驶	芯片、软件算法、高清地图和安全控制等	有效提高生产与交通效率,缓解劳动力短缺,达到安全、环保、高效的目的
智能机器人	智能工业机器人、智能服务机器人和智能特种机器人等	使机器人具备与人类似的感知、协同决策与反馈能力

7.2　人工智能的关键技术

人工智能是一门前沿交叉综合性学科，涉及计算机科学、控制论、信息论、神经心理学和语言学等多个领域，并被广泛地应用于多个行业。其中在物流行业的应用中，人工智能关键技术涉及了深度学习、计算机视觉、自动驾驶和自然语言理解等。

7.2.1　深度学习

机器学习是人工智能的一个重要研究领域，也是实现人工智能的重要手段。机器学习是指计算机通过学习获取知识和技能，模拟人类学习行为，并不断地改善性能，实现自我完善。机器学习系统一般由环境、学习、知识库和执行与评价四个部分组成。各部分之间的关系如图 7.1 所示，箭头表示信息流的传递方向。

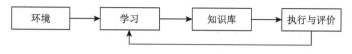

图 7.1　机器学习系统基本结构

机器学习系统中的环境指外部信息来源，为机器学习提供相关的信息；知识库用于存储通过学习得到的知识；执行与评价分为执行和评价两部分，执行即运用学到的知识来求解新问题，评价用于检验执行的效果；学习环节根据执行和评价环节反馈的信息决定是否要从环境中索取信息进一步学习，以完善知识库中的知识。

机器学习根据学习能力分为监督学习（有教师）、半监督学习、强化学习和无监督学习（无教师学习），这里将重点介绍监督学习和无监督学习。监督学习实际上是从给定训练数据集中学习出一个函数，当给定新数据时，能预测结果。监督学习的基本学习流程如图 7.2 所示。监督学习根据"教师"的正确响应来调整学习系统的参数和结构，监督学习一般采用分类和回归这两种常用的方法。

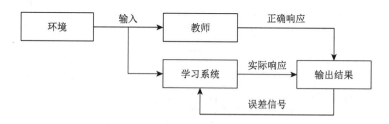

图 7.2　监督学习流程图

图 7.3　无监督学习流程图

无监督学习系统中，输入的数据没有被标记，也没有确定的结果，对于未知的数据类别，需要进行分类，使类内差距最小化，类间差距最大化。无监督学习的流程如图 7.3 所示，无监督学习需要系统根据环境提供数据的特征规律进行自身参数和结构的调节，无监督学习常用的方法有聚类和降维。

深度学习是机器学习领域的一个新研究方向，其核心在于模拟人脑层级的抽象结构，通过无监督的方式从海量数据中学习特征。深度学习是相对浅层学习提出的，浅层学习包括了支持向量机、决策树和最近邻算法等，而深度学习有更为强大的函数拟合力和泛化能力，其学习结果能够体现底层特征到高级特征的演变。例如，深度学习模型可以表示由像素点到边缘，再到部件及物体的过程。深度学习能更好地利用数据，从而提高预测的准确性。

深度学习的目的是建立和模拟人脑进行分析和学习时的神经网络，通过模仿人脑的机制对图像、文本和声音进行解释，组合低层次特征形成高层次更加抽象的特征和类别。深度学习采用了多层前向神经网络的分层结构，包括输入层、隐层（多层）、输出层组成的多层网络，只有相邻层节点有连接，同一层及跨层节点之间相互无连接。这种分层结构是比较接近人类大脑结构的。

多层前向神经网络，即 BP（back-propagation，反向传播）神经网络，BP 神经网络学习算法采用迭代算法来训练整个网络，先随机设定初值，计算当前网络的输出，然后根据当前输出和样本之间的差值去改变前面各层的权值，直至收敛，本质上是一个梯度下降法。对于 7 层以上的深度网络来说，会出现梯度扩散，即残差传播到最前面层时的变化已不大。在典型的深度学习系统中，可能有海量的样本和权值用来训练机器。相较于 BP 神经网络学习算法，深度学习采用了分层计算的训练机制，以克服 BP 神经网络训练中存在的梯度扩散问题。

对于深度学习的训练，如果对所有层同时进行训练，时间复杂度较高；如果每次训练一层，偏差就会逐层传递，同时深度网络的神经元和参数太多，会严重欠拟合。2006 年，欣顿提出了一个在无监督数据上建立多层神经网络的方法，每次训练一层网络，再进行调优。深度学习具体的训练过程如下。

（1）自下而上进行无监督学习，从底层开始，一层一层地往顶层训练。

采用无标签数据或有标签数据对各层参数进行分层训练，可以看作是无监督训练，这是与传统神经网络最大的区别。这个过程可以看作是特征学习过程。先用无标定数据训练第一层，训练时先学习第一层的参数。第一层可以看作是得到一个使得输出和输入差别最小的三层神经网络的隐层。由于模型容量的限制和稀疏性约束，得到的模型能够学习到数据本身的结构，从而得到比输入更能表示能力的特征。在学习得到第 $n-1$ 层后，将 $n-1$ 层的输出作为第 n 层的输入，训练第 n 层，由此分别得到各层的参数。

（2）自上而下进行监督学习，通过带标签的数据去训练，误差自上而下地传输，对网络进行微调。每层采用 wake-sleep 算法进行调优，每次调整一层，逐层调整。

wake 阶段：认知过程。通过下层的输入特征和向上的认知权重产生每一层的抽象表示，再通过向下的生成权重产生一个重建信息，计算输入特征和重建信息残差，使用梯度下降修改层间的下行的生成权重。

sleep 阶段：生成过程。通过上层概念和下行的生成权重生成下层状态，再利用认知权重产生一个抽象表示。利用初始上层概念和新建的抽象表示的残差，使用梯度下降法修改层间的上行的认知权重。

基于第一步得到的各层参数进一步调整整个多层模型的参数，这一步是监督训练的过程。第一步类似于神经网络随机初始化初值的过程，由于深度学习的第一步不是随机初始化，而是通过学习输入数据的结构得到的，因而这个初值更接近全局最优，能取得更好的效果。

7.2.2　计算机视觉

人类通过双眼观察事物和捕捉信息，计算机同样具有视觉，可以识别物体和进行运动分析等，计算机视觉是一门新兴的研究机器看世界的学科，也是人工智能的关键技术之一。

计算机视觉（computer vision，CV）是指使用摄像机/摄影机和计算机取代自然世界中的眼睛对特定目标进行识别、跟踪、分析等的机器视觉，让计算机具备能够对周围世界的空间物体进行传感、抽象、判断的能力，从而达到识别和理解的目的。计算机视觉技术的实现过程如图 7.4 所示分为了 3 个阶段。

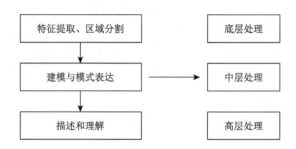

图 7.4　计算机视觉技术的实现过程

计算机视觉技术主要是使计算机能够模拟人类的视觉，希望计算机像人类一样观察并理解世界，并且能够自主适应环境。但是想要达到这个目标，还需要一定的时间。例如，计算机视觉的一个重要应用领域是车辆的自主视觉导航，想让计算机像人类一样识别环境，进行自主导航的功能还有待研究和改进。

计算机视觉技术的工作原理是对事物进行图片或者视频采集、预处理和高级处理，即借助摄影机和计算机的识别、追踪、测量、感知等方法来捕捉目标对象，在此基础上进行图像的信息处理，使计算机处理后的图像更加适合人眼观察，可传输给仪器进行检测等高级处理。计算机视觉技术的工作原理如图 7.5 所示。

计算机视觉具有多样性和不完善性。虽然计算机视觉起步较早，但是 20 世纪 70 年代后期才真正发展起来，这时计算机已能处理大规模的图像数据，但当时对"计算机视觉"并没有正式的定义。然而人们也能通过计算机视觉的相关技术识别一些简单的目标。随着机器学习技术逐渐发展，图像的处理更加准确高效，从而使计算机视觉得到了进一步的发展。

计算机视觉不仅是工业界的重大工程领域，在科学界也是一个极具有挑战性的研究领域，涉及了多个学科，包括了计算机、信号、物理、应用数学、神经学和认知学科等，研究内容有计算成像学、图像理解、三维视觉、动态视觉和视频编解码等。

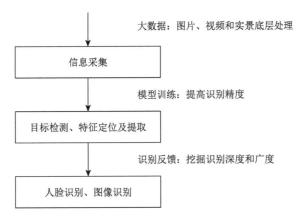

图 7.5 计算机视觉技术的工作原理

1. 计算成像学

计算成像是指涉及数字计算机图像形成的方法。成像的目的不仅要满足人们的视觉要求，还要满足智能应用所需的鲁棒性和智能功能，实现"从 3D 到信息"的跨越。在许多情形下，传感器设计的最终目标不再是为了得到高分辨率的图像信号，而是希望收集到图像理解算法所需要的信息。这种方式能较大程度回避数字媒体存在的"存不起、查不准和管不住"问题。这种将成像与后置的特征提取计算相结合的思想，就是计算成像。计算成像能够实现传统成像无法完成的任务，如去除运动模糊、超分辨率重建等。

2. 图像理解与识别

图像理解与识别是研究用计算机系统解释图像，实现类似人类视觉系统理解外部世界的一门科学，所讨论的问题是完成某一任务需要从图像中获取哪些信息，以及如何利用这些信息获得相应的解释。图像理解与识别的研究涉及了获取图像的方法、装置和具体的应用实现。20 世纪 60 年代初，就有学者开始研究图像理解与识别了，研究初期以计算机视觉为载体，计算机视觉简单地说就是研究用计算机来模拟人类视觉或灵长类动物视觉的一门科学，将视野环境内的图像数据用符号进行描述。主要研究内容包括了图像获取、图像处理、图像分析和图像识别。图像包括静动态图像、二维图像和立体图像。计算机视觉的输入是数据，输出也是数据，是结构化或半结构化数据和符号。

3. 三维视觉

三维视觉是计算机视觉领域的一个重要研究方向，它的目的在于重构场景的三维几何信息。对三维视觉的研究有着重要的应用价值，其应用包括移动机器人的自主导航系统、航空及遥感测量、工业自动化系统等。三维视觉的主要研究方法有 3 个。一是直接利用测距器获得程距信息，建立三维描述，这种方法也被称为程距法。根据已知的深度图，用数值逼近的方法重建表面信息，根据模型建立场景中的物体描述，实现图像理解功能。二是仅利用一幅图像所提供的信息推断三维形状。这种方法依据光学成像的透视原理及统计假设，根据场景中灰度变化导出物体轮廓及表面，由影到形推断场景中的物体。三是利用不同视点上的多幅图像提供的信息重构三维结构，这是一种被动式的方法。根据图像获取方式的不同又可以划分为普通立体视觉和通常所称的光流两大类。普通立体视觉研究的是由两个摄像机同时拍摄下的两幅图像，而光流研究的是单个摄像机沿任意轨道运动时顺序拍下的两幅或多幅图像。它们具有相同的几何构形，研究方法具有共同点。

4. 动态视觉

动态视觉是指在观察移动目标时，能够捕获、感知和分解移动目标影像的能力。这种能力包括通过动态视觉捕捉影像、短时间内处理信息并做出反应。例如，拳击比赛中每一名拳击选手都要利用动态视觉捕捉对手的快速行为变化。拳击选手通过动态视觉捕捉攻击手的出拳，同时躲避攻击拳。优秀的棒球运动员，可以看到写在棒球上的阿拉伯数字，也可以捕捉到棒球的旋转方向和移动变化。动态视觉受到了多因素的影响，物体高速移动时往往会产生残像，图像接收设备以很短的时间接收每一帧，当物体速度快于动态视觉的界限时就无法进行捕捉，其中的反应速度是关键。接收每一帧图像的时间越短，就越能捕捉到运动速度越快的目标。

5. 视频编解码

视频编码方式指通过特定的压缩技术，将某个视频格式的文件转换成另一种视频格式文件的方式。传统的压缩编码是在香农信息论基础上提出的，它以经典的集合论为基础，用统计概率模型描述信息源，但它未考虑信息接收者的主观特性及事件本身的具体含义、重要程度和引起的后果。因此，压缩编码的发展历程实际上是以香农信息论为出发点的一个不断完善的过程。根据不同的角度，数据压缩编码有不同的分类方式。按信息源的统计特性可分为预测编码、变换编码、矢量量化编码、子带-小波编码、神经网络编码方法等。按图像传递的景物特性可分为分形编码、基于内容的编码方法等。视频解码即为视频编码的逆操作过程。

上述从计算机成像学、图像理解与识别、三维视觉、动态视觉、视频编解码这几个方面介绍并分析了计算机视觉的相关知识。计算机成像学主要是涉及数字计算机的图像形成方法，输出的虽然是普通的图像，但图像的形式有很多。图像理解是使用计算机解释图像，虚拟人眼，输入整个图像，输出特征信息，用以分类、识别和检测等的技术。三维视觉是计算机视觉领域的重要内容，通过构建立体几何信息，使得信息更加全面。动态视觉相对于静止而言，能够捕获、感知和分析移动的目标，该技术能捕捉高速移动的目标，应用广泛。与视觉密不可分的是视频，由于视频的存储空间大，传输容易受限，可通过视频的编解码提高视频的存储和传输效率。计算机视觉贯穿信息的获取、预处理、处理、解析、传输到使用，每一环节都极为重要和值得研究，但目前很多领域还存在着不少瓶颈和难题，任重道远。

7.2.3　自动驾驶

自动驾驶技术也是一门集多种技术于一体的综合性技术，包括了人工智能、传感器、机器学习和计算机视觉等，涉及了环境感知、精准定位、决策与规划和控制与执行等方面。自动驾驶技术得益于人工智能技术的发展和应用，应用场景广泛，如公共交通领域、快递用车和工业应用、障碍人士的护理、巡检安防领域和测绘领域等。

自动驾驶技术一般通过车载传感器感知道路环境，根据道路、车辆位置和障碍物信息控制车辆的速度和转向，使车辆能够在自动规划的路线上安全可靠地行驶。自动驾驶系统是一个复杂的智能系统，主要涉及的内容有以下几个方面。

1. 体系结构

体系结构是一个系统的骨架，确定了系统的基本组成框架和相互关系。自动驾驶系统的体系结构还包括了系统信息的交流和控制调度，起到了"神经系统"的作用。自动驾驶系统体系结构定义了系统软硬件的组织原则、集成方法和支持程序。合理的体系结构能够实现系统模块之间的协调，使系统的软硬件具有开放性和可扩展性。

2. 环境感知

自动驾驶的环境感知像人类的视听感觉一样，利用各种传感器对环境进行数据采集，获取行驶环境信息，并对信息中的数据进行处理。环境感知系统为自动驾驶提供了本车和周围障碍物的位置信息，以及本车与周围车辆等障碍物的相对距离、相对速度等信息，进而为各种控制决策提供信息依据。它是自动驾驶实现避障、自定位和路径规划等高级智能行为的基础。

3. 定位导航

自动驾驶通过定位导航系统获得自身的位置、姿态等信息。定位导航系统是自动行驶的基础。常用的定位导航技术有航迹推算技术、惯性导航技术、卫星导航定位技术、路标定位技术、地图匹配定位技术和视觉定位导航技术等。在组合导航系统中，综合了两种或两种以上不同类型的导航传感器信息，以获得更高的导航性能。

4. 路径规划

路径规划是指在一定环境模型基础上，给定自动驾驶系统自身的起始点与目标点后，按照某一性能指标规划出一条无碰撞、能安全到达目标点的有效路径。路径规划主要包含两个步骤：一是建立环境地图；二是调用搜索算法在环境地图中搜索可行路径。

5. 运动控制

自动驾驶的运动控制分为纵向控制和横向控制。通过对油门和制动的协调，纵向控制能够达到期望的车速。在保证车辆操纵稳定性的前提下，横向控制能够实现自动驾驶的路径跟踪。

6. 一体化设计

相对于传统的添加外部机构的改造方法，自动驾驶一体化设计将是未来自动驾驶设计的导向。它综合考虑了对局部环境的感知和决策，以及车辆动力等性能之间的相互联系和影响。在自动驾驶系统的构建中，应更注重各个模块的集成和整体性，使得整体能够达到最优，并在控制、结构、性能、布局、强度、可靠性、维修性和寿命周期费用等多方面进行综合分析和协调权衡。

在自动驾驶体系结构的设计中，分层递阶式和反应式体系结构最为常见。

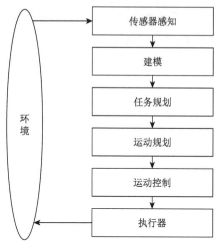

图 7.6　分层递阶式体系结构

（1）分层递阶式体系结构。分层递阶式体系结构是一个串联的系统结构，如图 7.6 所示。在这种体系结构中，传感器感知、建模、任务规划、运动规划、运动控制和执行器等模块次序分明，前者的输出结果为后者的输入，又称感知—模型—规划—行动结构。该结构具有良好的规划推理能力及自上而下对任务逐层分解的能力，可以使模块的工作范围逐层缩小，问题求解精度逐层增高，比较容易实现高层次的智能。

在分层递阶式的体系结构中，系统所产生的动作不是传感器数据直接作用的结果，而是经历从感知、建模到规划、控制等阶段之后的结果。在给定目标和运动控制约束条件之后，规划模块根据局部环境模型和已有全局环境模型决定下一步行动，从而依次完成整个任务。

分层递阶式体系结构对通用环境模型的要求比较理想化。它对传感器的要求较高，并且认知过程和环境模型的建立存在计算瓶颈，即传感器到执行器的控制环路中存在延时，缺乏实时性和灵活性。另外，这种依序排列的结构导致系统的可靠性不高。一旦某个模块出现软件或硬件故障，就可能导致整个系统瘫痪。这种实时反应功能只有将感知、规划和控制三者紧密地集成在一个模块中才能实现。

（2）反应式体系结构。反应式体系结构中常用的是基于行为的反应式体系结构，又称包容结构。基于行为的反应式体系结构是并联体系结构，如图 7.7 所示。它针对各个

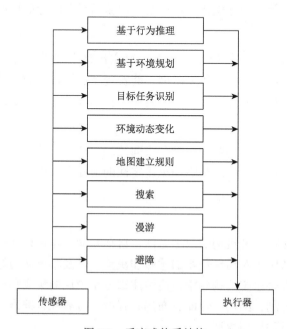

图 7.7　反应式体系结构

局部目标设计各种基本行为，形成各种不同层次的能力。每个控制层直接基于传感器的输入进行决策，可以适应完全陌生的环境。尽管高层次会对低层次施加影响，但低层次本身具有独立控制系统运动的功能，而不必等高层次处理完成。它突出了"感知-动作"的行为控制。

这种体系结构封装了控制中应具备的感知、探测、避障、规划和执行任务等能力。系统中存在着多个并行控制回路，构成各种基本行为。传感器数据根据需求以一种并行方式给出。各种行为通过协调配合后作用于驱动装置，产生有目的的动作。基于行为的反应式体系结构中许多行为仅设计成一个简单的特殊任务，占用的内存不大，因此可以产生快速的响应，实时性强，整个系统可以方便灵活地实现从低层次的局部定位到高层次的障碍规避，系统的鲁棒性和灵活性也得到很大的提高。

基于行为的反应式体系结构需要克服的最大难点是，需要设计一个协调机制来解决各个控制回路对同一执行器争夺控制的冲突。随着任务复杂程度及各种行为之间的交互作用的增加，预测一个体系整体行为的难度将会增大。这也是反应式体系结构的主要缺点。

分层递阶式体系结构的系统缺乏实时性和灵活性，且可靠性不强。以"感知-动作"结构为代表的基于行为的反应式体系结构的系统虽然实时性和灵活性得到了提高，但是缺乏较高等级的智能，两种结构都存在一定的优劣。因此，不少学者开始研究两者结合的混合体系结构，将分层递阶式体系结构和反应式体系结构的优点进行有效的结合。

7.2.4　自然语言理解

自然语言理解（natural language understanding，NLU）是计算机科学和人工智能领域中的一个重要方向，融合了语言学、计算机科学和人工智能。从微观角度，自然语言理解是指自然语言到机器内部的一个映射。从宏观角度，自然语言理解是指机器能够执行人类所期望的某种语言功能，包括回答问题、生成文摘、释义和翻译等。自然语言理解又被称为自然语言处理（natural language processing，NLP）。

自然语言理解的基础技术包括词汇、短语、句法语义和篇章的表示与分析，实际上是对用户画像的刻画。核心技术有机器翻译、提问与回答、信息检索和信息抽取，利用了大数据、云计算和机器学习，可实现与人类的聊天和对话、知识库的建造、语言及文摘的生成和推荐。自然语言理解的进一步发展方向有搜索引擎、智能客服、产业智能和语音助手。

在物流领域中，自然语言理解可应用于客服系统，许多物流企业如"三通一达"和顺丰已有的语音和文字智能客服系统，能够代替或协助在线客服进行工作，不仅降低了人工客服的成本，还能 24h 为用户提供服务，缓解了人工客服和进线的压力。

由于自然语言本身具有一定的复杂性，自然语言的理解也存在着许多难题。

（1）语言的多样性。在自然语言中，同一个意思有多种表达方式，同一个词语在不同情形下的意思也不完全相同。部分表达有一定的规律，能够进行字词之间的组合，但也存在例外。要使机器理解这种复杂、多样性的表达具有一定的难度。

（2）语言的歧义性。在缺少语境约束的情况下，语言有较大的歧义性。例如，"我们研究所有东西"这句话存在字层面上的歧义。"我们研究所/有东西"这种理解方式将"研究所"理解成了名词，"我们研究/所有东西"这里的"研究"就变成了动词。还存在一词多义的歧义，如"山上的杜鹃开了""树上有一只杜鹃在叫"，虽然都是"杜鹃"，但是前一句指的是一种花，后一句指的是一种鸟。

（3）语言的鲁棒性。语言在输入的过程中，尤其是通过语音识别转录形成的文本，会存在多字、少字、错字和噪声等问题。

（4）语言的知识依赖性。语言是对世界的符号化描述，语言天然连接着知识。

（5）语言的上下文关联性。语言的理解与上下文有关，在不同的语境中同样的语言会有完全不同的含义。

目前的自然语言理解技术已有突破性的发展和广泛的应用，如机器问答、汇编资料和摘录文献等。但要想精准地理解语言、像人类一样自如地应用和实现更智能的功能，还需要科学家和技术专家不断地研究和探索。

理解自然语言首先要认识语言的构成。语言虽然可以表示成一连串的文字符号或一串声音流，但其内容是层次化的结构。一个文字表达的句子由词素→词，或词形→词组→句子，而用声音表达句子的结构为音素→音节→音词→音句，每个层次都受到了语法的约束。

语言的分析和理解也是一个层次化的过程，通常分为语音分析、词法分析、句法分析、语义分析、信息抽取和顶层任务六个层次。如果接收到的是语音流，那么在词法分析前还应加上语音分析。顶层任务就是直接面向用户，提供如机器翻译、对话机器人这样的产品化服务。

1. 语音分析

在有声语言中，最小可独立的声音单元是音素，音素是一个或一组音，能够与其他音素相互区别。如 sin 和 min 中分别有 s 和 m 这两个不同的音素，而 tin、stin 和 bit 中的音素 t 是同一个音素，对应了一组有差异的音。语音分析是从语音流中区分出一个个独立的音素，再找出一个个音节及其对应的词素或词。

2. 词法分析

词法分析的主要目的是找出词汇的各个词素，从中获得语言学信息。词法分析主要包括分词、新词发现、词性还原和词性标注。

1）分词

在英语等语言中，找出句子中的词汇相对容易，但要找出各个词素就复杂得多。例如，resettable，它可以是由 re-set-table、re-sett-able 或 reset-table 构成的，因为 re、set、sett、table 和 able 都是词素。

中文分词是将连续的自然语言文本，切分成具有语义合理性和完整性的词汇序列的过程。在汉语中要找出每个词素是非常容易的，因为汉语中的每个字就是一个词素。但要切分出各个词同样是非常复杂的。例如，"学校来了三个医院的医生"，可以是"学校/来了/三个/医院的医生"，也可以是"学校/来了/三个医院/的/医生"。

2）新词发现

在很多给定的文本中，需要发掘出一些新词。

3）词性还原

在分词之后，需要对词进行词性还原。词性还原并不适用于中文。在英语中有多种形态，需要还原成词根。例如，词尾中的词素"s"通常表示名词复数，或动词第三人称单数。一个词可以有许多派生、变形，如 look 可变化出 looks、looked、looking 等。这些词如果全部放入词典，数量将是非常庞大的，而它们的词根只有一个。

例如，"The boy's pens are different colors"可以还原为"The boy pen be differ color"。

4）词性标注

词性标注是指给句子里的每一个词标注一个词性类别（名词、动词、形容词或其他类型），传统上，英语有八大词类：名词、代词、形容词、动词、副词、介词、连词和感叹词。根据不同的分类方法，所分的类也不同。通过词性标注可实现拼写的校正，在使用文本编辑器时，如果打错字，会被标红或在字下面画一条红线。

3. 句法分析

句法分析就是对句子或短语的结构进行分析，以确定构成句子的各个词、短语的相互关系及各自在句子中的作用等，并将这些关系用一种层次结构加以表达。这种层次结构可反映从属关系、直接成分关系或语法功能关系。

句法分析主要有四种方法：成分句法分析、依存句法分析、语言模型和句子边界检测。

1）成分句法分析

成分句法分析是把句子里的名词短语或动词短语找出来，从一个根结点出发，一层一层地向下产生各个分支，直到一个完整的句子被生成一棵句法树。如图 7.8 所示的成分句法分析树示例，NP 是指一个名词短语，VP 是指一个动词短语，PP 是指一个介词短语。

2）依存句法分析

依存句法分析是通过分析语言单位内各成分之间的依存关系揭示其句法结构。在汉语中，依存句法分析能够识别

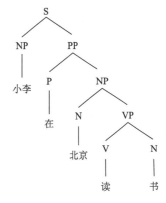

图 7.8　成分句法分析树示例

句子中的"主、谓、宾、定、补、状"这些语法成分并分析各成分之间的关系。然后由这些修饰关系来构成一棵依存的句法树，依存关系用有向弧表示，称为依存弧。依存弧的方向由从属词指向支配词，方向相反也是允许的。如图 7.9 所示的依存句法分析示例，"小李"与"读书"是主谓关系（SBV），"在"和"北京"是介宾关系（POB）。

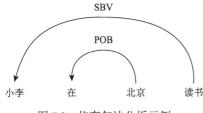

图 7.9　依存句法分析示例

3）语言模型

通过建立语言模型，可对语句的合理程度（流畅度）进行评测。

4）句子边界检测

中文句子的边界通常会由句号、叹号或者问号等做分隔，但是有些语言，如泰语，句子间没有明显边界。所以在进行句子层面分析前，先要进行句子边界检测。

4. 语义分析

语义分析就是通过分析找出词义、结构意义及其结合意义，从而确定语言所表达的真正含义或概念。语义分析的内容包括词义消歧、语义角色标注和抽象语义表示。

1）词义消歧

在不同的语境下，一词可能会有多义，通过分析消除歧义从而确定准确的词义。

2）语义角色标注

语义角色标注是一种浅层的语义分析，需要标出句子里这些语义决策动作的发起者，受到动作影响的人等。比如，"A打了B"，那么A就是施事者，B就是受事者。

3）抽象语义表示

抽象语义表示是一种抽象语义的表示形式，需要构建一个系统，使语义能够通过符号化进行表达。

5. 信息抽取

信息抽取是指利用算法从文本中抽取显性信息或隐性信息的过程。在不同的应用中，算法系统输出的结果也不相同，虽然结果不同，但通常抽取的数据和其中的关系都保存在关系数据库中。早期的方法包括使用简单的信息分类、模式匹配和语法方法来创建基于规则的方法。目前的信息检索系统使用各种监督和非监督的机器学习算法。抽取的信息通常包括命名实体和关系、事件及参与者、时间信息和事实元组。

6. 顶层任务

顶层任务能够面向用户提供自然语言处理的系统产品，搭建一个采用自然语言处理且具有综合性的系统，为用户服务。例如，机器翻译、信息检索、问答系统和对话系统等。

1）机器翻译

机器翻译即把输入的源语言文本通过自动翻译获得另外一种语言的文本。根据输入媒介不同，可以细分为文本翻译、语音翻译、手语翻译、图形翻译等。机器翻译最早采用基于规则的方法，逐渐演变为基于统计的方法，当今采用的是基于神经网络（编码和解码）的方法，逐渐形成了一套比较严谨的方法体系。

2）信息检索

信息检索即对大规模的文档进行索引。可简单地对文档中的词汇赋予不同的权重来建立索引。在查询的时候，可以先对输入的查询表达式，如一个检索词或者一个句子进行分析，然后在索引里查找匹配的候选文档，再利用排序机制进行排序输出。

3）问答系统

问答系统即对一个自然语言表达的问题，由问答系统给出一个精准的答案。需要对自然语言查询语句进行某种程度的语义分析，包括实体连接、关系识别，形成逻辑表达式，然后到知识库中查找可能的候选答案并通过一个排序机制找出最佳的答案。

4）对话系统

对话系统即系统通过一系列的对话，能跟用户进行聊天、回答、完成某项任务，涉及了用户意图理解、通用聊天引擎、问答引擎、对话管理等技术。此外，为了体现上下文相关，系统还要具备多轮对话能力。同时，为了体现个性化，还要开发用户画像及基于用户画像的个性化回复。

7.3　人工智能技术在物流领域中的应用

7.3.1　人工智能技术在仓储中的应用

在传统的仓储物流作业中，需要大量的搬运工人、叉车、托板、容器、货架等硬件设备。近年来，随着计算机、人工智能等技术的发展，仓储物流机器人实现了迅猛发展和大规模的应用，不仅帮助企业降低了仓储物流成本，还提高了仓储整体的智能化水平。仓储物流机器人大规模应用的背景主要有以下三个方面。

（1）劳动力老龄化。物流业中原有劳动力不断老龄化，工人逐渐退休或辞职，而新一代的年轻劳动力更多流入科学与工程领域，造成了仓储物流行业劳动力老龄化的加剧。尤其是仓储环节面临着越来越严峻的工人匮乏问题。在这种情形下，使用仓储机器人代替人工进行货物的装载、卸载和包装等操作成为必然选择，整个物流业对机器人的需求呈现爆发式增长。

（2）国外投资。电子商务的迅猛发展给仓储物流带来了巨大的压力和挑战，尤其是在购物节、大促活动期间。与人工操作相比，仓储机器人可以实现全天 24h 不间断工作，大幅提高仓库作业效率。持续增长的物流需求推动了仓储机器人市场的快速发展。欧洲国家为满足日益增长的智能机器人需求，政府和海外投资者不断投入资金用于机器人的研发、创新和应用。

（3）全渠道的需求。互联网电子商务的迅猛发展开辟了线上线下双渠道的销售模式，全渠道的扩张拉动了仓储机器人需求的增长。各类经济体在全渠道方面的全球化布局转型，需要使用更多仓储机器人来提高物流供应链效率，以有效应对全渠道供应链在速度、灵活性和协同性等方面的更高要求，让企业高效、低成本地完成仓储物流作业。

新型的智能仓储是以机器人为核心构建的自动化立体仓库，自动化立体仓库在减少土地资源浪费、提高物流效率、避免库存积压等方面具有明显优势。土地、人工及能耗成本快速增长，大量的重复性建设导致资源的严重浪费，给物流业的持续稳定增长带来了巨大阻力。为了解决自动化立体仓库短缺问题，阿里巴巴集团控股有限公司（以下简称阿里巴巴）、京东等电子商务企业及大型制造企业都在尝试建立自动化仓储物流设施。这种局面必将会为物流机器人产业带来广阔的发展机会。

目前机器人在仓储领域的应用方向主要是在包装、码垛、装卸搬运等方面。随着机器人技术的不断发展及应用成本逐渐降低，机器人技术将会在更多的物流领域得到广泛应用。智能机器人在提升物流效率方面的优势已经得到了充分证明，像装卸、搬运这种体力消耗巨大的工作完全可以交给机器人负责。尤其是在雨雪等特殊天气，利用机器人进行物流作业，不但可以降低风险，而且不会影响货物周转。在未来的物流产业中，智能机器人将会扮演十分重要的角色。目前已大规模运用的智能机器人有码垛机器人、分拣抓取机器人和搬运机器人。

1. 码垛机器人

码垛即将商品整齐地堆叠好，是物流中的重要环节。为了适应智慧物流的发展趋势，必须要对传统的码垛设备进行改造升级。机械式码垛机等传统码垛设备存在占积大、操作复杂、能耗高等问题。很多中小企业仍在使用人工搬运，然而人工搬运效率低下，成本较高，难以充分保证码垛质量。统计数据显示使用人工码垛时，有 50%的产品码垛尺寸误差超出正常值，要想将这些品入库，必须进行重新整理。码垛机器人如图 7.10 所示。

图 7.10　码垛机器人

常见的码垛机器人包括关节式机器人、极坐标式机器人、直角坐式机器人，可用于纸箱、瓶装、罐装、袋装等诸多形式的包装成品码垛。目前，码垛机器人市场由欧美及日本垄断，它们占据的市场份额超过了 90%。

具体来看，码垛机器人的优势主要体现在以下三个方面。

（1）提高效益。码垛机器人可以承受高强度的工作，并且码垛质量和速度高于传统码垛方式。码垛机器人上搭载的独立控制系统，能够充分保障码垛精度，将重复精度控制在 5mm 以内，所以能够显著提升码垛作业的经济效益。

（2）更稳定和灵活。现阶段，五轴和六轴码垛机器人是已经投入使用的最先进的码垛机器人，这类机器人使用了更为坚固和灵活的新材料，可以快速高效完成复杂烦琐的码垛工作。

（3）更有利于成本控制。在前期购买码垛机器人及对员工进行培训时，付出的成本较高，但在码垛机器人投入使用后，人力成本显著降低，码垛的质量及效率显著提高。

2. 分拣抓取机器人

分拣抓取是工业生产和仓储物流中的一个重要环节，相对于传统的人工方式，显然无法满足工业 4.0 时代，工业机器人引入机器视觉系统已经成为这一生产领域的主流。

机器视觉系统是一种比较复杂的系统，因为大多数系统监控对象都是运动物体，系统与运动物体的匹配和协调动作尤为重要，所以给系统各部分的动作时间和处理速度带来了严格的要求。针对在线动态智能识别、跟随、抓取，需要综合动态目标抓取策略、传送带速度控制策略，基于位置预测的传送带上物体拦截式的抓取方法，还要考虑系统的运行速度和图像的处理速度，以及摄像机使用、检测目标尺寸、检测目标有无缺陷、视野范围、分辨率大小、对比度高低等统筹运用。分拣抓取机器人如图 7.11 所示。

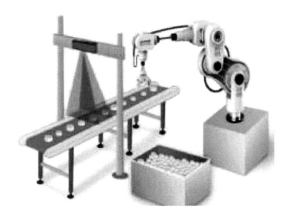

图 7.11 分拣抓取机器人

分拣抓取机器人在物流领域的应用前景广阔，但目前其应用仍处于初级阶段。此前在分拣环节，要对大量品类、形状各异的货物进行精准分拣，需要耗费较高的人力成本。而使用分拣抓取机器人后，可以通过安装在机器人上的图像识别系统及多功能机械手，来对物品进行识别，并调整机械手的力度、功能等，实现高效、精准分拣。越来越多的机器人未来将被应用至物流领域，将有力推动物流行业的数字化、信息化、智能化水平的提高，为智慧物流在我国的真正落地奠定坚实基础。

3. 搬运机器人

搬运存在于物流的运输、包装、存储、加工等诸多环节，是物流作业中的重要组成部分。搬运机器人通过安装不同类型的末端执行器，对不同形态、形状、重量的工件进行搬运，使工人从繁重的搬运工作中解放出来。搬运机器人的应用能够提高物料的流通效率，减轻物流工人的工作强度，为企业创造较高的经济效益。考虑到员工安全问题，一些地区已经为人工搬运设置了限制条件，超过限制条件时，必须由搬运机器人搬运。

日本工业企业株式会社日立制作所（以下简称日立）公布了其新型物流机器人开发计划，该款物流机器人能够完成自动装卸及运货物工作，通过两条灵活的机械臂能够快速高效抓取货架上不同形状、尺寸及重量的货物并进行搬运。由于电子商务产业的迅猛发展，对少量多品类货物的运输需求集中爆发，对传统搬运机器人进行改造升级，提高其灵活性、适应性和智能性，显得尤为重要。

物流行业普遍使用的搬运机器人更多的是对同一形状、同一品类的货物进行搬运，无法实现从货架上自动精准取货并搬运各种形状及重量的货物。日立正在研发的这款新型机器人会根据货架高度自动调整升降台高度，利用机械臂上的识别设备找到货物，并用合适的力度及方法完成取货并搬运至目的地。这款机器人的投入使用，还需要开发出与之匹配的信息系统，日立初步计划先将其应用到自身的物流仓库中，经过一段时间的优化完善，再将其出售给有需求的物流、制造企业等。

现阶段除了日立搬运机器人，自动导向车（automated guided vehicle，AGV）搬运机器人产业尚处于初级发展阶段，自动化、智能化程度有较大提升空间，产品价格相对较高，而且存在较为严重的同质竞争问题。未来还需要国内创业者及企业提高自主创新能力，打造出具备国际竞争力的自主 AGV 搬运机器人品牌，能够针对客户的个性化需求提供完善的 AGV 搬运机器人定制开发解决方案。

整体来看，以 AGV 搬运机器人为代表的智能物流机器人的发展及应用，不但将会给物流业带来一场前所未有的重大产业革命，还会对制造业、零售业甚至生产生活的其他各个方面带来深远影响。AGV 搬运机器人等智能物流机器人被大规模投入使用后，必将会带来大量设备维护控制等岗位。通过对传统物流员工进行系统培训，可以由他们完成这些附加值更高的工作，减轻其工作负担，提高物流作业效率，实现优质资源的自由、高效和低成本流通。

7.3.2 人工智能技术在运输中的应用

运输是物流的重要一环，物流信息技术在物流运输中的应用不仅提升了物流的运输效率，还增强了物流运输过程的透明度。随着 GPS、GIS、计算机网络与通信技术在物流领域的应用，企业能够对运输车辆进行实时监控，规划车辆的运行路线，追溯车辆的运行轨迹，提升了车辆的管控能力，使物流的运输更加高效。然而随着人工智能技术的发展，许多应用如无人驾驶、智能副驾和智能装载等，也将提高运输环节的效率。

1. 无人驾驶

在物流运输环节，无人驾驶是人工智能领域最被人们熟知的技术应用，无人驾驶的实现需要依靠感知、处理和执行三个环节。目前，无人驾驶还正在初期的研发和测试阶段。

自动驾驶货运初创企业北京图森未来科技有限公司（以下简称图森未来）在 2021 年7 月获得了美国卡车制造商纳威司达公司的投资，双方将共同研发 L4 级无人驾驶卡车。图森未来表示，争取在 2024 年前量产无人驾驶卡车。目前，图森未来拥有一支超过 50 台卡车的无人驾驶车队，并服务于包括美国联合包裹运送服务公司、美国麦克莱恩公司在内的 18 位客户。2017 年 6 月，图森未来获得相关批准，在加州展开了自动驾驶汽车路测。

相比于公路运输，无人驾驶技术在封闭的港口和园区的落地应用更为快速。2018 年4 月 3 日，图森未来就对外发布了全球首个无人集卡车队港区内测试视频，宣布图森未来将进入港内集装箱卡车无人驾驶运输市场。

除了图森未来，嬴彻科技有限公司、智加科技有限公司、驭势科技有限公司等企业均在研发相关的技术，包括 Amazon、京东等在内的多家企业也尝试提出了各种解决方案，并已经有一些进行了商用测试。

2. 智能副驾

驾驶并不是一份安全的工作，即使对于驾龄几十年有丰富驾驶经验的老司机来说，也存在一定的危险。尤其是对于长距离的运输，长时间的驾驶容易导致司机疲劳、走神，更容易发生意外和危险。而人工智能技术中的计算机视觉则能够帮助车辆发现危险。

中寰卫星导航通信有限公司发布了智能副驾的相关产品。其智能副驾依托车载智能硬件 T-Box、高级驾驶辅助系统（advanced driving assistance system，ADAS）和数据管理系统（data management system，DMS）设备，通过传感器数据融合和智能算法，结合 ADAS 地图等位置服务，从"人、车、路"三方面建立协同的安全管理机制，及时感知道路运输过程中的不安全因素，并通过监控管理平台实时呈现、预警，以安全共管云平台方案为商用车安全管理提供工具、手段和依据，降低风险、减少隐患，实现了虚拟在线的"副驾驶"。当司机有风险系数不大的行为时，设备将启动报警，并上报平台，形成日报月报，提供给车主甚至保险公司。如果出现重大风险，立即启动本地报警，如果本地报警没有引起司机重视，管理者将会介入。如果管理者依然没有解决，则会启动亲情电话，让司机的妻子或者儿女在线提醒。

3. 智能装载

在物流运输中，除了运输驾驶的安全问题，装载率也是运输环节值得关注和需要不断提升的方面。在相同的面积下装载更多的货物，不仅能提升运输的效率，还能节约运输的成本。

智能挂车"数字货舱"V9 版搭载了业界首创的"量方"功能。"量方"功能，采用了传感器 + 人工智能算法，对舱内货物进行高精度扫描和三维图像建模，最终自动计算出货舱容积占用百分比，实现精准装载。不仅如此，货舱在装载过程中"哪里空""哪里满"，都将以全 3D 方式呈现。通过对货舱空间更合理地利用，时刻保证车辆的真正满载。

基于大数据积累和人工智能深度学习算法，G7 数字货舱能够实时感知货物量方，自动记录量方变化曲线，时刻知晓装载率。通过人工智能摄像头和高精度传感器对厢内货物进行图像 3D 建模，保证货物运输状态全程可视化，并智能管控装车过程和装车进度。

在物流运输环节中，除了上述应用，可以在货车、轮船和飞机上安装与人工智能程序相连的传感器，这些传感器连接的程序能够监控油耗，减少对石油和天然气的过度使用。同时能在昂贵且耗时的重大故障发生之前主动提供维修意见，保障运输的顺利进行。

7.3.3　人工智能技术在配送中的应用

在传统的配送作业中，由于多为人工进行分拣和配送，货物的分拣效率不高，但配送成本相对较高，当遇到恶劣天气时，配送的效率将大幅降低。随着电子商务的迅猛发展，传统配送的问题日益突出，在物联网技术和通信技术的发展应用下，配送效率得到了较大幅度的提升，同时降低了企业的配送成本。而人工智能技术的发展和应用将进一步提升配送的效率，缩短配送的时间，实现更为精准的配送。人工智能技术在配送中的应用主要涉及了智能机器人，包括分拣机器人、无人机和自动驾驶机器人。

1. 分拣机器人

分拣是配送的重要环节。分拣机器人的应用实现了人工分拣到人工智能分拣的转变。以送往北京的包裹为例，在传统的分拣配送中，包裹到达北京的转运中心之后，需要专门的人工对包裹进行区分，将不同的区域标上不同的编号。到达网点之后要经过再次分拨,到达配送站之后,分拣人员需要进行第三次分拨。人工分拣时常会出现分拣错误,分拣人员至少要经过半年的时间才能达到熟练,但这也不能完全避免分拣错误的发生。分拣错误不仅影响派送效率和消费者体验,还影响了企业的口碑。分拣机器人如图 7.12 所示。

图 7.12 分拣机器人

菜鸟通过人工智能技术和大规模的机器学习,能够处理海量数据,实现智能分单。包裹发出时,会对包裹要去往的网点及快递员做出精准的对应,并在面单上标识出编号,无须再由人工手写分单。包裹到达转运中心、网点及配送站之后,工作人员根据编号即可判断包裹的分配,分单准确率高达 99.99%,极大地提高了配送的效率。

京东物流作为国内电商物流领域的先行者,引进了许多国内外前沿、先进的技术,具有较高的自动化水平和配送效率。在上海的无人仓中,300 个机器人并然有序地取货、扫码、运输、投货,忙而不乱,机器人靠二维条码和惯性导航,能自动识别快递面单信息,自动完成包裹的扫码和称重,以最优线路 1s 即可完成投递,还能自动排队、充电,即使出现故障,维修时间也只需要 20s 左右就能修复。

机器人进行分拣具有成本低、效率高、容错小、系统可靠性高和节能环保等特点。分拣机器人不用两班倒,可 24h 工作,减少了分拣成本;分拣机器人取货、扫码、运输、投货的过程中流畅而平稳,忙而不乱,还能自动排队、自动充电。货物分拣效率更高,单小时处理能力能够达到一万余件,同时解决了快递行业暴力分拣问题,很好地保证了包裹的安全;分拣机器人采用静态卸载,只要包裹面单信息正确,理论分拣差错率为 0;机器人分拣系统由众多独立运行的分拣机器人组成,不会受某台机器人故障而影响整个系统的运行效率,且系统支持远程升级及调试,相关技术人员可远程解决系统调度问题,所需时间也很短。机器人分拣系统用电功率较相同规模的交叉带分拣机的实际消耗功率低,且均由低功率可充电电池供电。绿色清洁能源的使用有利于企业提高效率、降低成本。

2. 无人机

在无人机送货方面,国际电子商务企业 Amazon 走在了前列。2016 年 12 月 7 日,Amazon 宣布完成首次商业无人机送货服务,从下单到送达耗时 13min。其官方公布的数据显示，Amazon 无人机配备了自动装填系统，内部的固定装置可以让货物在飞行过程中保持平衡，飞行高度约为 122m，飞行速度约 90km/h。

送货无人机可以自主起飞和降落，利用传感技术、图像识别技术等，可以精准识别并躲避障碍物，到达目的地后，先对地面进行扫描，从而选择合适的降落位置，客户签收后，无人机会自动返航。送货无人机如图 7.13 所示。

图 7.13　送货无人机

京东物流在一些区域的最后一公里配送中，也实现了无人机智能配送，如江苏省的宿迁市。在宿迁市较为偏远的农村地区，原来主要是靠卡车进行配送，耗时耗力。2016 年 6 月开始换成了无人机送货。无人机到达指定村庄时放下货物，农村的配送员把货物送至指定的客户家里，效率大幅提升，京东将一流网购体验带给了农村顾客。

阿里巴巴、中国邮政集团有限公司和顺丰等企业也都制订了无人机发展规划，目前正处于研发阶段，未来随着送货无人机相关技术的不断完善，无人机送货有望实现普及。

3. 自动驾驶机器人

创业公司 Starship 发明了一款能够进行末端配送的自动驾驶机器人，该款机器人尤其适合在路面较为整洁的城市马路中行驶，用户可以通过 App 选择送达时间，并且对机器人的位置进行实时追踪。

机器人搭载了导航系统，可以躲避行人、车辆等障碍物。为了确保安全，Starship 还有专业人员进行远程人工监控，将货物送到目的地后，由客户本人解锁车厢并取出包裹。这款机器人由电池驱动，配送范围相对较小，最高速度为 6.4km/h，其优势在于送货成本较低，污染极低。2017 年 1 月，Starship 凭借该款机器人完成了由英国汽车企业戴姆勒股份公司领投的总价值 1720 万美元的种子轮融资。

以色列学生什卡尔（Shikar）提出了一种概念设计送货机器人 Transwheel，这款机器人的主要构造包括一个自平衡轮和两个机械手臂，车轮上安装了能够保持平衡的陀螺仪系统，通过机械手臂完成包裹装卸，采用人脸识别技术对收货人身份进行确认。

对于小件包裹，使用一个 Transwheel 就可以完成配送；如果是体积与质量较大的包裹，可以使用多个 Transwheel 协同送货。为了使其在夜间送货过程中能够被行人及车辆识别，Transwheel 还安装了 LED 信号灯。现阶段，人工配送在快递配送中仍居于绝对主导地位，然而随着人力成本日益增长，配送机器人性能及功能越发完善，配送机器人将会得到大规模推广普及。

人工智能如何颠覆传统物流仓储产业①

　　随着信息科技时代的光速发展，科学技术正在不断推进更新，互联网正在以它独特的方式引领全国乃至全球的进步。从技术上而言：凭借着计算机运行处理速度的大幅提升，以及云计算、大数据、物联网等技术的飞速发展，人工智能的应用成本也在大幅度降低。从需求上而言：市场经济的发展、广大消费者对别具一格的个性化定制产品和对产品的品质消费需求也在不断增加，因此就极大程度增加了制造业的繁杂性和要求改革创新的迫切性，包括生产的组织形式、质量检验、智能仓储等环节。面对越来越复杂的系统和人类学习应对能力的有限性，接纳人工智能就变成了社会发展、经济增长、人类演化的必然，更是为了满足人们高质量生活的需求。

　　人工智能技术是怎样替代人脑，甚至超越人脑实现制造业的价值提升？"物理世界"和"数字世界"的碰撞催生了制造业的巨大转变。传统制造业单一的生产模式及人员思维方式和认识方面的局限性，导致系统中很多更加有益的价值并未被完全挖掘出来，但以人工智能为代表的新技术能为传统制造业带来巨大的改变，能摆脱人类认知的局限性，提升制造效率，通过数据科学和数据分析来为决策支持和资源优化提供可量化依据。人工智能在不同的生产环节的应用，包括管理维护、质量检验和智能仓储三个方面。

　　1. 人工智能对产线设备管理维护

　　生产线管理维护。工厂运维方面：如果某一条生产线在生产过程中突然发出故障警示，该设备能进行自我诊断，找到出现问题的地方，分析出产生该故障的原因，凭借历史维护记录和维护准则来告知我们应该如何解决该设备故障，甚至能够让机器实现自我诊断、自我解决、自我恢复。预测性维护方面：试想一下假如工业生产线或生产设备在生产过程中突然出现故障，可想而知造成的损失是无法估量的，如果能充分利用大数据建模和神经网络等先进科技算法进行提前预判，就能让机器设备在出现故障之前就能分析出或者感知到可能会出现的一系列问题。

　　产线设备参数优化。生产产线工位有少有多，可能会有几十个甚至上百个，其中涉及的产线设备、生产材料、员工等都非常多。通过基于生产线的大量数据分析和智能计算能够核算出每个工位最佳的人员配比，使生产线平衡率尽可能提高。减少物质能源、时间和资金的占用浪费，尽可能降低生产成本和员工的疲劳度，减少设备损坏和员工工伤的概率，从而优化生产工艺，改善产品品质。提高生产效率，节约生产成本则是提高企业效益的最佳选择。

　　现如今很多工厂都还是在利用传统的人工质量检测来对产品进行质量评估，质检员

_____

① 人工智能如何颠覆传统物流仓储产业，http://www.aichinaw.com/news/show-htm-itemid-3235.html。

每天需要花十多个小时去判断产品质量是否合格。但长时间下来肉眼确实难以承受，视觉疲劳的情况下也很容易造成工作上的失误。

2. 人工智能在质量检验方面的优势

人工质检存在这么多弊端，那为什么之前没采取技术手段来帮助解决质检问题呢？最主要的原因就是在于传统的视觉检验设备大概有 30% 的误判率，而人工智能最重要的一个能力就是学习能力，如同样一个划痕，它可能会和传统的系统一样在第一次都会出现错误，但通过深度学习后人工智能可以在第二次、第三次杜绝此类错误的出现。通过深度学习和神经网络，就能够让电脑快速学习做自动检测工作。

3. 人工智能在智能仓储方面的运用

在智能仓储中，随着新技术的不断引入，体力劳动者被替代是第一个需要面临的风险，因为人工智能所创造的动力机制能够在全天 24h 的情况下来完成相应的工作任务，并且能够保证工作的精准性，降低了员工在处理重型机械时给自己或他人造成事故的风险。其中仅仓储机器人已在全球部署了 10 万台。

在仓储环节，对于企业仓库选址的优化问题，人工智能技术能够根据现实环境的种种约束条件，如顾客、供应商和生产商的地理位置、运输经济性、劳动力可获得性、建筑成本、税收制度等，进行充分的优化与学习，从而给出接近最优解决方案的选址模式。人工智能能够减少人为因素的干预，使选址更为精准，降低企业成本，提高企业的利润。

在库存管理方面，人工智能在降低消费者等待时间的同时使得物流相关功能分离开来，令物流运作更为有效。人工智能技术最广为人知的一个应用就是通过分析大量历史数据，建立相关模型对以往的数据进行解释并预测未来的数据。库存管理是人工智能技术应用较早的领域之一，通过分析历史消费数据，动态调整库存水平，保持企业存货的有序流通，提升消费者满意度的同时，不增加企业盲目生产的成本浪费，使得企业始终能够提供高质量的生产服务。员工通过智能眼镜扫描仓库中的条码图形以加快采集速度和减少错误。统计数据表明，AR（augmented reality，增强现实）技术为物流提供了增值，在采集数据过程中效率提高了 25%。

对于运输路径的规划，智能机器人的投递分拣、智能快递柜的广泛使用都大大提高了物流系统的效率。随着无人驾驶等技术的成熟，未来的运输将更加快捷和高效，通过实时跟踪交通信息，以及调整运输路径，物流配送的时间精度将逐步提高。而无人监控的智能投递系统也将大大减少包装物的使用，更加环保。

云计算、大数据、物联网、智能终端等互联网基础设施的投入，帮助企业直接接入互联网，可以促进信息的广泛流动，实现更广范围的信息分享和使用，从而降低信息处理成本。

讨论题

（1）人工智能是怎么颠覆传统物流仓储产业的？

（2）在物流仓储领域，你还了解哪些人工智能技术？

■ 本章小结

人工智能技术是一种涉及计算机科学、控制论、信息论、神经心理学和语言学等多个领域的前沿交叉综合性技术。它作为 20 世纪三大科学技术成就之一，近年来发展迅速，取得了一系列成果，并被广泛地应用于多个行业。本章详细介绍了人工智能技术的定义特征和发展历程等，着重介绍了人工智能的关键技术，如深度学习、计算机视觉、自动驾驶和自然语言理解，同时，强调了人工智能技术在仓储、运输和配送等物流领域的具体应用，解决了仓储效率低、物流成本高和配送效率低等问题。

【关键术语】

（1）人工智能　　　　（2）机器学习　　　　（3）深度学习　　　　（4）计算机视觉
（5）自然语言理解　　（6）智能机器人

1. 选择题

（1）人工智能被正式提出前，最早由_____提出。

  A. 冯诺依曼　　　　B. 图灵　　　　　C. 阿塔纳索夫　　　　D. 香农

（2）被称为"人工智能之父"的是_____。

  A. 迪科斯彻　　　　B. 西蒙　　　　　C. 麦卡锡　　　　　D. 莫奇利

（3）无监督学习一般采用的方法有聚类和_____。

  A. 分类　　　　　B. K 近邻　　　　C. 回归　　　　　D. 降维

（4）计算机视觉技术的中层处理包括_____。

  A. 特征提取　　　B. 建模与模式表达 C. 区域分割　　　　D. 描述和理解

（5）在自动驾驶体系结构中，最为常见的体系结构是分层递阶式和_____。

  A. 反应式　　　　B. 感知式　　　　C. 推动式　　　　D. 拉动式

（6）自然语言理解中句法分析主要有成分句法分析和_____。

  A. 语义句法分析 B. 实词句法分析 C. 依存句法分析　　D. 语法句法分析

（7）目前已大规模使用的智能机器人不包括_____。

  A. 码垛机器人　　B. 分拣抓取机器人 C. 自动驾驶机器人　D. 搬运机器人

（8）下列不属于分拣机器人的特点的是_____。

  A. 动态卸载　　　B. 容错小　　　　C. 节能环保　　　　D. 效率高

2. 判断题

（1）人工智能具有类人行为、理性行为、类人思考和理性思考这 4 类特征。

                        （　　　）

（2）人工智能技术与基因技术和空间技术一起被誉为 20 世纪三大科学技术成就。

                         （　　　）

（3）深度学习是一种监督学习。　　　　　　　　　　　　　　　　（　　）

（4）视频的存储和编码与计算机视觉的关系不大。　　　　　　　　（　　）

（5）基于行为的反应式体系结构是串联体系结构。　　　　　　　　（　　）

（6）自然语言理解是指自然语言到机器内部的一个映射。　　　　　（　　）

（7）仓储物流行业劳动力老龄化的加剧推动了仓储机器人的大规模应用。

　　　　　　　　　　　　　　　　　　　　　　　　　　　　　　（　　）

（8）机器人分拣系统由众多独立运行的分拣机器人组成，不会受某台机器人故障而影响整个系统的运行效率。　　　　　　　　　　　　　　　　　（　　）

3. 简答题

（1）简述机器学习中的监督学习。

（2）简要说明计算机视觉技术的工作原理。

（3）简述分层递阶式自动驾驶体系结构。

（4）列举自然语言理解技术存在的难题。

（5）简单介绍一种仓储机器人。

（6）举例说明人工智能技术在配送中的应用。

第8章

物流中的区块链技术

【本章教学要点】

知识要点	掌握程度	相关知识	应用方向
区块链技术的概念与特征	掌握	区块链的概念、特征、分类	熟悉区块链的基本知识，从而加深对区块链在物流中的应用了解
区块链技术的工作原理	掌握	区块的数据结构、区块链的工作原理	
区块链技术的架构模型	熟悉	区块链的6层架构	
区块链技术的发展历程	了解	区块链的时代特征、国内外发展现状	了解区块链的三个时代及其特征、在国内外和物流领域的应用现状
区块链在物流中的关键技术	掌握	分布式账本、非对称加密、共识机制、智能合约	掌握区块链在物流应用中的4个关键技术
区块链技术在物流领域中的应用	熟悉	区块链技术在物流仓储、运输、配送中的应用	熟悉区块链在物流主要环节中的应用

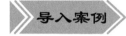

区块链＋物流：打造智能物流可信生态网络①

传统的物流从最初的商流演化而来，集信息流、运输、仓储、资金等多环节于一身，跨越多个步骤、多个地点将多个责任主体联动起来，既是构建互联网经济的重要基础，又是全球贸易的血管系统。公开资料显示，近年来物流行业发展迅速。2016年至2022年，全球范围物流市场年复合增长率预计为3.48%，2022年将达到12.256万亿美元，而我国的物流业已接近全球份额的40%，连续三年居世界第一。物流业高速发展的同时，各种问题也伴随着出现，如丢包现象频发、商品真实性无法完全保障等。此外，数据孤岛使得企业间交互成本高、流程协同低效、物流征信评级无标准、融资难。涉及商品溯源、多主体协同、征信、供应链金融等，将商流、信息流、资金流、物流融合，物流行业成为区块链天然的用武之地。

---

① 区块链＋物流：打造智能物流可信生态网络，https://www.jiemian.com/article/3106033.shtml。

那么，区块链技术将如何改变物流行业呢？

1. 物流优化、物流追踪、物流征信、物流金融

物流领域应用区块链技术最早可以追溯到 2015 年，国际物流巨头美国联合包裹运送服务公司就在数据交易、人员分布、价值保障等领域，启动区块链技术在全球物流业务的探索和应用。一年以后，沃尔玛与 IBM 达成战略合作，双方联合清华大学研究区块链技术在肉品追踪溯源方面的应用。2017 年，国内物流巨头菜鸟、京东、顺丰等，凭借自身的资金优势，开始竞相布局区块链领域。

《中国物流与区块链融合创新应用蓝皮书》调查显示，区块链在物流领域的应用大致可分为流程优化、物流追踪、物流征信、物流金融四个方向，涵盖结算对账、商品溯源、冷链运输、电子发票、供应链金融、资产证券化等重要领域。

其中，在流程优化方面，通过区块链与电子签名技术，单据流转和签收全程实时上链，全程无纸化，信息流与单据流合二为一。待到计费对账时，账单或异常调账等关键信息均在区块链上，通过智能合约完成自动对账。在物流追踪方面，区块链技术与物联网技术的结合，实现商品从生产、加工到运输、销售等全流程闭环的透明化可追溯。前者保证数据存放真实可靠，后者则保证数据在收集过程中的真实可信。物流征信方面则是将区块链上可信的交易数据，包括服务评分、配送时效、权威机构背书等信息录入，将过往的物流数据沉淀下来，结合行业标准评级，为物流参与方进行信用评级。物流金融的应用则依托区块链上的征信评级、应收账款、资产等信息，核查真实的贸易背景，帮助金融机构完善中小型企业的 KYC（know your customer，了解你的客户）画像，规避金融风险，解决中小型企业融资难的问题。通过将区块链技术在流程优化、物流征信、物流追踪、物流金融等方面的应用，实现商流、物流、信息流、资金流四流合一，有效解决商品所有权转移过程中各个主体之间的信任摩擦。

2. 电商物流的应用

中国电商行业的快速发展带动了电商物流的崛起，各企业之间的竞争异常激烈。但是，并不是所有的物流企业都适合采用区块链技术。从本质上看，"如无必要、勿增实体"，如果技术达不到降本增效这个目的，商业化落地的前景就会非常渺茫。或许只有类似于菜鸟、京东、顺丰这样体量较大的物流公司，才能支撑得起区块链技术的应用研究和实践。

据菜鸟方介绍，菜鸟与天猫国际已经启用区块链技术跟踪、上传、查证跨境进口商品的物流全链路信息。商品的原产国、起运国、装货港、运输方式、进口口岸、保税仓检验检疫单号、海关申报单号等信息都可通过淘宝溯源详情页供消费者查证。参与这项跨境溯源计划的包括英国、美国、日本、韩国、澳大利亚、新加坡等多国的政府、大使馆、行业协会及众多海外大型商家品牌，我国的中国检验认证（集团）有限公司、中国标准化研究院、跨境电子商务检验检疫产品质量安全风险国家监测中心等也在参与之中。

3. 海运、特种物流的应用

如果说一些附加值低的行业使用区块链会担忧成本和效率的问题，那么对于海运、跨国贸易、特种物流等动辄几十到几百亿元资金体量的重大物流，使用区块链技术的效

果便不可同日而语。资料显示，即使在公路、铁路和航空高度发达的今天，世界上仍然有90%以上的货物是通过海运完成的，海运的低成本优势使其在全球化物流中占据着不可撼动的主导地位。很多大型企业，都面临着数字化转型的迫切需求，而区块链技术是一个重要手段。区块链智能航运管理应用平台，实现航运业务流程优化和模式创新。集装集运平台、物流监控平台、订舱平台全部信息化，将箱单、提单、运输监控温湿度、流程等信息全部上链，打破信息孤岛，提高仓位数据的透明性，减少船运公司的空仓率。同时，智能合约可实现危险品装船提示和安排智能化，智能交通导航、港口作业调度、事故原因追溯更直观。总体来说，区块链助于航运全程监管，统筹所有物流事宜、简化流程。

讨论题

（1）区块链技术在电商物流领域有哪些应用优势和存在性问题？

（2）简述区块链技术在海运中的应用。

8.1 区块链技术概述

8.1.1 区块链技术的概念与特征

1. 区块链的概念

区块链（block chain，BC）是一种在没有中央控制点的分布式对等网络中，使用去中心化和去信任的分布式集体运作的方法，实现一套不可篡改的、可信任的数据库技术方案。区块链本质上是一个点对点的、去中心化的数据库，同时作为比特币（bitcoin）的底层技术，是一串使用密码学方法相关联产生的数据块，每一个数据块中包含了一批次比特币网络交易的信息，用于验证其信息的有效性（防伪）和生成下一个区块。

从狭义上讲，区块链是一种按照时间顺序将数据区块以顺序相连的方式组合成的一种链式数据结构，并以密码学方式保证的不可篡改和不可伪造的分布式账本。区块链网络中的节点，通过计算一个艰难的计算问题，来获得记账的权利；任何区块链网络上的节点，都可以观察到整个总账；区块链数据由每个节点共同维护，每个参与维护节点都能复制获得一份完整数据库的拷贝，除非能够同时控制整个系统中超过51%的节点，否则单个节点上对数据库的修改是无效的，也无法影响其他节点上的数据内容。

从广义上讲，区块链技术是利用块链式数据结构来验证与存储数据，利用分布式节点共识算法来生成和更新数据，利用密码学的方式保证数据传输和访问安全，利用智能化合约来编程和操作数据的一种全新的分布式基础架构与计算范式。

从科技层面来看，区块链并不是一种颠覆性的新技术，而是一组技术的组合，包括数学、密码学、互联网和计算机编程等科学技术问题，也是分布式数据存储、点对点传输、共识机制、加密算法等多种计算机技术的新型应用模式。从应用视角来看，区块链是一个多方参与、共同维护且不可篡改的分布式数据库系统，区块链丰富的应用场景，基本上都基于区块链能够解决信息不对称问题，实现多个主体之间的协作信任与一致行动。

与传统数据库不同，传统数据库是中心化的，具有增加、删除、修改、查询四个基本功能，而区块链账本只有增加和查询功能，因此区块链技术可以确保已上链数据存放的可靠性和完整性，约束参与人的行为，理性地克制自己的违约动机，按照既定规则去执行，这使得区块链账本天生具备信用的属性。

另外，去中心化结构是相对于"中心化"而言的新型网络结构，使用分布式核算和存储，不存在中心化的节点，任意节点的权利和义务都是均等的，系统中的数据块由整个系统中具有维护功能的节点来共同维护，任一节点停止工作都不会影响系统整体的运作。而分布式网络是将数据分散地存储于多台独立的机器设备上，采用可扩展的系统结构，利用多台存储服务器分担存储负荷，利用位置服务器定位存储信息，不但解决了传统集中式存储系统中单存储服务器的瓶颈问题，还提高了系统的可靠性、可用性和扩展性，有效提升信息的传递效率。因此，去中心化是分布式网络结构中的一种，所有的去中心化都是采用分布式网络结构的，而分布式网络结构可能是中心化也可能是去中心化的。中心化、去中心化和分布式网络的示例图如图 8.1 所示。

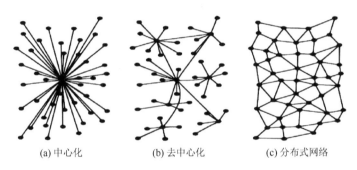

(a) 中心化　　　　(b) 去中心化　　　　(c) 分布式网络

图 8.1　中心化、去中心化和分布式网络示例图

2. 区块链的特征

根据区块链的定义及其本质，区块链主要有如下特征：去中心化、去信任、集体维护、开放性、独立性、安全性和匿名性。

（1）去中心化。去中心化是区块链最突出、最本质的特征。区块链技术不依赖额外的第三方管理机构或硬件设施，没有中心管制，且通过分布式核算和存储，各个节点实现了信息自我验证、传递和管理，任一节点的损坏或者失去都不会影响整个系统的运作，因此区块链系统具有极好的健壮性。

（2）去信任。参与整个系统中的每个节点之间进行数据交换是无须互相信任的，整个系统的运作规则是公开透明的，所有的数据内容也是公开的，因此在系统指定的规则范围和时间范围内，节点之间不能也无法欺骗其他节点。

（3）集体维护。系统中的数据块由整个系统中所有具有维护功能的节点来共同维护，而这些具有维护功能的节点是任何人都可以参与的。

（4）开放性。区块链技术基础是开源的，除了交易各方的私有信息被加密外，区块链的数据对所有人开放，任何人都可以通过公开的接口查询区块链数据和开发相关应用，因此整个系统信息高度透明。

（5）独立性。基于协商一致的规范和协议，整个区块链系统不依赖其他第三方，所有节点能够在系统内自动安全地验证、交换数据，不需要任何人为的干预。

（6）安全性。整个系统将通过分布式数据库的形式，让每个参与节点都能获得一份完整的数据库拷贝。除非能够同时控制整个系统中超过51%的节点，否则单个节点上对数据库的修改是无效的，也无法影响其他节点上的数据内容。因此参与系统中的节点越多和计算能力越强，该系统中的数据安全性越高。

（7）匿名性。由于节点和节点之间是无须互相信任的，除非有法律规范要求，单从技术上来讲，各区块节点的身份信息不需要公开或验证，信息传递可以匿名进行。

3. 区块链的分类

区块链目前有三大类型：公有区块链（public block chains）、联盟区块链（consortium block chains）和私有区块链（private block chains）。

1）公有区块链

世界上任何个体或者团体都可以发送交易，且交易能够获得该区块链的有效确认，任何人都可以参与其共识过程。公有区块链是最早的区块链，也是应用最广泛的区块链，各大比特币系列的虚拟数字货币均基于公有区块链。

公有链的优点包括：①能够保护用户免受开发者的影响；②所有交易数据都默认公开透明；③访问门槛低，任何人只要有联网的计算机就能访问；④能够通过社区激励机制更好地实现大规模的协作共享等。

虽然公有链有很多优点，但公有链普遍存在交易费用高、交易速度慢、扩展性差、吞吐量低等问题，这是因为节点数越多虽然意味着系统的安全性和公平性越高，但存在系统效率低下的问题，毕竟每增加一个节点，就需要多达成一次共识，节点数和效率就成为一个悖论。此外，很多的公有区块链项目都是先搭建平台，再去找应用场景，这也为后面的实际落地带来了一定的挑战。

2）联盟区块链

联盟区块链是指若干个机构共同参与记账的区块链，即联盟成员之间通过对多中心的互信来达成共识。联盟链的数据只允许系统内的成员节点进行读写和发送交易，并且共同记录交易数据。联盟链作为支持分布式商业的基础组件，更能满足分布式商业中的多方对等合作与合规有序发展要求。例如，联盟链会更适合组织机构间的交易和结算，类似于银行间的转账、支付，通过采用联盟链的形式，就能打造一个很好的内部生态系统来大幅提高效率。

和公有区块链相比，联盟链在高可用、高性能、可编程、隐私保护上更有优势，它被认为是"部分去中心"或者是"多中心"的区块链。联盟链让节点数得到了精简，能够使得系统的运行效率更高、成本更低，在单位时间内能够确认的交易数量要比公有区块链大很多，更容易在现实场景中落地。此外，联盟链相对于公有链非常重要的特点就是节点准入控制与国家安全标准支持，确保认证准入、制定监管规则符合监管要求，在可信安全的基础上提高交易速度。

在联盟区块链领域有几个比较典型的案例。例如，超级账本（hyperledger）是由Linux基金会于2015年发起的推进区块链数字技术和交易验证的开源项目，吸引了包括华为技术有限公司、深圳市腾讯计算机系统有限公司、百度在线网络技术（北京）公司、三星集团、IBM、英特尔公司、Oracle（甲骨文）公司等众多公司参与。超级账本项目的目标是让成员共同合作，共建开放平台，满足来自多个不同行业的用户案例，并简化业务流程。

3）私有区块链

私有区块链是指私有链的读写权限掌握在某个组织或机构手里，由该组织根据自身需求决定区块链的公开程度，适用于数据管理、审计等金融场景。传统金融更倾向于尝试私有区块链，而公有区块链的应用已经工业化，私有区块链的应用产品还在摸索当中。

私有区块链的优点有以下几个。①拥有更快的交易速度、更低的交易成本。链上只有少量的节点也都具有很高的信任度，并不需要每个节点来验证一个交易。因此，相比需要通过大多数节点验证的公有区块链，私有区块链的交易速度更快，交易成本也更低。②不容易被恶意攻击。相比中心化数据库，私有区块链能够防止内部某个节点篡改数据，故意隐瞒或篡改数据的情况很容易被发现，发生错误时也能追踪错误来源。③更好地保护组织自身的隐私，交易数据不会对全网公开。总体来说，在对可信度、安全性有很高要求，而对交易速度不苛求的落地场景，公有区块链更有发展潜力。对于更加注重隐私保护、交易速度和内部监管等的落地应用，开发私有区块链或联盟区块链则更加合适。

8.1.2　区块链技术的工作原理

1. 区块的数据结构

在区块链中，交易记录数据被永久储存在各存储单元中，这些存储单元就称为区块。区块的数据结构是由区块大小、区块头、交易计数器和区块体四部分组成，如图 8.2 所示。

图 8.2　区块的数据结构组成部分

1）区块头信息

区块头信息描述了这个区块的基本信息，包括版本、父区块哈希值、Merkle 根、时间戳、难度目标、Nonce，各部分的信息描述如表 8.1 所示。

表 8.1　区块头各部分信息描述

大小	字段	描述
4B	版本	版本号，用于跟踪软件/协议的更新
32B	父区块哈希值	引用区块链中父区块的哈希值

续表

大小	字段	描述
32B	Merkle 根	该区块中交易的 Merkle 根的哈希值
4B	时间戳	该区块产生的近似时间
4B	难度目标	该区块中工作量证明算法的难度目标
4B	Nonce	用于工作量证明算法的计数器

（1）父区块哈希值：上一个高度区块的哈希值。哈希算法安全散列算法（secure hash algorithm，SHA）是保证交易信息不可篡改的单向密码体制。该算法的原理是接收一段明文，以一种不可逆的方式将它转化成一段长度较短、位数固定的输出散列，具有输出散列与输入原文——对应的特性。由于加密过程是不可逆的，则无法通过输出散列的内容推断出任何与原文有关的信息，且任何输入信息的变化，都将导致这个区块哈希值发生改变，那么下一个区块中记录的上一个区块的哈希值也得做相应的修改，以此类推，也就是说如果要修改历史记录的话，所有记录都要修改才能保证账本的合法性，SHA 就提高了账本篡改的难度。因此，SHA 被广泛地使用在构建区块和确认交易的完整性上，为了保证数据完整性，会采用哈希值进行校验。在区块链中，通常使用 SHA-256 的哈希算法进行区块的加密，该算法的输出长度为 256 位，即生成长度为 32B 的随机散列。

（2）Merkle 根：Merkle 树的作用是快速归纳和校验区块数据的存在性和完整性，是一种用来有效地总结区块中所有交易的数据结构。最常见的形式是二叉 Merkle 树，其构建形式是自底向上构建，Merkle 树的叶子节点存储的是数据文件的哈希值，非叶子节点存储的是对其下面所有的叶子节点值的组合结果进行哈希计算后得出的哈希值，只需要比较两份数据的根哈希值即可进行数据的校验，如图 8.3 所示。

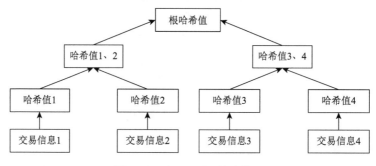

图 8.3　二叉 Merkle 树结构图

区块中的任何一笔交易的发生和交易信息的变动都会使 Merkle 树发生改变。在交易信息的处理、比对及验证的过程中，尤其是在分布式环境下进行比对或验证时，Merkle 树会大大减少数据的传输量和计算的复杂度。

（3）时间戳：用来记录账页（区块）产生的时间。时间戳通常是一个字符序列，全网的记录者需要在每个区块加盖一个时间戳，以表示写入这个信息的时间。

（4）难度目标和 Nonce：难度目标不是固定不变的，会随着网络现有算力的变化而自动调节；Nonce 即挖矿所要达到的目标值。

2）区块体

区块体记录了一定时间内所生成区块的交易信息，即账本，各部分的描述信息如表 8.2 所示。

表 8.2　区块体各部分信息描述

大小	字段	描述
4B	版本	明确这笔交易参照的规则
1～9B	输入数量	被包含的输入的数量
不定	输入	一个或多个交易输入
1～9B	输出数量	被包含的输出的数量
不定	输出	一个或多个交易输出
4B	时钟时间	一个时间戳或区块号

2. 区块链的工作原理

在实际交易中，区块链的生成过程包括节点的连接、交易和记账等基本步骤。在比特币系统中，创建区块的过程称为"挖矿"，参与挖矿的用户被称作"矿工"，矿工通过解 SHA-256 难题来竞争记账权，计算力最快的矿工便可以得到记账权和比特币作为奖励。创建区块链的整个流程如下。

（1）每一笔交易必须广播给每个矿工，从而让全网承认有效。

（2）每个矿工的任务就是对这 10min 一笔的交易数据打包做哈希运算，盖上时间戳，然后记入区块。

（3）为了给区块竞争记账权，每个矿工需要解 SHA-256 难题证明自己的工作量。

（4）最先解出 SHA-256 难题的矿工赢得该区块的记账权，并向全网公布这笔交易，由全网其他矿工进行核对。

（5）经过全网矿工核对的区块，如果没有错误便将该区块链接到区块链的尾部，形成一个合法记账的区块单链。

（6）接着所有矿工转向下一个区块的创建，当前区块的哈希值也会被记录在下个区块。

8.1.3　区块链技术的架构模型

区块链的架构模型自下而上是由数据层、网络层、共识层、激励层、合约层和应用层这 6 层组成，如图 8.4 所示。

（1）数据层。数据层封装了底层数据区块的链式结构，以及相关的非对称公私钥数据加密技术和时间戳等技术，这是整个区块链技术中最底层的调制解调器构，其中大多数技术都已被发明数十年，并在计算机领域使用了很久，无须担心其中的安全性，因为如果这些技术出现安全性上的巨大漏洞，则意味着全球金融技术都会出现严重的问题。

图 8.4　区块链的 6 层架构模型图

中本聪（Satoshi Nakamoto）在设计比特币时，为每个区块设置了 1MB 的容量限制，但由于目前比特币的交易量迅速提升，1MB 的区块空间能容纳的交易数量有限，因此要考虑扩容区块链来突破这个限制。

（2）网络层。网络层包括分布式组网机制、数据传播机制和数据验证机制等，由于采用了完全 P2P 的组网技术，也就意味着区块链是具有自动组网功能的，这种 P2P 组网技术也是一种非常成熟的技术。

（3）共识层。共识层主要封装网络节点的各类共识机制算法。共识机制算法是区块链技术的核心技术，因为这决定了到底由谁来进行记账，记账者选择方式将会影响到整个系统的安全性和可靠性。至今已经出现了十余种共识机制算法，其中最为知名的有工作量证明机制（proof of work，PoW）、权益证明机制（proof of stake，PoS）、委托权益证明机制（delegated proof of stake，DPoS）、验证池共识机制（Pool）等。

（4）激励层。激励层将经济因素集成到区块链技术体系中来，主要包括经济激励的发行机制和分配机制等，该层主要出现在公有链中，因为在公有链中必须激励遵守规则参与记账的节点，并且惩罚不遵守规则的节点，才能让整个系统朝着良性循环的方向发展。所以激励机制往往也是一种博弈机制，让更多遵守规则的节点愿意进行记账。而在私有链中，则不一定需要进行激励，因为参与记账的节点往往是在链外完成了博弈，也就是可能有强制力或者有其他需求来要求参与记账。

（5）合约层。合约层主要封装各类脚本、算法和智能合约，是区块链可编程特性的基础。以以太坊为首的新一代区块链系统试图完善比特币的合约层。比特币尽管也包含了脚本代码，但是并不是图灵完备的，即不支持循环语句；以太坊在比特币结构的基础上，内置了编程语言协议，从而在理论上可以实现任何应用功能。如果把比特币看成是全球账本的话，那么就可以把以太坊看作是一台"全球计算机"——任何人都可以上传和执行任意的应用程序，并且程序的有效执行能够得到保证。

（6）应用层。应用层则封装了区块链的各种应用场景和案例。比如，搭建在以太坊上的各类区块链应用就是部署在应用层，所谓可编程货币和可编程金融也将会搭建在应用层。

其中数据层、网络层和共识层是构建区块链应用的必要因素，否则将不能称为真正意义上的区块链。而激励层、合约层和应用层则不是每个区块链应用的必要因素，有部分的区块链应用并不完整地包含着这三层结构。

8.1.4　区块链技术的发展历程

1. 区块链技术的三个时代

区块链的概念首次出现在 2008 年，由中本聪在其论文 *Bitcoin: a peer-to-peer electronic cash system* 中提出，他持有第一个区块称为"创世区块"，即比特币的诞生是区块链 1.0 时代到来的标志。这个时期，区块链成为数字货币比特币的核心组成部分：作为所有交易的公共账簿，代表了数字货币的应用，包括交易支付、流通、转账等数字货币的职能，目标是实现货币的去中心化与支付手段。另外，通过利用 P2P 网络和分布式时间戳服务器，区块链数据库能够进行自主管理，也是第一个解决重复消费问题的数字货币，同时创建了一套去中心化的、公开透明的交易记录总账，其数据库由所有的网络节点共享，由"矿工"更新，全民维护，没有人可以控制这个总账。区块链 1.0 只满足虚拟货币的需要，虽然区块链 1.0 的蓝图很庞大，但是无法普及到其他的行业中。因此，区块链 1.0 时代也是数字货币的时代，同时涌现出了大量的山寨币，如以太币、莱特币等。

2014 年，进入区块链 2.0 时代。区块链 2.0 是指智能合约与数字货币相结合，成为一个去中心化区块链数据库，即第二代可编程区块链。区块链 1.0 解决的是货币和支付去中心化的问题，而区块链 2.0 解决的问题则是市场的去中心化，这个时期的关键词是"合约"。区块链 2.0 时代的代表是以太坊，它是一个开源的区块链底层系统，在这个系统中可以运行所有区块链和协议，也提供了各种模块和一个强大的合约编程环境让用户去搭建应用，并写出更精密和智能的合约，也就是说，以太坊＝区块链＋智能合约。区块链 2.0 技术跳过了交易及价值交换中担任金钱和信息仲裁的中介机构，被用来使人们远离全球化经济，使隐私得到保护，使人们将掌握的信息兑换成货币，并且有能力保证知识产权的所有者得到收益。另外，区块链 2.0 技术使存储个人的永久数字 ID 和形象成为可能，并且对潜在的社会财富分配不平等提供解决方案。因此，区块链 2.0 时代，区块链技术不仅仅是发行数字货币，而且提供了更多的应用场景，特别是在金融商业领域。

区块链 3.0 时代也是区块链全面应用的时代，由此构建一个大规模协作社会。除金融、经济等方面，此时的区块链在社会生活中的应用更为广泛，更具有实用性，赋能各个行业。区块链 3.0 也被称为互联网技术之后的新一代技术创新，足以推动更大的产业改革。

因此，区块链 1.0 是区块链技术的萌芽，区块链 2.0 是区块链在金融、智能合约方向的技术落地，区块链 3.0 是为了解决各行各业的互信问题与数据传递安全性的技术落地与实现，三个区块链时代对应的特征如图 8.5 所示。

图 8.5　三个区块链时代所对应的特征

2. 区块链技术在国内外的布局应用现状

我国超前布局前沿阵地，积极探索基于区块链的行业应用。自 2016 年以来，党中央、国务院加强对区块链的引导和支持，《"十三五"国家信息化规划》等文件对区块链技术和应用的发展方向做出了规划部署。

2016 年 1 月，中国人民银行数字货币研讨会宣布对数字货币的研究取得阶段性成果，会议肯定了数字货币在降低传统货币发行等方面的价值，并表示中国人民银行在探索发行数字货币。中国人民银行数字货币研讨会的表达大大增强了数字货币行业信心，这是继 2013 年 12 月中国人民银行等五部委发布《关于防范比特币风险的通知》之后，中国人民银行第一次对数字货币表示明确的态度。

2016 年 12 月，中国 FinTech 数字货币联盟及 FinTech 研究院正式筹建。如今，数字货币呈现了百花齐放的状态，但比特币仍是数字货币的主流。

2018 年 5 月，习近平总书记在中国科学院第十九次院士大会上的讲话中指出，"以人工智能、量子信息、移动通信、物联网、区块链为代表的新一代信息技术加速突破应用"。[①]各地纷纷推出鼓励政策，区块链项目竞相上马。

截至 2018 年 5 月底，北京、上海、广东、河北（雄安）、江苏、山东、贵州、甘肃、海南等 24 个省区市发布了区块链政策及指导意见，多个省份将区块链列入本省"十三五"战略发展规划，开展对区块链产业链布局。随着区块链技术在应用层面的不断拓展，各地纷纷推出区块链鼓励政策，越来越多区块链技术企业选择到落户政策优惠地区发展。

2018 年 6 月，工业和信息化部印发《工业互联网发展行动计划（2018-2020 年）》，鼓励推进边缘计算、深度学习、区块链等新兴前沿技术在工业互联网中的应用研究。

2018 年 12 月，北京互联网法院"天平链"正式发布，同时发布《北京互联网法院

---

① 收藏！习近平两院院士大会讲话全文来了，https://baijiahao.baidu.com/s?id=1601710361900653180&wfr=spider&for=pc。

电子证据平台接入与管理规范》配套文件。天平链积极联合司法鉴定中心、公证处、行业组织、大型央企、大型金融机构、大型互联网平台等作为天平链的节点，共同背书、共同治理。经过三个月运行，司法区块链节点建设共 17 个，完成 24 个互联网平台或第三方数据平台和存证平台之间的应用数据对接。

国家互联网信息办公室 2019 年 1 月发布《区块链信息服务管理规定》，自 2019 年 2 月 15 日起施行。

区块链在我国的布局现状的主要事件如表 8.3 所示。

表 8.3　区块链在我国布局现状的主要事件

时间	事件
2016 年 1 月	中国人民银行数字货币研讨会
2016 年 12 月	中国 FinTech 数字货币联盟及 FinTech 研究院正式筹建
2018 年 5 月	"以人工智能、量子信息、移动通信、物联网、区块链为代表的新一代信息技术加速突破应用"
2018 年 6 月	工业和信息化部印发《工业互联网发展行动计划（2018-2020 年）》
2018 年 12 月	北京互联网法院"天平链"正式发布
2019 年 1 月	国家互联网信息办公室发布《区块链信息服务管理规定》

区块链也被其他国家所认可，并在多领域积极探索技术的推广应用。

2016 年，俄罗斯联邦中央证券所宣布了一个基于区块链技术的试点项目，许多在音乐产业中具有监管权的机构开始利用区块链技术建立测试模型，用来征收版税和进行世界范围内的版权管理。

2016 年 2 月，韩国的中央银行鼓励区块链技术，韩国唯一的证券交易所 Korea Exchange（韩国证券期货交易所）也宣布开发基于区块链技术的交易平台。

2016 年 2 月，迪拜建立全球区块链委员会，并成立含 Cisco（思科）、区块链初创公司、迪拜政府等 30 多名成员的联盟。

2016 年 3 月，澳大利亚在多领域积极探索区块链技术，澳大利亚邮政将区块链技术应用于身份识别。

2016 年 7 月，IBM 在新加坡开设了一个区块链创新研究中心。

2016 年 11 月，世界经济论坛的一个工作组举行会议，讨论了关于区块链政府治理模式的发展。Accenture（埃森哲）的一份关于创新理论发展的调查中显示，2016 年区块链在经济领域获得的 13.5%使用率，使其达到了早期开发阶段。

2016 年，行业贸易组织共创了全球区块链论坛，这就是电子商业商会的前身。

2018 年 1 月 22 日英国技术发展部门相关人士表示，英国将投资 1900 万英镑用于支持区块链等新兴科技领域的新产品或服务。

2018 年 2 月，美国众议院召开第二次区块链听证会，"拥抱技术"与"不要封杀"成为共识。

国外各国及相关组织对区块链的主要推广应用如表 8.4 所示。

表 8.4　国外各国及相关组织对区块链的主要推广应用

国外各国及相关组织	时间	推广应用
俄罗斯	2016 年	联邦中央证券所宣布了一个基于区块链技术的试点项目
韩国	2016 年	证券交易所 Korea Exchange 宣布开发基于区块链技术的交易平台
迪拜	2016 年	建立全球区块链委员会
澳大利亚	2016 年	多领域积极探索区块链技术
新加坡	2016 年	IBM 开设了区块链创新研究中心
世界经济论坛	2016 年	举行关于区块链政府治理模式发展的会议
行业贸易组织	2016 年	共创了全球区块链论坛
英国	2018 年	投资 1900 万英镑用于支持区块链等新兴科技领域的新产品或服务
美国	2018 年	众议院召开第二次区块链听证会

3. 区块链技术在物流领域中的应用现状

区块链在物流领域的应用探索可以追溯到 2015 年前后，主要集中在流程优化、物流追踪、物流金融、物流征信等方向，具体包括结算对账、商品溯源、冷链运输、电子发票、资产证券化等领域。目前国内外在食品溯源、物流金融等领域已有一些成熟的项目。2016 年 10 月，沃尔玛宣布与 IBM 达成战略合作，研究区块链在食品安全领域的应用，双方联合清华大学研究如何追踪猪肉产品。京东在一年后加入其中，四方联手打造安全食品区块链溯源联盟。2017 年 8 月，全球区块链货运联盟成立，该联盟是一家全球化的区块链教育和标准开发行业组织。成立以来吸引了包括通用电气运输系统有限公司、京东物流在内的全球 230 多家公司的加盟，并成立了多个工作小组，旨在建立物流领域区块链应用标准。

在我国物流领域，区块链技术发展极为迅速。早在 2016 年，中国物流与采购联合会就已经察觉到区块链技术对物流供应链行业可能带来的巨大影响，倡导成立了中国物流与采购联合会区块链应用分会（以下简称中物联区块链分会），致力于推动区块链技术在物流与供应链领域的应用，并构建物流企业的信用机制。2018 年 5 月 15 日，由京东物流主导成立了国内首个"物流＋区块链技术应用联盟"，该联盟旨在搭建国内外区块链技术互动平台，联合政府部门和相关机构共同推动建立区块链在物流行业统一的应用技术标准，助力区块链技术在物流行业创新发展。2018 年 6 月，中国管理科学研究院学术委员会区块链研究中心召开物流供应链体系＋区块链新闻信息发布会，专题研讨区块链技术在物流供应链中的实践与应用，并宣布中国物流供应链＋区块链应用正式登场。除此之外，众多学者也提出了区块链技术的透明性和不可篡改性可大幅度简化物流仓储流程，其不可篡改和去信任化下的流通记录可大幅提升物流效率，降低物流成本。

区块链技术也提供了数据访问和搜索的功能，从而解决第三方和第四方物流过程中物流供应商和零售商信息不对称的问题。在电子商务物流过程中，区块链技术可实现对运输、仓储、配送各环节信息的加密储存和实时追踪，从而促进电商物流模式的转型升级，京东、阿里巴巴也于 2018 年开始积极布局区块链在物流体系中的建设。在大数据日益发展的今天，信息的传递、数据的存储、交易的透明化、信用的积累关系着物流服务的质量，物流行业要跟紧趋势，应用区块链技术助力发展。

8.2 区块链的关键技术

区块链作为一种分布式账本技术，能够在非信任环境中提供去中心化信任机制，从而让多方参与者在没有中介机构的情况下进行安全交易。区块链的特性将对物流行业中广泛存在的信息泄露、信息孤岛、信息造假及跨境电商结算手续繁杂等问题带来革命性突破，从而让全行业普遍采用的商业模式及前景面临重塑，区块链在物流中的成功实践需要几个关键技术，如分布式账本、非对称加密、共识机制和智能合约。

8.2.1 分布式账本

1. 分布式账本概述

分布式账本（distributed ledger）是一种在网络成员之间共享、复制和同步的数据库。分布式账本的交易记账由分布在不同地方的多个节点共同完成，没有中间的第三方仲裁机构（如金融机构或票据交换所）的参与，而且每一个节点记录的是完整的账目，因此它们都可以参与监督交易合法性，同时可以共同为其作证，如图 8.6 所示。

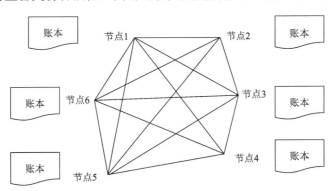

图 8.6 分布式账本网络

分布式账本中的每条记录都有一个时间戳和唯一的密码签名，这使得账本成为网络中所有交易的可审计历史记录。实质上，分布式账本就是一个可以在多个站点、不同地理位置或者多个机构组成的网络里进行分享的资产数据库。在一个网络里的参与者可以获得一个唯一、真实账本的副本。账本里的任何改动都会在所有的副本中被反映出来，反应时间会在几分钟甚至是几秒内。在这个账本里存储的资产可以是金融、法律定义上的、实体的或是电子的资产。在这个账本里存储的资产的安全性和准确性是通过公私钥及签名的使用来保障的。根据网络中达成共识的规则，账本中的记录可以由一个、一些或者是所有参与者共同进行更新。

跟传统的分布式存储有所不同，区块链的分布式存储的独特性主要体现在两个方面。一是区块链每个节点都按照块链式结构存储完整的数据，传统分布式存储一般是将数据按照一定的规则分成多份进行存储。二是区块链每个节点存储都是独立的、地位等同的，依靠共识机制保证存储的一致性，而传统分布式存储一般是通过中心节点往其他备份节点同步数据。没有任何一个节点可以单独记录账本数据，从而避免了单一记账人被控制或者被贿赂而记假账的可能性。另外，由于记账节点足够多，理论上讲除非所有的节点被破坏，否则账目就不会丢失，从而保证了账目数据的安全性。

2. 分布式账本与区块链的区别

每个区块链都是一个分布式账本，但不是每个分布式账本都是区块链。分布式账本可以被看作是构成一个区块链的初步动作，但它并不需要构建一条将区块连起来的链。它需要实现的只是将账本分布式地存储在很多不同的服务器上，让它们相互沟通从而确保对交易准确、及时的记录。

两者最关键的区别在于：区块链有激励层的存在，它的应用是可以包含激励机制的。分布式账本也有分布式的数据库，也能实现数据库之间的协调，但是它没有激励层，其实就是一个协调得挺好的数据库。分布式数据库可以赋予某人特殊的权限，它在应用上可以是非去中心化的。但一个纯粹的区块链无论在技术层还是应用层都是完全去中心化的，并且包含激励机制。

8.2.2　非对称加密

1. 非对称加密概述

存储在区块链上的交易信息是公开的，但是账户身份信息是高度加密的，只有在数据拥有者授权的情况下才能访问到，从而保证了数据的安全和个人的隐私。非对称加密算法（asymmetric cryptographic algorithm）需要两个密钥：公开密钥（public key）和私有密钥（private key）。公开密钥与私有密钥是一对，如果用公开密钥对数据进行加密，只有用对应的私有密钥才能解密；如果用私有密钥对数据进行加密，那么只有用对应的公开密钥才能解密。其实现机密信息交换的基本过程是：甲方生成一对密钥并将其中的一把作为公用密钥向其他方公开；得到该公用密钥的乙方使用该密钥对机密信息（明文）进行加密后再发送给甲方；甲方再用自己保存的另一把专用密钥对加密后的信息进行解密，如图 8.7 所示。

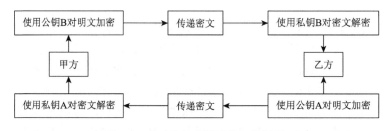

图 8.7　非对称加密算法的工作过程

非对称密码的特点：算法强度复杂、安全性依赖于算法与密钥，但是由于其算法复杂，加密解密速度没有对称加密解密的速度快。对称密钥体制中只有一种密钥，并且是非公开的，如果要解密就得让对方知道密钥。所以保证其安全性就是保证密钥的安全，而非对称密钥体制有两种密钥，其中一个是公开的，这样就可以不需要像对称密钥那样传输对方的密钥了，这样安全性就大了很多。

2. RSA 算法

非对称加密的主要实现算法有 RSA、Elgamal、背包算法、ECC（椭圆曲线加密算法），使用最广泛的是 RSA 算法。RSA 是 1977 年由罗纳德·李维斯特（Ronald L. Rivest）、阿迪·萨莫尔（Adi Shamir）和伦纳德·阿德曼（Leonard Adleman）一起提出的。当时他们三人都在麻省理工学院工作，RSA 就是他们三人姓氏开头字母拼在一起组成的。以下就以 RSA 算法为例来讲解非对称加密算法的实现原理。RSA 算法基于这样的数学事实：两个大质数相乘得到的大数难以被因式分解。

1）RSA 加密过程

$$密文 = 明文^E \bmod N$$

即 RSA 加密是对明文的 E（encryption）次方后除以 N（number）后求余数的过程，只要知道 E 和 N，任何人都可以进行 RSA 加密了。其中，E、N 是 RSA 加密的密钥，E 和 N 的组合就是公钥，用 (E, N) 来表示公钥：

$$公钥 = (E, N)$$

不过 E 和 N 并不是随便什么数都可以的，它们都是经过严格的数学计算得出的。

2）RSA 解密过程

$$明文 = 密文^D \bmod N$$

即对密文进行 D 次方后除以 N 的余数就是明文，知道 D 和 N 就能对密文进行解密了，所以 D 和 N 的组合就是私钥，用 (D, N) 来表示私钥：

$$私钥 = (D, N)$$

从上述可以看出 RSA 的加密方式和解密方式是相同的，加密是求"E 次方的 $\bmod N$"，解密是求"D 次方的 $\bmod N$"。

知道上述的几个简单公式后，剩下就是计算各个参数对应的值了。

（1）求 N。准备两个质数 p、q，这两个数不能太小，太小则会容易破解，将 p 乘以 q 就是 N，可用如下表达式表示：

$$N = p \times q$$

（2）求 L。L 为中间数，是（$p-1$）和（$q-1$）的最小公倍数，用 $\mathrm{lcm}(X, Y)$ 来表示 X, Y 的最小公倍数，则 L 可用如下表达式表示：

$$L = \mathrm{lcm}(p-1, q-1)$$

（3）求 E。E 必须满足两个条件：E 是一个比 1 大比 L 小的数，E 和 L 的最大公约数为 1。用 $\gcd(X, Y)$ 来表示 X, Y 的最大公约数，则 E 条件如下：

$$1 < E < L$$
$$\gcd(E, L) = 1$$

之所以需要 E 和 L 的最大公约数为 1，是为了保证一定存在解密时需要使用的数 D。现在已经求出了 E 和 N，也就是说已经生成了密钥对中的公钥了。

（4）求 D。D 是由数 E 计算出来的。D、E 和 L 之间必须满足以下关系：

$$1 < D < L$$

$$E \times D \bmod L = 1$$

至此，公钥和私钥都计算出来了。

8.2.3 共识机制

1. 共识机制概述

由于区块链系统中没有一个中心，因此需要有一个预设的规则来指导各方节点在数据处理上达成一致，所有的数据交互都要按照严格的规则和共识进行。因此，共识机制正是一种区块链治理体系，是通过结合经济学、博弈论等多学科设计出来的一套保证区块链中各节点都能积极维护区块链系统的方法。它最先由中本聪在比特币白皮书中提出，逐渐发展成为一种维护分布式账本多中心化的重要机制，是保持区块链安全稳定运行的核心。共识机制规定所有记账节点之间怎么达成共识，去认定一个记录的有效性，这既是认定的手段，也是防止篡改的手段。

区块链的共识机制具备"少数服从多数"及"人人平等"的特点，其中"少数服从多数"并不完全指节点个数，也可以是计算能力、股权数或者其他的计算机可以比较的特征量。"人人平等"是当节点满足条件时，所有节点都有权优先提出共识结果、直接被其他节点认同后并最后有可能成为最终共识结果。以比特币为例，采用的是工作量证明，只有在控制了全网超过 51% 的记账节点的情况下，才有可能伪造出一条不存在的记录。当加入区块链的节点足够多的时候，这基本上不可能，从而杜绝了造假的可能。

2. 共识机制的分类

在区块链网络中，由于应用场景的不同，采用了不同的共识算法。目前区块链的共识机制主要有四类：工作量证明机制、权益证明机制、委托权益证明机制、验证池共识机制。

1）工作量证明机制

工作量证明机制是指通过查看工作结果，就能知道你完成了指定量的工作。工作量证明机制共识过程为：触发交易的节点向区块链网络广播请求交易后，网络中的所有节点竞争获得创建新区块的权利，竞争成功的节点执行智能合约后向网络广播生成新区块，然后所有节点验证该新区块的正确性。区块链共识算法用得最多的就是工作量证明机制，如比特币在区块的生成过程中使用的就是工作量证明机制，即大家共同争夺记账权利，谁先抢到并正确完成记账工作，谁就得到系统的奖励，奖励为比特币，也就是所谓的"挖矿"。矿工通过计算机的算力去完成这个记账工作，这个拥有计算能力的专业计算机就是所谓的"矿机"。

工作量证明机制的优点有：①完全去中心化，节点自由进出，避免了建立和维护中心化信用机构的成本；②只要网络破坏者的算力不超过全网总算力的 51%，网络的交易状态就能达成一致，并不可篡改历史记录；③投入越多算力，获得记账权概率越大，越有可能产生新的区块奖励。工作量证明机制的缺点有：①依赖机器进行数学运算来获取记账权，资源消耗相比其他共识机制高、可监管性弱；②每次达成共识需要全网节点共同参与运算，性能效率比较低，容错性方面允许全网一半节点出错；③目前比特币挖矿造成大量的算力和能源浪费，挖矿的激励机制也造成挖矿算力的高度集中，结算周期长，每秒最多结算 7 笔交易，不适合商业应用。

2）权益证明机制

权益证明机制是指通过持有代币（token）的数量和时长来决定你获得记账的概率，类似于股票的分红制度，持有股权越多的人就能够获得越多的分红，代币相当于区块链系统的权益。权益证明机制的主要思想是节点记账权的获得难度与节点持有的权益成反比，其出发点在于解决工作量证明的能源浪费问题。

权益证明机制的优点有：①相对于工作量证明机制，权益证明机制一定程度减少了数学运算带来的资源消耗，性能也得到了一定的提升，降低了工作量证明机制的资源浪费；②作为工作量证明机制的一种升级共识机制，权益证明机制根据每个节点所占代币的比例和时间，等比例地降低挖矿难度，从而加快了查找随机数的速度，加快了运算速度。权益证明机制的缺点有：①拥有币龄越长的节点获得记账权的概率越大，容易导致马太效应，富者越富，权益会越来越集中，从而失去公正性；②权益证明机制容错性和工作量证明机制相同，但依然是基于哈希运算竞争获取记账权，可监管性弱；③权益证明机制仅仅靠内部币龄和权益，而不需要消耗外部算力和资源，解决了算力浪费问题，但是算力却大打折扣。

3）委托权益证明机制

委托权益证明机制是基于权益证明机制衍生出的更专业的解决方案，委托权益证明与权益证明机制的主要区别在于委托权益证明机制节点选举若干代理人，由代理人验证和记账，并负责维护货币系统运行，其合规监管、性能、资源消耗和容错性与权益证明机制相似。不同于工作量证明机制，委托权益证明机制下全网都可以参与记账竞争，委托权益证明机制的记账节点在一定时间段内是确定的。为了激励更多人参与竞选，系统会生成少量代币作为奖励，比特股就采用该方式。委托权益证明整个共识机制还是依赖于代币，很多商业应用是不需要代币存在的，普适性较差。

委托权益证明机制的优点：相较权益证明机制，委托权益证明机制大幅提高了区块链处理数据的能力，其共识验证的时间更短，甚至可以实现秒到账，也大幅降低了维护区块链网络安全的费用。

委托权益证明机制的缺点：去中心程度较弱，节点代理是人为选出的，公平性相比权益证明机制较低，依赖于代币的增发来维持代理节点的稳定性。

4）验证池共识机制

验证池共识机制是一种基于传统的分布式一致性技术，加上数据验证的机制，是行业链大范围在使用的共识机制。

验证池共识机制优点：不需要依赖代币也可以实现秒级共识验证。

验证池共识机制缺点：去中心化程度弱，更适合多方参与的多中心商业模式。

每一种共识机制都不能同时满足安全、效率、公平。去中心程度越弱，安全性就越低，区块链的速度就越快；去中心化程度越强，安全性就会越高，区块链的速度就会越慢。4 种共识机制的对比如表 8.5 所示。

表 8.5 区块链主要共识机制的对比图

共识机制	是否挖矿	是否需要代币	安全性	资源消耗	去中心化程度	交易确认时间	可承载交易量	适用场景
工作量证明机制	是	是	高	大	完全	长	少	公有区块链
权益证明机制	是	是	高	一般	完全	短	少	公有区块链
委托权益证明机制	否	是	高	小	完全	秒级	多	联盟区块链
验证池共识机制	否	否	非常高	小	不完全	实时	多	私有区块链

8.2.4 智能合约

1. 智能合约概述

智能合约（smart contract）是一种特殊协议，旨在提供、验证及执行合约，提供优于传统合约的安全方法，并减少与合约相关的其他交易成本。具体来说，智能合约是区块链被称为"去中心化"的重要原因，它允许在不需要第三方的情况下，执行可追溯、不可逆转和安全的交易，只要一方达成了协议预先设定的目标，合约将会自动执行交易，这些交易也具有透明可信、自动执行、强制履约的优点。以保险为例，如果说每个人的信息（包括医疗信息和风险发生的信息）都是真实可信的，那就很容易在一些标准化的保险产品中，去进行自动化的理赔。但智能合约程序不只是一个可以自动执行的计算机程序，它自己就是一个系统参与者，它对接收到的信息进行回应，它可以接收和储存价值，也可以向外发送信息和价值。这个程序就像一个可以被信任的人，可以临时保管资产，总是按照事先的规则执行操作。

智能合约这个术语可以追溯到 1994 年，是由多产的跨领域法律学者尼克·萨博（Nick Szabo）提出来的，他在发表于自己网站的几篇文章中提到了智能合约的理念，定义为：一个智能合约是一套以数字形式定义的承诺，包括合约参与方可以在上面执行这些承诺的协议。

1）数字形式

数字形式意味着合约不得不写入计算机可读的代码中，因为只要参与方达成协定，智能合约建立的权利和义务，便由一台计算机或者计算机网络执行，这更进一步说明了以下几点。①达成协定。智能合约的参与方什么时候达成协定呢？答案取决于特定的智能合约实施。一般而言，当参与方通过在合约宿主平台上安装合约，致力于合约的执行时，合约就被发现了。②合约执行。执行的真正意思也依赖于实施。一般而言，执行意味着通过技术手段积极实施。③计算机可读的代码。合约需要的特定"数字形式"非常依赖于参与方同意使用的协议。

2）协议

协议是技术实现，在这个基础上，合约承诺被实现，或者合约承诺实现被记录下来。选择哪个协议取决于许多因素，最重要的因素是在合约履行期间，被交易资产的本质。以销售合约为例。假设，参与方同意货款以比特币支付，选择的协议很明显将会是比特币协议，在此协议上，智能合约被实施。因此，合约必须要用到的"数字形式"就是比特币脚本语言。

3）安全问题

智能合约是执行合约条款的计算机交易协议，区块链上的所有用户都可看到基于区块链的智能合约。但是，这会导致包括安全漏洞在内的所有漏洞都可见，并且可能无法迅速修复。

2. 智能合约的运作过程

很多区块链网络使用的智能合约功能类似于自动售货机：如果你向自动售货机（类比分类账本）转入比特币或其他加密货币，一旦输入满足智能合约所根据逻辑来编写和运作的代码要求，它会自动在安全和去信任的网络中执行双方约定的义务。义务以"if then"形式写入代码，如"如果 A 完成任务 1，那么，来自 B 的付款会转给 A"。通过这样的协议，智能合约允许各种资产交易，每个合约被复制和存储在分布式账本中。这样，所有信息都不能被篡改或破坏，数据加密确保参与者之间的完全匿名。虽然智能合约只能与数字生态系统的资产一起使用，不过，很多应用程序正在积极探索数字货币之外的世界，试图连接"真实"世界和"数字"世界。

3. 智能合约的优缺点

就像任何其他新的系统协议一样，智能合约并不完美。使用智能合约有几个优点和缺点，包括更高的效率和缺乏监管。使用智能合约的一些主要优势包括以下几点。①处理交易的效率更高。这归功于它能够采用完全自动化的流程，不需要任何人为参与，只要满足智能合约代码所列出的要求即可，因此会更节省时间，降低成本，交易更准确且无法更改，不可逆转。②智能合约去除任何第三方干扰，进一步增强了网络的去中心化。智能合约的使用也会产生不少问题，包括以下几点。①人为错误。虽然很多人把智能合约的不可逆转特性看作是它的主要好处，但也有人认为一旦出现问题无法修改。因为人类会犯错误，在创建智能合约时也一样，一些绑定协议可能包含错误，而它们是无法逆转的。②完全实施有困难。智能合约只能使用数字资产，在连接现实资产和数字世界时会出现问题。③不确定的法律状态。智能合约缺乏法律监管，只受制于代码约定的义务也可能会导致一些用户对网络上交易持谨慎态度。

8.3　区块链技术在物流领域中的应用

物流是构建互联网经济的重要基础，随着全球互联网化的推进，物流行业的发展速度越来越快，对物流企业的需求也会越来越多样化。各大物流企业纷纷加速战略布局的同时，也会吸纳社会物流资源去为客户提供更全面的物流服务，这种"大物流"的模式会使物流供应链里的核心企业快速地规模化，也能一定程度地降低核心企业的物流成本。但由于社会化物流行业存在信息不对称、信息兼容差、数据流转不畅通等问题，社会化物流中生产关系的信任成本会越来越高，主要体现在以下三个方面。

（1）企业交互成本过高。企业的物流系统都是中心化的，为了实现物流供应链上下游企业之间的数据共享与流转，企业之间不得不通过接口对接，由于整个供应链的信息流存在诸多信用交接环节，系统的对接工作将会十分繁重，而且，即使通过现有技术实现数据的互通，也无法保证数据的真实性和可靠性。

（2）商品的真实性无法完全保障。特别是食品和药品，过去无论是国家的鼓励还是企业的努力，都没能充分解决商品溯源防伪中最大的难题，无法保证商品供应链中的某一方能够提供绝对真实可靠的商品信息。由于在整个物流过程中涉及诸多利益相关者，不管谁选择，都会有疑虑。

（3）物流征信评级无标准。社会物流生态中存在大量的信用主体，包括个人、企业、物流设备，这三种不同类型的主体构成了整个物流生态，而如何安全、有效地在这三者之间构建高信任的生产关系是目前诸多物流核心企业所面临的痛点。如何确保一线物流从业者为消费者带来高质量的服务，如何确保企业能够承担应有的社会责任，如何确保智能设备能够安全运转，不被外来入侵者攻击等，都存在不小的挑战。

区块链技术可以解决大物流中的众多问题。

（1）信任。区块链内部安全机制大大增加了信任，有利于实现信息共享，可以促进实现物流平台的规模化、低成本及高信任，还可以促进物流领域的商流、物流、信息流、资金流四流合一，能够在多方互信的基础上快速聚合优质资源。

（2）真实可靠性。区块链分布式账本打破信息孤岛，确保数据存放的真实可靠；区块链的开放、共识，可以使物流车队、仓库和一线物流服务人员等参与方都可以充当网络中的节点，实现物流过程信息的透明性和真实性；区块链技术确保企业财务数据的真实性和实时性，并能够显著提升实体企业融资的便利性，数据的真实性和实时性会缩短结算周期，实现准时结算。

（3）效率和成本。区块链使用更精简、更自动化、无差错的流程可以大幅提高物流过程的效率，降低运作成本，在提供了物流运作可视性和可预测性的同时，加速了货物的流动速度。

（4）溯源。区块链的物源追踪可以大规模地实现负责任的可持续供应链，有助于解决假冒产品问题。

（5）物流商业。以区块链为基础的解决方案也提供了潜在的新物流服务产品和更多的创新商业模式。

8.3.1　区块链技术在仓储中的应用

物流仓储的过程中，如何有效、准确、全面地掌握仓储过程中货物的具体信息，确保货物的安全储存；怎样解决物流仓储过程透明化，提高运营效率，已成为当今物流发展的战略问题。特别是随着客户对物流的需求不断增加，再加上高增长率的仓储给仓储硬件带来了新的挑战。随着信息技术的发展，智能仓储是大势所趋，特别是在国家供给侧结构性改革、工业 4.0 和"中国制造 2025"的驱动下，把网络与智能仓储硬件的高度融合及智能仓储的发展推上了快车道。仓储管理主要包括货物的出入库、拣货及盘点等，而目前仓储环节主要存在以下问题：货物出入库没有可信的单据交接、数字化程度低、参与各方沟通工具散乱、信息沟通频次低、信息协同效率低，导致货物的真实信息、实时信息无法准确传递，最终滋生造假风险，产业链各方产生信任问题等。

区块链技术作为产业数字化的一个组成部分，具有可追溯、不可篡改、公开透明、集体维护、全程留痕等特征，是解决信任问题的一把钥匙。另外，基于区块链技术的仓储管理对仓储过程进行了优化，增加了整个流程的透明性，而且保障仓储运营商在安全和受信任的环境下对货物进行保管和运输，基于区块链的物流仓储模式如图 8.8 所示。

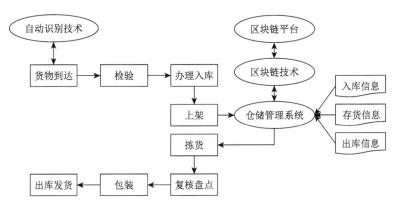

图 8.8　基于区块链的物流仓储模式

（1）利用应用程序接口（application programming interface，API）将仓储管理系统对接到区块链信息平台上，通过 RFID、条形码等自动识别技术，详细记录货物从入库、拣货到出库整个流转过程中的各项信息，并及时上传到区块链信息平台上，帮助企业通过实时掌握货物存储、出入库情况，实现仓储的全程精确监管，对库存进行调控，从而减少查找、识别、追踪货物的人力成本和时间成本。

（2）在入库环节，借助物联网设备，根据货物的大小、种类、存放位置、外观质量、存货人、起租时间、起租费用等属性智能匹配存储位置，将库存信息实时记录到区块链平台上，生成仓单，并发送至仓储管理系统，帮助相关节点企业掌握货物库存更新情况。

（3）在出库环节，仓库方、货主及需要凭仓单融资的银行方可以实时看到该仓单的信息，根据分配的订单任务和客户企业的相关货物库存情况，快速安排货物的出库数量和装车时间。

（4）在盘货清点环节，利用 RFID 等识别技术将货物数据记录到区块链平台上，利用计算机技术进行智能管理和远程操作，减少人力作业，降低仓储成本。

总体来说，在出入库、盘点等环节的作业过程中，区块链技术始终贯穿全程，将货物的实时信息保存在区块链的数据账本上，提升仓储数据的实时性和准确性，实现仓储环节全过程的可视化管理和精确监管，并解决仓储中出现的信息化系统分散、现场管理与后端信息平台脱节、质量服务滞后等各种问题；区块链加持下数字化仓储流程，可以解决货物的确权问题，即货物实时的物权归属是谁，是否真实，是否唯一；基于区块链的仓储模式无疑能够极大地提高订单的处理速度，减少人工操作流程。

8.3.2　区块链技术在运输中的应用

运输负责将人、动物和货物从一个地方转移到另一个地方，它涉及陆地、空中或海上，这个行业拥有最大的网络，包括各种各样的组织，如旅游航空公司、铁路和邮轮公司、市政运输公司等。目前交通运输业也面临着巨大的问题和挑战。对客户而言，实时跟踪获取货物的动态信息已经成为他们的一项刚需，而且运输公司也需要利用认证的安全数据来帮助其不断改进业务。因此，许多运输公司已经开始利用跟踪技术，但容易被恶意操控，这显然会对全球供应链产生不利影响。但在区块链技术的帮助下，则有望避免这些问题的出现。

1. 区块链技术在货物发送中的应用

货物发送是运输的重要环节，目前，仍存在着货物装不上、装车效率低和货物配载不合理等问题。结合区块链技术，以共同竞争记账方式存储信息，可以实现货物自动分类；交易达成共识后，根据区块链节点中的货物信息生成相应的运载方案，包括货物装车具体作业过程和方式方法、货物在车厢内的摆放位置示意图、货物的捆扎和紧固方案等；然后将所有的方案及配备的车辆、司机、押运人员的信息添加上链，动态调配公司的人员及车辆资源，有效解决大量的车内容积或载重过剩的问题，大大提高货物装车的作业效率，缩短装车作业时间，保证装车质量。

从资金流方面来看，运输中往往涉及大量交易节点，企业之间需要进行协商，包括检查合同条款，审核批准，再进行后续等步骤，耗费时间、资源，甚至还可能涉及第三方，合同执行过程十分烦琐，而且合同越复杂，需要控制的因素越多，存在争议的风险越大。而结合区块链建立信任机制，通过智能合约技术，企业支付的运费可以直接转为物流代币发到承运人或者司机的账户，不通过第三方结算，降低成本。同时在装车过程中，如果货物发生损坏，应进行责任划分，相关责任方进行代币赔偿。基于区块链技术的货物发送流程如图 8.9 所示。

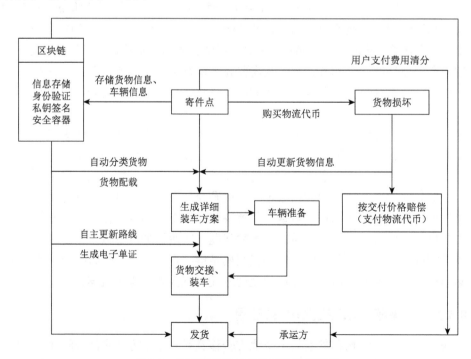

图 8.9   基于区块链技术的货物发送流程

2. 区块链技术在在途运输中的应用

货物在途主要指对货物在各中转物流节点进行分拣和运输作业，在途作业中往往存在中转仓库空间利用率不高、货物配送线路不合理、往返装载率不均衡等现象。近年来，区块链技术的迅速发展，为解决这些问题提供了解决的方向。对运输过程中的货物的参数进行收集存储到区块链中，并利用区块链技术自动规划路线、车辆配载，同时货物在该阶段的物流动态也将自动储存于区块中。

这样一来，实现了对物、车和路的监管，实现了透明运输，利用智能合约可以自动触发的特点实现货运物流车辆的动态监管和智能监管，不用通过司机主动告知在途情况，企业就可能及时地掌握货物的在途情况。经过数据积累之后，可以预判环节转换的大致时间，能够及时准确地检测到在途货物可能发生的异常情况，如司机的身份、经验、状态、不良记录或疲劳驾驶现象，以及车辆的行驶路线、行驶情况、路线偏移等，每个司机的行车记录都会被保存到区块链的分布式账本上，实现对人、车、物的监管，从而降低货物在途异常率，提高异常处理效率。在区块链作用下，运输过程中的货物信息对于托运人、承运人及其他相关人员都是公开透明的，从而确保了货物运输信息和资金的安全可追溯。在物流层层外包的状态下，企业难以对物流运输进行监管，但在智能合约下，双方对于运输时效、配送质量都做出约定，约定之后双方均无法更改，只要物流公司履行合约条件，就会自动交付。

3. 区块链技术在货物到达时的应用

区块链技术在货物到达时的应用能更好地解决物流配送、包裹结算、包裹传输等问题。利用区块链非对称加解密机制和数字签名技术能保证签收过程中的信息安全和收货方的隐私。根据区块链发行代币设计思想，研发和应用发行物流代币的技术，可以实现对物流过程中的信息流、物流和资金流三流合一的数字化管理。收货时为了省去查验相关证件的时间，在区块链技术中采用实名制方案，实现高安全级别的身份认证和访问控制，利用区块链分布式存储信息的不可篡改性，为数字身份认证的原始比对信息提供真实性保障，这样不仅可以让包裹信息更加明确，避免出现错送、误送等问题，也能够保证包裹内信息的安全性和可追溯性。当包裹出现事故需要根据交易信息、包裹传输信息来追溯相关事故发生、进行责任划分时，区块链存储的信息能及时地为交易双方提供查询。如遇到货到付款的情况，基于区块链发行代币的设计思想，可由交易双方事先在区块链系统中进行充值，托管于系统内，之后区块链系统可以将部分资金兑换成物流代币，并自动扣除相应代币以作为物流费用，大大提高了货物派送效率。应用区块链技术后的货物到达流程如图 8.10 所示。

区块链技术与物流到达作业的结合，不仅可以提高信息存储和数据存储的安全性，还可以提高身份识别的准确性，运用物流代币能够减少物流收货的中间环节，避免信息丢失、损毁、丢包爆仓、错领误领等问题，进而更加科学高效地进行物流收货管理。

总的来说，区块链拥有巨大的潜力，可以帮助运输业应对一些长期存在的挑战，得到如下帮助。

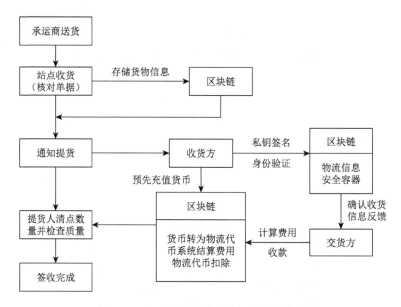

图 8.10　基于区块链技术的货物到达流程

（1）增强安全性。支持通过私有的、安全的、透明的共享账本来访问关键交易信息，让运输企业深入了解业务运营中欺诈和篡改行为高发的环节。例如，集装箱行业的服务合同。区块链还可以针对各方商定的条件形成不可篡改的记录，帮助减少合同条款欺诈和操纵。

（2）货物溯源跟踪。因为区块链技术具有安全、透明、防篡改、去中心化等特点，将货物追溯信息放在区块链里，客户可随时查看货物的动态，而且还可以最大限度地保护这些数据的安全性，防止被人篡改。另外，有了区块链技术，即使是哪个环节出了错，也可以更方便地追溯到每一个步骤，并检查究竟哪里出了问题。跟踪的重要性不仅仅限于运输过程，它也有利于监测单个车辆的性能。例如，如果一个人要购买一辆二手车，区块链将有助于验证以前的车辆性能及其维护信息。

（3）增强货运信息可靠度。运输公司一直都在寻找需要运输的货物，但这些数据会经常被混淆或重复，因此，这些不可靠的需求信息往往会为运输公司造成困扰。然而，利用区块链技术，托运人可以发布已经被时间标记并且在区块链中被记录和验证的货物信息。有了这个特性，它就不能被复制，数据也不会失去其完整性。

（4）提供数字化数据信任。通过对重要数据执行数字化并将其发布到区块链上，物流企业可以减少甚至消除不必要的文书工作。精简的数字化流程可以为各方提供安全、可靠的信息获取途径，防止欺诈行为，增进信任。这里比较重要的一点是，区块链不是为了替代现有的企业系统，它能够允许企业仍然工作在现有的系统中，通过链的能力将链条企业协同起来，提高协同效率。

（5）改善整个生态系统的物流管理。利用区块链技术提升所有利益相关方在整个供应链上的可见性和透明度，使企业能够洞察产销监管链、付款信息及从最初接收到交付的货物位置。增强的跟踪能力使企业能够更准确地评估和应对可能会影响供应链的意外情况。另外，区块链还可以和物联网结合在一起，进一步提升对物理世界的可视化，并通过机器和传感器来减少人为操作，以提高货运业的效率。比如，车辆与车辆之间的通信可以帮助整个车队提高燃料效率，并保证驾驶安全。

（6）提高行业互动效率。区块链可以促进供应商、货运代理、消费者和其他利益相关方之间进行更顺畅、更高效的互动。区块链上收集、验证、记录的供应商信息、物流服务信息等数据可以通过信息平台的应用界面进行查询。每一个物流订单都对应一个区块链编号，集成商、第三方物流企业和客户企业都可以利用物流订单编号来查询相应的物流公司的企业信息和货物运输仓储等物流信息。在复杂的商业网络当中，区块链能够解决弱信任关系下的商业贸易往来，为所有交易对手提供相同的事实来源，可以提高纠纷解决效率，并增强行业参与者之间的信任与合作意识。

8.3.3　区块链技术在配送中的应用

目前物流配送主要采取两种方式。一是配送业务外包给第三方物流配送公司，此模式中企业对物流业务单元的控制程度较低，在某种程度上会受到配送公司的约束。同时，由于企业将物流外包，对最终客户的反应不及时，为客户提供个性化产品和服务的能力不足，影响顾客满意度，对企业培养稳定的客户群带来不确定性风险。二是构建自营配送系统，但需要大量投资且建设周期长，增加管理成本，物流管理能力差，因为是非核心业务，物流专业化服务不强，规模受到限制，导致压力增大。物流配送系统不能做到 100%履约，无法确保线上购买的商品及时、安全、准确地送到顾客手中。特别是在销售旺季，物流配送的客户需求高度集中导致配送时效滞后，供需矛盾严重突出，配送无法满足客户需求的问题暴露无遗。当前如何践行物流运作的基本原则，用最短的距离、最少的时间，高效快速将商品送到消费者手中，需要一种新的创新模式。

物流配送的货物个体上的体积、重量、价值均存在很大偏差，货物配送地址多而分散，部分货物或客户对配送服务要求高，对物流配送的时效性、货物完整性等提出了更高的要求，也带来更多问题。首先在配送路线选择上，由于客户更换收货地址等，现阶段大部分的物流配送的路线选择主要根据配送员自身对配送地址间距离的主观判断，很少考虑客户对时效性的要求进行派送，路线选取不当或其他原因而无法及时完成的订单通常会推迟到第二日进行派件。这样的配送方式是造成资源浪费、效率低下的最主要原因，也直接影响了客户的服务体验。其次，在货物到客户指定地点进行物品交接时，配送人员需要花费大量时间通知并等待客户取件。由于每个人的空闲时间不同，配送员需要等待客户签收的时间也不同，在此期间配送员无法进行其他派送作业。等待时间的长度取决于该地点最后一个客户成功取件的速度，这种派件方式对于配送员配送进度判断存在极大影响，甚至无法及时完成当日任务。

区块链去中心化、不可篡改的优势在物流配送的相关场景具备很大的应用潜力。

（1）通过 RFID 技术自动识别采集物品信息后，可将配送人员信息、配送方式、车辆信息、配送时间、签收信息等全流程数据进行上链，确保了货物流转过程的公开透明；当进行配送时，可通过特定系统进行实名认证，减少丢失或被盗包裹的发生率，更有效地实施数字资产跟踪；同时，当货物在配送过程中出现事故，用户可通过区块链系统对货物信息进行追溯，确认流转过程中引发问题的环节和责任人。

（2）区块链和电子签名技术的结合使得司机与承运方，承运方与货主之间的结算凭证是区块链上真实可靠的电子运输委托凭证，而不是传统的纸质委托书，这样可以解决传统纸质单据签收不及时、易丢失、易篡改，管理成本高等问题，实现单据流与信息流合一。首先，通过权威机构为结算双方颁发组织证书，为双方各自组织下的信用主体进行背书，确保签收过程真实有效；其次，为每个终端设备关联到一个数字身份。通过生物特征的采集，确保使用该设备进行签收的主体是唯一的并且是自愿的；最后，将签收结果写入区块链存证。整个过程可以确保签收主体的真实可信，签收过程真实可靠，签收结果不可篡改、可验证。

（3）基于非对称加密机制的区块链配送系统，可利用密钥对物流信息和用户信息进行加解密，只有区块链中的交易双方才能获得读取信息的权利，从而保障了数据的安全性和用户隐私。

应用案例

京东物流：基于区块链的可信单据签收平台[①]

1. 京东物流介绍

京东自 2007 年开始自建物流，并于 2017 年 4 月 25 日宣布成立京东物流集团，以降低社会物流成本为使命，致力于将过去十余年积累的基础设施、管理经验、专业技术向社会全面开放，成为全球供应链基础设施服务商。目前，京东物流是全球唯一拥有中小件、大件、冷链、B2B（business-to-business，企业对企业）、跨境和众包（达达）六大物流网络的企业。截至 2019 年 3 月 31 日，京东物流在全国范围内运营超过 550 个大型仓库，运营 20 座大型智能化物流中心"亚洲一号"，物流基础设施面积约为 1200 万 m^2。京东物流大件和中小件网络已实现国内行政区县 100%覆盖，自营配送服务覆盖了全国99%的人口，90%以上的自营订单可以在 24h 内送达。通过十余年的努力，京东物流成功将物流成本（对比社会化物流）降低了 50%以上，流通效率（对比社会化流通）提升了 70%以上。

2. 电子签名与区块链存证的法律效力

1）电子签名

近些年来，电子技术的飞速发展使得人们越来越依赖于电子技术产品、数字化通信网络和计算机等，使得信息载体的存储、传递、统计、发布等环节均实现无纸化。随着电子证据的证据价值在法学研究与法学实践中得到较为普遍的认可，讨论电子证据法律地位问题的时机日渐成熟。1999 年颁布实施的《中华人民共和国合同法》及 2005 年颁布的《中华人民共和国电子签名法》确立了电子签名的法律效力，《中华人民共和国电

---

① 京东物流：基于区块链的可信单据签收平台（链上签），http://www.chinawuliu.com.cn/xsyj/202002/01/490146.shtml。

子签名法》提出可靠的电子签名与手写签名或者盖章具有同等的法律效力,同时《中华人民共和国合同法》中也有说明数据电文和纸面合同一样,是书面形式的一种,具备相同的法律效力。

2)区块链存证

区块链作为新兴的技术也已经逐渐被司法机构认可,最高人民法院出台《关于互联网法院审理案件若干问题的规定》(以下简称《规定》)。此规定对于实现"网上纠纷网上审理",推动网络空间治理法治化,具有重要的意义。《规定》共有 23 条,主要包括四个方面,即明确案件管辖范围、确立在线审理机制、搭建在线诉讼平台及完善在线诉讼规则。

其中,《规定》在十一条中明确指出,"当事人提交的电子数据,通过电子签名、可信时间戳、哈希值校验、区块链等证据收集、固定和防篡改的技术手段或者通过电子取证存证平台认证,能够证明其真实性的,互联网法院应当确认"。

3. 链上签的应用场景

1)基于链上签的快运对账平台

链上签的应用场景都是围绕单证的数字化去解决物流过程中实际的运营问题,如物流对账过程主要解决核心企业和承运商之间的结算需求,物流承运过程一般需要经过下单、询价、承运、签收等诸多环节。结算双方企业需要通过系统接口对接的方式完成不同阶段数据的共享与流通,通过传统技术手段仅仅实现信息流互通,并不能解决双方的信任问题,信用签收还是依赖纸质运单,双方各有一套清结算数据,结算双方每个结算周期要进行对账,要人工审核大量的纸质单据,具有成本高、效率低,结算周期长的问题。

链上签产品利用区块链公开透明且不可篡改的特点可以实现结算双方共享数据的控制权,从订单生成环节就开始上链,从询价环节、报价环节、配送环节、妥投等环节,通过信用主体无纸化签收生成基于区块链的电子运输结算凭证,承运过程中通过 RFID 等技术,确保物流配送过程数据收集的真实性,配合车载 GPS 收集位置数据,从而实现信息流和实物流一致性。

基于链上签产品实现运营过程无纸化。首先,为联盟链的每个信用主体构建数字身份,结合权威 CA 认证机构为其信用主体颁发数字证书,其次通过生物特征的采集确保使用该设备进行签收动作的信用主体的真实性,最后将签收结果写入区块链存证,整个过程可以确保签收主体的真实可信、签收过程真实可靠,签收结果不可篡改、可验证。最后对账过程中双方利用链上可靠数据实现共同管理一笔账,减少对账成本,缩短结算账期。

2)基于链上签的电子签单返还

签单返还增值服务是快递公司增加额外收入的一种手段,但传统纸质的签单返还具有成本高、时效长、容易丢失,甚至是冒签等问题。商家对物流公司有纸质签单返还及电子拍照回传的需求时,需要把签单打印出来,客户签收后,还需要物流公司将纸质签单邮寄商家,同时会提供单据模板打印及纸质单据邮寄线上化和电子拍照回传,但拍照动作会给配送员增加额外的操作，也会出现拍照不清晰、OCR（optical character recognition，光学字符识别）无法识别手写签名、无法验证签名人身份信息等问题。

基于链上签构建的电子签单返还产品，结合区块链智能合约技术和电子签名技术将需要签单返还单据无纸化替代传统的纸质签单返还，消除纸质签单返还的运输成本，利用区块链不可篡改、共识、去中心化等特性，确保已签名上链电子运单真实可靠防篡改，通过权威 CA 机构背书为签名人生成合法证书，确保已签收单据合法合规，客户可以直接通过链上签查验客户端获取签单返还的单据并完成验签、下载等动作，实时完成签单返还动作，消除人工对每张单据签收的核验成本。

4. 链上签产品架构

链上签产品架构主要分为可信终端（手持终端）、应用服务、区块链账本服务，可信终端是链上签流量入口，是物流参与人员，包括收/发货人员所使用的移动操作终端，通过可信终端上的提供的 SaaS 服务，可快速构建信用主体，并使用权威 CA 机构颁发的数字证书进行背书。签单时通过身份证＋手机号＋姓名完成信用主体的认证，物流配送环节以电子运单为载体，通过信用主体的数字签名完成每个运输节点的信用签收。

应用服务层是将链上签核心产品通过 SDK（software development kit，软件开发工具包）和 API 的方式进行能力开放，结合实际运营情况，将物流场景服务标准化，减少终端开发工作量，主要功能有身份管理服务，信用主体认证、验证服务；电子运单管理服务，运单创建，运单流转、运单取证服务；签名管理服务，支持多签、双签服务；业务数据获取服务，权限认证通过后，可获得链上指定数据。

区块链账本存放物流单据签收凭证、信用主体的身份信息及每次交易过程中需要双方确权的关键数据。

讨论题
（1）链上签与传统电子签章产品有何不同？
（2）链上签产品是如何利用区块链的？
（3）链上签产品利用区块链需要付出哪些成本，同时产生了哪些收益？

■ 本章小结

区块链技术是一种融合分布式数据存储、点对点传输、共识机制、加密算法等计算机技术的分布式账本。它具有去中心化、去信任、集体维护、开放性、独立性、安全性和匿名性等特点，有公有区块链、联盟区块链和私有区块链三大类型，分布式账本、非对称加密、共识机制和智能合约是它成功应用于物流领域的关键技术。本章详细介绍了区块链技术的发展历程和架构模型等，着重介绍了区块链技术的概念、特征、分类、工作原理、关键技术等，同时，强调了区块链技术在仓储、运输、配送等物流领域的具体应用，解决了物流行业存在的信息不对称、信息兼容差、数据流转不畅通、信任成本高、运作效率低、追踪溯源难及安全难保障等问题。

【关键术语】

（1）区块链　　　（2）区块　　　（3）去中心化　　　（4）去信任

（5）非对称加密　（6）分布式账本　（7）共识机制　　　（8）智能合约

1. 选择题

（1）下列选项中，_____不属于区块链的特点。

　　A. 去中心化　　　B. 对称性　　　　C. 去信任　　　　D. 开放性

（2）区块的数据结构是由区块大小、区块头、交易计数器和_____四部分组成。

　　A. 区块输入　　　B. 区块输出　　　C. 区块体　　　　D. 区块版本

（3）区块链的架构模型是由数据层、网络层、_____、激励层、合约层和应用层组成。

　　A. 传输层　　　　B. 结构层　　　　C. 共识层　　　　D. 扩展层

（4）_____区块链对可信度、安全性有很高要求，而对交易速度不苛求。

　　A. 公有区块链　　B. 联盟区块链　　C. 私有区块链　　D. 行业区块链

（5）区块链的关键技术不包括_____。

　　A. 共识机制　　　B. 分布式账本　　C. 智能合约　　　D. 对称加密

（6）_____是保证交易信息不可篡改的单向密码体制。

　　A. 非对称加密　　B. 智能合约　　　C. 哈希算法　　　D. P2P 组网技术

（7）区块链数据层封装了数据区块的链式结构、非对称数据加密技术和_____等技术。

　　A. 时间戳　　　　B. 对称加密　　　C. P2P 组网　　　D. 数据验证

（8）区块链的共识机制不包括_____。

　　A. 工作量证明　　B. 验证池　　　　C. 委托权益证明　D. 时间效益证明

2. 判断题

（1）区块链是一种颠覆性的新技术，是分布式数据存储、点对点传输、共识机制、加密算法等多种计算机技术的新型应用模式。　　　　　　　　　　　　　（　　）

（2）区块链和传统数据库一样，也具有增加、删除、修改、查询四个基本功能。

　　　　　　　　　　　　　　　　　　　　　　　　　　　　　　　　　（　　）

（3）每个区块链都是一个分布式账本，每个分布式账本也都是区块链。（　　）

（4）区块链 1.0 时代的目标是实现货币的去中心化与支付手段。　　（　　）

（5）去中心化是区块链最突出最本质的特征。　　　　　　　　　　（　　）

（6）公有区块链的特点有交易费用高、交易速度快、扩展性差、吞吐量高。（　　）

（7）共识机制是一种维护分布式账本多中心化的重要机制，每一种共识机制都能同时满足安全、效率、公平。　　　　　　　　　　　　　　　　　　　　　（　　）

（8）智能合约允许在不需要第三方的情况下，执行可追溯、不可逆转和安全的交易。

　　　　　　　　　　　　　　　　　　　　　　　　　　　　　　　　　（　　）

3. 简答题

（1）区块链有哪些分类和特征？

（2）区块由哪些部分组成？

（3）简述区块链的架构模型及各层次的功能。

（4）简述几种主要的区块链技术。

（5）简述区块链在物流环节应用中的作用。

参 考 文 献

白世贞，张鑫瑜. 2019. 现代物流信息技术与应用实践[M]. 北京：科学出版社.

陈慧岩，熊光明，龚建伟，等. 2014. 无人驾驶汽车概论[M]. 北京：北京理工大学出版社.

陈文. 2011. 物流信息技术[M]. 北京：北京理工大学出版社.

桂小林，安健. 2016. 物联网技术原理[M]. 北京：高等教育出版社.

韩杨，刘娜. 2014. 物流运输管理实务[M]. 2 版. 北京：清华大学出版社.

姜蓉，沈伟民. 2012. 京东：以物联网抢跑供应链竞争运用物联网 GIS 系统，竞夺"最后一公里"[J]. 经理人，（9）：62-65，20.

康东，石喜勤，李勇鹏. 2008. 射频识别（FRID）核心技术与典型应用开发案例[M]. 北京：人民邮电出版社.

李旻晶，李巧钰. 2017. 北斗卫星导航在农产品物流中的应用研究[J]. 价格月刊，（12）：51-55.

李绍军，张志远，张洪昌. 2017. 物流信息技术[M]. 北京：北京工业大学出版社.

李世东. 2019. AI：生态人工智能+生态发展战略[M]. 北京：清华大学出版社.

李勇. 2012. 物流信息技术[M]. 北京：清华大学出版社.

李贞. 2011. 物流信息技术与应用[M]. 北京：航空工业出版社.

李忠国. 2012. 物流信息技术应用[M]. 北京：中国劳动社会保障出版社.

刘军，阎芳，杨玺. 2013. 物联网技术[M]. 北京：机械工业出版社.

柳和玲. 2006. 物流运作案例剖析[M]. 北京：中国财富出版社.

米志强，邓子云. 2014. 物流信息技术与应用[M]. 北京：电子工业出版社.

农小晓，苏慧. 2014. 条码技术及应用[M]. 北京：北京交通大学出版社.

欧阳元新，熊璋. 2016. 物联网引论[M]. 北京：北京航空航天大学出版社.

彭宏春. 2021. 智能物流技术[M]. 北京：机械工业出版社.

彭力，徐华. 2014. 无线射频识别技术与应用[M]. 西安：西安电子科技大学出版社.

施先亮. 2020. 智慧物流与现代供应链[M]. 北京：机械工业出版社.

王爽，鲁艳萍. 2011. 物流信息技术综合实务与实训[M]. 北京：首都经济贸易大学出版社.

王先庆. 2019. 智慧物流：打造智能高效的物流生态系统[M]. 北京：电子工业出版社.

武奇生. 2014. 物联网工程及应用[M]. 西安：西安电子科技大学出版社.

谢金龙，刘亚梅，王凯. 2010. 物流信息技术与应用[M]. 北京：北京大学出版社.

熊静，张旭，喻钢. 2017. 物流信息管理[M]. 北京：国防工业出版社.

杨震. 2013. 物联网的技术体系[M]. 北京：北京邮电大学出版社.

杨忠明. 2019. 人工智能应用导论[M]. 西安：西安电子科技大学出版社.

叶靖. 2011. 物流条码技术应用[M]. 北京：清华大学出版社.

詹国华. 2016. 物联网概论[M]. 北京：清华大学出版社.

张磊，吴忠. 2015. 物流信息技术[M]. 2 版. 北京：清华大学出版社.

中国物品编码中心. 2010. 条码技术基础[M]. 武汉：武汉大学出版社.

朱长征. 2014. 物流信息技术[M]. 北京：清华大学出版社.

习 题 答 案

第1章 物流信息技术应用认知

1. 选择题
(1) B (2) D (3) C (4) A (5) B (6) D (7) D (8) D

2. 判断题
(1) √ (2) × (3) × (4) × (5) × (6) √ (7) × (8) √

3. 简答题
(1) 什么是信息? 它有哪些特点?

信息是指能够反映事物内涵的知识、资料、情报、图像、数据、文件、语言、声音等。信息是事物的内容、形式及其发展变化的反映。信息具有存储性、识别性、传递性、扩散性、共享性、价值性、不对称性和时效性的特点。

(2) 简述物流信息的概念与作用。

物流信息(logistics information, LA)是反映物流各种活动内容的知识、资料、图像、数据、文件的总称。物流信息的作用主要表现在以下两个方面。

①物流信息有利于企业内部各业务活动之间的衔接

企业内采购、运输、库存及销售等各项活动互相作用,形成一个有机的整体系统,物流信息在其中充当桥梁和纽带。各项业务活动之间的衔接通过信息进行,基本资源的调度也通过信息的传递来实现。物流信息保证了整个系统的协调性和各项活动的顺利运转。

②物流信息有助于提高物流企业科学管理和决策水平

物流管理需要大量、准确、实时的信息和用以协调物流系统运作的反馈信息,任何信息的遗漏和错误都将直接影响物流系统运转的效率和效果,进而影响企业的经济效益。物流管理通过加强供应链中各活动和实体间的信息交流与协调,使其中的物流和资金流保持畅通,实现供需平衡。通过运用科学的分析工具,对物流活动所产生的各类信息进行科学分析,从而获得更多富有价值的信息。这些信息在系统各节点间共享,有效地缩短了订货提前期,降低了库存水平,提高了搬运和运输效率,减少了递送时间,及时高效地响应顾客提出的各种问题,极大地提高了顾客满意度和企业形象,加强了物流系统的竞争力。

(3) 物流信息技术的组成有哪些?

物流信息技术可以分为以下4个层次。

①物流信息基础技术

物流信息基础技术是指有关原件、器件的制造技术,它是整个信息技术的基础。例如,微电子技术、光子技术、光电子技术、分子电子技术等。

②物流信息系统技术

物流信息系统技术是指有关物流信息的获取、传输、处理、控制的设备和系统的技术，它是建立在信息基础技术之上的，是整个信息技术的核心。其内容主要包括物流信息获取技术、物流信息传输技术、物流信息处理技术和物流信息控制技术等。

③物流信息应用技术

物流信息应用技术是指基于管理信息系统技术、优化技术和计算机集成制造系统技术而设计出的各种物流自动化设备和物流信息管理系统，如自动化分拣与传输设备、自动导引车、集装箱自动装卸设备、仓储管理系统、运输管理系统、配送优化系统、全球定位系统和地理信息系统等。

④物流信息安全技术

物流信息安全技术是指确保物流信息安全的技术，主要包括密码技术、防火墙技术、病毒防治技术、身份鉴别技术、访问控制技术、备份与恢复技术和数据库安全技术等。

（4）简述几种主要的现代物流信息技术。

①自动识别技术

自动识别技术主要是指条形码技术和 RFID 技术。

条形码技术又称为条码技术，是集条码理论、光电技术、计算机技术、通信技术、条码印刷技术于一体的综合性技术。由于具有制作简单、速度快、准确率高、信息量大、成本低的优点，成为物流信息管理工作的基础，被广泛应用于物流的数据采集。

RFID 技术是一种基于电磁理论的通信技术，它通过射频信号自动识别目标对象来获取相关数据，是一种非接触式的自动识别技术，适用于要求非接触数据采集和交换的场合。它的优点是不局限于视距，识别距离比光学系统远，射频识别卡可具有读写能力，可携带大量数据，难以伪造，并且智能性较高。

②EDI 技术

EDI 技术是计算机、通信和管理相结合的产物。EDI 协议的标准结构格式将标准的经济信息，通过电子数据通信网络，在商业伙伴的电子计算机系统之间进行交换和自动处理。由于使用 EDI 可以减少甚至消除贸易过程中的纸面文件，因此 EDI 又被人们通俗地称为"无纸贸易"。

③定位跟踪技术

地理分析与动态跟踪技术主要包括地理信息系统（geographic information system，GIS）和全球定位系统（global positioning system，GPS）。

GIS 是以地理空间数据为基础，采用地理模型分析方法，适时地提供多种空间的和动态的地理信息，是一种为地理研究和地理决策服务的计算机技术系统。基本功能是将表格型数据（可来自数据库、电子表格文件或直接在程序中输入）转换为地理图形显示，然后对显示结果进行浏览、操作和分析。通过结合其他的软件，GIS 可以建立车辆路线模型、网络物流模型、设施定位模型等，辅助进行物流决策。

GPS 是利用空中卫星对地面目标进行精确导航与定位，以达到全天候、高准确度地跟踪地面目标移动轨迹的目的。它在物流领域主要应用于汽车自定位及跟踪调度、铁路车辆运输管理、船舶跟踪及最佳航线的确定、空中运输管理和军事物流配送等领域。

④物联网技术

物联网技术起源于传媒领域。物联网形式早已存在，统一意义上的物联网概念提出是在互联网发展成熟的基础上。物联网是指通过 RFID、红外感应器、GPS、激光扫描器等信息传感设备，按照约定的协议，将任何物品通过有线与无线方式与互联网连接，进行通信和信息交换，以实现智能化识别、定位、跟踪、监控和管理的一种网络。物联网具有联网终端规模化、感知识别普适化、异构设备互联化、管理处理智能化及应用服务链条化的特点。物联网技术主要包括感知技术、通信组网技术、传感网技术和数据融合、智能处理技术和 5G 5 种。

（5）简述物流信息技术的发展趋势。

①物流动态信息采集技术的发展

在全球供应链管理趋势下，及时掌握货物的动态信息和品质信息已成为企业盈利的关键因素。但是由于受到自然、天气、通信、技术、法规等方面的影响，物流动态信息采集技术的发展一直受到很大制约，远远不能满足现代物流发展的需求。借助新的科技手段，完善物流动态信息采集技术，成为物流领域下一个技术突破点。

②物流信息安全技术的发展

借助网络技术发展起来的物流信息技术，在享受网络飞速发展带来巨大好处的同时，也会陷入网络带来的安全危机。例如，网络黑客无孔不入地恶意攻击、病毒的传播、信息的泄露等。应用安全防范技术，保障企业的物流信息系统或平台安全、稳定地运行，是企业长期面临的一项重大挑战。物流信息安全技术将日益被重视。

③大数据技术的发展

大数据技术成为物流企业提高预测决策水平和资源整合能力的重要支撑。互联网技术改变了世界经济结构，催生出了很多新的产业形态，电子商务和互联网金融的开展，使企业的市场营销和服务实现了云端化，使产业供应链实现了扁平化，减少了中间环节，倒逼物流服务企业必须以更加敏捷的反应、专业的服务和高效的物流适应市场需求的变化。大数据技术通过对企业内部资源信息和市场竞争信息、外部合作企业信息和用户体验互动信息等的深度挖掘和筛选，制订出科学的并且具有应急处置能力的决策方案。

第 2 章　物流数据采集与识别技术

1. 选择题

（1）D　（2）C　（3）A　（4）C　（5）A　（6）D　（7）A　（8）C　（9）B　（10）B

2. 判断题

（1）√　（2）√　（3）×　（4）×　（5）×　（6）×　（7）×　（8）×　（9）√

3. 简答题

（1）简述二维条码的特点。

①信息容量大，可表示各种多媒体信息。

二维条码能够在横向和纵向两个方位同时表达信息，因此能在很小的面积内表达大量的信息。一般，一个一维条码大约可容纳 20 个字符，而一个二维条码可容纳上千字符。

此外，多数一维条码所能表示的字符集不过是 10 个数字、26 个英文字母及一些特殊字符，要用一维条码表示其他语言文字（如汉字、日文等）、图像等信息是不可能的。而二维条码通过压缩技术能将凡是可以数字化的信息，包括字符、照片、指纹、声音等进行编码，可以表示各种文字和多媒体信息。

②具有纠错和加密功能，译码可靠性高。

二维条码引入纠错机制，使得二维条码在因穿孔、污损等引起局部损坏时，照样可以得到正确识读。加密机制的引入是二维条码的又一优点，当用二维条码表示照片时，可以先用一定的加密算法将图像信息加密，然后再用二维条码表示。在识别二维条码时，再加以一定的解密算法，就可以恢复所表示的照片。

二维条码的译码可靠性要高于传统的一维条码。例如，一维条码的译码错误率约为百万分之二，而二维条码的译码错误率则不超过千万分之一，译码可靠性极高。

（2）简述物流条码包含的内容。

物流条码主要包括项目标识、动态项目标识、日期、度量、参考项目、位置码、特殊应用及内部使用等。

①项目标识，对商品项目和货运单元项目的标识。由于相同项目的编码是相同的，其内容是无含义的，但其对项目的标识是唯一的。项目标识的主要编码方式有 13 位和 14 位两种。其中，13 位编码由 3 段组成，分别为厂商识别代码、商品项目代码和校验码；14 位编码通常是在 13 位编码的前面加 1 位数字组成。

②动态项目标识，对商品项目和货运单元项目中每一个具体单元的标识，即对系列货运包装箱的标识，其本身为系列号。每一个货运包装箱具有不同的编码，其编码为 18 位。

③日期，标识为 6 位编码，依次表示年、月、日，主要包括生产日期、包装日期、保质期、有效期等，有时会根据应用的需要有所增加。

④度量，主要包括数量、重量、长、宽、高，以及面积、体积等内容。不同度量的编码位数不同，相同度量也有不同计量单位的分别。

⑤参考项目，包括客户订单代码，收货方邮政编码，卷状产品的长、宽、内径、方向、叠压层数等各种信息，其编码位数也各不相同。

⑥位置码，是对法律实体、功能实体和物理实体进行标识的代码。其中，法律实体是指合法存在的机构；功能实体是指法律实体内部的具体部门；物理实体是指具体的地址，如建筑物的某个房间、仓库的某个门等。

⑦特殊应用及内部使用。特殊应用是指在特殊行业（如医疗产品行业）的应用；内部使用是指在公司内部使用，由于其编码不与外界发生联系，编码方式和标识内容由公司自己制定。

（3）简述物流条码的特点。

①应用范围广，服务于供应链全过程。

供应链全过程包括从生产厂家生产出产品、包装、运输、仓储、分拣、配送，一直到零售业的各个环节。在这些环节中，随时随地都要用到物流的标识，在零售业中通常是需要对商品单元进行标识，而在其他环节中则需要对货运单元进行标识。因此，物流条码可用于生产业、运输业、仓储业、配送和零售业等领域，是多种行业共享的通用数据。

②信息容量大，包含信息丰富。

商品条码通常采用 EAN/UPC 码制，由一个 13 位或 8 位数字及条码符号组成，其长度固定，信息容量少。物流条码主要采用 UCC/EAN-128 码制，是一个长度可变，可表示多种含义、多种信息的条码，它既可以表示无含义的商品和货运单元，又可以表示货物的体积、重量、生产日期、批号等信息。

③可变性强，需要持续维护。

供应链中单个商品的标识是一个国际化、通用化、标准化的唯一标识，是零售业的共同语言，其标准无须增减更新，便于维护。物流条码是随着国际贸易的不断发展、贸易伙伴对各种信息需求的变化而不断变化的，条码的内容可适时增减。经济全球化使得物流条码应用范围在不断扩大，内容也在不断丰富，因此，企业要及时了解用户需求，并及时传达标准化机构的编码变更内容，做好物流条码的持续维护，以保证物流条码的正确性。

（4）简述 RFID 的特点。

①全自动快速识别多目标。RFID 阅读器利用无线电波，全自动瞬间读取标签的信息，并且可以同时识别多个 RFID 电子标签。

②追踪定位性。RFID 具有全自动快速识别多目标的特点，使得利用 RFID 能够对标签所对应的目标对象实施跟踪定位。如果把 RFID 标签与 GPS 结合，可以对带有 RFID 标签的列车、货舱等进行有效的地理位置追踪。

③应用面广。电子标签很小，因此可以轻易地嵌入或附着在不同类型、形状的产品上，在利用 RFID 读取时不受尺寸大小与形状限制，不需要为了读取精确度而配合纸张的固定尺寸和印刷品质。此外，RFID 标签可向小型化与多样形态发展，以应用于不同产品。

④数据记忆量大。RFID 系统中电子标签包含存储设备，可以存储的数据很大，而且随着存储技术的进一步发展，存储容量会越来越大。

⑤环境适应性强。RFID 电子标签是将数据存储在芯片中，不会或比较少受到环境因素的影响，从而可以保证在环境恶劣的情况下正常使用。

⑥可重复使用。RFID 可以重复使用，重复增加、修改、删除电子标签中的数据，不像条码是一次性、不可改变的。

⑦防碰撞机制。RFID 标签中有快速防碰撞机制，能防止标签之间出现数据干扰。因此，阅读器可以同时处理多张非接触式标签。

⑧穿透性和无屏障阅读。在被覆盖的情况下，RFID 标签可穿透纸张、木材和塑料

等非金属或非透明的材质与读写器进行信息交换,具有很强的穿透性。只有铁质金属,由于具有屏蔽作用,阻碍电磁波的传播,因此无法进行正常的通信。

⑨易读取数据。RFID 采用的是无线电射频技术,可以透过外部资料读取数据,而条码必须靠激光来读取数据。

⑩安全性能高。RFID 电子标签中的信息,其数据内容可设密码保护,不易被伪造及修改,因此,使用 RFID 安全性更高。

(5)简述 RFID 系统的工作原理。

RFID 的基本原理是:阅读器通过发射天线发送一定频率的射频信号,当电子标签进入发射天线工作区域时,产生感应电流,电子标签获得能量被激活,将自动编码等信息通过内置发射天线发送出去;当系统接收天线收到从电子标签发送的载波信号,经天线调节器传送到阅读器,阅读器对接收的信号进行解调和解码,然后送到后台主系统进行相关处理。主系统根据逻辑运算判断该卡的合法性,针对不同的设定做出相应的处理和控制,发出指令信号控制执行机构动作。

(6)简述 RFID 系统的工作流程。

①编程器预先将数据信息写入标签中。

②阅读器经过发射天线向外发射无线电载波信号。

③当射频信号标签进入发射天线的工作区时,射频信号标签被激活后立即将自身信息标签通过天线发射出去。

④系统地接收天线收到射频标签发出的载波信号,经天线的调节器传给阅读器,阅读器对接收到的信号进行解调解码,送到后台计算机。

⑤计算机控制器根据逻辑运算判断射频信号标签的合法性,针对不同的设定做出相应的处理和控制,发出指令信号控制执行机构的动作。

⑥执行机构按计算机的指令动作。

⑦通过计算机通信网络将各个监控点连接起来,构成总控信息平台。

第 3 章　物流电子数据交换技术

1. 选择题

(1)A　(2)D　(3)C　(4)A　(5)B　(6)C　(7)B　(8)D　(9)C

2. 判断题

(1)×　(2)√　(3)√　(4)√　(5)×　(6)×　(7)×
(8)×　(9)√

3. 简答题

(1)什么是 EDI?什么是物流 EDI?

EDI 就是供应商、零售商、制造商和客户等在其各自的应用系统之间利用 EDI 技术,通过公共 EDI 网络,自动交换和处理商业单证的过程。

所谓物流 EDI 是指货主、承运业主及其他相关的单位之间,通过 EDI 系统进行物流数据交换,并以此为基础实施物流作业活动的方法。

（2）简述 EDI 的特点。

①单证格式化

EDI 传输的是格式化的数据，如订购单、报价单、发票、货运单、装箱单、报关单等，这些信息都具有固定的格式与行业通用性，而信件、公函等非格式化的文件不属于 EDI 处理的范畴。

②报文标准化

EDI 传输的报文符合国际标准或行业标准，这是计算机能自动处理的前提条件。目前，应用最为广泛的 EDI 标准是 UN/EDIFACT（联合国标准 EDI 规则适用于行政管理、商贸和交通运输）和 ANSIX.12（由美国国家标准化协会特命标准化委员会第 12 工作组制定）。

③处理自动化

EDI 信息的传递路径是从计算机到数据通信网络，再到商业伙伴的计算机。信息最终被传递到计算机应用系统，它可以自动处理 EDI 系统传递的信息。因此，EDI 是一种机—机模式或应用—应用模式的数据交换技术，无须人工干预。

④软件结构化

EDI 功能软件由 5 个模块组成，即用户接口模块、报文生成及处理模块、格式转换模块、通信模块和内部接口模块。这 5 个模块功能分明、结构清晰，形成了较为成熟的 EDI 商业化软件。

⑤运作规范化

任何一个成熟、成功的 EDI 系统，都有相应的规范化环境做基础，如联合国国际贸易法委员会制定了《电子商务示范法》，国际海事委员会制定了《国际海事委员会电子提单规则》，上海市制定了《上海市国际经贸电子数据交换管理规定》等。此外，EDI 主要传递重要的业务票据或合同等，单证报文具有法律效力，这也要求其按照相关规范进行运作。

（3）为什么要制定 EDI 标准？目前国际上公认的 EDI 标准有哪些？

因为标准化工作是实现 EDI 互通和互连的前提和基础。自从 EDI 产生以来，其标准的国际化就成为人们日益关注的焦点之一。早期的 EDI 使用的大都是各处的行业标准，不能进行跨行业 EDI 互连，严重影响了 EDI 的效益，阻碍了全球 EDI 的发展。为促进 EDI 的发展，需要促进 EDI 标准的国际化，以充分发挥 EDI 的作用。

目前世界上的 EDI 标准主要是由两家著名的标准组织所制定和管理的。美国的 EDI 标准组织 ANSI X.12 在 ANSI 的全力支持下于 1979 年成立，1985 年美国国家标准化协会公布了第一个美国 EDI 国家标准 ANSI X.12；另一个国际标准组织 UN/ECE 也于同年制定了 UN/EDIFACT 标准。

（4）EDI 系统的构成要素有哪些？

EDI 系统由 EDI 技术标准、EDI 软件及硬件、EDI 技术通信网络 3 个要素构成。

（5）简述 EDI 系统的基本结构及各组成模块的作用。

一般来说，EDI 系统的基本结构包括报文生成和处理模块、格式转换模块、通信模块、用户接口模块、内部接口模块 5 个部分。

①报文生成和处理模块

报文生成和处理模块的一个功能是接收来自用户接口模块和内部接口模块的命令

和信息，按照 EDI 的公共标准生成所需要的订单、发票、合同及其他各种 EDI 报文和单证，然后经格式转换模块处理后交给其他模块处理。另一个功能是自动处理由其他 EDI 系统发来的报文，按照不同的报文类型，应用不同的过程进行处理，一方面从信息系统中取出必要的信息回复发来单证的 EDI 系统，另一方面将单证中的有关信息传递至本单位其他信息系统。

②格式转换模块

格式转换模块的主要功能是把企业自己生成或是其他企业发来的各种 EDI 报文，按照一定的语法规则进行处理，从而形成标准化、结构化的报文以方便其他模块进行处理。转换过程包括语法上的压缩、嵌套，代码的替换，以及添加必要的 EDI 语法控制字符。同样，经过通信模块接收到的结构化的 EDI 报文，也要做非结构化的处理，以便本单位内部对信息做进一步处理。该模块实现的具体功能可总结为：统一的国际标准和行业标准；所有 EDI 单证必须转换成标准的报文；转换过程中进行语法检查；其他系统的 EDI 报文的逆处理。

③通信模块

通信模块是企业本身的 EDI 系统和其他企业 EDI 系统的接口。通信模块负责在接收到 EDI 用户报文后，进行审查和确认。根据 EDI 通信网络的结构不同，该模块功能也有所不同。其主要功能是执行呼叫、自动应答、确认身份和报文传送等。除此之外本模块还包括自动重发、合法性和完整性检查、出错报警及报文拼装和拆卸等功能。

④用户接口模块

用户接口模块也称为联系模块，是 EDI 系统和本单位内的其他信息管理系统或数据库的接口。其主要功能是为 EDI 用户提供良好的接口和人机界面，业务管理人员可通过此模块进行输入、查询、统计、中断、打印等操作，以便及时了解市场变化，调整应对策略。此模块同时也是 EDI 系统和企业内部其他系统进行信息交换的纽带。由于 EDI 不是将订单直接传递或简单打印，而是通过订单审核、生产组织、货运安排及海关手续办理等事务的 EDI 处理后，再将有关结果通知其他信息系统，或印出必要文件进行物理存档，因此一个单位的信息系统应用程度越高，用户接口模块也就越复杂。

⑤内部接口模块

内部接口模块是连接 EDI 系统与企业内部其他信息系统或数据库的接口。企业的信息系统应用程度越高，内部接口也就越复杂。一份来自外部的 EDI 报文，经过 EDI 系统处理之后，大部分相关内容都需要经内部接口模块送往其他信息系统，或查询其他信息系统才能给对方 EDI 报文以确认的答复。

（6）简述 EDI 的工作过程。

EDI 的工作流程可以分为 3 个阶段。

①文件的结构化和标准化处理。用户先将原始的纸面商业和行政文件，经计算机处理，形成符合 EDI 标准的、具有标准格式的 EDI 数据文件。

②传输和交换。用户用自己的本地计算机系统将形成的标准数据文件，经由 EDI 数据通信和交换网，传送到登录状态下的 EDI 服务中心，继而转发到对方用户的计算机系统上。

③文件的接收和自动处理。对方用户计算机系统收到发来的报文后，立即按照特定的程序自动进行处理。如有必要，则输出纸面文档。

（7）简述 EDI 系统面临的主要威胁和攻击。

EDI 系统面临的主要威胁和攻击，有以下 6 种。

①冒充

邮件传送代理（mail transfer agent，MTA）之间是以交换明文形式的 MTA 名称来彼此证实的，一个假冒合法的 MTA 可能会通过发送一个已知的 MTA 名与其他的 MTA 互连，冒名顶替偷窃工作资源和信息。

②篡改数据

数据被未授权更改会破坏数据的完整性。EDI 环境中篡改数据的现象与 MHS 提到的情况相同，攻击者会篡改在 EDI 系统中存储和传输的文电内容。

③偷看、窃取数据

EDI 系统中的用户及外来者未经授权偷看或窥视他人的文电内容以获取商业秘密，损害他人的经济利益。

④文电丢失

EDI 系统中文电丢失主要有三种情况，一是因为户代理（user agent，UA）、存入存储（memory save，MS）或 MTA 的错误而丢失文电，二是因为安全措施不当因丢失文电，三是在不同的责任区域间传递时丢失文电。

⑤抵赖或矢口否认

抵赖或矢口否认是 EDI 系统面临的较大的一种威胁。EDI 要处理的大量合同、契约，订单等商贸数据，其起草、递交、投递等环节都容易发生抵赖或矢口否认现象，尤其是基于 MHS 环境的 EDI 系统，采用自动转发、重新定向服务方式时，其危险性更大。

⑥拒绝服务

局部系统的失误及通信各部分的不一致所引起的事故（如路由表或映射表的错误项）而导致系统停止工作或不能对外服务，即所谓的拒绝服务。局部系统出于自我保护目的而故意中断通信也会导致拒绝服务。这种拒绝是 EDI 系统中最可能出现而又危害巨大的威胁之一。

（8）简述建立物流 EDI 数据中心对仓储管理的好处。

①实现了物流作业的集约化。需求方为了降低成本和库存，只在必要的时间、按必要的数量、采购必要的商品，这就使物流运输出现多频率、小批量配送的趋势。物流 EDI 系统掌握了更多及时的信息，从而可以在配送中更加集约化。

②为仓储部减少库存，甚至为实现"零库存"创造了条件。仓储部最大的负担就是库存较多，建立 EDI 系统后，各供应商按照采购要求通过运输工具送到物流仓储部，为实现"零库存"创造条件。

（9）简述 EDI 技术在运输过程的应用流程。

①供货方在接收到订货后，制订货物配送计划，并把货物清单及运输时间等信息通过 EDI 系统发送给物流公司和需求方，以便物流公司预先制订车辆调配计划，需求方制订货物接收计划。

②供货方根据需求方订货要求和货物运送计划下达发货指令，分拣配货，将物流条码标签贴在货物包装箱上，同时把运送货物品种、数量、包装等信息通过 EDI 发送给物流公司和需求方。

③物流公司从供货方处取运货物时，利用车载扫描读数仪读取货物标签的物流条形码，核实与先前送到的货物运输数据是否一致，以确认运送货物。

④物流公司对货物进行整理、集装、制作送货清单并通过 EDI 向需求方发送发货信息在货物运抵接收方后，物流公司通过 EDI 向供货方发送运送业务信息和运费请示信息。

⑤需求方在货物到达时，利用扫描读数仪读取货物标签的物流条形码，并与先前收到的货物运输数据进行核对确认，开出收货发票，货物入库，同时通过 EDI 向物流公司和供货方发送收货确认信息。

（10）配送中心应用 EDI 技术的必要性有哪些？

①通过在配送中心的客户，设置 EDI 终端，来处理和交换有关订货、库存、销售时的数据、需求预测，以及运输日程、通知等方面的信息。这样可以减轻票据处理、数据输入输出等事务性作业，而且可以减少库存、缩短订货时间，提高工作效率；

②应用 EDI 可以使各企业之间达到无纸化交易。能减少大量人力和纸张的浪费，从而降低交易成本；

③通过在配送中心、上游供应商、下游客户之间应用 EDI，可以实现信息共享，使供应链上各个节点企业都能了解到商品的销售、库存、生产进度等方面的信息，增强供应链经营的透明度；

④当今企业之间的市场竞争，实际上是对时间的竞争。谁获取的信息越快、商品周转时间越短，谁就能掌握竞争的主动权。而应用 EDI 则意味着电子传输的数据信息可以立即被用户获得。因此，应用 EDI 技术可以增强配送中心的市场竞争力。

第4章　物流动态定位跟踪技术

1. 选择题

（1）D　（2）D　（3）A　（4）B　（5）C　（6）C　（7）B　（8）D

2. 判断题

（1）√　（2）×　（3）×　（4）√　（5）×　（6）√　（7）×　（8）×

3. 简答题

（1）GPS 的特点有哪些？

①定位精度高

GPS 的定位精度很高，其精度由许多因素决定。用 C/A 码做差分定位时一般的精度是 5m，采用动态差分定位的精度小于 10cm，静态差分定位精度达到百万分之一厘米。GPS 的测速精度为 0.1m/s。

②覆盖面广

GPS 可以在任何时间、任何地点连续地覆盖全球范围，从而大大提高了 GPS 的使用价值。

③观测时间短

随着 GPS 的不断完善，软件的不断更新，目前，以 20km 为相对静态定位，仅需 15～

20min；快速静态相对定位测量时，当每个流动站与基准站相距在 15km 以内时，流动站观测时间只需 1~2min，然后可随时定位，每站观测只需几秒钟。

④被动式、全天候的导航能力

GPS 被动式、全天候的导航定位方式隐蔽性好，不会暴露用户位置，用户数据也不受限制，接收机可以在各种气候条件下工作，系统的机动性强。

⑤操作简便

随着 GPS 接收机不断改进，自动化程度越来越高，有的已经达到"傻瓜化"的程度；接收机的体积越来越小，重量越来越小，极大地减轻测量工作者的工作紧张程度和劳动强度。

⑥功能多，应用广

随着人们对 GPS 认识的加深，GPS 不仅在测量、导航、测速、测时等方面得到更广泛的应用，而且应用领域还将不断扩大，如汽车自定位、跟踪调度、陆地救援、内河及远洋船队最佳航程和安全航线的实时调度等。

（2）简述网络 GPS 的工作流程。

车载单元即 GPS 接收机在接收到 GPS 卫星定位数据后，自动计算出自身所处的地理位置的坐标，后经 GSM 通信机发送到 GSM 公共数字移动通信网，并通过与 MIS 连接的 DDN 专线将数据送到物流信息系统监控平台上，中心处理器将收到的坐标数据及其他数据还原后，与 GIS 的电子地图相匹配，并在电子地图上直观地显示车辆实时坐标的准确位置。各网络 GPS 用户可用自己的权限上网进行自有车辆信息的收发、查询等工作，在电子地图上清楚而直观地掌握车辆的动态信息（位置、状态、行驶速度等）。同时可以在车辆遇险或出现意外事故时进行种种必要的遥控操作。

（3）简述 GIS 的基本功能。

①数据采集与编辑功能：GIS 的核心是一个地理数据库，为此必须将地面上实体图形数据和描述它的属性数据输入到数据库中。输入的数据要求有统一的地理基础，并要求对输入的图形及文本数据进行编辑和修改。具体来说包括以下几项内容：人机对话窗口，文件管理数据获取，图形显示，参数控制，符号设计，建立拓扑关系，属性数据输入与编辑，地图修饰，图形几何要素计算统计，查询，图形接边处理及属性数据采集、编辑、分析等功能。

②空间信息查询和分析功能：空间信息查询是 GIS 及许多其他自动化地理数据处理系统应具备的最基本的分析功能，而空间分析是 GIS 的关键性功能，也是 GIS 与其他计算机系统的根本区别。空间分析是在 GIS 的支持下，分析和解决现实世界中与空间相关的问题，是 GIS 应用深入的重要指标。GIS 的空间分析可分为空间检索、空间拓扑叠加分析和模型分析 3 个不同的层次。

③可视化功能：GIS 通过对跨地域的资源数据进行处理、分析，揭示其中隐含的模式，发现其内在的规律和发展趋势，而这些在统计资料和图表里并不是很直观地表示出来。GIS 把空间和信息结合起来，实现了数据的可视化。对于许多类型的地理信息操作，最好的结果是以地图或图形显示出来。GIS 把数据显示集成在三维动画、图像或多媒体形式中输出，使用户能在短时间内对资料数据有直观、全面的了解。

④制图功能：制图功能是 GIS 最重要的一项功能，对多数用户来说，也是用得最多最广的一项功能。GIS 的综合制图功能包括专题地图制作，在地图上显示出地理要素，并赋予数值范围，同时可以放大和缩小以表明不同的细节层次。GIS 不仅可以为用户输出全要素图，而且可以根据用户需求分层输出各种专题地图，以显示不同要素和活动的位置，或有关属性内容，如矿产分布图、城市交通图、旅游图等。通常这种含有属性信息的专题地图主要有多边形图、线状图、点状图这 3 种基本形式，也可由这几种基本图形综合组成各种形式和内容的专题图。

⑤辅助决策功能：GIS 技术已经被用于辅助完成一些任务，如为计划调查提供信息，为解决领土争端提供信息服务，以最小化视觉干扰为原则设置路标等。GIS 可以用来帮助人们在低风险、低犯罪率的地区，以及离人口聚集地近的地区进行新房选址。所有的这些数据都可以用地图的形式简洁而清晰地显示出来，或者出现在相关的报告中，使决策的制定者不必将精力浪费在分析和理解数据上。GIS 快速的结果获取，使多种方案和设想可以得到高效的评估。

（4）简述 GIS 的基本原理及工作流程。

GIS 的基本原理：GIS 把地理事物的空间数据和属性数据以数字的方式存储在计算机中，再利用计算机图形技术、数据库技术及各种数学方法来管理、查询、分析和应用，输出各种地图和地理数据。

GIS 的工作流程包括以下 5 个过程。①数据采集与输入：数据采集就是保证各层实体的要素按顺序转化为 x、y 坐标及对应的代码输入到计算机中。通常数据采集的方式有以下几种：通过纸质地图的数字化获取数据；直接通过数值数据获取数据；通过 GPS 采集数据；直接获取坐标数据。数据输入是将系统外部的原始数据传输到系统内部，并将这些数据从外部格式转换为系统便于处理的内部格式的过程。对多种形式和多种来源的信息，可以实现多种方式的数据输入，主要有图形数据输入、栅格数据输入、测量数据输入和属性数据输入等。它包括数字化、规范化和数据编码 3 个方面的内容。②数据编辑与更新：数据编辑主要包括图形编辑和属性编辑。图形编辑主要包括图形修改、增加和删除，图形整饰，图形变换，图幅拼接，投影变换，误差校正和建立拓扑关系等；数据更新是以新的数据项或记录来替换数据文件或数据库中相应的数据项或记录，它是通过修改、删除和插入等一系列操作来实现的。③数据存储与管理：数据存储，即将数据以某种格式记录在计算机内部或外部存储介质上。属性数据管理一般直接利用商用关系数据库软件，如 Oracle、SQL Server、FoxBase、FoxPro 等进行管理。但是，当数据量很大而且是多个用户同时使用数据时，最好使用一个 DBMS 来帮助存储、组织和管理空间数据。④空间统计与分析：空间统计与分析是 GIS 的核心，是 GIS 最重要和最具有魅力的功能。其以地理事物的空间位置和形态特征为基础，以空间数据与属性数据的综合运算（如数据格式转换、矢量数据叠合、栅格数据叠加、算术运算、关系运算、逻辑运算、函数运算等）为特征，提取与产生空间的信息。⑤数据显示与输出：数据显示是中间处理过程和最终结果的屏幕显示，通常以人机交互方式来选择显示的对象与形式，对于图形数据根据要素的信息量和密集程度，可选择放大或缩小显示。输出是将 GIS 的产品通过输出设备（包括显示器、绘图机、打印机等）输出。

GIS 不仅可以输出全要素地图，还可以根据用户需要，分层输出各种专题地图、各类统计图、图表、数据和报告等。

（5）典型的 GIS 空间分析技术有哪些？

一般来说，GIS 空间分析技术包括空间缓冲区分析，空间叠置分析和网络分析等。空间缓冲区分析是围绕着空间的点、线、面实体，自动在其周围建立起一定宽度的范围，从而实现空间数据在水平方向上得以扩展信息的方法，也是指空间实体的影响范围或者服务范围。其中包括基于点的缓冲区分析、基于线的缓冲区分析和基于面的缓冲区分析。空间叠置分析是地理信息系统中常用的一种空间分析方法，是指在相同的地理坐标下，对同一地区的两个不同的地理要素进行叠加，以产生空间区域的多重属性特征，或建立地理对象之间的空间关系，这种分析涉及逻辑交、逻辑并、逻辑差等运算。基于矢量的空间数据的叠加主要包括点与多边形的叠加、线与多边形的叠加和面积与多边形的叠加。主要是指点落在或者不落在某一个面域内，线经过或者不经过某一个面域，两个面之间的空间关系。在地理信息系统的叠加分析中，主要学习和使用的是面与面的叠加，可以分为图层擦除、识别叠加、交集、对称区别、图层合并和修正更改。网络分析作为 GIS 应用重要的功能之一，在电子导航、交通旅游、城市规划及电力、通信、供排水等各种管网的布局设计中发挥了重要作用。GIS 中网络分析的主要内容包括路径分析和资源分配等。

第 5 章　物流中的物联网技术

1. 选择题

（1）B　（2）A　（3）D　（4）B　（5）D　（6）A　（7）D　（8）A

2. 判断题

（1）√　（2）√　（3）×　（4）×　（5）√　（6）√　（7）√　（8）√

3. 简答题

（1）物联网的定义是什么？

物联网的上述定义包含了以下 3 个主要含义。

①信息全面感知。物联网是指对具有全面感知能力的物体及人的互联集合，两个或两个以上物体如果能交换信息即可称为"物联"。为使物体具有感知能力，需要在物品上安装不同类型的识别装置，如电子标签、条码等，或通过传感器、红外感应器等感知其存在。

②通过网络传输。物联必须遵循约定的通信协议，并通过相应的软件和硬件实现。互联的物品要互相交换信息，就需要实现不同系统中的实体的通信。为了成功通信，它们必须遵守相关的通信协议，同时需要相应的软件和硬件来实现这些规则，并可以通过现有的各种接入网与互联网进行信息交换。

③智能决策与控制。物联网可以实现对各种物品（包括人）进行智能化识别、定位、监控和管理等功能。这就需要智能信息处理平台的支撑，通过数据库、云计算和人工智能等智能计算技术，对海量数据进行存储、分析和处理，针对不同的应用需求，对物品实施智能化的控制。

（2）简述物联网的三层体系结构。

感知层相当于整个物联网体系的感觉器官，如同人体的皮肤和四肢。感知层主要负责两项任务，分别是识别物体和采集信息。识别物体是通过物品编码来确定物品是什么；采集信息是利用传感器来感知物品怎么样。感知层在实现其感知功能时所用到的主要技术有 RFID、传感器、摄像头、GPS 等。感知层的主要目标就是要实现对客观世界的全面感知，其核心是要解决智能化、小型化、低功耗和低成本的问题。

网络层由各种私有网络、互联网、有线和无线通信网、网络管理系统和云计算平台等组成，相当于人的神经中枢和大脑，负责传递和处理感知层获取的信息。物联网的网络层包括接入网与互联网的融合网络、网络管理中心和信息处理中心等。网络层主要技术有光纤接入技术、电力网接入技术和无线接入技术等。

应用层由各种应用服务器（包括数据库服务器）组成，其主要功能包括对采集数据的汇聚、转换、分析，以及用户层呈现的适配和事件触发等。应用层要为用户提供物联网应用接口，包括用户设备（如个人电脑和手机）、客户端浏览器等。除此之外，应用层还包括物联网管理中心、信息中心等利用下一代互联网的能力对海量数据进行智能处理的云计算功能。

（3）物联网硬件平台由哪些部分组成？

物联网是以数据为中心的面向应用的网络，主要完成信息感知、数据处理和数据回传及决策支持等功能，其硬件平台可由传感网、承载网和信息服务系统等三大部分组成。其中，传感网包括感知节点（数据采集和控制）和末梢网络（汇聚节点、接入网关等）；承载网为物联网业务的基础通信网络；信息服务系统硬件设施主要负责信息的处理和决策支持。

感知节点由各种类型的采集和控制模块组成，如温度传感器、声音传感器、振动传感器、压力传感器等。感知节点的组成包括 4 个基本单元：传感单元，由传感器和模数转换功能模块组成，包括二维条码识读设备和温感设备；处理单元，由嵌入式系统构成，包括微处理器、存储器、嵌入式操作系统等；通信单元，由无线通信模块组成，实现与末梢节点间及与汇聚节点的通信；以及电源供电部分。末梢网络即接入网络，包括汇聚节点、接入网关等，完成末梢感知节点的组网控制和数据汇聚功能，同时完成向感知节点发送数据的转发等功能。核心承载网络可以有很多种，主要承担接入网与信息服务系统之间的数据通信任务。根据具体应用需要，承载网络可以是公共通信网，如移动通信网、WiFi、互联网，以及企业专用网等。物联网信息服务系统硬件设施由各种应用服务器组成，包括用户设备、客户端等。

（4）简述仓储中涉及的物联网技术。

①系统编码体系：仓储实体大体上可以分为货物类、设备类、设施类、人员类和环境类。仓储管理需要在实体对象上粘贴一定编码的 RFID 标签，才能实现仓储智能管理。仓储信息编码可参照 EPC 分子段的编码方式，信息访问以内部服务器为主，并保留访问外网的数据接口。

②射频识别系统：仓储信息自动化采集系统能够在货物移动和静止时对信息进行快速、准确的获取，采集系统主要有两类，一是普及范围最广的 RFID 系统，二是传

感系统。RFID 系统在仓储管理中主要被应用于信息采集部分，体现为对人员、货物、设施和设备的监管，信息采集用于数量统计、定位、权限和流程管理等多个方面；传感系统针对不可标识的物体收集信息，用于对工作环境、物品存储环境和物品形状的检测。

③系统网络结构：物联网仓储系统的网络是混合型网络，包括现场总线网络、局域网、无线传感网等，前两者的应用最多。物联网仓储系统涉及很多自动化、电子设施设备，如自动传输装置，智能机器、立体货架、电子显示屏、扩音器等，这些设施的信息交互是必须要解决的问题。

④服务及软件：仓储系统服务是为仓储信息的收集、传输和处理设定控制和计算规则，通过这些规则为应用层提供必要的服务，满足仓储管理的需求。需求包括信息采集、数据集成、资源调度、流程优化和权限管理。这些服务以一定的输入、输出实现仓储系统的软件系统功能。软件系统位于仓储系统最高层，仓储软件系统按功能分大致有业务应用、数据库和中间件三个部分。

⑤系统硬件：仓储系统所涉及的物联网相关硬件设备大致有计算机、手机、PDA、RFID 货物标签、车载读卡器、天线、电子显示屏、电子语音设备、温度传感标签、红外传感器和相应读卡器、摄像头、扩音器、通风和供暖设备等。

（5）物联网在物流应用中的挑战有哪些？

物联网在仓储、运输和配送中的应用，对生产企业、物流中心及消费者都十分有利，给物流产业带来很多积极的影响，但目前我国物联网的应用还处于初级阶段，离期望水平还有不少差距，存在很多问题，具体体现在以下几方面。

①技术方面：物联网促进物流智能化，物联网属于通用技术，而物流业是个性需求最多、最复杂的行业之一，甚至在一些领域，应用要求比技术开发难度还大。因此，要充分考虑物联网通用技术如何满足物流产业的个性需求。此外，信息如何及时、准确地采集，如何使信息实现互联互通，如何及时处理海量感知信息并把原始传感数据提升为信息，进而把信息提升为知识，这都是物联网需重点研究的问题。

②标准化方面：物联网的实现需要一个标准体系的支撑，这样才能够做到物品检索的互通性。但是，目前所制定的标准并没有形成一个统一的标准体系，由于各领域独立制定标准，所制定的标准之间缺乏沟通和协调，这给物联网各种技术的融合造成了难度，阻碍了物联网在物流业的推广。

③安全方面：作为物联网的关键技术，RFID 还存在着很多技术上的不成熟和设计缺陷，隐私问题、被追踪问题、被定位问题、非法读取信息问题，都对物联网的安全造成影响。此外，由于物联网离不开互联网的支持，因此也会面临互联网存在的安全隐患，也会面临病毒和黑客的攻击，导致系统瘫痪；也会面临企业商业机密的泄露，使企业丧失市场机会，给企业造成重大经济损失。

④成本方面：成本价格是当前制约物联网技术在物流产业中应用的一个障碍。物流行业不是高利润行业，而可以实现远距离扫描的标签每个成本要 1 美元左右，一个读写器价格大约为 1000 美元，同时物联网技术的应用成本还包括接收设备、系统集成、计算机通信、数据处理平台等综合系统的建设等，这会给物流产业，尤其是低利润率的物

流产业带来沉重的负担。所以，若没有急迫需求，很少企业会去主动应用电子标签，而目前即使有应用物联网技术的，也主要集中在利润率较高和单件物品价值较高的领域。

（6）简述物联网安全的主要特点。

①物联网的脆弱性。互联网在设计之初，其主要目标是用于科研和军事，相对比较封闭，没有从整体、系统和开放性应用的角度来思考、解决安全问题，因此互联网本身并不安全，这是当前互联网安全问题日益严重的根源。

②网络环境的复杂性。物联网将组网的概念延伸到了现实生活的物品当中，将涉及物流、生产、金融、家居、城市管理和社会活动等方方面面。从某种意义上来说，复杂的应用需求将现实生活建设在物联网中，从而导致物联网的组成非常复杂，复杂性带来了诸多不确定性，从安全角度无法确定物联网信息传输的各个环节是否被未知的攻击者控制，复杂性成为安全保障的一大障碍。

③无线信道的开放性。为了满足物联网终端自由移动的需要，物联网边缘更多地依赖于无线通信技术，无线信道的开放性使其很容易受到外部信号干扰和攻击；同时，无线信道不存在明显边界，无线网络比有线网络更容易受到入侵，外部观测者可以很容易对无线信号进行监听；再者，无线技术是从军用转向民用，对无线网络的攻击技术研究已有多年。

④物联网感知端的能力局限性。一方面，无线组网方式使物联网面临着更为严峻的安全形势，使其对安全提出了更高要求。另一方面，物联网感知端一般是微型传感器和智能卡（如射频标签），其在运算处理、数据存储能力及功率提供上都比较受限制，导致一些对计算、存储、功耗要求较高的安全措施无法加载。

（7）简述物联网的安全架构。

①感知层的安全。感知层的任务是多层次感知外界信息，或者说是原始信息的收集。该层的典型设备包括各类 RFID 装置、各类传感器、图像捕捉装置、GPS、激光扫描仪等。这一层所面临的主要安全问题包括物理安全和信息采集安全。物理安全主要是指保证物联网信息采集节点不被欺骗、控制、破坏。信息采集安全则主要包括防止采集的信息被窃听、篡改、伪造和重放攻击。

②网络层的安全。物联网的网络层主要用于把感知层收集到的信息安全可靠地传输到信息应用层，然后根据不同的应用需求进行信息处理，实现信息的传送和通信。这一层又可以细分为接入层和核心层，主要是网络基础设施，包括互联网、移动网和一些专业网。网络层面临的安全问题主要分为两类：一是来自物联网本身的安全隐患；二是源于构建和实现物联网网络层功能的相关技术的安全弱点和协议缺陷。对安全的需求可以概括为数据机密性、数据完整性、数据流机密性，以及移动网中认证与密钥协商机制的一致性或兼容性、跨域认证和跨网络认证等方面。

③应用层的安全。应用层面临的需求和挑战主要来自以下几个方面：如何根据不同访问权限对同一数据库内容进行筛选；如何提供用户隐私信息保护，同时能正确认证；如何解决信息泄露追踪问题；如何进行计算机取证；如何销毁计算机数据；如何保护电子产品和软件的知识产权等。随着个人和商业信息的网络化，越来越多的信息被认为是用户隐私信息。如何对这些信息提供隐私保护，是一个具有挑战性的问题，但又是必须

要解决的问题。基于物联网应用层的安全挑战和安全需求，需要如下的安全机制：有效的数据库访问控制和内容筛选机制；不同场景的隐私信息保护技术；有效的计算机获取技术；安全的计算机数据销毁技术等。

第6章 物流中的大数据与云计算技术

1. 选择题

（1）C （2）C （3）A （4）B （5）C （6）A （7）D （8）B

2. 判断题

（1）× （2）× （3）√ （4）√ （5）× （6）√ （7）× （8）√

3. 简答题

（1）什么是大数据？

大数据是无法在一定时间范围内用常规软件工具进行捕捉、管理和处理的数据集合，是需要新处理模式才能具有更强的决策力、洞察发现力和流程优化能力的海量、高增长率和多样化的信息资产。

（2）简述大数据在物流中的应用。

①物流配送中心的选址

物流企业间可以通过数据挖掘和分析等技术对不同地区消费者的消费习惯、消费水平进行分析归纳，根据消费者日常的浏览记录、收发件地址及快件数量对消费者的未来消费行为进行预测，同时结合企业自身经营模式、企业经营的商品特点和配送路线的交通状况等信息，利用大数据分析的结果，可以制定出最佳配送路线，在地图上面做出分类、聚类的点，以此作为最优的物流中心地址，从而对物流配送中心进行合理有效的安排与管理。

②库存预测

运用大数据分析商品品类，系统会自动判断哪些商品是用来促销的，哪些商品是用来引流的。同时，系统会自动根据以往的销售数据建模和分析，以此判断当前商品的安全库存，并及时给出预警。利用大数据技术还可以实现自动补货。大数据分析预测技术可以实现自动补货，根据商品的历史销售数据，利用大数据分析预测技术预测出各个商品的库存临界值，在商品的库存达到警戒线时，系统就会选择能满足订购要求和条件的供货商进行自助下单，快速及时地补货。

③运输配送优化

在物流运输路线的规划上，首先在 RFID 技术、GPS 技术、GIS 技术与传感技术结合的基础上，可以通过接收读取 RFID 标签信息来实现运输车辆及运输货物的识别、定位、跟踪及状态感知等。运输人员和用户可随时查询货物状态，实现在途管理的可视化与透明化。

其次，根据货物在途状态数据、车辆实时状态分布数据和历史车辆数据等，对现有的调度方案进行调整，对车辆进行合理调配，缓解网点货物量不均衡的情况。此外，车辆在配送时，需要借助物流大数据掌握实时的车辆位置信息、油耗情况、平均车速、天气情况等。分析线路拥堵状况，及时优化行车路线，调配车辆，还可避免恶劣气候导致的物流阻塞。

　　大数据背景下，配送方案的制订是实现配送动态化的最重要的一环。配送方案的实现首先通过对配送过程所涉及的各种数据进行采集，使数据的源头能够及时、有效地捕捉；其次是通过畅通的数据传输网络和复杂的存储技术，实现数据的传输存储；最终通过大数据分析技术根据实际情况对物流配送方案进行动态调整，制订经济合理的配送方案。

　　（3）简述云计算的组成部分。

　　云计算的组成通常可以分为 6 个部分，分别是：云基础设施、云存储、云平台、云应用、云服务和云客户端。

　　①云基础设施：主要是指基础设施即服务（infrastructure as a service，IaaS），包括计算机基础设施和虚拟化的平台环境等。

　　②云存储：即将数据存储作为一项服务（类似数据库的服务），通常以使用的存储量为结算基础。它既可交付作为云计算服务，又可以交付给单纯的数据存储服务。

　　③云平台：主要指平台即服务（platform as a service，PaaS），即将直接提供计算平台和解决方案作为服务，以方便应用程序部署，从而帮助用户节省购买和管理底层硬件和软件的成本。

　　④云应用：最终用户利用云软件架构获得软件服务，用户不再需要在自己的计算机上安装和运行该应用程序，从而减轻软件部署、维护和售后支持的负担。

　　⑤云服务：云架构中的硬件、软件等各类资源都通过服务的形式提供。

　　⑥云客户端：主要指为使用云服务的硬件设备（台式机、笔记本电脑、手机、平板电脑等）和软件系统（如浏览器等）。

　　（4）简述云计算在物流中的应用。

　　①利用云计算进行资源整合

　　利用云计算对物流企业的系统信息和资源数据进行集中整理，加强企业对物流信息系统的管理，进而达到提高物流运输效率的目的。比如，通过云计算平台实现将客户的信息进行统计整合；利用大数据技术计算最优物流运输路线；针对企业工作人员，通过云计算实现业绩考核等。同时，在得到物流反馈信息后，在大数据分析下，企业可以根据云计算对物流运输路线进行适当修正，重构传统物流配送模式，节约运输成本，以及降低设备的采购和人员的支出。

　　②利用云计算搭建数据共享平台

　　云计算有助于构建完善的物流信息网络。云计算平台可以实现物流企业对于运输、仓储、配送等环节的全程电子化、智能化，客户只需要登录企业云物流平台便可以快速查询到自己货件的相关信息。

　　③利用云计算提供数据存储服务

　　采用云存储服务方式，首先在数据安全上可以得到充分保障，在极大程度上防止信息泄露，其次云存储服务还可以提供数据备份和数据恢复等功能，进一步确保数据的安全性和可靠性。云存储服务还可以将系统资料、信息数据分享给子公司，从而可节省下一大笔数据传输的费用，同时能避免数据在传输过程中遭到丢失或损坏。利用移动设备实现虚拟存储，还可以对货物的情况进行实时监控，实时更新库存信息和信息交换都可以通过云存储服务实现。

（5）简述大数据的 5 "V" 特征。

大数据的特征通常被概括为 5 个 "V"，即数据量（volume）大、数据类型（variety）繁多、处理速度（velocity）快、价值（value）密度低和真实性（veracity）强五个方面。

①数据量大

数据量大是大数据最显著的特征，大数据的数据量通常在拍字节级及以上。

②数据类型繁多

数据类型繁多和复杂多变是大数据的一个重要特性。在数据激增的同时，新的数据类型层出不穷。如今的数据类型不仅包括结构化数据，还包括非结构化、半结构化的异构数据。

③价值密度低

大数据虽然在数量上十分庞大，但其实有价值的数据量相对比较少。在通过对大数据的获取、存储、抽取、清洗、集成、挖掘等一系列操作之后，能保留下来的有效数据甚至不足 20%。

④真实性强

大数据反映了很多现实世界中的真实的、客观的信息，因此大数据拥有真实性强的特征。

⑤处理速度快

大数据的产生速度很快，变化的速度也很快。随着各种传感器和互联网络等信息获取和传播技术的飞速发展，数据呈爆炸式增长，需要数据处理的速度相应地提升，并要求对数据进行快速、持续的实时处理。

（6）简述云计算的服务类型。

云计算可为用户提供不同类型的服务，以满足用户多样的需求，根据服务类型的不同将云计算分为 IaaS、PaaS、SaaS 3 种类型。

①IaaS

IaaS 指服务提供商将完善的计算机基础设施资源作为服务提供给用户，用户可通过互联网获得服务，如操作系统、磁盘存储、服务器、数据库等。用户可以部署和运行任意软件，包括应用程序与操作系统，虽然用户不能控制或管理这些基础设施，但是可以选择操作系统、存储空间等。用户可将这些基础设施整合在一个平台中进行部署，实现应用程序的运行和系统的搭建，并根据用户对资源的使用量进行收费。

②PaaS

PaaS 指将软件开发平台作为服务，用户可根据自己实际的需要开发应用程序，这种服务模式支持了不同行业、不同企业、不同业务的多种需求。PaaS 提供了一个完整的开发运行平台，包括应用设计、应用开发、应用测试等环节，用户利用 PaaS 就可以建立一些实用的应用程序，再利用互联网传播给其他用户。

③SaaS

SaaS 是指服务商将在线服务软件提供给用户，包括应用程序和实用工具等。应用软件部署在服务提供商的服务器上，用户通过互联网向提供商购买应用软件服务，同时提供商也会提供离线操作和本地数据存储使用户随时随地都能使用应用软件。SaaS 实现了多职能部门在同一平台进行工作，达到了信息的高度共享，提高了办公的效率。

第 7 章 物流中的人工智能技术

1. 选择题

（1）B　（2）C　（3）D　（4）B　（5）A　（6）C　（7）C　（8）A

2. 判断题

（1）√　（2）×　（3）×　（4）×　（5）×　（6）√　（7）√　（8）√

3. 简答题

（1）简述机器学习中的监督学习。

监督学习实际上是从给定训练数据集中学习出一个函数，当给定新数据时，能预测结果。监督学习的基本学习流程如图所示。监督学习根据"教师"的正确响应来调整学习系统的参数和结构，监督学习一般采用分类和回归这两种常用的方法。

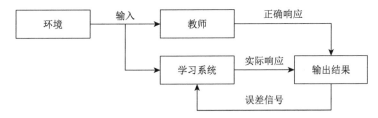

（2）简要说明计算机视觉技术的工作原理。

计算机视觉技术的工作原理是对事物进行图片或者视频采集、预处理和高级处理，即借助摄影机和计算机的识别、追踪、测量、感知等方法来捕捉目标对象，在此基础上进行图像的信息处理，使计算机处理后的图像更加适合人眼观察，可传输给仪器进行检测等高级处理。计算机视觉技术的工作原理如图所示。

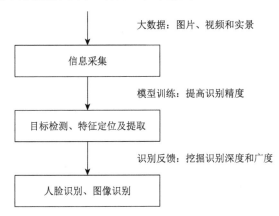

（3）简述分层递阶式自动驾驶体系结构。

分层递阶式体系结构是一个串联的系统结构。如图所示，在这种体系结构中，传感器感知、建模、任务规划、运动规划、运动控制和执行器等模块次序分明，前者的输出结果为后者的输入，又称感知—模型—规划—行动结构。该结构具有良好的规划推理能力，及自上而下对任务逐层分解的能力，使模块的工作范围逐层缩小，问题求解精度逐层增高，比较容易实现高层次的智能。

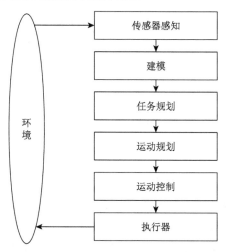

在分层递阶式的体系结构中，系统所产生的动作不是传感器数据直接作用的结果，而是经历从感知、建模到规划、控制等阶段之后的结果。在给定目标和运动控制约束条件之后，规划模块根据局部环境模型和已有全局环境模型决定下一步行动，从而依次完成整个任务。

分层递阶式体系结构对通用环境模型的要求比较理想化。它对传感器的要求较高，并且认知过程和环境模型的建立存在计算瓶颈，即传感器到执行器的控制环路中存在延时，缺乏实时性和灵活性。另外，这种依序排列的结构导致系统的可靠性不高。一旦某个模块出现软件或硬件故障，就可能导致整个系统瘫痪。这种实时反应功能只有将感知、规划和控制三者紧密地集成在一个模块中才能实现。

（4）列举自然语言理解技术存在的难题。

由于自然语言本身具有一定的复杂性，自然语言的理解也存在着许多难题。

①语言的多样性。在自然语言中，同一个意思有多种的表达方式，同一个词语在不同情形下的意思也不完全相同。部分表达有一定的规律，能够进行字词之间的组合，但也存在例外。要使机器理解这种复杂、多样性的表达具有一定的难度。

②语言的歧义性。在缺少语境约束的情况下，语言有较大的歧义性。例如，"我们研究所有东西"这句话存在字层面上的歧义。"我们研究所/有东西"这种理解方式将"研究所"理解成了名词，"我们研究/所有东西"这里的"研究"就变成了动词。还存在一词多义的歧义，如"山上的杜鹃开了""树上有一只杜鹃在叫"，虽然都是"杜鹃"，但是前一句指的是一种花，后一句指的是一种鸟。

③语言的鲁棒性。语言在输入的过程中，尤其是通过语音识别转录形成的文本，会存在多字、少字、错字和噪声等问题。

④语言的知识依赖性。语言是对世界的符号化描述，语言天然连接着知识。

⑤语言的上下文关联性。语言的理解与上下文有关，在不同的语境中同样的语言会有完全不同的含义。

（5）简单介绍一种仓储机器人。

搬运机器人：搬运存在于物流的运输、包装、存储、加工等诸多环节，是物流作业中的重要组成部分。搬运机器人通过安装不同类型的末端执行器，对不同形态、形状、重量的工件进行搬运，使工人从繁重的搬运工作中解放出来。搬运机器人的应用能够提高物料的流通效率，减轻物流工人的工作强度，为企业创造较高的经济效益。考虑到员工安全问题，一些地区已经为人工搬运设置了限制条件，超过限制条件时，必须由搬运机器人搬运。

日本工业企业日立公布了其新型物流机器人开发计划，该款物流机器人能够完成自动装卸及运货物工作，通过两条灵活的机械臂能够快速高效抓取货架上不同形状、尺寸及重量的货物并进行搬运。由于电子商务产业的迅猛发展，对少量多品类货物的运输需求集中爆发，对传统搬运机器人进行改造升级，提高其灵活性、适应性和智能性，显得尤为重要。

物流行业普遍使用的搬运机器人更多的是对同一形状、同一品类的货物进行搬运，无法实现从货架上自动精准取货并搬运各种形状及重量的货物。日立正在研发的这款新型机器人会根据货架高度自动调整升降台高度，利用机械臂上的识别设备找到货物，并用合适的力度及方法完成取货并搬运至目的地。这款机器人的投入使用，还需要开发出与之匹配的信息系统，日立初步计划先将其应用到自身的物流仓库中，经过一段时间的优化完善，再将其出售给有需求的物流、制造企业等。

现阶段除了日立搬运机器人，AGV 搬运机器人产业尚处于初级发展阶段，自动化、智能化程度有较大提升空间，产品价格相对较高，而且存在较为严重的同质竞争问题。未来，还需要国内创业者及企业提高自身的自主创新能力，打造出具备国际竞争力的自主 AGV 搬运机器人品牌，能够针对客户的个性化需求提供完善的 AGV 搬运机器人定制开发解决方案。

整体来看，以 AGV 搬运机器人为代表的智能物流机器人的发展及应用，不但将会给物流业带来一场前所未有的重大产业革命，还会对制造业、零售业甚至生产生活的其他各个方面带来深远影响。AGV 搬运机器人等智能物流机器人被大规模投入使用后，必将会带来大量设备维护控制等岗位。通过对传统物流员工进行系统培训，可以由他们完成这些附加值更高的工作，减轻其工作负担，提高物流作业效率，实现优质资源的自由、高效、低成本流通。

（6）举例说明人工智能技术在配送中的应用。

分拣机器人：分拣是配送的重要环节。分拣机器人的应用实现了人工分拣到人工智能分拣的转变。以送往北京的包裹为例，在传统的分拣配送中，包裹到达北京的转运中心之后，需要专门的人工对包裹进行区分，将不同的区域标上不同的编号。到达网点之后要经过再次分拨，到达配送站之后，分拣人员需要进行第三次分拨。人工分拣时常会出现分拣错误，分拣人员至少要经过半年的时间才能达到熟练，但这也不能完全避免分拣错误的发生。分拣错误不仅影响派送效率和消费者体验，还影响了企业的口碑。

菜鸟通过人工智能技术和大规模的机器学习，能够处理海量数据，实现智能分单。

包裹发出时，会对包裹要去往的网点及快递员做出精准的对应，并在面单上标识出编号，无须再由人工手写分单。包裹到达转运中心、网点及配送站之后，工作人员根据编号即可判断包裹的分配，分单准确率高达99.99%，极大地提高了配送的效率。

京东物流作为国内电商物流领域的先行者，引进了许多国内外前沿、先进的技术，具有较高的自动化水平和配送效率。在上海的无人仓中，300个机器人井然有序地取货、扫码、运输、投货，忙而不乱，机器人靠二维条码和惯性导航，能自动识别快递面单信息，自动完成包裹的扫码和称重，以最优线路1s即可完成投递，还能自动排队、充电，即使出现故障，维修时间也只需要20s左右就能修复。

机器人进行分拣具有成本低、效率高、容错小、系统可靠性高和节能环保等特点。分拣机器人不用两班倒，可24h工作，减少了分拣成本；分拣机器人取货、扫码、运输、投货的过程中流畅而平稳，忙而不乱，还能自动排队、自动充电。货物分拣效率更高，单小时处理能力能够达到一万余件，同时解决了快递行业暴力分拣问题，很好地保证了包裹的安全；分拣机器人采用静态卸载，只要包裹面单信息正确，理论分拣差错率为0；机器人分拣系统由众多独立运行的分拣机器人组成，不会受某台机器人故障而影响整个系统的运行效率，且系统支持远程升级及调试，相关技术人员可远程解决系统调度问题，所需时间也很短。机器人分拣系统用电功率较相同规模的交叉带分拣机的实际消耗功率低，且均由低功率只留可充电电池供电。绿色清洁能源的使用有利于企业提高效率、降低成本。

第8章 物流中的区块链技术

1. 选择题
(1) B (2) C (3) C (4) A (5) D (6) C (7) A (8) D

2. 判断题
(1) × (2) × (3) × (4) √ (5) √ (6) × (7) × (8) √

3. 简答题
(1) 区块链有哪些分类和特征？

区块链是在没有中央控制点的分布式对等网络中，使用去中心化和去信任的分布式集体运作的方法，实现一套不可篡改的、可信任的数据库技术方案是一种按照时间顺序将数据区块以顺序相连的方式组合成的一种链式数据结构，并以密码学方式保证的不可篡改和不可伪造的分布式账本。

区块链目前有三大类型：公有区块链、联盟区块链和私有区块链。区块链主要有如下特征：去中心化、去信任、集体维护、开放性、独立性、安全性和匿名性。

(2) 区块由哪些部分组成？

在区块链中，交易记录数据被永久储存在各存储单元中，这些存储单元就称为区块。区块的数据结构是由区块大小、区块头、交易计数器和区块体四部分组成。区块头信息描述了这个块的基本信息，包括版本、父区块哈希值、Merkle根、时间戳、难度目标、Nonce。区块体记录了一定时间内所生成区块交易信息的交易信息，即账本。

（3）简述区块链的架构模型及各层次的功能。

区块链的架构模型自下而上是由数据层、网络层、共识层、激励层、合约层和应用层这 6 层组成。数据层封装了底层数据区块的链式结构，以及相关的非对称公私钥数据加密技术和时间戳等技术，这是整个区块链技术中最底层的调制解调器构；网络层包括分布式组网机制、数据传播机制和数据验证机制等；共识层主要封装网络节点的各类共识机制算法；激励层将经济因素集成到区块链技术体系中来，主要包括经济激励的发行机制和分配机制等；合约层主要封装各类脚本、算法和智能合约，是区块链可编程特性的基础；应用层则封装了区块链的各种应用场景和案例。

（4）简述几种主要的区块链技术。

分布式账本是一种在网络成员之间共享、复制和同步的数据库。分布式账本的交易记账由分布在不同地方的多个节点共同完成，没有中间的第三方仲裁机构（如金融机构或票据交换所）的参与，而且每一个节点记录的是完整的账目，因此它们都可以参与监督交易合法性，同时可以共同为其作证。

非对称加密算法保证了数据的安全和个人的隐私，需要两个密钥：公开密钥和私有密钥。非对称密码的特点：算法强度复杂、安全性依赖于算法与密钥，但是由于其算法复杂，加密解密速度没有对称加密解密的速度快。

共识机制是一种区块链治理体系，是通过结合经济学、博弈论等多学科设计出来的一套保证区块链中各节点都能积极维护区块链系统的方法，是保持区块链安全稳定运行的核心。共识机制规定所有记账节点之间怎么达成共识，去认定一个记录的有效性，这既是认定的手段，也是防止篡改的手段。

智能合约（smart contract）是一种特殊协议，旨在提供、验证及执行合约，提供优于传统合约的安全方法，并减少与合约相关的其他交易成本。智能合约是区块链被称为"去中心化"的重要原因，它允许在不需要第三方的情况下，执行可追溯、不可逆转和安全的交易，只要一方达成了协议预先设定的目标，合约将会自动执行交易，这些交易也具有透明可信、自动执行、强制履约的优点。

（5）简述区块链在物流环节应用中的作用。

仓储中，区块链技术始终贯穿全程，在出入库、盘点等环节的作业过程中，将货物的实时信息保存在区块链的数据账本上，提升仓储数据的实时性和准确性，实现仓储环节全过程的可视化管理和精确监管，并解决仓储中出现的信息化系统分散、现场管理与后端信息平台脱节、质量服务滞后等各种问题；区块链加持下数字化仓储流程，可以解决货物的确权问题，即货物实时的物权归属是谁，是否真实，是否唯一；基于区块链的仓储模式无疑能够极大地提高订单的处理速度，减少人工操作流程。

运输中，区块链技术支持通过私有的、安全的、透明的共享账本来访问关键交易信息，让运输企业深入了解业务运营中欺诈和篡改行为高发的环节，从而增强安全性；因为区块链技术具有安全、透明、防篡改、去中心化等特点，将货物追溯信息放在区块链里，客户可随时查看货物的动态，可以更方便地追溯到每一个步骤，并检查究竟哪里出了问题；利用区块链技术，托运人可以发布已经被时间标记并且在区块链中被记录和验证的货物信息，增强货运信息可靠度；通过对重要数据执行数字化并将其发布到区块链上，物流企业可以减少甚至消除不必要的文书工作，提供数字化数据信任。

　　配送中，将配送人员信息、配送方式、车辆信息、配送时间、签收信息等全流程数据进行上链，确保了货物流转过程的公开透明；当进行配送时，可通过特定系统进行实名认证，减少丢失或被盗包裹的发生率，更有效地实施数字资产跟踪；区块链和电子签名技术的结合可以解决传统纸质单据签收不及时、易丢失、易篡改，管理成本高的问题，实现单据流与信息流合一；基于非对称加密机制的区块链配送系统，可利用密钥对进行物流信息和用户信息加解密，只有区块链中的交易双方才能获得读取信息的权利，从而保障了数据的安全性和用户隐私。